बात बोलेगी हम नहीं

बात बोलेगी हम नहीं

आर. के. सिन्हा

प्रभात प्रकाशन, दिल्ली
ISO 9001:2015 प्रकाशक

प्रकाशक • **प्रभात प्रकाशन**
4/19 आसफ अली रोड,
नई दिल्ली–110002

संस्करण • प्रथम, 2019
रेखाचित्र • राजीव कुमार
मूल्य • छह सौ रुपए
मुद्रक • आर–टेक ऑफसेट प्रिंटर्स, दिल्ली

BAAT BOLEGI, HUM NAHIN *by* Shri R.K. Sinha ₹ 600.00
Published by Prabhat Prakashan, 4/19 Asaf Ali Road, New Delhi-2
e-mail: prabhatbooks@gmail.com ISBN 978-93-5322-220-8

पुरोकथन

समय हमेशा अपने अस्तित्व में होता है। उसे मनुष्य अनुभव करे या न करे, यह उसकी ग्रहणशीलता, पात्रता और क्षमता पर निर्भर करता है। इसे लेखन और पत्रकारिता के संदर्भ में भी परिभाषित करना संभव है। समय का एक संदर्भ होता है। उसे देखने-समझने के लिए दृष्टि होनी चाहिए। वह अपने अनुभव से सीखते जाते रहने से संभव हो पाती है। समय के संदर्भ और उसकी आवश्यकता को सुबोध भाषा में समझाना एक पत्रकार का पहला दायित्व है। जो भी इसे जितना बेहतर ढंग से कर सकता है, वह उतना ही उत्तम संवादक माना जाएगा।

इस आधार पर यह पुस्तक 'बात बोलेगी, हम नहीं' समय से सहज, सार्थक और संदेशपरक संवाद है। पर इतना ही नहीं है। इससे कहीं बहुत ज्यादा है। वह क्या है, कैसे है और क्यों है—इसे समझने के लिए आवश्यक है कि इसके सभी लेख पाठक पढ़ें। पुस्तक में 62 लेख संकलित किए गए हैं। ज्यादातर लेख स्वतंत्र हैं। यानी विषय और संदर्भ की दृष्टि से उनका दूसरे लेखों से संबंध नहीं है। इसी अर्थ में वे स्वतंत्र लेख की श्रेणी में आते हैं। लेकिन कुछ लेख अपवाद भी हैं। जैसे चीन से भारत का जो सीमा-विवाद है, उसपर तीन लेख हैं। इनका संबंध सीमा-विवाद की घटना के क्रम और उतार-चढ़ाव से है। इसी तरह हिंदी पर दो लेख हैं। दोनों का प्रसंग अलग है। बुजुर्गों की समस्याओं पर दो लेख हैं। राष्ट्रीय राजधानी क्षेत्र दिल्ली के मुख्य सचिव अंशु प्रकाश खबरों में इसलिए छाए रहे, क्योंकि एक अनहोनी घटना उनके साथ हुई। मुख्यमंत्री अरविंद केजरीवाल की उपस्थिति में उनके साथ मार-पीट उन लोगों ने की, जो साफ-सुथरी राजनीति के वादे से सत्ता में आए थे। ऐसी घटना के केंद्र में बने हुए अंशु प्रकाश पर दो लेख स्वाभाविक ही हैं। वे घटनाक्रम पर आधारित दृष्टिपरक हैं।

सभी लेखों की विषयवस्तु, उसकी प्रस्तुति और विश्लेषण का यहाँ विवरण देना दो कारणों से जरूरी नहीं है। पहला कारण स्थान का अभाव है। दूसरा कारण उससे भी ज्यादा महत्त्वपूर्ण है। वह यह कि पाठक की रुचि पुस्तक में बनी रहे, इसलिए उसके पढ़ने से पहले हर लेख का विवरण उचित नहीं रहेगा। लेकिन कुछ लेखों के बारे में बताना हर तरह से जरूरी है। पहला लेख है—'क्रिकेट में बेटियों का दमदार प्रदर्शन।' इस लेख में यह सूचना कि 1983 में कपिल देव की कप्तानी में भारत ने वेस्टइंडीज को विश्व कप के फाइनल में मात दी थी, नए पाठकों के दिमाग में एक तथ्य को बैठाने का अत्यंत सहज प्रयास है। इससे लेख के कथ्य को इतिहास का संदर्भ प्राप्त हो जाता है। 35 साल पहले की विजय का संबंध अपने आप पाठक समझ लेता है। जब वह लेख की पहली लाइन पढ़ता है कि 'सारा देश भारतीय महिला क्रिकेट टीम की आई.सी.सी. विश्व कप में शानदार प्रदर्शन से गर्व महसूस कर रहा है।' इस लेख में जहाँ सूचनाएँ हैं, वहीं सवाल और सुझाव भी हैं। लेखक की यह चिंता भी है कि खेल की संस्कृति कैसे विकसित होगी। इसे समझाने के लिए लेखक आर.के. सिन्हा ने अपने एक संस्मरण का सहारा लिया है। वह संस्मरण अमेरिका के शहर पेंसिलवेनिया स्थित उनके छोटे भाई के भतीजे से जुड़ा हुआ है। इस संस्मरण से पाठक सीख सकेगा कि खेल की संस्कृति घर में विकसित होती है। खेल के मैदान पर वह प्रकट होती है। इसके लिए लेख में सुझाव है।

दूसरा लेख कर्नाटक के कांग्रेसी मुख्यमंत्री सिद्दारमैया की चुनावी चाल में फँसे तिरंगे के सवाल पर है। इसमें पहले तथ्य दिए गए हैं। फिर कांग्रेस के राष्ट्रीय नेतृत्व के रुख पर सवाल उठाए गए हैं। मुख्यमंत्री के दुस्साहस से जो मूल प्रश्न खड़ा होता है, वह इस लेख के एक वाक्य में पूरी तरह आ गया है। वह वाक्य है—'भारत एक राष्ट्र है, इसके दो झंडे नहीं हो सकते हैं।' अगला लेख ममता बनर्जी की बेपरवाही पर है। उसे पढ़कर ही पूरी बात समझी जा सकती है। भारत-चीन सीमा विवाद पेचीदा होने के अलावा ऐतिहासिक भी है। हमारी स्मृतियों में वह विशेष तौर पर 1962 से टीस देता हुआ बना हुआ है। यह भी एक कारण है कि जब कोई नया विवाद होता है तो वह एक रेखीय नहीं बना रहता। उसके अनेक पहलू सामने आते हैं। 'भारत-चीन सीमा विवाद : दलाई लामा चुप क्यों?' एक नए दृष्टिकोण से दलाई लामा की भूमिका को केंद्र में रखकर लेखक ने लिखा है। डोकलाम पर यह सवाल उठाया गया है कि दलाई लामा क्यों नहीं बोले। यह सवाल ही जहाँ नया है, वहीं पाठक को थोड़ा झकझोरता भी है। कारण कि दलाई लामा को पवित्र गाय मानने से लेखक ने इनकार कर दिया

है। एक यथार्थ उपस्थित कर सवाल उठाया है। इसी तरह दूसरा लेख है—'क्यों ब्रिक्स देश नहीं लताड़ते चीन को।' इस लेख में भारत सरकार को ललकारा गया है। लेखक में राष्ट्रीयता के जो तत्त्व हैं, वे इसमें दिखते हैं। यह सुझाव भी है कि भारत को ब्रिक्स की सदस्यता छोड़ देनी चाहिए। तीसरे लेख का शीर्षक है—'भारत की शक्ति के आगे नतमस्तक हुआ धूर्त चीन।' इस लेख में उदाहरण देकर बताया गया है कि विस्तारवादी चीन से भारत ने बराबरी का जैसे ही व्यवहार शुरू किया, उससे चीन को यह समझ में आया कि वह भारत से मनमानी नहीं कर सकता। यह एक सुखद निष्कर्ष है। इस दृष्टि से लेख के शीर्षक का महत्त्व कई अर्थों में बढ़ जाता है। समर्थ भारत की उसमें भावना है। इसमें एक संदेश भी है कि हर भारतीय को किस धरातल पर सोचना चाहिए। हम जानते हैं कि विचार ही कार्य में रूपांतरित होकर किसी व्यक्ति, समाज और देश को नए अनुभवों से साक्षात्कार कराता है।

इस पुस्तक में हिंदी पर तीन लेख हैं। इनके प्रसंग अलग-अलग हैं। पहला लेख है—'हिंदी के अनाम-अज्ञात सेवक।' अगर यह तय करना हो कि इस पुस्तक का सबसे महत्त्वपूर्ण लेख कौन सा है तो ज्यादा संभावना है कि इसे ही वह स्थान प्राप्त होगा। यह सवाल उठ सकता है कि क्यों ? इसी सवाल में इस लेख की उत्तमता निहित है। हिंदी के लिए 2018 का साल कुछ खास है। उसे ही यह लेख बताता है। सौ साल पहले महात्मा गांधी की प्रेरणा और उनके प्रयास से दक्षिण भारत में हिंदी के प्रचार-प्रसार के लिए जो संस्था बनी, वह चुपचाप काम करती रही। उसका इसमें इतिहास आ गया है। संस्था के इतिहास और क्रमिक विकास का एक विहंगमावलोकन भी इसमें है। जिन अहिंदी-भाषी व्यक्तियों ने हिंदी के प्रचार-प्रसार के लिए काम किए, उनका पूरा विवरण और योगदान एक लेख में नहीं आ सकता। लेकिन उनके महत्त्वपूर्ण योगदान को यह लेख सांकेतिक रूप में बहुत व्यवस्थित ढंग से प्रस्तुत करता है। इसी तरह पूर्वोत्तर और देश से बाहर जो हिंदी के प्रचार-प्रसार का काम हुआ है, उसका पर्याप्त उल्लेख इसमें किया गया है। यह एक ऐसा विषय है, जो हमें अपनी ओर खींचता है। पर अफसोस यह है कि इसके लिए किसी को पहल करनी पड़ती है। नहीं तो यह हमारे मन और मस्तिष्क से ओझल ही हो जाता है। यह लेख ऐसी ही पहल का एक उदाहरण है। हिंदी पर दूसरा लेख है—'डावोस में मोदी के हिंदी में बोलने का मतलब।' तीसरा लेख है—'क्यों न हिंदी बने यू.एन. की आधिकारिक भाषा ?' इन दोनों लेखों में हिंदी की ताकत और कमजोरी का बड़े फलक पर वर्णन है। हिंदी की ताकत उसकी सहज भाषा है। जिसे

सीखना, बोलना और बरतना अपेक्षाकृत सरल है। इसीलिए हिंदी में विश्व–भाषा बनने की क्षमता है। तो क्या किसी कुटिलता के कारण वह अपनी जगह पर स्थापित नहीं हो पा रही है, जिसकी वह हकदार है ? ये सवाल इसमें उठाए गए हैं।

'डेरों का सच', 'देश क्यों लेफ्ट होता आउट', 'रोहिंग्या मुसलमानों के आतंकी तार', 'खाकी से बेखौफ अपराधी', 'पर्यटक आगरा की ओर रुख ही क्यों करें', 'कब तक कुचला जाता रहेगा सड़कों पर पैदल यात्री', 'कब सुधरेंगे हमारे नगर निकाय', 'क्यों मरने जाते देश के बाहर' और 'कौन है असली हत्यारा गरीब सफाई कर्मियों का' आदि लेख ऐसे हैं, जो मानवीय सरोकारों को प्रकट करते हैं। 'घर के बूढ़े–बुजुर्गों की मत करो अनदेखी' लेख में इस प्रकार के लोगों की दुर्दशा का मार्मिक वर्णन लेखक ने अपने एक संस्मरण से किया है। इस दुर्दशा से जरूरतमंद बुजुर्गों को राहत देने के लिए मोदी सरकार ने 'अटल पेंशन योजना' लागू की। इसमें क्या त्रुटियाँ रह गई हैं, यह तो बताया ही गया है, भविष्य में आनेवाली समस्याओं का भी संकेत पर्याप्त रूप से है। जैसे–जैसे भारत में स्वास्थ्य का स्तर सुधर रहा है और लोगों की जीवनरेखा बढ़ रही है, वैसे–वैसे आबादी में बुजुर्गों की संख्या बढ़ती जा रही है। उनकी देखभाल कैसे हो, यह समस्यामूलक प्रश्न इसमें आ गया है। पाकिस्तान अकसर खबरों में रहता है। वे भारत के लिए अच्छी खबरें नहीं होतीं। वहाँ क्या होता है और क्या हो रहा है, इसमें हर भारतीय की रुचि रहती है। यह भी एक वजह है कि इस पुस्तक में पाकिस्तान पर सबसे ज्यादा लेख हैं। इससे स्पष्ट है कि लेखक की सजग नजर पाकिस्तान की गतिविधियों पर भारत की दृष्टि से बनी हुई है। 'खाकी से बेखौफ अपराधी' तो ललित निबंध हो गया है। पत्रकार इससे सीख सकते हैं कि इस विषय पर कैसे मनभावन लेख लिखा जाना चाहिए।

पुस्तक के तीन लेखों की चर्चा अगर इसमें न हो तो एक तरह से अन्याय हो जाएगा। पहला लेख है—'नेताजी से क्यों भयभीत रहते थे नेहरूजी'। दूसरा लेख है—'इसीलिए भारत के रत्न हैं तेंदुलकर' और तीसरा लेख है—'लिट–फेस्ट में क्यों मिले देश विरोधियों को मंच', ये लेख सत्य कथन के पर्याय हैं। इनमें एक दृष्टिकोण को ही देखना अनुचित होगा। 'वालीवुड क्यों मानता आई.एस.आई. को भारत का मित्र' इसमें सही प्रश्न उठाया गया है। इसी तरह 'कौन फैला रहे घृणा और असहिष्णुता के बीज' लेख में अंकित सक्सेना और डॉ. पंकज नारंग की हत्या के प्रसंग को बड़े दायरे में उठाया गया है। जिसमें सवाल है, जितना अरविंद केजरीवाल से उससे ज्यादा उन लोगों से है, जो मानवाधिकार के लिए झंडे उठाते रहते हैं। उनसे सवाल है कि इन हत्याओं पर वे चुप क्यों रहे ? इसके

अलावा समाज में घनीभूत क्रूरता-हिंसा के अमानवीय पक्ष को यह लेख बखूबी उभारता है। लेखक ने 'दिल्ली में राष्ट्रपति शासन में अब देर क्यों?' शीर्षक से जो लिखा है, उसमें दिल्ली के लोकतांत्रिक इतिहास का वर्णन है। निष्कर्ष है कि आपकी सरकार अराजकता की पर्याय है। कोई सरकार अराजक कैसे हो सकती है? इसीलिए उसे दूर करने के लिए राष्ट्रपति शासन जरूरी है। वैसे तो आर.के. सिन्हा के हर लेख में भाषा का अपना प्रवाह दिखता है। परंतु इस लेख में मुहावरे का जिस तरह सही इस्तेमाल किया गया है, उससे संदेश सीधे मन को छू लेता है। इसलिए उस वाक्य को पढ़िए—'रँगे सियारों की टोली के सरगना निकले (अरविंद केजरीवाल), लेकिन जब रँगा सियार पकड़ा जाता है तो उसका जनता क्या उपचार करती है, यह भी जगजाहिर ही है।'

इन लेखों से बनी इस पुस्तक का परिचय अधूरा रहेगा। अगर पाठक को यह न बताया जाए कि आर.के. सिन्हा ने इन लेखों को फुरसत के वक्त नहीं लिखा है। जीवन के संग्राम में उठते-बैठते, सोते-जागते और निरंतर यात्रा पर रहते हुए राजनीति, समाजसेवा, संस्थाओं के संचालन के दौरान 'कुरुक्षेत्र' में उन्होंने लिखा है। है न यह एक अचंभे की बात! आर.के. सिन्हा की अहर्निश व्यस्तता को जो जान-समझ लेगा, वह इसे पहेली नहीं समझेगा। उनकी व्यस्तता के मद्देनजर मानेगा कि यह किसी अचंभे से कम नहीं है। लेकिन यह अचंभे की बात नहीं है। जो यह समझ लेगा कि लेखकीय अनुशासन की एक आंतरिक प्रेरणा होती है, वह इसे स्वाभाविक एक लेखन प्रक्रिया मानेगा। फिर तो इन लेखों से वह आनंद प्राप्त कर सकेगा। पुस्तक क्रम में यह तीसरी है। जाने-माने लोगों के लेखों से बनी पुस्तकें पहले भी आई हैं। ऐसी पुस्तकों में लेखों का संदर्भ और प्रसंग सामयिक होता है। घटनाओं से उसका संबंध होता है। इसके बावजूद पुस्तक तो स्थायी महत्त्व की होती है, क्योंकि उसमें घटनाओं में से इतिहास झाँकता रहता है। यह पुस्तक जहाँ राजनीतिक इतिहास को अपने में समेटे हुए है, वहीं जीवन के हर क्षेत्र पर एक दृष्टिपात कर स्थायी महत्त्व की टिप्पणियों से भरी-पूरी है। इस पुस्तक के हर लेख में प्रवहमान भाषा है। इसमें विचारों की रचना का एक संसार है। मानवीय भावनाओं का इसमें संयोग और संतुलन है। इससे पुस्तक में नैयायिक बुद्धि का प्रभाव परिलक्षित होता है, जो सत्य के एक पहलू को सामने लाता है। सामयिक विषयों पर लेखन की ऐसी विधा अनुकरणीय है, पठनीय है।

—रामबहादुर राय

आभार

मुझे हार्दिक प्रसन्नता है कि मैं अपनी नई पुस्तक 'बात बोलेगी, हम नहीं' आपके समक्ष प्रस्तुत कर रहा हूँ।

यह पुस्तक भी देश भर के प्रमुख समाचार-पत्रों और पत्रिकाओं में विगत कुछ महीनों में मेरे छपे अपने सैकड़ों समसामयिक लेखों में से स्थायी महत्त्व के 62 लेखों को छाँटकर संपादित कर उपयुक्त फोटो और कार्टून आदि आपके समक्ष प्रस्तुत कर रहा हूँ। इन प्रकाशित लेखों में प्रयुक्त डाटा का रिसर्च और तथ्य जुटाने में मेरे मित्र और वरिष्ठ पत्रकार श्री विवेक शुक्ला के योगदान का सर्वप्रथम उल्लेख करना चाहूँगा। विवेकजी के सहयोग के बिना मेरे लेख इतने पठनीय या रोचक नहीं बन पाते।

पुस्तक के संपादन में 'युगवार्ता' के संपादक संजीव कुमारजी का कठिन परिश्रम सराहनीय है। पुस्तक के प्रकाशन में मुद्रक-प्रकाशक के साथ भागदौड़ में मेरे जन-संपर्क अधिकारी श्री संदीप द्विवेदी, समन्वय कार्यों के लिए श्रीमती रत्ना सिन्हा और टेक्स्ट का कई बार टंकण और सुधार करने के लिए अपने वरीय निजी सहायक श्री अवधेश प्रसाद के महत्त्वपूर्ण योगदान के लिए मैं उनका आभारी हूँ।

—आर.के. सिन्हा

अनुक्रम

क्रिकेट में बेटियों का दमदार प्रदर्शन

सारा देश भारतीय महिला क्रिकेट टीम की आई.सी.सी. विश्व कप में शानदार प्रदर्शन से गर्व महसूस कर रहा है। अब विराट कोहली, सचिन तेंदुलकर, महेंद्र सिंह धोनी के साथ मिताली राज, हरमनप्रीत कौर, झूलन गोस्वामी, स्मृति मंधाना वगैरह के नाम भी देश के कोने-कोने में लिया जाने लगेगा। इन खिलाड़ियों के नामों से भी देशवासी अब परिचित हो गए हैं। इस प्रदर्शन से भारत की महिला क्रिकेट का चेहरा भी हमेशा-हमेशा के लिए बदल जाएगा। अब देश भर के स्कूलों-कॉलेजों में पढ़नेवाली हजारों-लाखों लड़कियाँ क्रिकेट में कॅरियर तलाशने लगेंगी। अभी से ही सारे भारत में महिला क्रिकेट के प्रति उत्सुकता बढ़ गई है। जरा याद कीजिए कि किस तरह से 1983 में कपिलदेव की कप्तानीवाली टीम ने वेस्ट इंडीज को मात दी थी, विश्व कप के फाइनल में। उस जीत के बाद देश में क्रिकेट ने धर्म का रूप ले लिया। क्रिकेट सारे देश को जोड़ने लगी। क्रिकेट देश का सर्वाधिक लोकप्रिय खेल बन गया। विश्व कप में भारतीय बेटियों ने जिस तरह का जुझारूपन दिखाया, उससे साफ है कि इनके इरादे पक्के हैं। अब ये आगे भी विजय के मार्ग पर बढ़ती रहेंगी।

बुलंदी पर बेटियाँ

आप गौर करें कि खेलों की दुनिया में भारतीय बेटियाँ लगातार आगे आकर बुलंदियों को छू रही हैं। पिछले रियो ओलंपिक खेलों में पी.वी. सिंधु और साक्षी मलिक ने पदक जीते। रियो ओलंपिक खेलों का श्रीगणेश होने के बाद पहले दस दिनों तक भारतीय कैंप में सूखा-सा ही रहा, लेकिन इन दोनों ने पदक जीतकर देश को आखिरकार कुछ सुकून दिया। क्रिकेट टीम की हरमनप्रीत कौर और साक्षी मलिक

का संबंध पंजाब और हरियाणा से है। वैसे तो ये दोनों राज्य कन्या भ्रूण हत्याओं के लिए बदनाम हैं। इन दोनों की शानदार उपलब्धियों के बाद बेशक इन दोनों राज्यों में लड़कियों को लेकर समाज का रवैया बदलेगा। पर इन कुछेक उपलब्धियों से इतराने की जरूरत भी नहीं है। अभी खेलों की दुनिया में ठोस प्रयास करने की आवश्यकता है। अभी देखने में आ रहा है कि खेलों की दुनिया में सभी राज्यों की बराबर भागीदरी नहीं हो पा रही है। उदाहरण के रूप में देश ने देखा था कि कई बड़े राज्यों से रियो खेलों में कोई भी खिलाड़ी नहीं गया। इस लिहाज से गुजरात और बिहार का नाम लिया जा सकता है। रियो ओलंपिक खेलों में गई भारतीय टोली में 66 पुरुष और 54 महिलाएँ थे। हिंदी भाषी प्रदेशों से हरियाणा 23, उत्तर प्रदेश 8, राजस्थान 3, मध्य प्रदेश 2, उत्तराखंड 2, जम्मू-कश्मीर 1, छतीसगढ़ 1, झारखंड 3 और दिल्ली से 1 खिलाड़ी गया। पंजाब को भी हिंदी भाषी राज्य माना जाए तो वहाँ से 14 खिलाड़ी थे। दिल्ली में विश्व स्तरीय खेल सुविधाएँ हैं। साल 2012 में कॉमनवेल्थ खेल हुए थे। तब तमाम नए स्टेडियम बने। कुछ को तो नए सिरे से तैयार किया गया। जरा देख लीजिए कभी इनमें जाकर कि इनमें कितने खिलाड़ी रोज खेलने आते हैं। दिल्ली से मात्र एक रियो खिलाड़ी है। यानी जिस शहर में सबकुछ है, वहाँ पर खेलनेवाले नहीं हैं। मुंबई से भी रियो गई भारतीय टोली में हॉकी खिलाड़ी देवेंद्र वाल्मीकि थे। ये उदाहरण बहुत कुछ कहते हैं। ओलंपिक या दूसरी अहम प्रतियोगिताओं में पदक तब आएँगे, जब देश में खेलों की संस्कृति विकसित होगी। माता-पिता अपने बच्चों को पढ़ने के साथ-साथ खेलने के लिए मैदान में लेकर जाएँगे। याद रख लीजिए कि स्टेडियम बनाने से खिलाड़ी नहीं बनते। स्टेडियम में पसीना बहाने से उसेन बोल्ट और माइकल फेल्प्स निकलते हैं। मुझे लगभग 30 वर्ष पूर्व की एक घटना याद आती है। मैं अमेरिका में था। पेंसिलविनिया से मेरे छोटे भाई ने आग्रह किया कि मैं विकेंड उसके साथ बिताऊँ। शुक्रवार की रात को मैं पहुँच गया। वह एयरपोर्ट से लेकर घर पहुँचा। बहू काम से लौटी तो उसने चावल-दल-सब्जी बनाकर परोस दिया। मैंने भाई से पूछा कि कोई उम्दा किस्म का भारतीय रेस्टोरेंट है क्या। उसने बताया कि पास के शहर में 40 मील दूर है। मैंने सबको सरप्राइज देने के लिए दूसरे दिन सुबह ही उस रेस्टोरेंट को फोन कर एक लंच का टेबल बुक करवा लिया। जब मैंने यह घोषणा की कि आज हम लंच के लिए बाहर जा रहे हैं तो सबके चेहरे पर तनाव दिखा। कोई कुछ बोल ही नहीं रहा था। मैंने पूछा कि "यदि जाने का मन नहीं है तो कैंसिल कर देता

हूँ। कुछ डॉलर बर्बाद हो जाएँगे और क्या?" भाई ने कहा कि ऐसी कोई बात नहीं। पर कल चलेंगे। आज तो रकिवा (भतीजा) के स्कूल का सॉकर (फुटबॉल) प्रैक्टिस है। हम सभी को उसे चीयर करने जाना ही होगा। विदेशों में खेलों के प्रति गंभीरता को देखकर मैं दंग रह गया।

जिम्मेदारी अभिभावकों की

भले ही हमारी आबादी बहुत अधिक हो पर खेलों में भागेदारी करनेवाली आबादी बहुत कम है, जब तक स्कूलों में खेलों का उम्दा इंफ्रास्ट्रक्चर विकसित नहीं होगा, तब तक बात नहीं बनेगी। पहले गाँवों के स्कूलों में बढ़िया पक्के क्लासरूम हों या न हों, खेल के मैदान अवश्य ही होते थे। पहले से हालात सुधरे हैं, पर अब भी

बहुत कुछ करना बाकी है। ये बात ठीक है कि हमारे देश के हजारों स्कूलों में तो एक मास्टरजी ही पढ़ा रहे हैं। वहाँ से खिलाड़ी कहाँ से निकलेंगे?

पर एक पक्ष और भी है। अगर आप अभिभावक हैं तो दिल पर हाथ रखकर बताइए कि आप अपने बच्चों को खेलों में कॅरियर बनाने के लिए कितना प्रोत्साहित करते हैं? क्रिकेटर हरमनप्रीत कौर या सायना नेहवाल के अभिभावकों जैसे गिनती के ही उदाहरण मिलेंगे। यानी जिन अभिभावकों के पास सुविधाएँ हैं, वो खेलों में आगे बढ़ने को लेकर कतई उत्साह नहीं दिखा रहे।

जब सिंधु रियो ओलंपिक महिला एकल के फाइनल में पहुँची तो सारा देश कहने लगा, 'चलो, सिल्वर पक्का'। बस यही फर्क है, जो हमें अमेरिका या चीन तो छोड़िए, केन्या, स्पेन, क्यूबा, बेल्जिम, जमैका जैसे छोटे-छोटे देशों से अलग करता है। उन देशों का जब कोई खिलाड़ी फाइनल में पराजित होता है तो वो कहता है, 'मैं गोल्ड नहीं जीत पाया।' और हमारे इधर का खिलाड़ी से लेकर सारा देश कहता है, 'चलो सिल्वर तो मिल गया। यही काफी है।' यही फर्क है मानसिकता में!

अभी मीडिया में महिला क्रिकेट टीम की जय-जयकार हो रही है, अभी और भी होगी। फोटो खिंचवाए जाएँगे, उन्हें तमाम तरह के पुरस्कार और नौकरियों के ऑफर देकर ये ऋणी देश अपना कर्ज उतारेगा। नेता बयान देकर ताली बटोरेंगे। सबकुछ एक लिखी-लिखाई स्क्रिप्ट की तरह होगा। देश को खेलों में अपने प्रदर्शन पर ईमानदारी से आत्ममंथन करना होगा। यहाँ सबकुछ एक रूटीन है, एक नाट्यमंच है। और हमारे यहाँ तो हार को भी सेलिब्रेट किया जाता है। मिल्खा सिंह को लीजिए। वो 1960 के रोम ओलंपिक के फाइनल में 400 मीटर की दौड़ में चौथे स्थान पर रहे। यानी कोई मेडल नहीं जीत सके। इतने साल गुजर जाने के बाद भी वो देश के नायक बने हुए हैं। उन पर फिल्में बनती भी हैं और चलती भी हैं। देश को इस सवाल का जवाब तो खोजना ही होगा कि 57 साल के बाद भी देश में मिल्खा सिंह का रिकॉर्ड क्यों नहीं टूट रहा? क्या इसके लिए खिलाड़ियों को और उनके अभिभावकों को दोषी नहीं माना जाए?

खेलों में खिलाड़ी या टीम की जीत में कोच और कोचिंग के महत्त्व से इनकार नहीं किया जा सकता। अब देश को चाहिए पुलेला गोपीचंद या महान् फुटबॉल खिलाड़ी डिएगो माराडोना जैसे कोच। ये अपने खिलाड़ियों और टीम में जीत का जज्बा पैदा कर देते हैं। खैर अभी तो क्रिकेट में भारतीय बेटियों के लाजवाब प्रदर्शन का जश्न मनाइए।

□

भारत से निकलेंगे पेले-माराडोना

संभव है कि देश की युवा पीढ़ी को यकीन न हो कि एक दौर में भारत भी फुटबॉल में विश्व शक्ति था। भारत ने 1962 के जकार्ता एशियाई खेलों में फुटबॉल का गोल्ड मेडल जीता था। उसके बाद भारत को 'फुटबॉल का ब्राजील' तक कहा जाने लगा था। उस दौर में चुन्नी गोस्वामी, पी.के. बनर्जी, जरनैल सिंह, थंगराज जैसे बड़े खिलाड़ी भारत की फुटबॉल टीम का हिस्सा थे। तब भारत के मुख्य कोच होते थे रहीम साहब, लेकिन बाद के सालों में फुटबॉल में हमारी टीम ताकतवर नहीं रह गई! उसके कई कारण भी गिनवाए जा सकते हैं। अभी उसकी चर्चा करने का उपयुक्त समय नहीं है।

पर भारत के खेल प्रेमियों में अब एक उम्मीद अवश्य पैदा हो रही है कि हम फिर से फुटबॉल के मैदान में ताकत के रूप में उभरने की दिशा में बढ़ रहे हैं। दरअसल भारत में फीफा अंडर-17 वर्ल्ड कप कप चैंपियनशिप आगामी 6 से 28 अक्तूबर, 2017 के बीच आयोजित हो रहा है। फीफा वर्ल्ड कप के मैच भारत में छह शहरों नई दिल्ली, कोलकाता, गुवाहाटी, नवी मुंबई, कोच्चि, गोवा में खेले जाएँगे। फीफा दुनिया की फुटबॉल को नियंत्रित करनेवाली सर्वोच्च संस्था है। शायद ही इससे अधिक पारदर्शी और कोई खेल संस्था विश्व में है। पहली बार भारत में कोई वर्ल्ड टुर्नामेंट आयोजित किया जा रहा है।

खेल गरीब-गुरबा का

निश्चित रूप से फीफा वर्ल्ड कप से भारत में गरीब-गुरुबा के खेल फुटबॉल को लेकर आम जनता में खासा रुचि बढ़ेगी। युवा भी इस खेल के प्रति आकर्षित होंगे। निर्विवाद रूप से इस चैंपियनशिप से भारत में फुटबॉल का परिदृश्य बदल जाएगा।

इससे देश को फुटबॉल की लोकप्रियता बढ़ाने की मुहिम में मदद मिलेगी। अगर भारतीय खिलाड़ी चैंपियनशिप में अच्छे परिणाम हासिल करते हैं तो यह देश और खिलाड़ियों के लिए भविष्य में और बेहतर करने के लिए प्रेरणादायी साबित होगा। अंडर-17 विश्व कप से देश में फुटबॉल के बुनियादी ढाँचे में सुधार हुआ है। पिछले दो वर्षों में कई नई एकेडमी भी शुरू हो गई हैं। अच्छी बात यह है कि फीफा अंडर-17 विश्व कप को लेकर देश भर में उत्साह का माहौल बन चुका है। फुटबॉल के दीवाने राज्यों, जैसे गोवा, केरल, बंगाल, बिहार, मणिपुर वगैरह में तो पर्व वाला माहौल बन चुका है।

'कर के दिखला दे गोल'

फीफा विश्व टूर्नामेंट का आधिकारिक गीत 'कर के दिखला दे गोल' लॉन्च हो चुका है। गीतकार अमिताभ भट्टाचार्य ने यह गीत लिखा है, जबकि प्रीतम ने इसकी रचना की है। कई मशहूर संगीतकार जैसे सुनिधि चौहान, नीति मोहन, बाबुल सुप्रियो, शान, पैपोन और मीका ने इसे गाया है। इसमें भारत की जीवंतता और विशिष्टता को दर्शाया गया है जिसमें देश के फुटबॉल स्टार बाईचुंग भूटिया, एन बाला देवी, शान, पैपोन और महान् क्रिकेटर सचिन तेंदुलकर हैं। भारत में पहले फीफा टूर्नामेंट अंडर-17 विश्व कप का आयोजन छह से 28 अक्टूबर तक छह स्थलों पर किया जाएगा।

जोश जीत का

भारत की अंडर-17 टीम पूरे जोश और जज्बे के साथ कुछ बड़ा करिश्मा कर दिखाने के मूड में है। ये बेहतरीन प्रदर्शन को बेताब है। हमारे लड़के बिना किसी दबाव के अपना सर्वश्रेष्ठ खेल खेलेंगे। हमारी टीम इस बड़ी चैंपियनशिप में खेलने के लिए जेहनी तौर पर भी तैयार है। लड़कों पर जरूरत से ज्यादा दबाव डालना भी मुनासिब नहीं है। भारत की अंडर-17 फुटबॉल टीम दिन-रात मेहनत कर रही है। भारतीय टीम में चुने गए आठ खिलाड़ी मणिपुर से हैं, जबकि दो खिलाड़ी भारतवंशी हैं। आश्चर्य की बात है कि भारतीय टीम में गोवा से कोई खिलाड़ी नहीं है, जबकि गोवा को भारत की फुटबॉल की जान कहा जाता है। खैर, चयनकर्ताओं ने सर्वश्रेष्ठ टीम ही चुनी होगी। भारत, अमेरिका, कोलंबिया, घाना के साथ ग्रुप 'ए' में है। भारत अपने अभियान की शुरुआत छह अक्टूबर को अमेरिका के खिलाफ करेगा। इसके बाद मेजबान टीम नौ अक्टूबर को कोलंबिया और 12 अक्टूबर को घाना के खिलाफ अपने मुकाबले दिल्ली के जवाहरलाल नेहरू स्टेडियम में खेलेगी।

गढ़ फुटबॉल के

ये सच है कि भारत में क्रिकेट जुनून और धर्म की शकल ले चुका है, पर हमारे यहाँ फुटबॉल के चाहने वाले भी कम नहीं है। कई राज्यों में फुटबॉल को क्रिकेट से ज्यादा पसंद किया जाता है। इनमें पश्चिम बंगाल, केरल, गोवा और मणिपुर शामिल है। अगर बात की करें तो वहाँ पर मोहन बागान, इंस्ट बंगाल, मोहम्मडन स्पोर्टिंग समेत अनेक जीवंत क्लब हैं। फुटबॉल बंगाल की संस्कृति का हिस्सा बन गया है। हर तबके का इनसान फुटबॉल से जुड़ा है। और गोवा में कहने को तो फुटबॉल की शुरुआत 1883 में हुई जब आइरिश पादरी फादर विलियम रॉबर्ट लियोंस ने इसे ईसाई शिक्षा का हिस्सा बनाया, लेकिन फुटबॉल तो पूरे देश में ही सदियों से खेला जाता रहा है, क्योंकि यह गरीबों का खेल है। एक गेंद 22 खिलाड़ियों को भगा-भगाकर पसीने टपकाती रहती है। आज गोवा भारत में फुटबॉल का केंद्र बन चुका है। यहाँ कई लोकप्रीय फुटबॉल क्लब हैं, जैसे सलगांवकर, डेंपो, चर्चिल ब्रदर्स, वॉस्को स्पोर्ट्स क्लब और स्पोर्टिंग क्लब डि गोआ आदि गोवा से हैं। गोवा के कई खिलाड़ियों ने भारत का प्रतिनिधित्व किया है। इनमें ब्रह्मानंद संखवालकर, ब्रूनो कूटिन्हो, मॉरिसिओ अफोंसो, रॉबर्टो फर्नांडिस शामिल हैं। ये सभी भारतीय फुटबॉल टीम के कैप्टन रह चुके हैं।

और केरल में फुटबॉल की शुरुआत 1890 में हुई, जब महाराजा महाविद्यालय तिरुअनंतपुरम के रसायनशास्त्र के प्रोफेसर बिशप बोएल ने युवाओं को फुटबॉल खेलने की प्रेरणा दी। 1930 के दशक में राज्य में कई फुटबॉल क्लब बने। केरल ने भी देश को कई सफल और मशहूर फुटबॉल खिलाड़ी दिए हैं। इसी क्रम में मणिपुर का भी नाम लिया जाएगा। आगामी फीफा वर्ल्ड कप में मणिपुर से 8 खिलाड़ी भारतीय टीम में शामिल हैं। ये इस बात का प्रमाण है कि मणिपुर भारत की फुटबॉल राजधानी के रूप में उभर रहा है। इन राज्यों के अलावा भी फुटबॉल को पूरे देश में पसंद किया जाता है।

महानतम भारतवंशी फुटबॉलर

फीफा अंडर-17 वर्ल्ड कप के दिल्ली में होनेवाले मैच में प्रधानमंत्री नरेंद्र मोदी की उपस्थिति संभावित हैं। उनके अलावा भारत के चोटी के फुटबॉलर भी फीफा वर्ल्ड के मैचों के दौरान स्टेडियम में भरे रहेंगे। काश इस दौरान फ्रांस फुटबॉल टीम के सदस्य विकास धुरासू भी रहते तो देश के फुटबॉल प्रेमियों का उत्साह और बढ़ जाता। विकास भारतीय मूल के हैं। उन्हें भारतीय मूल का महानतम फुटबॉलर माना जाता है। विकास के पुरखे मॉरीशस में करीब 125 साल पहले जाकर बस गए थे। वहाँ से विकास के माता-पिता फ्रांस में जाकर बसे। शानदार मिड फिल्डर विकास कुछ साल पहले कोलकाता आए थे। वे अब फिल्म प्रोड्क्शन के बिजनेस से भी जुड़ गए हैं। वे कोलकाता में अपने मित्रों बाइचुंग भुटिया और रेंडी सिंह से मिले थे। विकास धुरासु ने एक बार कहा था कि वे भारतीय खाना खाकर और संगीत को सुनकर ही बड़े हुए हैं। इसलिए भारत के प्रति उनका लगाव तो सदैव रहेगा ही।

विकास धुरासू ने दो बार वर्ल्ड फुटबॉल चैंपियनशिप में फ्रांस की नुमाइंदगी की है। वे कुछ साल पहले जब भारत आए तो उन्होंने कहा था कि भारत को अपने उदीयमान खिलाड़ियों को ट्रेनिंग के लिए फ्रांस भेजना चाहिए, क्योंकि वहाँ पर ट्रेनिंग की सुविधाएँ आला दर्जे की हैं। विकास धुरासु एसी मिलान की तरफ से भी खेलते रहे हैं। विकास धुरासू का शिखर स्तर की फुटबॉल खेलना इस बात का प्रमाण है कि भारतीय भी बेहतरीन फुटबॉल खिलाड़ी हो सकते हैं। वे खुद इस बात को कहते भी हैं।

अगर फीफा वर्ल्ड कप में भारतीय खिलाड़ी उल्लेखनीय प्रदर्शन करने में सफल रहे तो मान कर चलिए भारत में फिर से फुटबॉल का क्रेज बड़े स्तर पर पैदा हो जाएगा। फिर भारत से भी निकलेंगे पेले तथा माराडोना जैसे बड़े खिलाड़ी। भारत

में पिछले कुछ दशकों के दौरान श्याम थापा, आई.एम. विजयन, इंदर सिंह,परमिंदर सिंह, बाईचुंग भुटिया जैसे दर्जनों असरदार और विख्यात खिलाड़ी अपने जौहर दिखाते रहे। लेकिन ये भी सच है कि बीते कुछेक सालों के दौरान हमारे यहाँ पर महिंद्रा एंड महिंद्रा, जेसीटी, मफतलाल जैसी टीमें इतिहास के पन्नों में दर्ज हो गईं क्योंकि इन्हें चलाने वाली कंपनियों ने इन्हें बंद कर दिया। यानी फुटबॉल के लेकर कुछ बुरी खबरें भी आती रहीं। पर फीफा वर्ल्ड कप का आयोजन एक उम्मीद तो पैदा कर रहा है। कहीं–न–कहीं लग यह रहा है कि हम सिर्फ सफल मेजबान के रूप में ही नहीं उभरेंगे। हमारी टीम अपने दमखम से फुटबॉल की दुनिया में अपने लिए एक सम्मानजनक स्थान भी बनाएगी। जैसा कि पहले बताया गया कि भारत फुटबॉल में सदियों से ताकत था। वर्ष 1950 में भारत ने ब्राजील में खेले जा रहे फुटबॉल विश्व कप के लिए क्वालिफाई तो किया था, लेकिन उसने खेलने के लिए मना कर दिया था। इसका एक कारण यह भी बताया गया था कि टूर्नामेंट खेलने के लिए फुटबॉल बूट पहनने पड़ते, जबकि भारतीय खिलाड़ियों को नंगे पाँव खेलने की आदत थी। लेकिन तब से दुनिया और भारत भी बहुत बदल चुका है। अब भारत फीफा वर्ल्ड कप में अपनी ताकत दिखाने के लिए बेताब है।

□

तिरंगे के बाद अब नहीं होगा कोई और झंडा

अच्छा हुआ कि अलग झंडा रखने की तैयारी कर रही कर्नाटक सरकार को गृह मंत्रालय ने जमीन दिखा दी। उसकी तरफ से स्पष्ट कर दिया गया है कि देश के संविधान का फ्लैग कोड देश में एक झंडे को ही मंजूरी देता है। इसलिए तिरंगे से इतर देश में किसी अन्य झंडे के बारे में सोचने का कोई मतलब नहीं है।

लेकिन ये सारा मामला अति गंभीर है। एक राष्ट्रीय दल की सरकार देश के संघीय ढाँचे के साथ खिलवाड़ करने की चेष्टा कर रही है। यही नहीं, कर्नाटक के मुख्यमंत्री सिद्दारमैया कह रहे हैं कि क्या देश के संविधान में ऐसा कोई नियम है, जो राज्य को अपना अलग झंडा रखने से रोकता हो? क्या उन्हें इस संघ में जानकारी नहीं है कि भारत का दूसरा झंडा नहीं हो सकता? कल तो वो माँग करने लगेंगे कि हमें अपना राज्यगान भी दो। और जरा देखिए कि दिल्ली में बैठे कांग्रेसी नेता सारे घटनाक्रम से बेपरवाह है। वे अपनी सरकार के इतने निंदनीय कदम की भर्त्सना करना भी जरूरी नहीं समझ रहे। क्यों कांग्रेस नेतृत्व अपने कर्नाटक के नेताओं को नहीं कसता? क्या माना जाए कि केंद्रीय नेतृत्व की मूक सहमति मिली हुई है कर्नाटक सरकार को?

देखिए दुस्साहस

कर्नाटक सरकार का दुस्साहस तो देखिए कि वो एक समिति गठित कर देती है, जो झंडे के डिजाइन पर सरकार को सलाह देगी। तो संकेत साफ हैं कि कर्नाटक में देश विरोधी शक्तियाँ राज्य को जम्मू-कश्मीर बनाने पर आमादा हैं। जम्मू-कश्मीर का भी अलग झंडा है। उसे धारा 370 के तहत अलग झंडा मिला हुआ है। भारत एक राष्ट्र

है, इसके दो झंडे नहीं हो सकते। वैसे भी फ्लैग कोड किसी भी राज्य को अलग झंडे की इजाजत नहीं देता। तिरंगा देश की एकता, अखंडता और संप्रभुता का प्रतीक है। निर्विवाद रूप से कर्नाटक सरकार का कदम अपने आपमें गंभीर है। तिरंगा सारे देश को भावनात्मक रूप से बाँधता है। जम्मू-कश्मीर को धारा 370 में विशेष अधिकार मिलने से देश को क्षति हुई है। देर-सवेर धारा 370 से देश को मुक्ति मिलेगी ही।

गर्त में जाता आई.टी. का गढ़

कर्नाटक में निरंतर अव्यवस्था फैलाई जा रही है। इसे नजरअंदाज नहीं या जा सकता है। इसी कर्नाटक में देश की आई.टी. राजधानी है। पिछले साल सितंबर में कावेरी जल विवाद को लेकर कर्नाटक और तमिलनाडु के बीच तनातनी ने हिंसा का रूप लिया था। तब राज्य में तमिलनाडु के पंजीकरणवाली बसों और ट्रकों में आग लगाई गई। अब कुछ समय पहले बंगलुरु मेट्रो रेल के साइन-बोर्ड में हिंदी इस्तेमाल होने का कन्नड़ समर्थक कड़ा विरोध कर रहे थे। ये पहले कभी नहीं हुआ। ये सरकार से तीन भाषाओं के बदले दो भाषाओं की नीति अपनाने का आग्रह भी कर रहे हैं। हिंदी प्रेम, मैत्री और सौहार्द की भाषा है। सारे देश को जोड़ती है। अब अचानक से उसका कर्नाटक में क्यों विरोध हो रहा है, ये समझ से परे। कर्नाटक में दशकों से हिंदी प्रचार-प्रसार में कन्नड़ भाषी लगे हैं, पर हिंदी या कावेरी के जल बँटवारे को लेकर कर्नाटक जैसे प्रगतिशील राज्य को आग में झोंका जा रहा है। अब कर्नाटक में नया शिगूफा राज्य सरकार ने ही छोड़ दिया। और मुख्यमंत्री सिद्दारमैया कह रहे हैं कि आगामी राज्य विधानसभा चुनावों से इसका कोई संबंध नहीं है। चुनाव तो अगले साल मई में हैं, हालाँकि उनके इस तर्क से कोई राजी नहीं है। अब उनकी बात को कौन मानेगा।

मुझे याद है कि साल 2012 में भी कर्नाटक का लाल और पीले रंग का अलग झंडा रखने की माँग उठी थी। उस समय कर्नाटक में भा.ज.पा. की सरकार थी, लेकिन झंडे की माँग का भा.ज.पा. सरकार ने विरोध किया था। लेकिन कांग्रेस सरकार तो इस माँग को उठा रही है। कर्नाटक कांग्रेस के नेता बेहद लचर तर्क दे रहे हैं कि 'क्षेत्रीय झंडा होने का मतलब ये नहीं कि राष्ट्रीय झंडे का अपमान होगा। कर्नाटक का झंडा तिरंगे के नीचे ही उड़ेगा।' वे भूल रहे हैं कि उनके कदम देश को तोड़नेवाले हैं। ये देश कभी भी स्वीकार नहीं करेगा। भारतीय जनमानस देश की एकता और अखंडता के सवाल पर एक राय है।

बंगलुरु भारत के सूचना प्रौद्योगिकी का गढ़ है। इसी कारण से इसे 'भारत का

सिलिकॉन वैली' कहा जाता है। भारत के प्रमुख तकनीकी संगठन इसरो, इंफोसिस और विप्रो का मुख्यालय यहीं है। यहाँ पर हजारों आई.टी. पेशेवर काम करते हैं।

केंद्र उच्च शिक्षा का

यहाँ बहुत से शिक्षण और अनुसंधान संस्थान स्थित हैं, जैसे भारतीय विज्ञान संस्थान, भारतीय प्रबंध संस्थान, राष्ट्रीय डिजाइन संस्थान तथा नेशनल लॉ स्कूल ऑफ इंडिया यूनिवर्सिटी। इसके अलावा अनेक सरकारी वायु तकनीकी और रक्षा संगठन भी यहाँ स्थापित हैं, जैसे भारत इलेक्ट्रानिक्स, हिंदुस्तान एयरोनॉटिक्स लिमिटेड और नेशनल एयरोस्पेस लेबोरेटरीज। बंगलुरु कन्नड़ फिल्म उद्योग का केंद्र है। इतने खासमखास शहर को विभिन्न मुद्दों की आड़ में नष्ट किया जा रहा है।

देखने में आ रहा है कि देश के दक्षिणी राज्यों में अव्यवस्था फैलाई जा रही है। ये राज्य पहले कमोबेश शांत थे। ये आपस में भी लड़ रहे हैं। तेलंगाना भी आंध्र प्रदेश से पंगा ले रहा है। दोनों राज्यों के मुख्यमंत्री कभी-कभी सामान्य शिष्टाचार भी

भूल जाते हैं। आंध्र प्रदेश के मुख्यमंत्री चंद्रबाबू नायडू और तेलंगाना के मुख्यमंत्री के. चंद्रशेखर राव आपस में जिस तरह से व्यवहार करते हैं, जाहिर तौर पर उसकी उनसे कतई अपेक्षा नहीं की जा सकती। इसी तरह से कावेरी के मसले पर जैसा कि हम ऊपर बता कर चुके हैं कि कर्नाटक और तमिलनाडू शत्रुओं की तरह का आचरण करते हैं। ये सब देश के संघीय ढाँचे के लिए सही नहीं है। इस प्रवृत्ति पर रोक लगनी चाहिए। राज्यों को अधिक और अतिरिक्त स्वायत्तता मिले इसमें किसी को क्या दिक्कत होगी। लेकिन यह तो स्वीकार नहीं किया जाएगा कि देश के अहम प्रतीकों पर ही हमले शुरू हो जाएँ। अगर ये हुआ तो फिर भारत का मतलब क्या रह जाएगा।

□

पश्चिम बंगाल में बवाल, बेपरवाह सरकार

पश्चिम बंगाल जल रहा है। दार्जिलिंग से लेकर कोलकाता से सटे उत्तर 24 परगना जिला तक अशांत है। जनता में आक्रोश है, पर मुख्यमंत्री ममता बनर्जी बिल्कुल बेपरवाह हैं।

पहले बात करें कलकत्ता के पड़ोस 24 परगना की। वहाँ पर एक आपत्तिजनक फेसबुक पोस्ट के बाद जमकर बवाल काटा गया। इलाके में हिंसा भड़कने के दौरान कई मंदिर व स्कूल जला दिए गए और दर्जनों दुकानों में लूटपाट की गई। दरअसल वहाँ 11वीं कक्षा के एक छात्र ने फेसबुक पर मुसलिमों के किसी पवित्र स्थान के बारे में अपमानजनक टिप्पणी पोस्ट कर दिया था, जिसके विरोध में हजारों कट्टर मजहबी कूद पड़े कोहराम मचाने। जमकर दंगे हुए। उस भीड़ में से कुछ तो उस छात्र को पत्थर मारकर मार डालने की इजाजत माँग रहे हैं, तब जबकि उस छात्र को तत्काल गिरफ्तार कर लिया गया है। एक नाबालिग बच्चे की इस छोटी सी गलती को भी हजारों मजहबी बर्दाश्त नहीं कर सके। माफ करने के बजाय, सड़कों पर बवाल काटने उतर पड़े। जरा इन सिरफिरों से पूछा जाए कि एक पोस्ट से क्या बिगड़ गया उस पवित्र स्थान का। एक तरफ अल्लाह को सबसे रहमदिल कहते हो और खुद इतने कमजर्फ नफरत-दिल हो ? खैर, पुलिस ने सजगता दिखाते हुए फेसबुक पर वह पोस्ट लगानेवाले नाबालिग छात्र को गिरफ्तार कर लिया है, लेकिन फिर भी मुसलमान सड़क जाम करने लगे, पुलिस पर हमले किए और पुलिस वाहनों को आग के हवाले कर दिया गया। उत्तेजित भीड़ ने मौके पर पहुँचे पुलिसवालों के वाहनों की भी तोड़-फोड़ की और पथराव किया। इसमें पुलिस अधिक्षक समेत कुछ पुलिसवाले घायल भी हो गए।

कोलकाता से सटे स्थान पर इतनी व्यापक स्तर पर आगजनी हुई और हैरानी

इसलिए हो रही है कि मुख्यमंत्री ममता बनर्जी ने हालातों पर काबू पाने की बजाय राज्य के राज्यपाल केशरीनाथ त्रिपाठी पर ही आरोप लगाने चालू कर दिए। कहा कि राज्यपाल महोदय ने धमकी दी। क्या उन्हें यह शोभा देता है कि उनका राज्य जल रहा है और वो सियासत कर रही हैं? क्या राज्यपाल को इतना भी अधिकार नहीं कि मुख्यमंत्री से यह पूछ सके कि स्थिति पर नियंत्रण क्यों नहीं हो रहा?

क्या केशरीनाथ त्रिपाठी ने दंगाग्रस्त इलाकों की स्थिति पर ममता बनर्जी से फोन पर बात करके कोई अपराध कर दिया? वो कह रही हैं कि राज्यपाल ने उन्हें धमकी दी और अपमानित किया, हालाँकि राज्यपाल ने सारे माहौल को शांत करने की मंशा से अपना स्पष्टीकरण देते हुए कहा कि 'हमारी बातचीत में ऐसा कुछ नहीं हुआ, जिससे ममता बनर्जी को लगे कि उनकी बेइज्जती हुई, उन्हें धमकाया गया या उन्हें अपमानित किया गया।'

दरअसल कठमुल्ला मुसलमानों का गढ़ बन गया है पश्चिम बंगाल। आपको याद होगा कि पिछले साल मालदा में हजारों मुसलमानों की भीड़ ने किस तरह से उपद्रव किया था। मालदा में बवाल करनेवालों की माँग थी कि कमलेश तिवारी नाम के उस शख्स को फाँसी दे दी जाए, जिसने उनके नबी की शान में तथाकथित गुस्ताखी की। यह माँग तब हो रही थी, जब तिवारी को रासुका लगाकर जेल में डाल दिया गया था। उस पर कई कठोर धाराएँ लगा दी गई थीं। फाँसी की माँग करनेवालों को यह नहीं पता था कि तिवारी ने जो अपराध किया है, उसकी सजा किसी भी प्रकार से फाँसी नहीं हो सकती। इसके साथ ही यह भी तो गौर फरमाने योग्य है कि कोलकाता के एक मदरसे के हेडमास्टर काजी मासूम अख्तर को सिर्फ इसलिए बेरहमी से पीटा जाता है, क्योंकि उसने अपने छात्रों को राष्ट्रगान सिखाने की कोशिश की थी। अब यह सवाल अहम हो गया है कि क्या भारत में राष्ट्रगान गाना समाज के एक वर्ग के लिए जरूरी नहीं है? और एक लंबी डरावनी चुप्पी सामने आ रही है उन कथित लेखकों की तरफ से जो असहिष्णुता के सवाल पर अपने पुरस्कार लौटाते रहे हैं या जंतर-मंतर पर धरने पर बैठते रहे हैं। 24 परगना से लेकर मालदा के उपद्रवियों को ममता बनर्जी की सरकार कुछ नहीं कहती।

जन्नत में आग

और, पृथ्वी का जन्नत यानी दार्जिलिंग भी तो जल रहा है। दार्जिलिंग में भी हालात काबू से बाहर हो रहे हैं। वहाँ मानों सारा दार्जिलिंग सड़कों पर उतर आया है,

पर ममता बनर्जी संयुक्त राष्ट्र के एक कार्यक्रम में शामिल होने के लिए नीदरलैंड चली जाती हैं। कहती हैं, दार्जिलिंग में हिंसक प्रदर्शन बर्दाश्त नहीं किए जाएँगे। पर उन्होंने यह चेतावनी 24 परगना में हंगामा करनेवालों को नहीं दी। दार्जिलिंग में वहाँ की इंटरनेट सेवाएँ निलंबित कर दी गई थीं। वहाँ पर बंद का आह्वान किया जा रहा है। बंद का आह्वान गोरखा जनमुक्ति मोर्चा (जी.जे.एम.) ने किया है। जीजेएम पृथक् गोरखालैंड के लिए आंदोलन चला रहा है। वहाँ पर दवाखानों को छोड़कर सभी अन्य दुकानें एवं होटल बंद हैं। पर्यटन का कारोबार ठप्प है। ममता बनर्जी अपने राज्य के बिगड़ते हालातों पर काबू क्यों नहीं पाती? सक्षम नहीं है या इच्छा नहीं हैं? सिर्फ केंद्र पर आरोप लगाने से बात नहीं बनेगी। देशभक्त गोरखा लोगों की माँगों का कोई शांतिपूर्ण समाधान तो तलाशना होगा।

हावी होते कठमुल्ले

दरअसल सारा देश देख रहा है कि ममता बनर्जी सांप्रदायिक शक्तियों के हाथों में खुलकर खेल रही हैं। आपको याद होगा कि उनके एक खासमखास कोलकाता की एक मसजिद के एक कुख्यात इमाम ने कुछ समय पहले प्रधानमंत्री नरेंद्र मोदी के खिलाफ एक बेहद आपत्तिजनक फतवा जारी किया था। कोलकाता की टीपू सुल्तान

मसजिद के शाही इमाम सैयद मोहम्मद नुरुर रहमान बरकती ने फतवा जारी करते हुए मोदीजी का अपमान करनेवाले को 25 लाख रुपए का इनाम देने का वादा किया था।

जरा देख लीजिए कि कितना खतरनाक था वह फतवा। देश के प्रधानमंत्री पर हमला करने का फतवा जरी करने के बावजूद पश्चिम बंगाल की मुख्यमंत्री ममता बनर्जी का खासमखास बना हुआ है वह धूर्त इमाम।

जी.एस.टी. पर भी रार

ममता बनर्जी मानो कोई काम कायदे से करने के लिए तैयार ही नहीं हैं। उन्होंने वस्तु एवं सेवा कर (जी.एस.टी.) में भी तमाम मीनमेख निकाले थे। उन्होंने अपनी फेसबुक पोस्ट पर लिखा कि देश ने 14 अगस्त, 1947 की मध्य रात्रि आजादी हासिल की थी और अब 30 जून, 2017 की मध्य रात्रि से देश की आजादी और लोकतंत्र के लिए भयानक खतरा पैदा हो गया है और इंस्पेक्टर राज का युग लौट आया है। ज्ञातव्य है कि जी.एस.टी. में इंस्पेक्टरों को चार गंभीर अपराधों के लिए गिरफ्तारी की शक्तियाँ प्राप्त हैं, जिसमें व्यापारियों को एक से चार वर्ष जेल की सजा हो सकती है। वो नोटबंदी का भी विरोध कर रही थीं। वो नोटबंदी के बहाने भी प्रधानमंत्री मोदी पर हमला बोल रही थीं, अरविंद केजरीवाल के साथ मिलकर। क्या उन्हें मालूम है कि कालेधन की अर्थव्यवस्था क्या होती है? क्या उन्हें पता है कि काला धन देश को किस तरह से खोखला करता है? शायद नहीं। खैर, फिलहाल पश्चिम बंगाल में कठमुल्ला ताकतें पूरी तरह से हावी हैं। ममता बनर्जी की ओर सारा देश देख रहा है कि वो अब उन ताकतों के साथ खड़ी होती है या उन पर चाबुक बरसाएँगी।

□

भारत-चीन विवाद : दलाई लामा चुप क्यों?

चीन की बंदरभभकी देखने लायक हैं। वो भारत को सीमा विवाद में फिर उलझाने की फिराक में है। उसे लगता है कि भारत अब उससे भयभीत हो जाएगा। दोनों देशों के बीच 3,500 किलोमीटर लंबी सरहद है। चीन को तकलीफ इसलिए हो रही है कि क्योंकि भारत ने डोकलाम में चीन के सड़क बनाने की कोशिश का पुरजोर विरोध किया। दरअसल डोकलाम उस स्थान पर स्थित हैं, जहाँ चीन, भारत के उत्तर-पूर्व में मौजूद सिक्किम और भूटान की सीमाएँ मिलती हैं। यानी ये स्थान अति संवेदनशील है, सामरिक दृष्टि से।

चीन का जब से डोकलाम के सवाल पर आक्रमक रुख शुरू हुआ तो एक उम्मीद थी कि दलाई लामा से लेकर भारत में रहनेवाले बड़ी संख्या में तिब्बती उसके (चीन के) खिलाफ सामने आएँगे, लेकिन सब के सब चुप हैं। न दलाई लामा बोल रहे हैं, न ही बात-बात पर चीनी दूतावास के बाहर प्रदर्शन करनेवाले तिब्बती समुदाय के लोग ही खुलकर भारत के पक्ष में खड़े हो रहे हैं। भारत ने दलाई लामा को उनके हजारों अनुयायियों के साथ भारत के विभिन्न पहाड़ी इलाकों में शरण देकर एक तरह से चीन से स्थायी पंगा कर लिया था। दलाई लामा को शांति का नोबेल सम्मान भी मिला था। उन्हें सारी दुनिया सम्मान की नजरों से देखती है। बेहतर होता कि वे इस मौके पर चीन की विस्तारवादी नीतियों को दुनिया के सामने लेकर आते और खुलकर भारत के पक्ष में खड़े होते, पर वे तो चुप हैं। मानो वे अज्ञात स्थान में चले गए हों। उनका इस मौके पर चुप रहना या तटस्थ रवैया रखना समझ से परे है। दलाई लामा का अब कहना है कि वह चीन से आजादी नहीं चाहते हैं, लेकिन स्वायत्तता चाहते हैं। 1950 के दशक से दलाई लामा और चीन के बीच शुरू हुआ विवाद अभी भी जारी है। दलाई लामा के भारत में रहने से चीन से रिश्ते अकसर खराब होते रहते हैं। हो

सकता है कि किसी रणनीति के तहत दलाई लामा चुप हों।

अब भारत पूरे धैर्य और प्रेम से कूटनीतिक तौर पर सारे लंबित मामलों को हल करने में लगा है, जो नेहरू के समय से चले आ रहे हैं। साथ ही भारत सरकार किसी भी स्थिति से निबटने के लिए तैयार भी है। चीन को संकेत मिल चुके हैं कि जंग भारत की सेनाएँ ही नहीं लड़ेंगी। सारा देश चीन से दो-दो हाथ करने के लिए तैयार है। और वैसे भी जंग तो हौसलों से जीती जाती है। उस मोर्चे पर भारत कतई कम नहीं है। भारत के रक्षा मंत्री अरुण जेटली भी चीन को कायदे से समझा चुके हैं कि चीन हमें 1962 का भारत न समझे। यह बात सौ फीसदी सही भी है। इस बार चीन जरा सी भी गुस्ताखी की तो उसे लेने के देने पड़ जाएँगे।

हड़पी जमीन हमारी

चीन ने 1962 की जंग के समय हड़पी हमारी जमीन को वापस करने के कोई संकेत नहीं दिए हैं, तमाम बातचीत के बावजूद। इतना लंबा वक्त गुजरने के बाद भी चीन ने हमारे अक्साई चीन पर अपना कब्जा जमाया हुआ ही है। चीन की तरफ से कब्जाए हुए इलाके का क्षेत्रफल 37,244 वर्ग किलोमीटर है। जितना क्षेत्रफल कश्मीर घाटी का है, उतना ही बड़ा है अक्सई चीन। अब आप समझ लें कि भारत के कितने बड़े क्षेत्र पर चीन ने कब्जा कर रखा है। अब भारत को किसी भी विषय पर चीन से आगे की बात करने से पहले उससे अक्सई चीन को लौटाने की माँग करनी चाहिए। वैसे भी देश का यह संकल्प है कि हमें चीन से उस भूमि को वापस लेना है, जो उसने हड़पी हुई है। अब दो परमाणु ताकतों के बीच युद्ध लगभग असंभव है, तो चीन से आँख में आँख मिलाकर बात तो की जानी चाहिए। यह समझ लेना चाहिए कि भारत और चीन के बीच युद्ध की आशंका नगण्य है।

चीनी निवेश

इस बीच, चीन का भारत में निवेश भी बढ़ता ही चला जा रहा है। ये 100 अरब डॉलर के आसपास पहुँच रहा है। भारत में चीनी कंपनियों के निवेश के ट्रेंड को देखना है तो राजधानी से सटे गुरुग्राम हो आइए। अकेले गुरुग्राम में करीब तीन हजार चीनी पेशेवर काम कर रहे हैं। गुरुग्राम में हुआवेई, अली बाबा, ओप्पो मोबाइल, मित्तु, बेडु जैसी चीनी कंपनियाँ आ चुकी हैं, अपने सैकड़ों पेशेवरों के साथ। हुआवेई में शायद सबसे अधिक चीनी पेशेवर हैं। इनमें महिलाओं की संख्या भी मजे की है। क्या चीन

सरकार अपनी कंपनियों के मोटे निवेश को भारत के साथ जंग करके पानी में बहा देगी? यह असंभव है। भारत के मिडिल क्लास का दायरा बढ़ता जा रहा है। इसे बेहतर नौकरियों की तलाश है। ये मिलेंगी चीनी और दूसरे देशों की कंपनियों के भारत में तगड़ा निवेश करने से, क्योंकि अब आप यूरोप की ठहरी हुई अर्थव्यवस्था की कंपनियों से बहुत कुछ उम्मीद नहीं कर सकते। इसलिए चीनी कंपनियों पर ही ज्यादा दारोमदार रहेगा। भारत की चाहत है कि चीनी कंपनियाँ हमारे यहाँ मैन्युफैक्चरिंग सेक्टर में मोटा निवेश करें। चीनी कंपनियों को भारत में सस्ती श्रम शक्ति मिल जाती है। साथ ही यहाँ पर इन कंपनियों को बड़ा बाजार भी तैयार मिलता है। वैसे इसमे लाभ दोनों देशों को है। वे यहाँ से माल बनाकर बाहर भेजती हैं। हमारा निर्यात बढ़ता है। बदले में वे यहाँ पर रोजगार भी देती हैं।

याद रखिए कि भारत में चीनी या किसी अन्य देश से आनेवाले निवेश का लाभ होगा रोजगार में इजाफे के रूप में। इसके चलते देश के अंदर रोजगार के अवसर बढ़ेंगे। बाजार में सामान्य मजदूरों के अलावा इंजीनियरों, वास्तुकारों, चार्टर्ड एकाउंटेट से लेकर दूसरी तमाम तरह की नौकरियाँ पैदा होंगी। इसका लाभ यह होगा कि देश के मिडिल क्लास परिवारों और दूसरे वर्गों के नौजवानों को रोजगार के मौके ज्यादा मिलेंगे।

निवेश का लाभ

अब देश में सरकारी नौकरियाँ सिकुड़ रही हैं। अब नौकरियाँ प्राइवेट सेक्टर से ही आएँगी। इसलिए यह जरूरी है कि विदेशी निवेश बढ़े। निवेश बढ़ने से देश में इंफ्रास्ट्रक्चर में सुधार होगा और रोजगार के अवसर भी बढ़ेंगे। लेकिन चीन से निवेश लेने के बदले में हमें अपनी सुरक्षा में कतई कमजोर पड़ने की जरूरत नहीं है। चीन किसी भी सूरत में भारत से दूर नहीं जा सकता है, हालाँकि दोनों देशों के बीच सीमा विवाद लंबे समय से चल रहा है, पर हाल के वर्षों में दोनों ने सीमा विवाद को सुलझाने की कोशिशें करते हुए आपसी व्यापार को गति दी है। अब अमेरिका तथा संयुक्त अरब अमीरत के बाद चीन का सबसे बड़ा व्यापारिक साझीदार देश भारत है। क्या चीन भारत से संबंध बिगाड़ेगा? भूल जाइए। हाँ, छिट-पुट वाद-विवाद तो जारी रहेगा। सत्तर साल से जिन मामलों को पूर्ववर्ती सरकारों ने उलझाकर रखा, उसे सुलझाने में सात साल तो लगेगा ही।

एक बात मैं साफ कर देना चाहता हूँ कि भारत में बस गए चीनी मूल के नागरिकों के साथ किसी भी स्थिति में भेदभाव नहीं होना चाहिए। वे भी वस्तुत: भारतीय ही हैं। हमने देखा है कि 1962 की जंग के समय कलकत्ता और देश के दूसरे भागों में बसे चीनियों के साथ बहुत दुर्व्यवहार हुआ था। सुरक्षा एजेंसियों ने भी इन्हें काफी प्रताड़ित किया था, चूँकि ये चीनी मूल के हैं, मात्र इसलिए इनकी भारत के प्रति निष्ठा पर सवालिया निशान लगाना अनुचित होगा। वे तो इस देश में अफगानों, यहूदियों और पारसियों की तरह कई पुश्तों से रह रहे हैं।

□

क्यों ब्रिक्स देश नहीं लताड़ते चीन को

अभी भारत-चीन सीमा पर अमन की बहाली एक दूर की संभावना दिख रही है। वैसे तो धूर्त चीन आसानी से सुधरनेवाला नहीं है। उसने अब लद्दाख में भी घुसपैठ की चेष्टा की। जिसे भारतीय फौज के वीर जवानों ने आसानी से विफल कर दिया। अब बताया जा रहा है कि चीन की पीपुल्स लिबरेशन आर्मी (पी.एल.ए.) पूर्वी अरुणाचल प्रदेश और उत्तराखंड से लगनेवाली भारत-चीन सीमा पर भी घुसपैठ की कोशिश कर सकती है। यानी चीन चैन से बैठने के मूड में नहीं दिखता। चीन को भी अब अच्छी तरह से समझ आ गया है कि इस बार उसकी टक्कर 1962 वाले कमजोर भारत से नहीं है। अबकी बार भारत की मजबूत सेना उसके दाँत खट्टे करके खदेड़ देने में सक्षम है।

कम हो आयात

चीन में एक मशहूर कहावत है कि 'पड़ोसी कभी प्रेम से नहीं रह सकते।' अब तो इस बात को भारत को भी समझ ही लेना चाहिए। अब भारत को चीन को उसकी औकात कायदे से बता ही देनी चाहिए। चीन आज के दिन भारत का सबसे बड़ा व्यापारिक भागीदार भी है, लेकिन उसके साथ भारत का 29 अरब डॉलर का विशाल व्यापार घटा भी है। अब इस व्यापार घाटे को संतुलित करने की जरूरत आ गई है। भारत जिस भी चीज का निर्यात कर सकता है, उसको उसे अपने लिए सबसे ज्यादा फायदेमंद जगह पर अच्छी-से-अच्छी कीमत लेकर ही बेचना चाहिए। साथ ही भारत को अपनी जरूरत की चीजें भी ऐसे ही देशों से मँगानी चाहिए, जहाँ वे कम-से-कम कीमत पर उपलब्ध हों। तात्पर्य यह है कि भारत को अपेक्षाकृत कम होड़वाले देशों से व्यापार संबंध बनाकर मुनाफे की स्थिति में ही करना चाहिए,

जबकि अधिक होड़वाले देशों के साथ व्यापार घाटे को कम करना चाहिए। भारत को बिजली के सजावटी सामानों से लेकर कपड़ों और मूर्तियों वगैरह का चीन से आयात तो कम करना ही होगा।

भारत सरकार भी भारतीय बाजार में गैर-जरूरी चीनी सामानों की बढ़ती खपत को लेकर गंभीर है। द्विपक्षीय व्यापार नियमों से हटकर घरेलू उत्पादों की बिक्री को प्रभावित करनेवाली वस्तुओं का आयात रोकने के कदम भी सरकार ने उठाने शुरू कर दिए हैं। कुछ समय पहले ही सरकार ने एक अधिसूचना जारी करके विदेशी पटाखों की बाजार में बिक्री को अवैध करार कर दिया था। भारतीय बाजार में चीनी उत्पादों की बढ़ती घुसपैठ को लेकर अब देश भर में कई मंचों से आवाज उठाई जा रही है। इसके साथ ही चीन की ओर से स्टील, केमिकल उत्पादों की डंपिंग को लेकर भी चिंता जताई जा रही है।

दें पटकनी

ताजा स्थिति यह है कि दोनों देशों के बीच करीब 70 अरब डॉलर से अधिक का द्विपक्षीय व्यापार होता है। इसमें चीन से भारत में आयात की हिस्सेदारी करीब 61 अरब डॉलर की है। इसके विपरीत भारत से चीन को निर्यात महज नौ अरब डॉलर का है। यह बड़ा भारी असंतुलन है। यानी चीन से भारत में होनेवाला आयात, भारत से चीन को होनेवाले निर्यात के मुकाबले छह गुना से अधिक है। यह भारत में होनेवाले कुल आयात का मात्र 15 फीसदी है। अब सरकार को इस मोर्चे पर भी चीन को पटकनी देनी ही होगी। चीन से होनेवाले आयात में कमी करने के उपाय भी तलाश करने होंगे, ताकि उसे आर्थिक चोट पहुँचे। यदि एक बार चीन से आयात घटना चालू हुआ, तो वहाँ पर अपने-आप हड़कंप मच जाएगा। तभी चीनी नेतृत्व की आँखें भी खुलेगी कि मित्र देशों से मित्र धर्म का निर्वाह किस तरह करना चाहिए। भारत-चीन व्यापार के स्वरूप को लेकर भी चिंताएँ काफी वक्त से व्यक्त की जा रही हैं। भारत मुख्य रूप से लौह अयस्क और कुछ अन्य खनिजों का निर्यात करता है, जबकि चीन से वह बनी-बनाई चीजें, खासकर तरह-तरह की मशीनरी, टेलिकॉम उपकरण और बिजली के सामान और खिलौने, इलेक्ट्रिकल मशीनरी व उपकरण, मैकेनिकल मशीनरी व उपकरण, प्रोजेक्ट गुड्स, आर्गेनिक केमिकल और लौह व इस्पात आदि प्रमुख चीजें मँगाता है। पिछले कुछ सालों से बिजली व दूरसंचार उपकरणों के आयात में काफी तेजी आई है।

लगेगी चोट

इसमें कोई शक नहीं है कि चीन के ताजा रुख से दोनों के बीच आपसी व्यापार को और गति देने की संभावनाओं को गहरी चोट पहुँची है। 1962 के युद्ध की कड़वी यादें अब भी भारतीय जनमानस के जेहन में लगभग भूल सी गई थीं, जबकि चीन ने एक बार फिर से हमारे से पंगा लेना शुरू कर दिया है। कुछ समय पहले तक तो यही लग रहा था कि भारत और चीन ने एक सार्वभौम पड़ोसी राष्ट्रों के रूप में द्विपक्षीय रिश्ते में एक लंबी दूरी तय कर ली हैं, लेकिन उस सोच को गहरा धक्का लगा है। दोनों देश ढाँचागत विकास, पर्यटन, सूचना प्रोद्योगिकी और कृषि के क्षेत्र में आपसी सहयोग से आगे बढ़कर दोनों देशों का विकास कर सकते थे। चीनी कंपनियाँ भी भारत में निवेश को लेकर खासा सकारात्मक रुख ही अपना रही थी, लेकिन लगता है कि चीनी नेतृत्व को अपने देश की निजी कंपनियों के हितों की कोई परवाह ही नहीं है। वैसे तो कहते हैं कि सभी बड़ी चीनी कंपनियों में चीन की शासक कम्युनिस्ट पार्टी की अच्छी-खासी हिस्सेदारी भी रहती है। साल 2014 में जब चीन के राष्ट्रपति भारत

आए थे, तो उनके साथ उनके देश की करीब 80 शिखर कंपनियों के उच्चाधिकारी भी आए थे। जिनमें विमानन से लेकर मत्स्यपालन क्षेत्र तक की कंपनियों के सी.ई.ओ. थे। चीनी नेता की टोली में एयर चाइना, जेड.टी.ई., हुआवेई टेक्नोलॉजी, शांघाई इलेक्ट्रिक कॉरपोरेशन, चाइना डेवलपमेंट बैंक आदि के प्रतिनिधि शामिल थे। यानी चीन का प्राइवेट सेक्टर भारत से संबंध सुधारना चाहता है, व्यापारिक संबधों को गति देकर, पर वहाँ की सरकार विस्तारवादी नीति पर ही चलती नजर आ रही है। प्रश्न यह है कि क्या चीनी सरकार अपनी ही कंपनियों के हितों के विरुद्ध कोई ऐसा कार्य कर सकती है, जिससे उनकी ही कंपनियों द्वारा भारत में सैकड़ों अरब के निवेश का बँटाधार हो जाए।

छोड़ें ब्रिक्स ?

दरअसल भारत-चीन सीमा पर जो कुछ हो रहा है, उस पृष्ठभूमि में ब्रिक्स को भी बहस में लाना अति आवश्यक है। ब्रिक्स पाँच प्रमुख उभरती अर्थव्यवस्थाओं का समूह है। इसमें भारत और चीन दोनों ही हैं। इनके अलावा ब्राजील, रूस और दक्षिण अफ्रीका भी हैं। माना जाता हैं कि ब्रिक्स देशों में विश्वभर की 43 फीसदी आबादी रहती है, जहाँ विश्व का सकल घरेलू उत्पाद 30 फीसदी है और विश्व व्यापार में इसकी 17 फीसदी ही हिस्सेदारी भी है। ब्रिक्स देश के सदस्य वित्त, व्यापार, स्वास्थ्य, विज्ञान एवं प्रौद्योगिकी, शिक्षा, कृषि, संचार, श्रम आदि मसलों पर परस्पर सहयोग का संकल्प रख मिलजुलकर कार्य करने का वादा करते हैं। यहाँ तक तो सब ठीक-ठाक है, परंतु अब जबकि ब्रिक्स देशों का एक सदस्य गुंडागर्दी के अंदाज में अपने ही साथी ब्रिक्स समूह के देश (भारत) को ललकार रहा है, तो बाकी ब्रिक्स राष्ट्र चुप्पी क्यों साध गए हैं? ब्राजील, रूस और दक्षिण अफ्रीका खुलकर क्यों नहीं चीन की दादागिरी पर बोलते? क्यों उन्हें चीन से डर लग रहा है? ये देश चीन को ब्रिक्स देशों के समूह से बाहर करने की कार्रवाई क्यों नहीं करते? क्या चीनी सीमा पर भारत कोई घुस-पैठ कर रहा है? सबको मालूम है कि वस्तुस्थिति क्या है? इसके बावजूद ब्रिक्स देश के सदस्य जुबान खोलने को तैयार नहीं हैं। तो फिर इस तरह के समूह का सदस्य बनने का लाभ ही क्या है? इस तरह के कथित मित्रों से संबंध बनाए रखने से आखिरकार क्या मिलेगा? भारत को भी अब इस संबंध में गंभीरता से विचार करना ही होगा।

रूस, भारत तथा चीन ने सेंट पीट्सबर्ग में जुलाई 2006 में जी-8 शिखर सम्मेलन के अवसर पर ब्रिक्स को प्रारंभ किया गया था। न्यूयॉर्क में सितंबर 2006 में संयुक्त राष्ट्र महासभा के अवसर पर ब्रिक समूह के विदेश मंत्रियों की प्रथम बैठक के दौरान ब्रिक को औपचारिक रूप प्रदान किया गया। 'ब्रिक' के प्रथम शिखर सम्मेलन का आयोजन रूस के येकातेरिनबर्ग शहर में 16 जून, 2009 को किया गया। सितंबर 2010 में न्यूयॉर्क में ब्रिक विदेश मंत्रियों की बैठक में दक्षिण अफ्रीका को शामिल करके ब्रिक को ब्रिक्स में विस्तार करने पर सहमति बनी थी, लेकिन अब लग रहा है कि ब्रिक्स को भी अपनी भूमिका पर फिर से विचार करना होगा। सिर्फ वार्षिक सम्मेलन में राष्ट्राध्यक्षों के मिलने का क्या लाभ है ? उसमें कुछ भारी-भरकम घोषणाएँ ही तो होती हैं। इसी तरह से हम दलाई लामा की चुप्पी को भी देख ही रहे हैं। चीन का जब से डोकलाम के सवाल पर आक्रमक रुख शुरू हुआ तो एक उम्मीद जरूर थी कि दलाई लामा से लेकर भारत में रहनेवाले बड़ी संख्या में तिब्बती उसके (चीन) के खिलाफ सामने आएँगे, लेकिन सब के सब चुप हैं। न दलाई लामा बोल रहे हैं, न ही बात-बात पर चीनी दूतावास के बाहर प्रदर्शन करनेवाले तिब्बती समुदाय के लोग ही खुलकर भारत के पक्ष में खड़े हो रहे हैं। भारत ने दलाई लामा को उनके हजारों अनुयायियों के साथ भारत के विभिन्न पहाड़ी इलाकों में शरण देकर एक तरह से चीन से स्थायी पंगा ले लिया था। दलाई लामा को शांति का नोबेल सम्मान भी मिला था। उन्हें सारी दुनिया सम्मान की नजरों से देखती है। बेहतर होता कि वे इस मौके पर तो अवश्य ही चीन की विस्तारवादी नीतियों को दुनिया के सामने लेकर आते और खुलकर भारत के पक्ष में खड़े होते। पर वे तो चुप हैं। मानो वे अज्ञात स्थान में चले गए हों। उनका इस मौके पर चुप रहना या तटस्थ रवैया रखना समझ से परे है।

अब भारत के सामने दो ही रास्ते बचे हैं। पहला कि उसे सोचना ही होगा कि क्या उसे ब्रिक्स समूह में बने रहना चाहिए ? दूसरा, उसे चीन से अपना आयात घटाना ही होगा। हम निर्यात का पाँच गुना आयत करें यह तो किसी भी तरह से युक्तिसंगत नहीं है। तब चीन अपने-आप सीधा हो जाएगा।

□

भारत की शक्ति के आगे नतमस्तक हुआ धूर्त चीन

पिछले ढाई-तीन महीने से भारत-चीन के बीच युद्ध जैसे हालात बने हुए थे। चीन बार-बार बंदरभभकी दे रहा था। याद करें 1962 की जंग को। लेकिन इस बार भारत के आत्म विश्वास और हौंसलों के आगे धूर्त चीन परस्त हो गया। उसने अपनी रेड आर्मी को वापस बैरक में भेजने का फैसला कर लिया। ये सुखद है। युद्ध के विचार को बौद्ध और गांधी का देश आगे नहीं बढ़ा सकता, लेकिन इस बार भारत आक्रामक मुद्रा में आ गया था। जैसा कि गोस्वामी तुलसी दास कहते हैं, 'समरथ को नहीं दोष गोंसाई।' यानी अगर आप बलशाली हैं तो आपके दोष भी नेपथ्य में चले जाते हैं।

विस्तारवादी चीन

इस ताजा विवाद ने कुछ बिंदुओं को साफ कर दिया। पहला, चीन घनघोर विस्तारवादी देश है। विश्व समुदाय को चीन की इस हरकत का नोटिस लेना होगा। दूसरा, चीन के बारे में संसार को मालूम चल गया है कि वो अजेय नहीं है। उससे भी लोहा लेने के लिए कम-से-कम भारत तैयार है। ये नेहरूजी के प्रधानमंत्रित्व काल का भारत नहीं है। नेहरूजी के नेतृत्व में चीन ने भारत को युद्ध में भारी क्षति पहुँचाई थी। भारत के बड़े भू-भाग को कब्जा लिया था। और इस सबके बीच नेहरूजी तीसरी दुनिया के नेता बनने में व्यस्त थे। ताजा डोकलाम विवाद के दौरान भारत सरकार का रुख साफ था कि वो चीन के दबाव में नहीं आएगा। हाँ आपसी सहयोग और सीमा पर जारी तनाव को दूर करने के लिए भारत तैयार था।

बराबरी के संबंध

अब साफ है कि भारत चीन से बराबरी के संबंध चाहता है। भारत की ख्वाहिश है कि भारत-चीन आपसी व्यापारिक संबंध और बढ़े, लेकिन अब भारत को चीन की धौंस नामंजूर है। धौंस का जवाब तो वो इस बार चीन के गले में अँगूठा डालकर देने के लिए तैयार था। उसने लद्दाख में घुसपैठ की चेष्टा की थी। जिसे भारतीय फौज के वीर जवानों ने विफल कर दिया। चीन को संदेश मिल गया है कि इस बार उसकी टक्कर 1962 के कमजोर भारत से नहीं थी। अबकी बार उसके दाँत खट्टे करके खदेड़ दिया जाता।

कम हो आयात

चीन में कहावत है कि पड़ोसी कभी प्रेम से नहीं रह सकते। अब इस बात को भारत को भी समझ लेना चाहिए। अब भारत को चीन को उसी औकात कायदे से बता देनी चाहिए। चीन भारत का सबसे बड़ा व्यापारिक भागीदार है, लेकिन उसके साथ भारत का 29 अरब डॉलर का विशाल व्यापार घाटा भी है। अब इस व्यापार घाटे को संतुलित करने की जरूरत है। भारत जिस भी चीज का निर्यात कर सकता है, उसको उसे अपने लिए सबसे ज्यादा फायदेमंद जगह पर अच्छी-से-अच्छी कीमत लेकर बेचना चाहिए। साथ ही उसे अपनी जरूरत की चीजें ऐसी हर संभव जगह से मँगानी चाहिए, जहाँ वे कम-से-कम कीमत पर उपलब्ध हों। तात्पर्य यह कि भारत को अपेक्षाकृत कम होड़वाले देशों से व्यापार मुनाफे की स्थिति में रहना चाहिए, जबकि अधिक होड़वाले देशों के साथ व्यापार घाटे को कम करना चाहिए। भारत को कतई बिजली के सामान से लेकर कपड़ों वगैरह का चीन से आयात कम करना होगा।

सरकार भी भारतीय बाजार में गैर-जरूरी चीनी सामान की बढ़ती खपत को लेकर गंभीर है। द्विपक्षीय व्यापार नियमों से हटकर घरेलू उत्पादों की बिक्री को प्रभावित करनेवाली वस्तुओं का आयात रोकने के कदम सरकार ने उठाने शुरू कर दिए हैं। कुछ समय पहले सरकार ने एक अधिसूचना के तहत विदेशी पटाखों की बाजार में बिक्री को अवैध करार दिया था। भारतीय बाजार में चीनी उत्पादों की बढ़ती घुसपैठ को लेकर कई मंचों से आवाज उठाई जा रही है। इसके साथ ही चीन की ओर से स्टील, केमिकल उत्पादों की डंपिंग को लेकर भी चिंता जताई जा रही है।

दे पटकनी

ताजा स्थिति यह है कि दोनों देशों के बीच करीब 70 अरब डॉलर से अधिक का द्विपक्षीय व्यापार होता है। इसमें चीन से भारत में आयात की हिस्सेदारी करीब 61 अरब डॉलर की है। इसके विपरीत भारत से चीन को निर्यात महज नौ अरब डॉलर का है। यानी चीन से भारत को होनेवाला आयात, इसके भारत से निर्यात के मुकाबले छह गुना से अधिक है। यह भारत में होनेवाले कुल आयात का 15 फीसदी है। अब सरकार को इस मोर्चे पर चीन को पटकनी देनी होगी। चीन से होनेवाले आयात में कमी करने के उपाय तलाश करने होंगे, ताकि उसे चोट पहुँचे। एक बार चीन से

आयात घटना चालू हुआ तो वहाँ पर हड़कंप मच जाएगा। तब चीनी नेतृत्व की आँखें खुलेगी कि मित्र देशों से मित्र धर्म का निर्वाह करना चाहिए। भारत-चीन व्यापार के स्वरूप को लेकर भी चिंताएँ काफी वक्त से व्यक्त की जा रही हैं। भारत मुख्य रूप से लौह अयस्क और अन्य जिंसों का निर्यात करता है, जबकि चीन से वह बनी-बनाई चीजें, खासकर मशीनरी और टेलिकॉम उपकरण मंगाता है। चीन से आयात होनेवाली पाँच प्रमुख चीजें हैं, इलेक्ट्रिकल मशीनरी व उपकरण, मैकेनिकल मशीनरी व उपकरण, प्रोजेक्ट गुड्स, आर्गेनिक केमिकल और लौह व इस्पात। कुछ सालों से बिजली व दूरसंचार उपकरणों के आयात में काफी तेजी आई है।

लगेगी चोट

अब डोकलाम पर विवाद ठंडा पड़ गया है, लेकिन चीन के ताजा रुख से भारत को सबक लेने होंगे। 1962 के युद्ध की कड़वी यादें, अब भी भारतीय जनमानस के जेहन में थी कि चीन फिर से हमारे से पंगा ले रहा था। कुछ समय पहले तक लग रहा था कि भारत और चीन ने एक राष्ट्र के रूप में और द्विपक्षीय रिश्ते में लंबी दूरी तय की है, लेकिन उस सोच को धक्का लगा है। एक बात और। लगता है कि चीनी नेतृत्व को अपने देश की निजी कंपनियों के हितों की कोई परवाह नहीं है। साल 2014 में जब चीन के राष्ट्रपति भारत आए थे, तो उनके साथ उनके देश की करीब 80 शिखर कंपनियों के प्रतिनिधि भी आए थे। जिनमें विमानन से लेकर मत्स्यपालन क्षेत्र की कंपनियों के सी.ई.ओ. थे। चीनी नेता की टोली में एयर चाइना, जेड.टी.ई., हुआवेई टेक्नोलॉजी, शांगहाई इलेक्ट्रिक कॉरपोरेशन, चाइना डेवलपमेंट बैंक आदि के प्रतिनिधि शामिल थे। यानी चीन का प्राइवेट सेक्टर भारत से संबंध सुधारना चाहता है, व्यापारिक संबंधों को गति देकर, पर वहाँ की सरकार विस्तारवादी नीति पर ही चल रही है।

क्या लाभ ब्रिक्स का?

दरअसल भारत-चीन सीमा पर जो कुछ हुआ, उस पृष्ठभूमि में ब्रिक्स को बहस में लाना अति आवश्यक है। ब्रिक्स पाँच प्रमुख उभरती अर्थव्यवस्थाओं का समूह है। इसमें भारत-चीन दोनों हैं। इनके अलावा ब्राजील, रूस और दक्षिण अफ्रीका भी हैं। माना जाता हैं कि ब्रिक्स देशों में विश्वभर की 43 फीसदी आबादी रहती है, जहाँ विश्व का सकल घरेलू उत्पाद 30 फीसदी है और विश्व व्यापार में इसकी 17 फीसदी हिस्सेदारी है। ब्रिक्स देश वित्त, व्यापार, स्वास्थ्य, विज्ञान एवं प्रौद्योगिकी, शिक्षा,

कृषि, संचार, श्रम आदि मसलों पर परस्पर सहयोग का वादा करते हैं। यहाँ तक तो सब ठीक है। अब जब ब्रिक्स देशों का एक सदस्य गुंडे के अंदाज में साथी ब्रिक्स समूह के देश (भारत) को ललकार रहा है, तो बाकी ब्रिक्स राष्ट्र चुप्पी क्यों साधे हुए हैं? ब्राजील, रूस और दक्षिण अफ्रीका खुलकर क्यों नहीं चीन की गुंडई पर बोले? क्यों इन्हें चीन से डर लगा? ये देश चीन को ब्रिक्स देशों के समूह से बाहर करने की कार्रवाई क्यों नहीं करते? क्या सीमा पर भारत घुसपैठ कर रहा है? सबको मालूम है कि वस्तुस्थिति क्या है? इसके बावजूद ब्रिक्स देश जुबान खोलने को तैयार नहीं हैं। तो फिर इस तरह के समूह का सदस्य बनने का क्या लाभ है? इस तरह के कथित मित्रों से संबंध बनाए रखने से क्या मिलेगा? भारत को इस संबंध में गंभीरता से विचार करना होगा।

रूस, भारत तथा चीन ने सेंट पीटर्सबर्ग में जुलाई 2006 में जी-8 शिखर सम्मेलन के अवसर पर ब्रिक को प्रारंभ किया गया था। न्यूयॉर्क में सितंबर 2006 में संयुक्त राष्ट्र महासभा के अवसर पर ब्रिक समूह के विदेश मंत्रियों की प्रथम बैठक के दौरान ब्रिक को औपचारिक रूप प्रदान किया गया। 'ब्रिक' के प्रथम शिखर सम्मेलन का आयोजन रूस के येकातेरिनबर्ग शहर में 16 जून, 2009 को किया गया। सितंबर 2010 में न्यूयॉर्क में ब्रिक विदेश मंत्रियों की बैठक में दक्षिण अफ्रीका को शामिल करके ब्रिक को ब्रिक्स में विस्तार करने पर सहमति बनी थी, लेकिन अब लगा रहा है कि ब्रिक्स को भी अपनी भूमिका पर फिर से विचार करना होगा। सिर्फ वार्षिक सम्मेलन में राष्ट्राध्यक्षों के मिलने का क्या लाभ है। उसमें कुछ भारी-भरकम घोषणाएँ ही तो होती हैं। अब भारत के सामने दो रास्ते हैं। पहला, उसे सोचना होगा कि क्या उसे ब्रिक्स समूह में रहना चाहिए? दूसरा, उसे चीन से अपना आया घटाना ही होगा। तब चीन सीधा हो जाएगा।

□

क्यों खास है मोदी की इजराइल यात्रा

निश्चित रूप से प्रधानमंत्री नरेंद्र मोदी की आगामी 4 जुलाई से शुरू हो रही यहूदी देश इजराइल की यात्रा ऐतिहासिक है। इस यात्रा का महत्त्व इसलिए भी बढ़ जाता है, क्योंकि यह यात्रा तब हो रही है, जबकि दोनों देश अपने राजनयिक संबंधों की रजत जयंती मना रहे हैं। मोदी पहले भारतीय प्रधानमंत्री होंगे, जो वर्ष में पहली बार यहूदी राष्ट्र इजराइल जाएँगे, हालाँकि वे गुजरात के मुख्यमंत्री के रूप में पहले भी एकबार इजराइल का दौरा कर चुके हैं। भारत ने साल 1992 में इजराइल के साथ पूर्ण राजनयिक संबंध स्थपित किए थे, मगर किसी भारतीय प्रधानमंत्री या राष्ट्रपति ने कभी वहाँ का दौरा नहीं किया। साल 2003 में तत्कालीन इजराइली प्रधानमंत्री एरियल शेरोन भारत की यात्रा पर आए थे। ऐसा करनेवाले वह पहले इजराइली प्रधानमंत्री थे। भारत के साथ दिवपक्षीय संबंधों को रक्षा और व्यापार सहयोग से लेकर रणनीतिक संबंधों तक विस्तार देने का श्रेय काफी हद तक उनको ही जाता है।

संबंधों का नया अध्याय

दरअसल दोनों देशों की सत्तासीन पार्टियाँ, यहाँ की भारतीय जनता पार्टी और वहाँ की लिकुड में राष्ट्रवाद के सवाल पर एक ही राय है। यानी विचारधारा के स्तर पर अनेक समानताएँ हैं दोनों देशों में। इसके कारण ही अब दोनों देशों के आपसी संबंधों को विस्तार मिलना तय है, हालाँकि भारत ने जवाहर लाल नेहरू की मुसलिम परस्ती के कारण 1949 में संयुक्त राष्ट्र में इजराइल को शामिल करने के खिलाफ वोट दिया, लेकिन फिर भी इजराइल को शामिल कर लिया गया था। अगले साल ही भारत की इजराइल के अस्तित्व को स्वीकार करना पड़ा था। यही भारत और इजराइल

के संबंधों का श्रीगणेश था। भारत ने 15 सितंबर, 1950 को इजराइल को मान्यता दे दी। अगले साल बंबई (अब मुंबई) में इजराइल ने अपना वाणिज्य दूतावास खोला, पर भारत अपना वाणिज्य दूतावास इजराइल में नहीं खोल सका। भारत और इजराइल को एक-दूसरे के यहाँ आधिकारिक तौर पर दूतावास खोलने में चार दशकों से भी लंबा वक्त लग गया। मतलब नई दिल्ली और तेल अवीव में इजराइल और भारत के एक-दूसरे के दूतावास सन् 1992 में खुले। नई दिल्ली में इजराइल का दूतावास शुरू में बाराखंभा रोड पर स्थित गोपालदास भवन में खुला था।

अरब और भारतीय मुसलमान

निर्विवाद रूप से इजराइल भारत के सच्चे मित्र के रूप में लगातार सामने आ रहा है, हालाँकि फिलस्तीन मसले पर भारत अरब देशों के साथ विगत दशकों में खड़ा रहा, पर बदले में भारत को खाड़ी के देशों से अपेक्षित सहयोग और समर्थन नहीं मिला। भारत अरब देशों की वकालत करता रहा, पर कश्मीर के सवाल पर अरब देशों ने सदैव पाकिस्तान का ही साथ दिया। यह ठीक है कि मोदी के खाड़ी देशों की यात्रा के बाद अब वहाँ पर भी बदली हुई बयार बह रही है। और तो और सऊदी अरब भी परदे के पीछे से इजराइल से रिश्तों को स्थापित कर रहा है।

रिश्तों में मुसलिम फैक्टर

यह कोई बहुत पुरानी बात नहीं है, जब भारत खुलकर इजराइल के साथ संबंधों को नई दिशा देने से बचता था। केंद्र में कांग्रेस सरकारों के दौर में अल्पसंख्यक तुष्टीकरण नीति के तहत भारत के कूटनीतिक हितों की बलि दी जाती रही। माना जाता रहा कि इजराइल से संबंध रखने से देश के मुसलमान खफा हो जाएँगे। इस कूटनीतिक विफलता के लिए कांग्रेस और लेफ्ट पार्टियाँ ही उत्तरदायी हैं। दुर्भाग्यवश हमारे यहाँ सत्ता उनके हाथों में लंबे समय तक रही, जिन्हें ये भी लगता था कि इजराइल से संबंध प्रगाढ़ करने से उन प्रवासी भारतीयों के हित प्रभावित होंगे, जो खाड़ी के देशों में रहते हैं। इसके अलावा कच्चे तेल के आयात का भी सवाल था। पर देश के हितों की तो घोर अवहेलना हुई। हम उन अरब देशों के साथ खड़े ही रहे, जो हमारे शत्रु पाकिस्तान को सदैव खाद-पानी देता रहा।

यहूदियों की अनदेखी

जब मुसलमानों के तुष्टीकरण के लिए देश के हितों की अनदेखी हो रही थी, तब किसी भी पूर्ववर्ती सरकार ने भारत के यहूदियों के बारे में कभी नहीं सोचा। भारत में हजारों यहूदी सदियों से रहते हैं। भारत में आज के दिन भी करीब 6 हजार यहूदी हैं। ये केरल, महाराष्ट्र और देश के अन्य भागों में हैं। भारत की पाकिस्तान पर 1971 के युद्ध में जंग के महानायक लेफ्टिनेंट जनरल जे.एफ.आर जैकब थे। वे यहूदी थे। पूर्वी पाकिस्तन (अब बांग्लादेश) में अंदर घुसकर पाकिस्तानी फौजों पर भयानक आक्रमण करवानेवाले इस्टर्न कमांड के चीफ ऑफ स्टाफ जनरल जैकब की वीरता की गाथा रोमांचक है। उनका आक्रमण युद्ध कौशल का ही परिणाम था कि नब्बे हजार से ज्यादा पाकिस्तानी सैनिकों ने अपने हथियारों समेत भारत की सेना के समक्ष

आत्म समर्पण किया था, जो कि अभी तक का विश्व भर का सबसे बड़ा सैन्य आत्मसमर्पण है। मेरा सवाल यह है कि अगर हमने मुसलमानों के लिए इजराइल से दूरियाँ बनाई तो हमने अपने यहूदी देशवासियों की राष्ट्रभक्ति को भावनाओं का आदर करते हुए इजराइल से मैत्रीपूण संबंध किसलिए नहीं स्थापित किए। क्या यह कांग्रेस की मुसलिम तुष्टिकरण नीति का ज्वलंत उदाहरण नहीं है?

सहयोग के कदम

अब दोनों देश एक-दूसरे के करीब आ रहे है। सभी क्षेत्रों में आपसी सहयोग बढ़ा रहे हैं। इजराइली वित्तमंत्री मोशे यालून ने अपनी भारत यात्रा के दौरान माना था कि उनके देश के सैन्य उद्योग के लिहाज से भारत महत्त्वपूर्ण है। उन्होंने भारत के साथ तकनीकी दक्षता और विशेषज्ञता को साझा करने की इच्छा भी जताई थी। और नई सरकार के आने के बाद से कई द्वपक्षीय समझौते हुए हैं, जिसमें कृषि, शोध एवं विकास, अर्थव्यवस्था, उद्योग और सुरक्षा में सहयोग शामिल हैं। कृषि क्षेत्र में आपसी सहयोग द्विपक्षीय संबंधों का एक महत्त्वपूर्ण पक्ष है। इजराइल में पानी की भारी कमी है, फिर भी वहाँ ड्रिप सिंचाई पद्धति के विशेषज्ञ भरे पड़े हैं। अद्‌भुत प्रयोग किया है इजराइल ने। बागवानी, खेती, बागान प्रबंधन, नर्सरी प्रबंधन, सूक्ष्म सिंचाई और सिंचाई के बाद कृषि प्रबंधन क्षेत्र में इजराइल प्रौद्योगिकी से भारत को काफी लाभ मिल रहा है। इसका हरियाणा, महाराष्ट्र और गुजरात में काफी उपयोग किया गया है। विंदर्भ और मराठवाड़ा क्षेत्र की कृषि समस्या दूर करने के लिए महाराष्ट्र के मुख्यमंत्री देवेंद्र फडणवीस ने कुछ समय पहले ही इजराइल की यात्रा की थी। दूसरी ओर देखें तो भारत इजराइल को मुख्यत: खनिज ईंधन, तेल, मोती और रत्नों का निर्यात करता है।

साथी संकट का

इजराइल तब भारत के साथ खड़ा था, जब उसे मदद की सर्वाधिक दरकार थी। यानी युद्धों के कठिन दौर में इजराइल ने हमारा साथ दिया। इजराइल ने 1965 और 1971 में पाकिस्तान के खिलाफ लड़ाइयों के दौरान भी भारत को मदद दी। 1965 और 1971 में इजराइल ने भारत को गुप्त जानकारियाँ देकर मदद की थी। कहा तो यह भी जाता है कि तब भारतीय सुरक्षा या खुफिया अधिकारी साइप्रस या तुर्की के रास्ते इजराइल जाते थे। वहाँ उनके पासपोर्ट पर मुहर तक नहीं लगती थी। उन्हें मात्र

एक कागज का टुकड़ा दिया जाता था, जो उनके इजराइल आने का सुबूत होता था। 1999 के करगिल युद्ध में इजराइल मदद के बाद भारत और इजराइल खासतौर पर करीब आए। तब इजराइल ने भारत को एरियल ड्रोन, लेजर गाइडेड बम, गोला-बारूद और अन्य हथियारों की मदद दी। पाकिस्तान के परमाणु बम, जिसे इसलामी बम भी कहा जाता है, ने भी दोनों देशों को नजदीक आने में मदद की। इसके साथ ही इजराइल को डर था कि कहीं यह परमाणु बम ईरान या किसी इसलामी चरमपंथी संगठन के हाथ न लग जाए। आप कह सकते हैं कि हमेशा से ही भारत और इजराइल के बीच सैन्य संबंध सबसे अहम रहे हैं। इजराइल ने करगिल युद्ध के दौरान इस्तेमाल किए गए लेजर गाइडेड बम और मानवरहित हवाई वाहन भी हमें दिए थे। संकट के समय भारत के अनुरोध पर इजराइल की त्वरित प्रतिक्रिया ने उसे भारत के लिए भरोसेमंद हथियार आपूर्ति करनेवाले देश के तौर पर स्थापित किया और इससे दोनों देशों के रिश्ते काफी मजबूत हुए हैं।

बेशक, भारत-इजराइल संबंधों के परिप्रेक्ष्य में चालू साल अपने आपमें विशेष महत्त्व रखता है। इसी बदले माहौल में प्रधानमंत्री नरेंद्र मोदी इजराइल की यात्रा पर जानेवाले हैं। निश्चित रूप से उनकी इजराइल के प्रधानमंत्री बेंजामिन नेतन्याहू और बाकी नेताओं की बातचीत से दोनों देशों के संबंधों को नई गति और ऊर्जा मिलेगी।

□

भारत-इजराइल संबंध अब मुसलिम कूटनीति दबाव से मुक्त

राजधानी के हुमायूँ रोड स्थित यहूदी मंदिर (सिनोगॉग) के पुजारी (रब्बी) श्री एजिकिल मलेकर को आशा है कि इजराइल के प्रधानमंत्री बेंजामिन नेतन्याहू अपनी आगामी 14 जनवरी से शुरू हो रही भारत यात्रा के दौरान कुछ पलों के लिए सिनोगॉग में भी जरूर ही आएँगे। यहाँ इजराइल के सभी प्रमुख नेता आते रहे हैं। दरअसल पिछले वर्ष जुलाई में प्रधानमंत्री नरेंद्र मोदी की महत्त्वपूर्ण इजराइल यात्रा के लगभग छह माह के भीतर अब इजराइल के प्रधानमंत्री बेंजामिन नेतन्याहू इस माह भारत आ रहे हैं। उनका यह आगमन मकर संक्रांति के शुभ दिन हो रहा है। मकर संक्रांति उस दिन को कहा जाता है, जब भगवन् सूर्यनारायण मकर राशि में प्रवेश करते हैं। यह दिन हिंदुओं के लिए नए काम प्रारंभ करने के लिए अत्यंत ही शुभ दिन होता है। लगता है अब यह दिन इजराइलियों के लिए भी शुभ साबित होनेवाला है।

सहयोग के क्षेत्र

ये जानना भी महत्त्वपूर्ण है कि दोनों देशों के साझेदारी के पाँच मुख्य बिंदु हैं। जिनमें रक्षा क्षेत्र अति महत्त्वपूर्ण है। भारत इजराइली हथियारों का सबसे बड़ा ग्राहक है। साथ ही इजराइल भारत के लिए हथियारों का तीसरा सबसे बड़ा स्रोत भी है। भारत और इजराइल के बीच रक्षा संबंधों की शुरुआत तो वैसे नाम के लिए 1962 के भारत-चीन युद्ध के दौरान ही शुरू की गई थी, लेकिन वह नेहरू की कुटिल कूटनीति का हिस्सा मात्र ही था, जो देश की राष्ट्रभक्त जनता की अनवरत भावनाओं पर मलहम मलने के अलावे और कुछ भी नहीं था, क्योंकि नेहरू का मुसलिम प्रेम तो जगजाहिर था। लेकिन

आज के दिन तो कृषि क्षेत्र में भी इजराइल से भारत को मदद मिल रही है। भारत ने हॉर्टिकल्चर तकनीक, संरक्षित खेती, नर्सरी प्रबंधन और माइक्रो-इरीगेशन के मामले में इजराइल से काफी लाभ उठाया है। हरियाणा और महाराष्ट्र ने इससे खासतौर से फायदा उठाया है। हर साल लगभग 20,000 से ज्यादा किसान हरियाणा के करनाल स्थित कृषि केंद्र पर पहुँचते हैं। यहाँ की नर्सरी में सब्जियों के हाइब्रिड बीज मिलते हैं। इंडो-इजराइल एग्रीकल्चर प्रोजेक्ट पर एक रिपोर्ट के मुताबिक, इसके जरिए पाँच से दस गुना तक उत्पादन में बढ़ोतरी हुई है। साथ ही खेती में पानी, कीटनाशक और उर्वरकों के इस्तेमाल में भी गिरावट आई है। जलप्रबंधन पर भी इजराइल से भारत को सहयोग मिल रहा है। इजराइल ने जल प्रबंधन तकनीक में महारत हासिल की है। वहाँ पानी के बेहद कम स्रोत होने पर भी वह अपनी पानी की जरूरतें पूरी कर लेता है। इजराइल में पानी की भारी कमी है फिर भी वहाँ 'ड्रिप सिंचाई' पद्धति के विशेषज्ञ भरे पड़े है। अद्‌भुत प्रयोग किया है, इजराइलों ने। बागवानी, खेती, बागान प्रबंधन, नर्सरी प्रबंधन, सूक्ष्म सिंचाई और सिंचाई के बाद कृषि प्रबंधन क्षेत्र में इजराइल प्रौद्योगिकी से भारत को काफी लाभ मिला है। इसका हरियाणा, महाराष्ट्र और गुजरात में काफी जगहों पर उपयोग किया गया है। भारत और इजराइल के बीच का व्यापार वित्तीय वर्ष 2016-17 में 5 अरब डॉलर तक पहुँच गया था। भारत इजराइल को 1 अरब डॉलर से ज्यादा मूल्य के खनिज इंधन और तेल निर्यात भी करता है। इजराइल से भारत लगभग 1.11 अरब डॉलर के मोती, कीमती पत्थर इत्यादि भी आयात करता है। कुल व्यापार का 54 फीसदी सिर्फ हीरों का होता है। यह तय था कि केंद्र में भा.ज.पा. की सरकार के आने के बाद दोनों देशों के संबंधों में पहली वाली स्थिति नहीं रहेगी। और यही हुआ भी। अब दोनों देशों के नेता मौजूदा आपसी रिश्तों के बारे में बात करने में कांग्रेसी शासकों की तरह कतई बचते नहीं हैं।

इजराइल और भारतीय मुसलमान

कौन नहीं जानता कि अरब देशों और भारतीय मुसलमानों का कुछ जरूरत से ज्यादा ही खयाल रखते हुए लंबे समय तक भारत ने इजराइल से दूरी बनाई हुई थी। फलस्तीन मसले पर भारत अरब संसार के साथ विगत कई दशकों तक खड़ा रहा, पर बदले में भारत को वहाँ से अपेक्षित सहयोग और समर्थन तक भी नहीं मिला। भारत अरब देशों की वकालत करता रहा, पर कश्मीर के सवाल पर अरब देशों ने सदैव पाकिस्तान का ही साथ दिया। यह ठीक है कि अब वहाँ पर भी बदली हुई बयार बह

रही है। और तो और सऊदी अरब भी पर्दे के पीछे इजराइल से मधुर रिश्ते स्थापित कर रहा है। इसी तरह से भारत खुलकर इजराइल के साथ संबंधों को नई दिशा देने से बचता था। केंद्र में कांग्रेस सरकारों के दौर में भारत के कूटनीतिक हितों की बलि दी जाती रही। माना जाता रहा कि इजराइल से संबंध रखने के चलते देश के मुसलमान खफा हो जाएँगे। इस कूटनीतिक विफलता के लिए कांग्रेस और लेफ्ट पार्टियाँ ही उत्तरदायी हैं। दुर्भाग्यवश हमारे यहाँ सत्ता उनके हाथों में लंबे समय तक रही, जिन्हें ये भी लगता था कि इजराइल से संबंध प्रगाढ़ करने से उन प्रवासी भारतीयों के हित भी प्रभावित होंगे जो खाड़ी के देशों में रहते हैं। इसके अलावा कच्चे तेल के आयात का भी सवाल था। पर देश के हितों की घोर अवहेलना हुई। हम उस अरब संसार के साथ खड़े रहे जो हमारे शत्रु पाकिस्तान को लगातार खाद-पानी देता रहा।

यहूदी, मराठी मुंबई

वैसे भी बाकी धर्मों से जरा अलग हैं यहूदी धर्मावलंबी। यहूदी एकेश्वरवाद में विश्वास करते हैं। आज से करीब 4000 साल पुराना यहूदी धर्म वर्तमान में इजराइल का 'राजधर्म' है। मुंबई की आपाधापी से भरी जिंदगी में कुछ इस तरह की जगहें अभी भी बची हैं, जहाँ पर सन्नाटा पसरा रहता है। जहाँ पर जाकर लगता है कि जिंदगी की रफ्तार थम सी गई है। हम बात कर रहे हैं मुंबई के महालक्ष्मी यहूदी कब्रिस्तान की। जैसा कि इसके नाम से ही साफ है कि यहाँ मुंबई के यहूदियों का कब्रिस्तान है। इस कब्रिस्तान में 1927 से दफनाए जा रहे हैं शहर के यहूदी। यानी करीब 90 साल से। हिंदी फिल्मों के गुजरे दौर के महान् एक्टर डेविड भी यहाँ ही दफन हैं। वे भी यहूदी थे। अंग्रेजी के नामवर लेखक और कवि निजिम एजिकल और दूसरे कई यहूदी भी यहाँ आराम फरमा रहे हैं। मुंबई में आज भी लगभग एक हजार यहूदी रहते हैं। महाराष्ट्र के सभी यहूदी मराठी बोलते हैं। महाराष्ट्र के पुणे शहर में भी काफी यहूदी रहते हैं। देश में सर्वाधिक यहूदी आबादी महाराष्ट्र में ही है। हाँ, इनकी कुल आबादी 7 हजार के आसपास तो होगी ही। बहरहाल, यहाँ की कब्रों के ऊपर मराठी, गुजराती, हिब्रू और अंगेजी भाषाओं में उस इनसान का संक्षिप्त परिचय लिखा गया है, जो अब संसार से जा चुके हैं। महालक्ष्मी यहूदी कब्रगाह में लगभग दो हजारें कब्रें हैं। तकरीबन सभी संगमरमर के पत्थरों से बनी हैं। अफसोस होता कि भारत में यहूदी नागरिकों के बारे में कभी नहीं सोचा गया। भारत में हजारों यहूदी सदियों से रहते हैं। भारत में आज के दिन भी करीब 7 हजार यहूदी हैं। ये केरल, महाराष्ट्र और देश के अन्य भागों में रहते हैं। भारत की पाकिस्तान पर 1971 के युद्ध में जंग के महानायकों में लेफ्टिनेंट जनरल जे.एफ.आर जैकब भी थे। वो यहूदी थे। पूर्वी पाकिस्तान (अब बांग्लादेश) में अंदर घुसकर पाकिस्तानी फौजों पर भयानक आक्रमण करवानेवाले इस्टर्न कमांड के चीफ ऑफ स्टाफ जनरल जैकब की वीरता की गाथा रोमांचक है। उनके आक्रामक युद्ध कौशल का ही परिणाम था कि नब्बे हजार से ज्यादा पाकिस्तानी सैनिकों ने अपने हथियारों समेत भारत की सेना के समक्ष आत्म समर्पण करने को मजबूर हुए थे जो कि अभी तक का विश्व भर का सबसे बड़ा सैन्य आत्मसमर्पण है।

संकट का साथी

कहते हैं कि मित्र की पहचान संकट के समय होती है। इस लिहाज से इजराइल ने भारत का हर संकट की घड़ी में साथ दिया है। इजराइल ने 1965 और 1971 में

पाकिस्तान के खिलाफ लड़ाइयों के दौरान भी भारत को मदद दी। 1965 और 1971 में इजराइल ने भारत को लगातार गुप्त जानकारियाँ देकर मदद की थी। कहा तो यह भी जाता है कि तब भारतीय सुरक्षा या खुफिया अधिकारी साइप्रस या तुर्की के रास्ते इसराइल जाते थे। वहाँ उनके पासपोर्ट पर मुहर तक नहीं लगती थी। उन्हें मात्र एक कागज की पर्ची दी जाती थी, जो उनके इजराइल यात्रा का सुबूत होता था। 1999 के करगिल युद्ध में इजराइल मदद के बाद ही भारत और इजराइल खासतौर पर करीब आए। तब इजराइल ने भारत को एरियल ड्रोन, लेसर गाइडेड बम, गोला बारूद और अन्य हथियारों की मदद दी। पाकिस्तान के परमाणु बम, जिसे इसलामी बम भी कहा जाता है, ने भी दोनों देशों को नजदीक आने में मदद की। इजराइल को भी इस बात का डर रहा है कि कहीं यह परमाणु बम ईरान या किसी इसलामी चरमपंथी संगठन के हाथ न लग जाए। आप कह सकते हैं कि हमेशा से ही भारत और इजराइल के बीच सैन्य संबंध सबसे अहम रहे हैं। इजराइल ने करगिल युद्ध के दौरान इस्तेमाल किए गए लेजर गाइडेड बम और मानवरहित हवाई वाहन भी हमें दिए थे। संकट के समय भारत के अनुरोध पर इजराइल की त्वरित प्रतिक्रिया ने उसे भारत के लिए भरोसेमंद हथियार आपूर्ति करनेवाले देश के तौर पर स्थापित किया और इससे दोनों देशों के रिश्ते काफी मजबूत हुए हैं। अब फिर से दोनों देशों के प्रधानमंत्री मिलेंगे। बात निकलेगी तो दूर तलक जाएगी। परस्पर सहयोग के नए क्षेत्र तलाशे जाएँगे और जरूर मिलेंगे भी इस मकर-संक्रांति पर्व पर इजराइल की महासंक्रमण यात्रा में।

□

अल्ला का कानून या मुल्ला का?

सुप्रीम कोर्ट का ऐतिहासिक फैसला आ गया है। इसने मुसलमान औरतों को तीन तलाक की बर्बर कुप्रथा से मुक्ति दिलवा दी है। फैसले में तीन तलाक पर केंद्र सरकार छह महीने के भीतर संसद् से कानून बनाने का भी आदेश है। सुप्रीम कोर्ट ने इस दौरान तीन तलाक पर रोक लगा दी है। मुख्य न्यायाधीश जस्टिस खेहर की अध्यक्षतावाली सुप्रीम कोर्ट की पाँच सदस्यीय पीठ ने ऐतिहासिक फैसला सुनाते हुए तीन तलाक को 3-2 के बहुमत से असंवैधानिक करार दे दिया। सुप्रीम कोर्ट ने इतिहास से सबक लिया और 1986 मे शाह बानो के गुजारा भत्तावाले मामले में याचिकाकर्ता की अपील स्वीकार कर तीन तलाक पर अपनी ओर से कोई अंतिम फैसला न देकर इसको संसद् पर छोड़ दिया। हाँ, अपना मंतव्य जरूर जाहिर कर दिया। कुल मिलाकर यह तो तय हो गया कि अब तलाक की उस कुप्रथा का देश में आज से ही अंत हो गया। बताने की जरूरत नहीं कि प्रधानमंत्री नरेंद्र मोदी ने पिछले दिनों स्वतंत्रता दिवस पर लाल किले की प्राचीर से ही मुसलिम महिलाओं को तीन तलाक कुप्रथा को समाप्त करने के लिए कानून बनाने का भरोसा दिया था।

जीती मानवता : हारी दकियानूसी

कहते हैं कि हैं कि न्याय अंधा होता है। वरना न्याय की देवी की दोनों आँख पर पट्टी नहीं बँधी होती। इसका पता चला गया, हालाँकि कई कट्टरपंथी मुसलिम संगठन ट्रिपल तलाक को जारी रखने की पुरजोर वकालत भी कर रहे थे, पर सुप्रीम कोर्ट ने अपने फैसले में मुसलमान औरतों को जीवनदान दे ही दिया। इस फैसले के आने से पहले तक यह कहा जा रहा था कि ट्रिपल तलाक पर सुप्रीम कोर्ट के फैसले से ही यह तय हो जाएगा कि मानवता जीतती है या मुसलिम सांप्रदायिकता और अमानवीयता।

सुप्रीम कोर्ट के पाँच में से तीन जजों जस्टिस कुरियन जोसफ, जस्टिस नरीमन और जस्टिस यूयू ललित ने तीन तलाक को असंवैधानिक करार दिया। तीनों ने जस्टिस नजीर और सी.जे.आई. खेहर की राय का विरोध किया। तीनों जजों ने तीन तलाक को संविधान के अनुच्छेद 14 का उल्लंघन करार दिया। जजों ने कहा कि संविधान का अनुच्छेद 14 समानता का अधिकार देता है। इस फैसले का मतलब यह है कि कोर्ट की तरफ से इस व्यवस्था को बहुमत के साथ खारिज किया गया है। कोर्ट ने मुसलिम देशों में ट्रिपल तलाक पर लगे बैन का जिक्र किया और पूछा कि भारत इससे आजाद क्यों नहीं हो सकता? कोर्ट ने यह भी कहा कि संसद् को इस मामले पर कानून बनाना चाहिए। कोर्ट ने कानून बनाने के लिए 6 महीने का वक्त दिया है।

पाप है ट्रिपल तलाक

चीफ जस्टिस जे.एस. खेहर और जस्टिस नजीर ने अल्पमत में दिए फैसले में कहा कि तीन तलाक धार्मिक प्रैक्टिस है, इसलिए कोर्ट इसमें दखल नहीं देगा, हालाँकि दोनों जजों ने यह भी माना कि यह पाप है, इसलिए सरकार को इसमें दखल देना चाहिए और तलाक के लिए कानून बनना चाहिए। निर्विवाद रूप से केंद्र सरकार अब मुसलमान औरतों के हक में सशक्त कानून लेकर आएगी। अगर आपको भारत में मुसलिम औरतों की हैसियत को जानना है, अब्दुल बिस्मिल्लाह का उपन्यास 'झीनी-झीनी बीनी चदरिया' पढ़ लें। इसमें मुसलमान परिवारों का चित्रण किया गया है, जहाँ नारी दूसरे या कहें कि तीसरे दर्जे के इनसान के रूप में रहती हैं। इसमें एक जगह लेखक एक पात्र से कहलवाता है, 'औरत की आखिर हैसियत ही क्या है? औरत का इस्तेमाल ही क्या है? चूल्हा-हांड़ी करे, साथ में सोए, बच्चे जने और पाँव दबाए। इनमें से किसी काम में कोई गड़बड़ की तो बोल देंगे, तलाक, तलाक, तलाक।'

मुसलमान औरतों के शत्रु कौन

जब मुसलमान औरतों को ट्रिपल तलाक से मुक्ति दिलवाने की मुहिम चली तो अपने को मुसलमानों का रहबर और रहनुमा कहनेवाले मुसलिम नेता ही विरोध करने लगे। ये प्रेस कॉन्फ्रेंस कर रहे थे कि वे सरकार की ईंट-से-ईंट बजाकर रख देंगे। इनके पत्रकार सम्मेलनों में दाढ़ीवाले मुल्ला तो भरे होते थे, पर कोई औरत नहीं होती थी। ये मुसलमान औरतों को मध्ययुगीन काल में रखना चाहते हैं। ट्रिपल तलाक के

मसले पर सरकार के प्रगतिशील रुख का ये बेशर्मी से विरोध कर रहे थे। कायदे से इनसे पूछा जान चाहिए कि क्या इन्हें यहाँ तीन तलाक को सपोर्ट करने और गाय का मांस खाने के लिए सरकार से युद्ध के अलावा भी कुछ और आता है क्या? जिन दिनों ट्रिपल तलाक पर सुप्रीम कोर्ट में बहस चल रही थी, तब मुझे एक दिन मुसलिम मुर्सनल लॉ बोर्ड के एक सदस्य मिल गए। मैंने उनसे कुछ सवाल पूछे। एक, ट्रिपल तलाक कानून में बदलाव से आपकी ही बेटियों को और अधिकार हासिल होंगे, इससे किसी हिंदू का क्या लेना-देना? दूसरा, अगर तमाम मुसलिम देशों ने इस कानून को खत्म कर दिया है और इसमें उनका इसलाम आड़े नहीं आया तो फिर आपको यह कैसे लगता है कि इससे इस देश में मुसलिमों के अधिकारों या उनके धर्म पर कोई आँच आ जाएगी? इन सवालों के वे जवाब नहीं दे सके। बिना बात की बहस में

उलझे रहे। यदि यह कौम अब तक अँधेरे से निकल नहीं पाई तो उसका सबसे बड़ा कारण यही तथाकथित धर्म गुरु ही हैं।

न तो कुरआन में तलाक का प्रावधान है, न हदीस में। हाँ, कुरआन अवश्य एक स्थान पर कहा है कि अल्लाह को जिन चीजों से नफरत है, उसमें तलाक सबसे ऊपर है। न तो रसूल ने और न ही किसी नबी ने अपनी किसी बीबी को तलाक दिया। हाँ, एकाध को जब अपनी बीबी से मतभेद हुआ तो उसने उस बीबी को किसी अलग मकान में रख दिया। सारे सुख-सुविधा के इंतजाम किए और ताउम्र उनकी देखरेख की।

शादी, तलाक और गुजारा भत्ता के लिए कोई सही नियम न होने की वजह से अधिकतर मुसलमान औरतों को जानवरों से बदतर जिंदगी बितानी पड़ती रही है। कोई माने या न माने, पर मुसलमान औरतों के हक में मुसलिम समाज का रुख वास्तव में बहुत ही भेदभावपूर्ण रहा है। अब निश्चित रूप से हालात बदलेंगे। जहाँ ज्यादातर मुसलमान मर्द ट्रिपल तलाक को जारी रखने के हक में थे, वहीं मुसलमान औरतें इसका भारी विरोध कर रही थीं। भारत की 92.1 फीसदी मुसलमान महिलाएँ फटाफट होनेवाले मौखिक तलाक पर रोक लगवाना चाह रही थीं। यह आँकड़ें एक सर्वे के बाद भारतीय मुसलिम महिला आंदोलन (बी.एम.एम.ए.) नाम के एक संगठन ने जारी किए थे। बेशक इन औरतों की मुराद पूरी हो गई है।

अब सरकार को सुप्रीम कोर्ट के निर्देश का पालन करते हुए एक इस प्रकार का सख्त कानून बनाने होंगे, जिससे कि इनके हक सुरक्षित रहें। ये चैन की साँस ले सकें। छह माह का भी इंतजार क्यों? नवंबर में शुरु होनेवाले संसद् सत्र में ही यह विधेयक पारित करके सरकार को यह सिद्ध करना चाहिए कि मोदी सरकार सभी महिलाओं को बराबरी का हक देने के लिए संकल्पित है।

□

खतौली रेल हादसा : क्या मिलेगी देश को सीख?

अब कभी-कभी तो ऐसा लगता है कि हम अपने देश में आजादी के सत्तर साल बाद भी रेल सफर को सुरक्षित नहीं बना सके। मतलब यह कि रेल यात्रा भगवान् भरोसे ही है। उत्तर प्रदेश के मुजफ्फरनगर में शनिवार को खतौली के पास कलिंग-उत्कल एक्सप्रेस के 14 डिब्बे पटरी से उतर गए। हादसे में अभी तक की रिपोर्ट में 20 लोगों मारे गए हैं। हादसे में लगभग 80 लोग घायल हुए हैं। खतौली से पहले पिछले साल नवंबर में कानपुर रेल हादसे में मरने वालों की संख्या 146 थी। दोनों दुर्घटनाओं में एक बात सामने आई कि रेलवे के कर्मियों की काहिली के कारण हादसे हुए, लेकिन रेल हादसों को आप तब तक नहीं रोक सकेंगे, जब तक रेल ट्रैकों की भारी कमी को पूरा नहीं करेंगे। रेल ट्रैकों की संख्या में बड़े स्तर पर इजाफा किए बिना रेल हादसे नहीं रूकेंगे। वैसे रेल मंत्री सुरेश प्रभुजी ने सख्ती बरतते हुए आठ पदाधिकारियों पर त्वरित अनुशासनात्मक कार्रवाई की है, जिसमें मेंबर रेलवे बोर्ड और महाप्रबंधक स्तर के अधिकारी भी हैं, लेकिन इतना ही पर्याप्त नहीं है। व्यवस्था को दुरुस्त करने के लिए आमूलचूल परिवर्तन करना ही होगा, जितना शीघ्र हो उतना ही अच्छा।

दो ट्रैकों पर करोड़ों मुसाफिर

अब से 70 साल पहले 1947 में की आबादी मात्र 33 करोड़ थी। आज सवा सौ करोड़ है। पहले लोग इक्का-दुक्का ही जरूरत पड़ने पर ही सफर किया करते थे। आबादी के हिसाब से देश भर में सभी मुख्य रेल मार्गों पर कम-से-कम छह या सात रेल ट्रैक हर जगह बनने चाहिए। तभी रेल यात्रियों की भरी बोझ को सहने में

सक्षम होगा। दो ट्रैक यात्री गाड़ियों के लिए, एक अप और एक डाउन ट्रैक। इसी प्रकार दो मालगाड़ियों के वास्ते। पाँचवाँ इमरजेंसी ट्रैक सेना, पुलिस बल, राहत कार्य के लिए विशेष ट्रेनों तथा ट्रैक निरीक्षण आदि के लिए। छठा, जिस पर बारी-बारी से निरंतर मेटिनेंस कार्य जारी रहे। एक स्पेयर ट्रैक भी हो स्पेशल ट्रेनों के परिचालन के लिए तो बढ़िया। क्या ये सब हम करने की स्थिति में हैं? अगर नहीं हैं तो हमें ये सब करने के लिए संसाधन जुटाने ही होंगे, क्योंकि सिर्फ दो ट्रैकों पर रोज करोड़ों मुसाफिरों को उनके गंतव्य स्थल पर सुरक्षित पहुँचाने से लेकर लाखों टन सामान से लदे मालगाड़ियों की आवा-जाही करना संभव ही नहीं है। ट्रैकों का तो कचूमर निकल गया है। मेंटेनेंस के लिए दिन भर गैंग मैन बैठे रहते हैं तो शायद ही आठ घंटे की ड्यूटी में घंटे भर भी काम कर पाते हों। कभी दस मिनट तो कभी बीस मिनट के लिए ट्रैक खाली मिलता है, घंटों इंतजार के बाद कैसे हो पाएगा मेंटेनेंस? यदि हम यह सब कर रहे हैं तो इसका मतलब स्पष्ट है कि हम अपने रेल नेटवर्क के साथ कतई न्याय नहीं कर रहे और यात्रियों की जिंदगी से खुलेआम खिलवाड़ कर रहें हैं।

क्या यह भी अब किसी को बताने की जरूरत है कि अंग्रेजों ने बंबई, कोलकाता, मद्रास को रेल नेटवर्क से इसलिए जोड़ा, ताकि गोरे वहाँ के बंदरगाहों से कोयला, लौह-अयस्क और अन्य खनिज, कपास, कपड़े, सोना-चाँदी, मूर्तियाँ, कलाकृतियाँ आदि बेशकीमती सामान ब्रिटेन भेज सकें? गोरे तो यात्री रेल से ज्यादा माल गाड़ी के नेटवर्क को लेकर गंभीर थे। देश की आजादी से पहले आमतौर पर मालगाड़ी में ही कुछ डिब्बे जोड़ दिए जाते थे, जिसमें बड़े अंग्रेज अफसर या राजे-रजवाड़े सफर करते थे। ये सैलूननुमा होते थे। उन्होंने सामान्य आम हिंदुस्तानी के हित की तो कभी सोचा ही नहीं। वे तो चाहते ही नहीं थे कि हिंदुस्तानी कहीं सफर भी करें। उन्हें डर लगता था कि सफर करनेवाले उनके खिलाफ षड्यंत्र करेंगे। अंग्रेजों के खिलाफ उग्र हो रहे माहौल की जानकारी एक स्थान से दुसरे स्थान तक पहुँचाएँगे। इसलिए जो कहते हैं कि भारत में रेलवे नेटवर्क गोरे लेकर आए, उन्हें अब अपनी सोच में बदलाव कर लेना चाहिए। गोरों ने 'भारत छोड़ो' आंदोलन के बाद रेल नेटवर्क का विकास और विस्तार बंद कर दिया था, क्योंकि उन्हें तब तक समझ आ गया था कि अब उन्हें भारत से जाना ही होगा और रेल नेटवर्क का उपयोग आंदोलनकारी भी करेंगे। यानी देश में आम इनसान के लिए रेलवे ने सोचना तो 15 अगस्त, 1947 के बाद ही चालू किया।

निश्चित रूप से भारत में तकनीक का विकास तो हुआ, साथ में यात्रियों की संख्या भी बेतहाशा बढ़ी, लेकिन ट्रैक निर्माण में कोई खास वृद्धि नहीं हुई। यह एक लोकमहत्त्व का गंभीर मसला है। आँकड़ें बताते हैं कि 1980 में जहाँ 61,240 हजार किलोमीटर रेलवे का नेटवर्क था। वहीं 2012 में 64,600 हजार किलोमीटर। यानी 32 साल में महज 3,360 किलोमीटर ही रेल लाइन को बिछाने में कामयाबी मिली। इतना ही नहीं 20,275 किमी पर ही इलेक्ट्रिक ट्रेन दौड़ती हैं, जो कुल नेटवर्क का महज 32 फीसदी ही है, जबकि यात्रियों की संख्या में बेतहाशा वृद्धि हो रही है। इस बीच, रेल मंत्रालय अब ट्रैक बिछाने में भी तेजी ला रहा है। रेल विभाग हर दिन 19 किलोमीटर

ट्रैक बिछाने की महत्त्वकांक्षी योजना के कार्यान्वियन में लगा है। यानी सालाना 6,965 किलोमीटर नए रेल ट्रैकों का निर्माण होगा, अगर इस लक्ष्य को हासिल कर लिया जाता है, तो अगले चार वर्षों में भारत के अनेक प्रमुख इलाकों तक ट्रेन पहुँच जाएगी, पर इतना भी काफी नहीं है। देश का लक्ष्य तो ट्रैकों का विस्तार करना होना चाहिए। निरापदता के लिए एक ट्रैक का लगातार मेंटेनेंस में रहना जरूरी है। इसका कोई दूसरा विकल्प हो ही नहीं सकता। सिर्फ तीन साल पहले तक यानी वर्ष 2014 तक रोज 4–5 किलोमीटर ही ट्रैक बिछाए जाते थे। जाहिर है, ट्रैकों के फैलाव के स्तर पर हमारी गति शर्मनाक है। सवाल यह है कि ट्रैकों की संख्या बढ़ेगी भी तो कैसे? उसके लिए चाहिए जमीन और विपक्ष तरह–तरह के बहाने बनाकर भूमि अधिग्रहण कानून पास होने देगा नहीं। असली पेंच तो यहाँ फँसा है।

सफर तेज हो

ट्रैकों के जाल का फैलाव और रेलों की स्पीड का सीधा संबंध है। देश को ट्रेनों की स्पीड बढ़ाने की जरूरत है, क्योंकि ट्रेनों की स्पीड से व्यक्ति और देश दोनों की स्पीड जुड़ी है। लोग जब जल्दी अपनी मंजिल तक पहुँचेंगे तो उनके कामकाज में तेजी आएगी, जिसका सीधा फायदा देश को मिलेगा, लेकिन यह बिना ट्रैकों के विस्तार के होगा कैसे? रेलवे ने अपने कामकाज में सुधार के लिए बीते कुछ सालों के दौरान राकेश मोहन, बिबेक देबरॉय, सैम पित्रोदा आदि के नेतृत्व में कई समितियाँ बनाईं। इन सबने रेलवे के आधुनिकीकरण, सुरक्षा, सेवा, आपूर्ति, प्रतिस्पर्धा का मुकाबला, मैनेजमेंट, दूसरे बिंदुओं पर सरकार को अपनी गहन रिपोर्ट सौंपीं। कई सिफारिशें भी कीं। पर हैरानी होती है कि किसी ने भी रेल ट्रैकों के जाल का तेजी से विस्तार करने के संबंध में सरकार कोई खास सिफारिशें तक नहीं कीं। आखिरकार, बिना ट्रैक बढ़ाए सुरक्षा कैसे सुनिश्चित हो सकती है।

जिम्मेदार कौन?

और अगर बात ट्रैक से हटकर करें तो यह भी सच है कि रेल हादसे सब देशों में होते हैं। कुछ समय पहले स्पेन में भी एक बड़ा रेल हादसा सामने आया। पर यूरोप और दूसरे देशों में कभी–कभार ही रेल हादसे होते हैं। यकीन मानिए पूरे विश्व में रोज छोटे–बड़े हादसे होते ही रहते हैं। मुंबई में तो कहते हैं कि रोज रेल हादसे की चपेट में कोई–कोई आता ही रहता है, दरअसल इधर लापरवाही किसी एक स्तर पर नहीं होती,

नीचे से ऊपर तक यह क्रम निरंतर चलता ही रहता है। अफसोस होता कि हमारे इधर किसी भी बड़े रेल हादसे में चालक को दोषी ठहराने की विभागों की काफी पुरानी परंपरा रही है, क्योंकि ज्यादातर मामलों में इनकी जान पहले ही चली जाती है। बाद में दुर्घटना का असली कारण क्या था, यह शायद ही कभी किसी को पता चलता है, क्योंकि अपने यहाँ के लोगों की याददाश्त काफी कमजोर है। जब कोई दूसरी बड़ी दुर्घटना होती है, तभी कुछ दिनों के लिए गड़े मुर्दे भी उखाड़े जाते हैं।

खतौली हादसे में मारे गए या घयाल हुए लोगों के चित्रों को देखकर देश व्यथित है। ये हादसा देश को कौन सा सबका देगा ? यह तो वक्त नहीं बताएगा। बेशक रेलवे के आधुनिकीकरण की न जाने कितनी परियोजनाएँ पूरी हो चुकी हैं, लेकिन अब रेल ट्रैक के जाल का विस्तार करने पर फोकस करना ही होगा।

□

कुशीनगर जैसे हादसे थमेंगे कैसे

विगत 26 अप्रैल का दिन बड़ा ही मनहूस साबित हुआ। सुबह-सुबह ही खबर आ गई कि उत्तर प्रदेश के गौतम बुद्ध की तपस्थली कुशीनगर में 13 स्कूली बच्चे घोर लापरवाही की वजह से अपनी जान गँवा बैठे। रेल ट्रैक पर स्कूल जा रहे बच्चों की लाशें देख कलेजा काँप उठा। पत्थर दिल इनसान भी उस भयावह मंजर को साक्षात् या फोटो तक में देखकर अपने आँसू रोक नहीं पाया होगा। कैसे वो बच्चे सुबह उठे होंगे स्कूल जाने के लिए। उन्हें क्या पता होगा कि आज ही उनकी जीवन यात्रा समाप्त हो जाएगी। कुशीनगर रेलवे क्रॉसिंग पर अगर गेटमैन होता तो शायद यह हादसा न होता। गेट खुला था तो बच्चों को टाटा मैजिक में स्कूल लेकर जा रहा ड्राइवर बेधड़क ट्रैक को पार करने लगा। उस ड्राइवर की भयानक चूक के कारण पैसेंजर ट्रेन ने टाटा मैजिक के परखच्चे उड़ा दिए। ड्राइवर भी मर गया। वह तो होना ही था, लेकिन यदि ट्रैक पार करते वक्त यदि उसने 'रुको, देखो, फिर जाओ' जैसे सामान्य ड्राइविंग के सिद्धांत का पालन करते हुए जरा सा दाएँ-बाएँ तक देख लिया होता तो यह हादसा न होता। पर प्रत्यक्षदर्शियों का मानें तो बेचारे बच्चों ने तो आती हुई ट्रेन देखकर चीखना तक शुरु कर दिया था, पर निकम्मे और नालायक ड्राइवर ने तो दोनों कानों में हैंड्स-फ्री ठूँस रखे थे, मनपसंद गाना सुनते हुए गाड़ी चला रहा था। आखिरकार ऐसे अनावश्यक हादसे और लापरवाहियाँ कब थमेंगी? रेलवे और बाकी संबंधित विभाग तो सुधरने का नाम ही नहीं ले रहे। तो क्या यह मान लिया जाए कि हमारे यहाँ इसी तरह से लापरवाही के शिकार मासूम होते रहेंगे। घटना के बाद दो-चार लाख रुपए मुआवजा देने की घोषणाएँ भी होने लगीं। घटना को 'दुर्भाग्यपूर्ण' बताए जानेवाले ट्वीट सामने आने लगे, लेकिन अपना यह देश तो गलतियों से सीख लेकर अपने को सुधारनेवाला दिख

नहीं रहा है। यहाँ पर मौत ही सबसे सस्ती चीज बन गई है। इस हादसे में अनेक बच्चे गंभीर रूप से घायल भी हुए हैं। स्कूल वैन में कहते हैं कि कुल 18 बच्चे सवार थे। ये सभी अभागे बच्चे कुशीनगर के डिवाइन मिशन स्कूल के थे। क्या कोई पूछेगा कि टाटा मैजिक जिसकी क्षमता मात्र 7 सवारियों की है, तीन गुनी ज्यादा सवारियों को लेकर कैसे जा रहा था। जब यह रोज ही हो रहा था तो पुलिस और परिवहन विभाग के अधिकारी या तो अंधे थे या रिश्वत लेकर इस अनियमितता की इजाजत दे रखी थी। और स्कूल का प्रबंधन हर रोज बच्चों को इस मौत के कुँए में क्यों डाल रहा था। क्या ये सभी आपराधिक षड्यंत्र के दोषी नहीं हैं?

नहीं सीख लेंगे गलतियों से

जैसा कि मैंने पहले कहा कि हम गलतियों से सबक लेना ही नहीं जानते। उत्तर प्रदेश में ही इससे पहले भी इस तरह के हादसे होते रहे हैं। सन् 2016 में भी भदोही के पास बच्चों से भरी स्कूल वैन ट्रेन की चपेट में आ गई थी। उस हादसे में 10 बच्चों की मौत हो गई थी और कई गंभीर रूप से घायल हो गए थे। उस वैन में भी करीब 19 बच्चे सवार थे। उस वक्त हादसे की वजह स्कूल वैन के ड्राइवर की लापरवाही को बताया गया था। तब भी मृतकों और घायलों को सरकार और रेलवे विभाग ने मुआवजा देकर इतिश्री कर ली थी। नेताओं ने मृतकों के परिवारों के प्रति संवदेना व्यक्त कर दी थी। पर हमने कुछ सीखा नहीं। क्या भदोही हादसे के लिए रेलवे के किसी अफसर या अफसरों को नौकरी से बर्खास्त किया गया? क्या स्कूल प्रबंधन और ट्रॉसपोर्टर को जेल भेजा गया? नहीं। तो क्या कुशीनगर हादसे के बाद अब लापरवाह अफसरों पर गाज गिरेगी? शायद अभी भी नहीं। कब तक बर्दाश्त होंगी ऐसी जानलेवा लापरवाहियाँ।

पटरियों पर खून के धब्बे

एक बार फिर से रेल की काली पटरियों पर सूर्ख लाल खून के धब्बे पड़ गए हैं। हमेशा की तरह से हादसे के बाद हादसे के कारणों को ही खोजा जा रहा है। खोज निरंतर जारी है, पर नतीजा कुछ भी नहीं! सिर्फ लीपा-पोती हो रही है। इस बार भी पासों का खेल होगा। अपराधियों को बचाने के लिए ऐडी-चोटी का प्रयास कर दो-चार दिनों के बाद सबकुछ पूर्ववत हो जाएगा। सबकुछ भूला दिया जाएगा। फिर अगले हादसे के बाद फिर मुआवाजा दे दिया जाएगा, संवेदनाएँ व्यक्त कर दी

जाएँगी और हादसे के कारणों का पता लगाने के लिए जाँच समिति गठित हो जाएगी। वो अपनी रिपोर्ट कब और किसको देगी, ये किसी को पता नहीं चलेगा। उसकी सिफारिशों के बारे में कोई कार्रवाई की तो सोचेगा भी नहीं।

यह मान ही लीजिए कि तगड़े और अति सख्तिपूर्ण कदम उठाए बिना नहीं रुकेंगे कुशीनगर जैसे हादसे। आखिर कब तक कभी किसी ड्राइवर, कभी आतंकवाद और कभी मौसम को जिम्मेदार ठहराया जाता रहेगा, जबकि असली वजह बदइंतजामी

और लापरवाही ही है। माना कि दुर्घटना कहीं भी हो सकती है, लेकिन यहाँ तो हादसे होना सामान्य सी बात मान ली गई है। ज्यादातर हादसे इनसानी लापरवाही, उपकरणों संबंधी समस्याओं, बिना निगरानी वाले गेट के क्रॉसिंग, आधुनिक सुरक्षा तंत्रों के अभाव और थके-हारे तथा अनपढ़, अकुशल और संवेदनहीनता ड्राइवरों की वजह से ही होते हैं। लापरवाही भी किसी एक स्तर पर नहीं होती। नीचे से ऊपर तक यह क्रम चलता ही रहता है।

त्रासद कथा रेलवे की

भारतीय रेल की त्रासद कथा बदस्तूर जारी है, तो दूसरी तऱफ उन तकनीकों का इस्तेमाल नहीं किया जा रहा है, जिससे इस तरह के हादसों को खत्म किया जा सके। इससे बड़ा अफसोस क्या हो सकता है कि दुनिया के विभिन्न देश 'न हादसा-न पटरियों पर मौत' के लक्ष्य को पाने की कोशिश कर रहे हैं, तब हमारे यहाँ हादसे थमने का नाम ही नहीं ले रहे हैं।

रेल विभाग की काहिली का सबसे शर्मनाक उदाहरण देश ने पिछले कुंभ मेले के समय देखा था। इलाहाबाद में आयोजित महाकुंभ में मौनी अमावस्या के दिन होनेवाले शाही स्नान में शरीक होने के लिए भारी संख्या में भक्तजन इलाहाबाद पहुँचे थे। यानी इतने अहम मौके पर भी रेल विभाग अपने को इस तरह से तैयार नहीं कर पाया ताकि हादसे को टाला जा सकता।

काहिली सेफ्टी विभाग की

रेल मंत्रालय में एक भारी-भरकम सेफ्टी विभाग भी है। वह क्या कर रहा है, इसकी भी पड़ताल होनी चाहिए। क्या ये सेफ्टी सेमीनार करने के अलावा भी कुछ करता है ? लगता तो नहीं है। इस विभाग के बारे में रेलवे में काम करनेवाले सभी लोग जानते हैं, पर कहना कोई नहीं चाहता, क्योंकि सबको अपनी नौकरी बचानी होती है। क्या कुशीनगर की घटना के बाद रेलवे सेफ्टी विभाग के आला अफसरों को डिसमिस नहीं किया जाना चाहिए? कुछ साल पहले उत्तर प्रदेश के काशीराम नगर जिले में देर रात मानवरहित रेलवे क्रॉसिंग पर बस और रेलगाड़ी के बीच हुई भयंकर भिड़ंत में 38 लोगों की दर्दनाक मौत हो गई थी। उस दिल दहला देनेवाले हादसे में लगभग 50 से ज्याीदा लोग गंभीर रूप से जख्मी हो गए थे। यह कोई पहली ऐसी वारदात नहीं थी, जब मानवरहित रेलवे क्रॉसिंग ने लोगों की जिंदगियों को निगला। उत्तर प्रदेश

में तो खासकर बार-बार मानवरहित रेलवे क्रॉसिंग पर मौत का खेल होता ही रहता है। राज्य के रेलवे ट्रैक सैकड़ों लोगों की कब्रगाह बन चुके हैं। राज्य में मानवरहित रेलवे क्रॉसिंग पर दर्जनों ऐसी वारदातें हो चुकी हैं, जिसमें सैकड़ों लोगों की मौत और लगभग इतने ही लोग घायल हो चुके हैं। ये तो वो आँकड़ें हैं, जिनमें एक बार में दर्जन से ज्यादा मौतें हुईं। रोजाना एक-दो इनसान मानवरहित क्रॉसिंग की बलि चढ़ते ही हैं, जिनके आँकड़ें महज रेलवे और पुलिस की फाइलों में दफ्न हो जाते हैं।

इन तमाम हादसों से बेखबर रेल प्रशासन मरनेवालों को ज्यादा और घायलों को कम मुआवजा देकर अपना पल्ला झाड़ लेता है, मगर मानवरहित क्रॉसिंग पर उसका ध्यान नहीं जाता। अब सोचनेवाली बात यह है कि अगर रेलवे प्रशासन समय रहते मानवरहित क्रॉसिंग पर अपना ध्यान केंद्रित कर लेता तो शायद कुशीनगर में स्कूल जा रहे नौनिहाल मारे न जाते। दरअसल रेल क्रॉसिंग पर 24x7 सुरक्षा व्यवस्था की आवश्यकता है। रेलवे क्रॉसिंग वाले स्थान पर छोटे फ्लाइओवर या अंडरपास निर्माण उपयोगी हो सकता है। दुर्घटना संभावित स्थानों पर युद्ध स्तर पर शीघ्र कार्य करने की आवश्यकता है। ड्राइविंग लाइसेंस के नियमों को भी सख्त करने की तत्काल आवश्यकता है। नहीं तो मानवता इसी तरह हर दिन घायल होती ही रहेगी। क्या अब भी देश जागने के लिए तैयार है ?

□

डेरों का सच

पंजाब के जालंधर शहर के करीब गाँव बल्लन। यहाँ पर एक बड़े से विशाल परिसर में एक बड़ी गुरुद्वारानुमा इमारत। यह एक डेरे की है। सैकड़ों लोग गुरुजी के सत्य और कर्म पर गहन विचार सुन रहे हैं। सुननेवालों की वेशभूषा और चेहरे-मोहरों को देखकर साफ झलकता है कि समाज के गरीब-गुरबा वर्ग से ही ये संबंध रखते हैं।

इनमें मर्द, औरतें, बच्चे, सिख, गैर-सिख यहाँ तक कि मुसलिम और ईसाई सब शामिल हैं। इमारत के बाहर बीसियों स्वयंसेवक सारी व्यवस्थाएँ कर रहे हैं। गुरुजी का भाषण खत्म हुआ नहीं कि सब के सब लोग पंगत में बैठकर भोजन करने लगे। कहीं कोई अव्यवस्था नहीं। सबकुछ कायदे से हो रहा है। यह मंजर है एक डेरे का। पंजाब और हरियाणा में सैकड़ों इस तरह के छोटे-बड़े डेरे चल रहे हैं। पहले संत रामपाल के सबलोक आश्रम में जो कुछ भी हुआ और अब बाबा राम रहीम के कथित कांडों के बाद इन डेरों के फलने-फूलने और इनसे जुड़े दूसरे अनेक पक्षों पर पैनी नजर डाली जा रही है। कई सवाल भी पूछे जा रहे कि क्यों हरियाणा और पंजाब में नए-नए डेरे सामने आ रहे हैं, कहाँ से मिलता इन्हें पैसा, इनमें आनेवाले कौन है, क्यों आते हैं वगैरह।

क्यों डेरे छाने लगे

हिंदू और सिख धर्म के सामाजिक-आर्थिक रूप से सबसे कमजोर समझे जानेवाले लोग ही इन डेरों में ज्यादातर पहुँचते हैं। क्यों पहुँचते हैं? कई वजहों में से एक तो यह है कि इनमें इन लोगों की काफी हद तक आध्यात्मिक प्यास मिटती है। उससे बड़ी बात यह है कि सबको बराबरी का हक मिलता है। किसी को भी दुत्कारा

या धिक्कारा नहीं जाता! हालाँकि पंजाब और हरियाणा तो सौ वर्षों से भी ज्यादा समय से आर्य समाज और सिख धर्म से प्रभावित इलाके रहे हैं। पर इनमें अभी भी जाति का जहर बहुत अंदर तक फैला हुआ है। दलित हिंदुओं और सिखों को, अगड़ी जाति के ठेकेदार, मंदिरों और गुरुद्वारों में हीन भावना से देखते हैं और उन्हें सम्मानपूर्ण जगह नहीं देते। आप कह सकते हैं कि दलितों और अन्य पिछड़ी जातियों को अपने ही धर्मस्थलों में अभी भी बराबरी का स्थान नहीं मिलता, पर इन डेरों में ससम्मान शरण मिल जाती है। डेरों में एक खास वर्ग को स्पिरिचूअल स्पेस तो मिलता है, इनमें बहुत से लोग अपनी अनेकों छोटी-मोटी मन्नतों को पूरा करवाने के लिए 'बाबा', 'संत', 'महाराज' या 'गुरुजी' से आशीर्वाद भी लेने जाते हैं। इन्हें लगता है कि डेरों में बाबा के आशीर्वाद मिलते ही इनका काम बनने लगेगा। इनमें पुत्र पाने की इच्छा से लेकर या अपने पति या भाई को शराब के नशे से मुक्ति दिलवाने के लिए या बेटियों का बढ़िया रिश्ता हो जाए या घर में अच्छी बहू आ जाए की कामना लेकर भी बहुत सी स्त्रियाँ पहुँचती हैं। इस बात से कोई इनकार नहीं कर सकता कि इन डेरों में समाज सुधार का भी एक पुट तो है ही! ये शराब और दूसरी नशे की आदतों के खिलाफ आवाज उठाते रहते हैं, अभियान भी चलाते हैं। वैसे पुत्र पाने की चाहत में ही हरियाणा और पंजाब, ये दोनों ही प्रदेश, देश के भ्रूण हत्या के मामले में सबसे कुख्यात प्रदेश भी बन गए।

यह तो सर्वविदित ही है कि पंजाब और हरियाणा का एक बड़ा युवावर्ग नशे के चंगुल में हैं। इन्हीं डेरों में नशे की लत के शिकार शख्स को उसे छोड़ने के लिए प्रेरित भी किया जाता है। जाहिर है, यह भी एक बड़ा कारण है, जिसके चलते तमाम दुःखी और जरूरतमंद लोग इन डेरों का रुख करने लगे हैं।

बाबा तो दलित नहीं

यह जरूरी नहीं है कि डेरों के प्रमुख संत या बाबा भी दलित हों या फिर किसी पिछड़ी जाति से आते हो। उदाहरण के रूप में आप सिरसा, हरियाणा के डेरा सच्चा सौदा को ही ले लीजिए। यह पंजाब के मालवा क्षेत्र से लगता हुआ इलाका है। इसके प्रमुख बाबा राम रहीम राजस्थानी मूल के जाट हैं। इसके ज्यादातर प्रमुख प्रबंधन कर्ता भी ऊँची जातियों के हिंदू और सिख हैं, पर इसमें आस्था रखनावाले बेहद पिछड़ी जातियों के हिंदू-सिख हैं। इससे मिलते-जुलते चरित्र के कई और भी डेरे हैं। वैसे कहने को तो शिरोमणि गुरुद्वारा प्रबंधक कमेटी (एस.जी.पी.सी.) सच्चा सौदा डेरे

का कड़ा विरोध करती रही है, पर अकाली दल के अनेक नेता हर चुनाव में डेरे के समर्थन के लिए लाइन लगाकर खड़े हो जाते हैं। बदले में डेरों को नेताओं से धन इत्यादि के रूप में लाभ भी मिलता ही रहता है। डेरों से जुड़े लोग यह कहने से नहीं थकते कि ये मोटे तौर पर गैर-राजनीतिक होते हैं, पर सच्चाई यह नहीं है। ये मतदान की तिथि से पहले किसी खास नेता या दल के हक में वोट देने की अपील कर ही देते हैं। बहुत साफ है कि डेरों का सियासत से अप्रत्यक्ष संबंध तो है ही। सियासी नेताओं के प्रश्रय के बिना ये इतना फैल ही नहीं सकते थे।

पंजाब पिछले 70 सालों के भीतर कई बार बदला। 1947 में देश के विभाजन

के कारण इसका एक बड़ा भाग पाकिस्तान चला गया। 1966 में पंजाब से हरियाणा अलग हुआ। इसके बावजूद पंजाब और हरियाणा में बाबा, गुरु, पीर, संतों के डेरों का बढ़ना भी जारी ही रहा। समाज के भीतर अपने लिए अलग स्थान की चाहत रखनेवाले राजनीतिज्ञ, व्यवसायी और समाजसेवी भी इन डेरों के बाबाओं, संतों वगैरह की शरण में निकल पड़े। जाननेवाले जानते हैं कि 70 और 80 के दशक डेरों के फलने-फूलने के लिहाज से बेहद मुफीद थे। कारण यह था कि तब पंजाब और हरियाणा में दलितों और दूसरी पिछड़ी जातियों में अपने हकों को लेकर जागरूकता आने लगी थी।

भिंडरावाले का डेरा

ज्यादातर डेरे सिख गुरुद्वारों की तर्ज पर ही चलाए जाते हैं। इनकी देखरेख कोई संत या बाबा और उसके प्रबंधक लोग ही करते हैं। पुराने डेरों को अब पहले के संत या बाबा के प्रियतम शिष्य देखने लगे। संत भिंडरावाले का संबंध भी एक दौर में एक डेरे से ही था। वह आगे चलकर सिख मिलिटेंसी के प्रतीक बन गए। इसी तरह से एस.जी.पी.सी. प्रमुख रहीं बीबी जागीर कौर का भी संबंध एक डेरा से है।

कहाँ से आता है अपार धन?

डेरों में रोज सैकड़ों-हजारों लोगों को भरपेट भोजना आखिरकार मिलता कहाँ से है? कौन इनको फाइनेंस करता है? ये कुछ बेहद अहम सवाल हैं। इन प्रश्नों के जवाब तो कोई भी जानना चाहेगा। संत रामपाल के आश्रम में भी रोज सैकड़ों लोग भोजन करते थे। उनसे कोई पैसा नहीं लिया जाता था। इतने लोगों को रोज खाना खिलाने से लेकर लंबे-चौड़े आश्रम चलाने के लिए जाहिर तौर पर पर्याप्त धन तो डेरों में आस्था रखनेवालों की तरफ से नहीं आता। ये तो ज्यादातर दीन-हीन और आर्थिक रूप से कमजोर होते हैं। इन्हें फाइनेंस करनेवालों में प्रमुख तो इनके कुछ बड़े धनाढ्य शिष्यों से लेकर राजनीतिक दलों के नेता गण ही होते हैं। इन नेताओं को संत, बाबा वगैरह चुनावों के वक्त अपने शिष्यों के वोट दिलवाने का वादा करते हैं। उदाहरणार्थ हाल ही में बलबीर सिंह ने गुरुदासपुर के दो डेरों का हाल ही में दौरा किया। इन डेरों के पास क्रमशः 400 से 600 एकड़ जमीन है। राधा स्वामी और डेरा सच्चा सौदा के पास तो इससे भी ज्यादा अचल संपत्ति हैं। राधा स्वामी डेरे के पास तो पूरे भारतवर्ष में अपने बहुत से भूमि अधिग्रहण अधिकारी भी हैं। जाहिर है, इनका काम देश भर में घूम-घूमकर बड़े-बड़े भूखंडों और फार्मों को खरीदना ही होता है। इन डेरों की

अचल संपत्ति की कीमत यकीनन बहुत अधिक होगी। इसके अलावा सभी डेरों के पास अनेकों स्थायी संपत्तियाँ और फिक्सड डिपोजिट भी हैं।

खेती से भी कमाते डेरे

कुछ डेरे अपनी लंबी-चौड़ी खेती भी करके भी अच्छी-खासी कमाई कर लेते हैं। उदाहरण के रूप में राधास्वामी के मात्र एक डेरे में ही 400 एकड़ में खेती होती है। यहाँ पर रोज 45-50 क्विंटल दूध का उत्पादन भी होता है। इसी तरह से तमाम फसलें भी उगाई जाती हैं। उन्हें बाजार में बेचकर भी पैसा कमाया जाता है। यह डेरा हिसार एग्रीकल्चरल यूनिवर्सिटी से बीजों की खरीद करता है। इनके डेरे पूरे देश में फैले हुए है। हाल ही में बिहार के बक्सर जिले में स्थित बिहार निर्माता और संविधानसभा के प्रथम अध्यक्ष डॉ. सच्चिदानंद सिन्हा के ग्राम मुरार जाना हुआ। वहाँ मैं एक सड़क बनवा रहा था। रास्ते में एक लंबी सी चहारदीवारी दिखी, जो सड़क के साथ-साथ मीलों तक जा रही थी। मुझे लगा कि कोई भारी-भरकम फैक्ट्री होगी। पूछा तब जानकारी हुई कि राधास्वामी का डेरा है यदि चाहिए तो बढ़िया बासमती चावल यहाँ प्राप्त होता है। इसलिए यह कहना भी ठीक नहीं रहेगा कि डेरों की आय के सारे स्रोत ही संदिग्ध या भ्रष्ट हैं। इस तरह के और भी बहुत से डेरे हैं।

बिहार उत्तर प्रदेश और पूर्वी भारत में इसी प्रकार से ठाकुर अनुकूलचंद्र का 'सत्संग, हरिद्वार का गायत्री महापरिवार, असम का सारस्वत मठ, रामकृष्ण मिशन, भारत सेवाश्रम संघ, महर्षि मेंहीं, चतुर्भुज सहाय और सफलदेव महाराज के सत्संग भी चलते हैं, जिनके लाखों अनुयायी हैं। इनमें अधिकांश तो भगवत् सेवा और समाजसेवा में भी लगे हैं, लेकिन समय-समय पर ऐसे डेरे या बाबा समय-समय पर पैदा हो ही जाते हैं, जो भ्रष्ट पदाधिकारियों, अपराधियों, तस्करों के लिए 'सेफ हाउस' प्रदान करते हैं। और कई डेरों में यौन शोषण भी होता है। सत्तर के दशक के शुरुआत में मैंने अपनी अनुसंधानपरक रिपोर्टों और लेखों के माध्यम से इन ढोंगी और धूर्त बाबाओं के विरुद्ध आंदोलन का वातावरण खड़ा किया था, जिसके फलस्वरूप अंक बाबा को तो आजीवन कारावास हुआ और दूसरे बाबा स्थायी रूप से अमेरिका भाग गए। दस-पाँच साल में कभी भारत भ्रमण भी कर लेते हैं, लेकिन, भारी सुरक्षा के बीच।

यह बात तो पहले हो ही चुकी है कि अधिकांश डेरे अपने शिष्यों की आध्यात्मिक भूख मिटाने के अलावे इन्हें भरपूर संरक्षण भी देते हैं। वे अपने शिष्यों को एक प्रकार से सुरक्षा का भाव और अपनत्व भी देते हैं। जो मंदिरों और गुरुद्वारों में नहीं दिखता।

मदिरों और गुरुद्वारों में तो आप एक बड़ी भीड़ का हिस्सा होते हैं। डेरों में आनेवाले तर्कों के आधार पर डेरे के कामकाज तथा वहाँ के बाबा की कथित शक्तियों पर सवाल भी नहीं खड़े करते। शिष्यों को तो लगता है कि डेरे से उनका कल्याण ही होगा। आप एक बार किसी डेरे से जुड़ गए तो आपको इस तरह का अहसास करवाया जाएगा कि अब आपके सारे सुख-दुःख डेरे के हैं। यह बात निर्धन और निरीह जरूरतमंद लोगों को छू जाती है। डेरे आपसे यह भी नहीं कहते हैं कि आप अपना धर्म छोड़ दें या जो भी पूजा-पाठ कर रहे हैं, उसे छोड़ दें। डेरों के भक्तों को इस मामले में स्वतंत्रता प्राप्त है। आप किसी डेरे से जुड़कर भी हिंदू, मुसलमान या सिख भी शौक से बने रह सकते हैं।

लेकिन सरकार को यह को पता लगाना ही होगा कि कुछ डेरों के प्रमुख इतनी तेजी से कैसे मालामाल हो जाते हैं। रामपाल ने आध्यात्मिक सलाहकार का काम वर्ष 2000 में शुरू किया। उनका आश्रम 12 एकड़ में फैला हुआ है, उनके पास लक्जरी कारों का बड़ा सा बेड़ा है और वह किसी तरह के कर्ज में भी नहीं हैं। उनकी लोकप्रियता की कई वजहें हो सकती हैं। एक वजह तो यह है कि वह जाति विरोधी हैं, लेकिन आखिर यह अपार धन कहाँ से आ रहा है।

कुल-मिलाकर देखा जाए तो हमारा देश और सरकारें भी धार्मिक प्रगतिविरोध के सवालों का सामना करने से बचती रही है। यह समाज के हर वर्ग को प्रभावित करता है। यह उनको भी प्रभावित करता है, जो सरकार में उच्च पदों पर आसीन हैं। देश के पहले प्रधानमंत्री जवाहरलाल नेहरू वैसे तो इनके खिलाफ थे, लेकिन 1956 के कुंभ स्नान करने जब गए तो ऐसी भगदड़ मची कि सैकड़ों लोगों को अखाड़ों के हाथियों ने कुचलकर मार डाला। इंदिरा गांधी को ऐसे आध्यात्मिक गुरुओं को प्रश्रय देने के लिए जाना जाता है। इंदिरा गांधी अनेकों धार्मिक गुरुओं के पास और तीर्थस्थलों पर जाती रही हैं। इंदिरा के पुत्र राजीव गांधी ने भी अपने 1984 के चुनाव प्रचार की शुरुआत देवर्षि देवराहा बाबा के आशीर्वाद प्राप्त करके ही की थी, जिसमें उन्हें अभूतपूर्व सफलता भी मिली थी।

देवराहा बाबा प्रयाग से पटना के बीच कहीं भी गंगा या यमुना के बीच की रेती पर एक ऊँचे मचान पर बैठते और लोगों के सिर को अपने पैर से छूकर कभी-कभी धक्का देकर भी उनको आशिष देते थे। पटना में 1961 में जब डॉ. जाकिर हुसैन पटना में बिहार के राज्यपाल थे, तब गंगा की रेती पर डेरा डाले हुए देवराहा बाबा के

पास अकसर जाते रहते थे। एक दिन बाबा जब प्रसन्न हुए, तब उन्होंने राज्यपाल डॉ. जाकिर हुसैन को लात मारकर आशीर्वाद दिया और कहा, "लाट बच्चा, राम-राम जपते रहो। जल्दी ही रामकृपा से भारत के राष्ट्रपति बनोगे।" आगे के दौर में भी यही होता रहा। समाज के उपेक्षित वर्गों की भीड़ बाबाओं के यहाँ लगी ही रही। विश्वास न हो तो कभी इलाहाबाद या हरिद्वार के कुंभ में जाकर देखिए।

बहरहाल संत राम रहीम केस ने जिस तरह से देशव्यापी हंगामा खड़ा किया, उसे देखते हुए डेरों के कामकाज पर पैनी नजर रखने की तो जरूरत है ही!

□

देश से क्यों लेफ्ट होता आउट

लेफ्ट पार्टियों के सिकुड़ने और खारिज होने का ताजा प्रमाण यह है कि अब इसका पश्चिम बंगाल से कोई भी सदस्य राज्यसभा में नहीं आएगा। राज्यसभा के इतिहास में आजादी के बाद यह पहली बार हो रहा है। वैसे तो लेफ्ट पार्टियों का पतन भारतीय राजनीति के लिए शुभ संकेत नहीं है। इन दलों को अब अपनी वजूद को कायम रखने के लिए जनता के बीच में अधिक काम करना होगा। जनता से जुड़े मुद्दों पर संघर्ष करते रहना होगा। इन्हें देश के राजनीतिक पटल से पूरी तरह से खारिज होने से अपने को बचाना ही होगा।

जनभावनाओं की अनदेखी

आप वाम दलों के पतन का गहराई से अध्ययन करें तो आप महसूस करेंगे कि इन दलों का नेतृत्व पिछले पचास दशकों से जन भावनाओं से पूरी तरह से हटकर सोच तो रहा है। इसका एक उदाहरण ले लीजिए। यह बहुत पुरानी बात नहीं है, जब केंद्र सरकार ने कहा कि भारतीय सेना ने पाकिस्तान में घुसकर सर्जिकल स्ट्राइक किया और वहाँ आतंकियों के ठिकानों को नष्ट किया। जवाब में ये वाम दल माँग करते रहे कि भारत सरकार सर्जिकल स्ट्राइक के प्रमाण प्रस्तुत करे। वामदल अपने को गरीब-गुरबा के हितों का सबसे मुखर प्रवक्ता बताते हैं। जरा कोई बता दे कि इन्होंने हाल के वर्षों में कब महँगाई, बेरोजगारी, गरीबी जैसे सवालों पर कोई आंदोलन छेड़ा हो। सारा देश राष्ट्र एकता और अखंडता के सवालों पर एक है, पर ये वामदल अपने तरीके सोच रहे हैं। इनके येचुरी तथा करात सरीखे नेता सिर्फ कैंडिल मार्च निकाल सकते हैं या केरल में आर.एस.एस. के कार्यकर्ताओं की निर्मम हत्याएँ भर करवा सकते हैं। इसलिए अब इन्हें जनता खारिज करती जा रही है। देश ने इनका पहली बार असली

चेहरा देखा 1962 में चीन से जंग के वक्त। तब भारतीय कम्युनिस्ट पार्टी (भा.क.पा.) ने राजधानी के बारा टूटी इलाके में चीन के समर्थन में एक सभा तक आयोजित करने की हिमायत की थी। हालाँकि वहाँ पर मौजूद लोगों ने तब आयोजकों को अच्छी तरह पीट दिया था। इसके अलावा वामदलों के अधिकतर राज्यों में सिकुड़ने का एक अहम कारण यह भी है कि इनके गैर-जिम्मेदाराना हरकतों से छोटी-बड़ी फैक्ट्रियाँ बंद होती रही हैं। इसके चलते वामपंथी ट्रेड यूनियन आंदोलन कमजोर हो गया और वाम नेता दूसरे किसी मुद्दे पर कोई विशेष छाप नहीं छोड़ सके। संगठन के स्तर पर भी इन्होने कोई जमीनी काम नहीं किया सिवाय इसके कि फर्जी एन.जी.ओ. बनाकर सरकारी योजनाओं का पैसा कांग्रेस के सहयोग से भरपूर लूटा और हर तरह की मौज-मस्ती करने में अपना समय और लूट के धन का अपव्यय किया।

घटा स्पेस

कुछ महीने पहले हुए उत्तर प्रदेश विधानसभा के चुनाव के नतीजों ने स्पष्ट कर दिया था कि लेफ्ट पार्टियों के लिए देश की राजनीति में अब कोई स्थान नहीं रह गया है। अप्रसांगिक होती जा रही वामपंथी पार्टियाँ। इनकी नीतियों और कार्यक्रमों को जनता स्वीकार करना तो छोड़िए सिरे से खारिज करती जा रही है। इसीलिए भारतीय कम्युनिस्ट पार्टी (भा.क.पा.) और मार्क्सवादी कम्युनिस्ट पार्टी (मा.क.पा.) लोकसभा से लेकर राज्य विधानसभा चुनावों तक में धराशायी होती जा रही हैं। उत्तर प्रदेश चुनाव में पहली बार भा.क.पा., मा.क.पा. और भा.क.पा.(माले) ने विधानसभा चुनावों के लिए साझा प्रत्याशी उतारे। उन्होंने सौ सीटों पर कम-से-कम 10 से 15 हजार वोट हासिल करने का लक्ष्य रखा।

वामदलों से सीताराम येचुरी, डी. राजा, वृंदा करात, दीपांकर भट्टाचार्य जैसे नेताओं ने जमकर प्रचार किया, लेकिन कोई फायदा नहीं हुआ। आँकड़ें गवाह हैं कि करोड़ों की आबादी वाले उत्तर प्रदेश में वामदल कुल मिलाकर 1 लाख, 38 हजार, 763 वोट ही हासिल कर सके। यह कुल मतों का 0.2 प्रतिशत होता है। वहीं नोटा के लिए प्रदेश की जनता ने 7 लाख, 57 हजार, 643 वोट दिए, यह करीब 0.9 फीसदी बैठता है।

कभी वाम मोर्चा का गढ़ रहे पश्चिम बंगाल में उसकी दूकान बंद होती जा रही है। वहाँ 2011 के विधानसभा चुनाव में उसे 41 फीसदी मत मिले। यह आँकड़ा 2014 के लोकसभा चुनाव में 29.6 फीसदी रह गया। अब आया 2016 का विधानसभा

चुनाव। अब लेफ्ट पार्टियों को मिले 26.1 फीसदी, यानी गिरावट का यह सिलसिला लगातार जारी है। और गौर करें कि जैसे-जैसे लेफ्ट पार्टियाँ सिकुड़ रही हैं पश्चिम बंगाल में, तो भारतीय जनता पार्टी का असर वहाँ पर बढ़ता जा रहा है।

नौजवानों की ना

अब ये पश्चिम बंगाल, केरल तथा त्रिपुरा में ही सिकुड़कर रह गई हैं। इनसे अब नौजवान नहीं जुड़ पा रहे हैं। मा.क.पा. के कुल सदस्यों में मात्र 6.5 फीसदी ही 25 साल से कम उम्र के हैं। मा.क.पा. का नेतृत्व तो बुजुर्गों से भरा है। नेतृत्व में नौजवान नाममात्र के ही हैं। मा.क.पा. की एक ताजा रिपोर्ट में बताया गया है कि उसकी विशाखापट्नम में 2015 में हुई, कांग्रेस में 727 नुमांइदों ने भाग लिया। उनमें सिर्फ दो ही 35 साल से कम उम्र के थे। यानी मा.क.पा. से नौजवानों का मोहभंग होता जा रहा

है। अब मा.क.पा. और पश्चिम बंगाल की बात कर लीजिए। बंगाल पर मा.क.पा. ने 1977 से लेकर 2011 तक राज किया। ज्योति बसु लंबे समय तक मा.क.पा. के नेतृत्ववाली वाम सरकार के मुख्यमंत्री थे। पर अब बंगाल में भी मा.क.पा. लोकसभा और राज्यसभा के चुनाव बार-बार हार रही है।

और फिर वापस चलते हैं, उत्तर प्रदेश चुनाव पर। तब ये पश्चिम उत्तर प्रदेश से लेकर पूर्वी उत्तर प्रदेश तक चंद वोटों को ही जुटाने में तरस गए। अयोध्या की बात करें तो यहाँ भा.क.पा. के सूर्यकांत पांडेय काफी कोशिश के बाद भी महज 1353 लोगों का ही वोट हासिल कर सके। दंगे की आग से झुलसे मुजफ्फरनगर में मा.क.पा. के मुर्तजा सलमानी को कुल मिलाकर 491 वोट ही मिले। आजमगढ़ में भी यही हाल रहा। यहाँ मा.क.पा. के राम वृक्ष 1040 वोट के साथ जमानत जब्त हुई, जबकि गाजियाबाद के साहिबाबाद में इसी पार्टी के जगदंबा प्रसाद 1087 वोट के साथ जमानत नहीं बचा सके। इन सभी जगहों पर वाम दलों का बीते समय में तगड़ा असर रहा है। यानी उत्तर प्रदेश से लेफ्ट पार्टियाँ का सूपड़ा साफ हो चुका है। 2007, 2012 के बाद अब 2017 में वह एक सीट जीतने को तरस गए।

हो सकता है कि आज की पीढ़ी को मालूम न हो पर एक दौर में उत्तर प्रदेश में वाम दलों का असर था। 1957 से 2002 के बीच हुए विधानसभा चुनावों में वाम दल के उम्मीदवार जीत हासिल करते रहे। इनमें 1969 की भा.क.पा. की 80 और मा.क.पा. की एक सीट पर जीत, अब तक की वाम दलों की उत्तर प्रदेश में सबसे बड़ी जीत मानी जाती है।

केरल में वाम दलों का एक अलग चेहरा भी देश देख रहा है। वहाँ पर इनकी सरकारों के संरक्षण में गुंड़े बीते दशकों से भा.ज.पा. और आर.एस.एस. के कार्यकर्ताओं को मौत के घाट उतरवा रही हैं। अभी तक सैकड़ों कार्यकर्ता मारे जा चुके हैं। लेकिन बेशर्म सरकारें खूनियों को बचाती रही हैं। सारा देश देख रहा है केरल में खेले जा रहे इस खूनी खेल को। निस्संदेह इन तमाम कारणों के चलते ही देश का मतदाता वाम दलों की चुनावों में भरपूर दुर्दशा कर रहा है।

□

अभी कितने और प्रद्युम्न जैसे फूल मसले जाएँगे

रेयान इंटरनेशनल स्कूल वसंतकुंज में मैनेजमेंट की लापरवाही से एक मासूम को पानी की टंकी में डुबाकर मारने की स्मृतियों को अभी दिल्लीवासी भुला भी न पाए थे कि इसी विद्यालय के गुरुग्राम शाखा में प्रद्युम्न नाम के 7 वर्ष के मासूम का अपने स्कूल ही के वाशरूम में बेरहमी से कत्ल और उसके बाद गाजियाबाद के सिल्वरलाइन पब्लिक स्कूल की 6 साल की सौम्या कश्यप को उसके अपने ही स्कूल की बस से कुचल कर मार दिए जाने की खबर से देश स्तब्ध हो गया। अभी लोग सदमे में ही थे कि आज यह खबर आ गई कि देश की राजधानी दिल्ली में ही एक निजी स्कूल के चौकीदार ने अपने ही स्कूल की 5 वर्ष की एक मासूम बच्ची को शौचालय में ले जाकर रेप कर दिया! क्यों हम अपने नौनिहालों को इस बेरहमी से मौत के घाट उतार रहे हैं? कलेजा फटने लगता है, यह सोचकर कि उस मनहूस दिन सुबह प्रद्युम्न और सौम्या जब सुबह सोकर उठे होंगे, उनकी माँओं ने बड़े लाड-प्यार से उन्हें लंच देकर स्कूल भेजा होगा, लेकिन उन दोनों को क्या पता होगा कि आज उनकी अकाल मौत हो जाएगी। उन्हें मार दिया जाएगा। उनकी चीखों और रोने की आवाजों को भी कोई नहीं सुन पाएगा? आज सारा देश शोकाकुल है, शर्मसार है! प्रद्युम्न और सौम्या के कत्ल बहुत सारे सवाल छोड़ गए हैं।

क्या 125 करोड़ की आबादीवाले हमारे विशाल भारतवर्ष में स्कूलों में जानेवाले हमारे करोड़ों बच्चे अब सुरक्षित नहीं रह गए हैं? हाल की इन घटनाओं से लगता तो यही है। क्या बच्चे स्कूल कैंपस के अंदर भी सुरक्षित नहीं हैं? यह तो बेहद खतरनाक

स्थिति है ? बच्चे जब स्कूल के भीतर होते हैं तो उनकी सुरक्षा की जिम्मेदारी किसकी है ? बच्चों के साथ होनेवाले अपराध या हादसे में स्कूल प्रशासन पर किस हद तक जिम्मेदारी बनती है ? इनके उत्तर प्रशासन और स्कूल प्रबंधन दोनों को तो देने ही होंगे और अपनी आपराधिक लापरवाहियों के लिए कठोर दंड के लिए भी तैयार रहना होगा।

गुरुग्राम के जिस रेयान इंटरनेशनल स्कूल में दूसरी कक्षा के मासूम छात्र प्रद्युम्न की बेरहमी से हत्या हुई है, उसी रेयान स्कूल के वसंतकुंज, दिल्ली स्थित ब्रांच में फरवरी 2016 में दिव्यांश नाम के पहली कक्षा में पढ़नेवाले मासूम की लाश भी छत पर स्थित पानी की टंकी में मिली थी। यानी इस स्कूल पर ऐसा लगता है कि किसी प्रभावशाली शख्स का हाथ है, जो इस विद्यालय के प्रबंधन को संरक्षण प्रदान कर रहा है। तभी शायद इस विद्यालय का प्रबंधन इतना बेखौफ है कि यहाँ पर हादसे होते ही रहते हैं और उन्हें रफा-दफा कर दिया जाता है। दिल्ली में हुई घटना को एक हादसा करार दिया गया था, लेकिन जिस तरह से गुरुग्राम के स्कूल में हुई हत्या के बाद पुलिस जाँच में दावा किया जा रहा है कि बस कंडक्टर ने पहले प्रद्युम्न के साथ अप्राकृतिक यौन संबंध बनाने की कोशिश की, लेकिन जब उसने इसका विरोध किया तो कंडक्टर ने चाकू से उसका गला रेत दिया।

क्या वास्तव में प्रद्युम्न का हत्यारा स्कूल बस का कंडक्टर ही है ? इस पहलू की गहराई से जाँच करनी होगी, क्योंकि बताते हैं कि बच्चे और उसकी दीदी को उसके पिता ने स्कूल के गेट तक छोड़ा था। वह बस से तो आया ही नहीं था। प्रद्युम्न की माँ भी यह मानने को तैयार नहीं है।

प्रद्युम्न की माँ रोते हुए बार-बार यही कह रही है कि बस के कंडक्टर ने कुछ नहीं किया, उसे तो बस बलि का बकरा बनाया जा रहा है। वह बार-बार स्कूल के कुछ अन्य कर्मचारियों पर इलजाम लगा रही हैं। ऐसे में बड़ा सवाल यह उठता है कि क्या रेयान इंटरनेशनल स्कूल के मैनेजमेंट में ही कोई ऐसा राक्षस तो नहीं छिपा बैठा है, जो बच्चों को अपनी हवस का शिकार बनाता है और फँसने पर बच्चे की हत्या कर देता है। रेयान स्कूल में सुरक्षा का आलम यह है कि इसकी पिछली दीवार से लगभग सटी है, शराब की दूकान। इसी गेट से यहाँ की बसों के ड्राइवर 'इंग्लिश वाइन एंड बीयर शॉप' से अपनी शराब का कोटा लेने पहुँचते हैं। अब जरा सोच लीजिए कि शराब पीने के बाद वे किस तरह से स्कूल के बच्चों को घर छोड़ते होंगे। क्या स्कूल मैनेजमेंट ये सब देख नहीं रहा था ? मुझे गुरुग्राम के मेरे कुछ परिचितों ने

बताया कि ये ड्राइवर सात-आठ के समूहों में पिछले गेट से बाहर निकलकर शराब खरीदकर वापस चले आते हैं। अब शराब के नशे में बसें चलानेवालों से आप उम्मीद ही क्या कर सकते हैं? लेकिन स्कूल मैनेजमेंट को यह नहीं दिखाई दे रहा था। इसी गेट से कोई भी अनाम-अज्ञात शख्स भी आसानी से स्कूल में प्रवेश कर सकता है, हालाँकि स्कूल के सामने की तरफ तो सुरक्षा चाक-चौबंद दिखती है, पर पिछली तरफ की सुरक्षा तो राम-भरोसे छोड़ी हुई है।

अब दो जवाब

तो प्रद्युम्न और सौम्या के कत्ल का दोषी है कौन? कानून साफतौर पर कहता है कि जिसके पास नबालिग बच्चे की कस्टडी सौंपी होती है, उसकी सुरक्षा की जिम्मेदारी भी उसी की है। बच्चे को जैसे ही माँ-बाप द्वारा स्कूल बस में चढ़ा दिया जाता है, वह कानूनी तौर पर स्कूल प्रशासन की कस्टडी में आ जाता है। इसके बाद अगर स्कूल प्रशासन के अधिकार क्षेत्र में बच्चों के साथ कुछ भी गलत होता है और

यह बात साबित हो जाती है, तो स्कूल प्रशासन जिम्मेदारी से नहीं बच सकता। यानी प्रद्युम्न के मामले में उसका स्कूल बच ही नहीं सकता। तो क्या रेयान स्कूल इस बार बच सकेगा?

बेशक, कोई भी स्कूल कैंपस पूरी तरह से सुरक्षित होना जरूरी है। गार्ड, सी.सी. टी.वी. के अलावा इस बात को सुनिश्चित करना जरूरी है कि कोई भी बाहरी व्यक्ति स्कूल कैंपस में नहीं आए, लेकिन व्यवहार में यह नहीं हो पाता। अब रेयान स्कूल को ही ले लें। इसके पिछले गेट से बाहरी लोग अंदर आते-जाते रहते हैं, जिस पर सुरक्षा का कोई कंट्रोल ही नहीं है।

करीब 20 साल पहले 1998 में राजधानी में नगर निगम के एक स्कूल का एक बच्चा स्कूल कैंपस से बाहर निकलकर पानी लेने गया था और एक वाहन से कुचला गया। उस मामले में दिल्ली हाई कोर्ट ने नगर निगम को जिम्मेदार ठहराया था। तब पीड़ित परिवार को 2 लाख रुपए मुआवजा देने का निर्देश दिया गया था।

आपको शायद यह भी याद होगा कि दिल्ली में 1997 में यमुना में एक स्कूली बस गिरी थी, जिसमें 28 स्कूली बच्चों की मौत हो गई थी। इस घटना के बाद सुप्रीम कोर्ट ने उसी साल स्कूली बसों के लिए एक गाइडलाइंस जारी की थीं। इन गाइडलाइंस में सुरक्षा के तमाम इंतजाम करने के निर्देश दिए गए थे। जैसे कि स्कूली बस ड्राइवर का अनुभव 5 साल से ज्यादा का होना चाहिए, गाड़ी की स्पीड 40 किलोमीटर प्रति घंटा से ज्यादा नहीं होनी चाहिए, हर गाड़ी में प्राथमिक उपचार के लिए फर्स्ट एड बॉक्स होने चाहिए, वगैरह, लेकिन यह कहते हुए अफसोस हो रहा है कि सुप्रीम कोर्ट के दिशा-निर्देशों की खुलेआम धज्जियाँ उड़ाई जा रही हैं। यह कोई देखनेवाला है ही नहीं कि सुप्रीम कोर्ट के निर्देशों का कोई पालन कर रहा है या नहीं और यदि कर रहा है तो कितना? आप पटना से पुणे और मुजफ्फरपुर से मुंबई समेत देश के किसी भी शहर में स्कूल बसों के ड्राइवरों का ड्राइविंग टेस्ट लेकर देख लीजिए। आप पाएँगे कि ज्यादातर ने घूस देकर ही लाइसेंस लिया हुआ होता है। बेशुमार स्कूल बसों के ड्राइवरों को यातायात के नियमों की सामान्य समझ तक भी नहीं होती है। अधिकतर प्राइवेट स्कूलों के मैनेजमेंटों का एक सूत्रीय एजेंडा यही रहता है कि किस तरह अभिभावकों को नोच लिया जाए? उन्हें अपने स्कूल में पढ़नेवाले बच्चों की रत्ती भर भी चिंता रहती है या नहीं, यह तो एक बड़ा अनुरत्तरित प्रश्न है! इसीलिए, प्रद्युम्न और सौम्या जैसे मासूम आए दिन मार दिए जाते हैं।

अत्यंत ही दु:ख के साथ असहाय भाव से यही कहना पड़ रहा है कि हमारे देश में पता नहीं कब तक और कितने और मासूमों को प्रद्युम्न की तरह मारा जाएगा। प्रद्युम्न, एक फूल जिसे खिलने से पहले ही मसल दिया गया, एक चिराग जिसे हमेशा के लिए बुझा दिया गया, एक उम्मीद जो खत्म कर दी गई, अपनी माँ की आँखों का तारा जो कभी लौटकर वापस नहीं आ पाएगा, अपने बाप के उम्मीदों की किरण जो उन्हें फिर कभी नहीं दिखेगा। इस मासूम के कत्ल को दुनिया मे कहीं भी होनेवाले किसी जुल्म से किसी भी तरह कम नहीं आंका जा सकता, यह दुर्लभतम और क्रूरतम अपराध है, इसलिए जितना जरूरी इसके मुजरिम को सख्त से सख्त सजा दिलाना है, उतना ही जरूरी है कि कोई बेकसूर इसमें न मारा जाए।

प्रद्युम्न और सौम्या की अकाल मौत के जिम्मेदार समाज को शर्मसार होना चाहिए कि वो अपने नौनिहालों को मार रहा है, लेकिन भारत सरकार और राज्य सरकारों की भी यह नैतिक जिम्मेदारी तो बनती ही है कि ऐसे सख्त कानून बनाए जाएँ कि मासूमों के मौत के जिम्मेवार किसी भी तरह बच न पाएँ।

□

कब तक कुचला जाता रहेगा सड़कों पर पैदलयात्री

आप देश के किसी भी छोटे-बड़े शहर की बात कर लीजिए आपको हर जगह पैदलयात्री कुचलता हुआ ही मिलेगा। उनकी स्थिति दिन प्रति दिन खराब ही होती जा रही है। उसकी सड़क पर किसी कार, ट्रक, मोटर साइकिल वगैरह से कुचले जाने से जीवनभर के लिए विक्लांग होना या मारा जाना, अब कोई खबर ही नहीं बनती! बनती भी है, तो बहुत छोटी-सी खबर। पैदलयात्रियों को रेड लाइट के वक्त भी सड़क पार करने नहीं दे रहे लापरवाह वाहन चालक या उससे भी ज्यादा वाहन मालिक। जेबरा क्रॉसिंगवाला स्पेस पैदल यात्री का माना जाता है, पर उस स्पेस को भी छीना जा रहा है। कहने की जरूरत नहीं है कि पैदल यात्रियों के सड़क पार करने के लिए यूँ तो जेबरा क्रॉसिंग होती है, पर ये बस नाम के ही हैं। इनको न तो कोई मानता है, न ही कोई मनवानेवाला है! ट्रैफिक पुलिस को चालान काटने की धमकी देने और आधा पैसा वसूल कर गाड़ियों को छोड़ते रहने से फुर्सत भी कहाँ है?

कोई पूछ ले पदयात्री को

पैदलयात्रियों के हितों को कौन देख रहा है? उनके हितों पर हल्ला बोलनेवालों को कौन सजा दे रहा है? देश में हर साल करीब डेढ़ लाख लोग सड़क हादसों में जान गँवा रहे हैं। ये सच में बहुत बड़ा आँकड़ा है। इनमें पैदलयात्री करीब 20 फीसदी माने जाते हैं। जो जीवनभर के लिए हादसों के कारण विक्लांग हो जाते हैं, वे तो असंख्य हैं, लेकिन देखने में यह आ रहा है कि सड़कों के चौड़ीकरण, सौंदर्यीकरण और इनके विस्तार पर जब बात होती है तो पैदलयात्री के बारे में कोई नहीं सोचता। उसकी एक

वजह ये भी है कि वो समाज का अंतिम व्यक्ति है। उसकी आर्थिक-सामाजिक हैसियत कमजोर है। तो क्या इसीलिए वह सड़क पर तड़प-तड़पकर मरने के लिए अभिशप्त है? क्या अमीरजादों के बिगड़ैल बच्चे सड़कों पर पैदलयात्रियों को बेरहमी कुचलते रहेंगे और फिर भी उन्हें कुछ नहीं होगा। ये सबकुछ देश काफी समय से देख रहा है।

कब से जेबरा क्रॉसिंग

दरअसल जेबरा क्रॉसिंग के द्वारा पैदल चलनेवाले लोगों को सड़क पार करने का रास्ता मिलता है। इसमें बनी काले और सफेद रंग की पट्टी की लंबाई 40-60 सेंटीमीटर से 2 फीट की होती हैं। दुनिया में यातायात को सुचारू रूप से चलाने के लिए कई जगहों पर जेबरा क्रॉसिंग का इस्तेमाल किया जाता है। आपको मालूम होगा कि सन् 1948 में ब्रिटेन में पहली बार पैदल चलनेवालों के लिए सड़क पार करने के सुरक्षित तरीकों के लिए काली और सफेद धारियोंवाला ये डिजाइन तैयार किया गया था। तब इसका नाम जेबरा क्रॉसिंग रख दिया गया और तभी से जेबरा क्रॉसिंग की विश्व भर में शुरुआत हो गई। आप देश के छोटे शहर से लेकर दिल्ली की सड़कों को देख लें। पैदलयात्री सर्वत्र कुचला जा रहा है। आप न्यूयॉर्क, लंदन, पेरिस की तो बात छोड़िए, दुबई, बैंकाक, हनोई जैसे शहरों में भी पैदयात्री को सड़कों पर सम्मान मिल रहा है। जब वो सड़क पार करता है तो चलता ट्रैफिक थम जाता है। जब तक पैदलयात्री सड़क पार नहीं कर लेता, तब तक सड़क पर वाहन खड़े रहते हैं। जेबरा क्रॉसिंग के नियमों का सम्मान तो सब करते हैं। अब अपने यहाँ की स्थिति को देख लीजिए। रेड लाइट होने पर भी पैदलयात्रियों के हितों से बेपरवाह या कहें कि लापरवाह वाहन चालक अपने वाहन को रोकना अपनी शान के खिलाफ समझते हैं। उन्हें जेबरा क्रॉसिंग से सड़क पार करनेवालों की कोई परवाह नहीं है। इनके लाइसेंस रद्द क्यों नहीं होते? पैदलयात्रियों के लिए देश वास्तव में एक उपकार करेगा कि अगर अधिक-से-अधिक स्थानों पर ओवर ब्रिज या अंडर पास बन जाएँ। जाहिर तौर पर हम सिंगापुर तो नहीं बन सकते। वहाँ पर हर एक-डेढ़ किलोमीटर पर ओवर ब्रिज है, पर हम उन जगहों का तो चयन कर सकते हैं, जो भीड़-भाड़ वाले हैं। वहाँ पर पैदलयात्रियों के लिए ये सुविधाएँ दे दी जाएँ तो इसमें क्या बुराई है? और इसके साथ ही ट्रैफिक फ्लो को और सुचारू बनाने के लिए सड़कें तो बेहतर करनी ही होंगी तथा ट्रैफिक जाम न लगे इसके उपाय भी ढूँढ़ने होंगे। चौराहों पर सबसे अधिक प्रदूषण की समस्या है। क्योंकि कई बार काफी देर तक वाहन रुके रहते हैं।

वो ही शिकार धुएँ का

यानी पैदलयात्री हर स्तर पर पिस रहा है। अगर राजधानी दिल्ली की बात करें तो वो किसी भी सड़क या चौराहें पर जब सड़क पार करने के लिए खड़ा होता है तो वो चारों तरफ से सैकड़ों वाहनों के हॉर्न की आवाजें सुन रहा होता है। उसके सामने से सैकड़ों वाहन प्रदूषण फैलाते हुए निकल रहे होते हैं। इस तरह का मंजर आपको दिल्ली के कम-से-कम 500 चौराहों पर देखने को दिन के किसी भी वक्त कभी मिल सकता है। आप एक मिनट ठहरिए। भले ही दिल्लीवाली स्थिति देश के दूसरे मेट्रो शहरों या दूसरे बड़े शहरों में न हुई हो तो भी आप इतना तो मानेंगे ही कि अब मुंबई से लेकर इंदौर और ग्वालियर से लेकर गाजियाबाद में सड़कों पर चलनेवाले वाहन मौत का धुआँ उड़ा रहे हैं।

विश्व के सभी देशों में वाहनों की संख्या में निरंतर वृद्धि हो रही है और उससे उत्पन्न परिणाम समय-समय पर सामने आ रहे हैं। इसके बावजूद आप इसे रोक नहीं

सकते। क्योंकि अब जनता के पास भी खर्च करने को पैसा आ चुका है। वो तो कारें लेंगे ही। एक अनुमान के अनुसार दिल्ली-एनसीआर में करीब एक करोड़ वाहन, मुंबई में दो लाख से ज्यादा ऑटो रिक्शा, 9 लाख से ज्यादा यात्री कारें, करीब 10000 टैक्सियाँ और 25 हजार से ज्यादा बसें और 3 लाख से ज्यादा वाणिज्यिक वाहन हैं। लखनऊ में सडक पर मौजूद 10 लाख वाहनों में हर रोज 200 नए वाहन जुड़ जाते हैं। जयपुर में 15 लाख वाहन बंगलुरु में 31 लाख वाहन हैं। वाहनों की बढ़ती संख्या के साथ शहर की फिजां में खतरनाक धुएँ व धूल के रूप में जहर घुलता जा रहा है। इस खतरे से बेखबर वाहन चालक फर्राटे भर रहे हैं और इसकी जानकारी देनेवाला सरकारी तंत्र जुर्माना वसूली और कागजी खानापूर्ति में लगा हुआ है।

साँस के मरीज अधिक

सड़कों पर वाहनों की अंधाधुंध रफ्तार से बढ़ती संख्या के कारण शहरों में बढ़ते वायू प्रदूषण ने बड़ी संख्या में लोगों को साँस का मरीज बना दिया है। एक अनुमान के अनुसार, शहरों की हजारों छोटी-बड़ी गाड़ियों में से केवल 5 फीसदी की ही नियमित जाँच होती है। 50 फीसदी वाहनों का धुआँ प्रदूषण फैला रहा है और उसमें जहरीले तत्त्वों की मात्रा सामान्य से ज्यादा है। इन सेंटरों में दुपहिए वाहनों की चेकिंग के लिए 20 रुपए, फोर व्हीलर के लिए 50 रुपए, ट्रक व डंपर जैसे भारी वाहनों के लिए 100 रुपए का चालान काटा जाता है। इनके द्वारा जारी प्रमाण-पत्र 6 महीने तक वैध रहता है। इसी जाँच का सरकारी शुल्क कम होने के बावजूद लोग इसका पालन नहीं करते। उधर वाहन चालक ऐसी किसी जाँच को अनिवार्य होने व धुएँ के प्रदूषण के खतरे से खुद को अनजान बताते हैं। अगर कोई यह सोच रहा है कि गाड़ियों से निकलने वाले धुएँ से सिर्फ बड़े शहर ही प्रभावित हो रहे हैं तो गुस्ताफी माफ, अपनी जानकारी को दुरुस्त कर लें। ग्वालियर, भोपाल, जबलपुर, उज्जैन, रायपुर, पटना, राँची, लखनऊ, गाजियाबाद, चंडीगढ़ जैसे शहरों में भी भी हालात अब बेहद खराब हो रहे हैं।

मुझे कुछ दिन पूर्व देहरादून के एक प्रतिष्ठित आवासीय विद्यालय के प्रिंसिपल ने एक चौंकानेवाली बात बतायी। उनके पास दिल्ली के एक अत्यंत रसूखदार रईस राजनीतिक परिवार के एक दंपति अपने एक छोटे से प्यारे से 9-10 साल के बच्चे को लेकर आए कि प्लीज आप इसे अपने स्कूल में भरती कर लें। चाहे एक साल का नुकसान ही क्यों न हो जाए। उन्होंने पूछा कि आप के घर में सारी सुख-सुविधाएँ हैं, बच्चा भी दिल्ली के नामी-गिरामी स्कूल में पढ़ ही रहा है, तब आप अपने इकलौते

बच्चे को हमारे विद्यालय में क्यों डाल रहे हैं? बच्चे के माता-पिता का उत्तर चौंकाने वाला था। उन्होंने बताया कि घर में सारी सुख-सुविधाएँ हैं। बच्चे के लिए अलग से मर्सिडीज गाड़ी, ड्राइवर, एक अंग्रेजी बोलनेवाली आया और एक बॉडीगार्ड भी है, लेकिन, बच्चा सर्दी-खाँसी-बुखार से परेशान है। डॉक्टरों ने लंबी जाँच-पड़ताल करवाई, मोटी फीस बनाई और अंत में कहा कि यदि तुम अपने बेटे की जान बचानी है तो कम-से-कम 18 वर्ष की आयु तक इसे दिल्ली से बाहर किसी पहाड़ी स्थान पर रखो, जहाँ इसे शुद्ध हवा मिले। इसके फेफड़े में इंफेक्शन है। दिल्ली की प्रदूषित हवा से इसे बार-बार एलर्जी हो जा रही है, जो इंफेक्शन में बदल जाती है। एक ही बच्चा है, क्या करूँ? मजबूरी में अब बेटे को इंटर तक यही पढ़ाऊँगा। परिवार के लोग इससे मिलने यहीं आ जाया करेंगे। प्रश्न यह है कि दिल्ली के कितने परिवार अपने बच्चों को 6 से 8 लाख सालाना खर्च देकर प्रदूषण से बचाने के लिए देहरादून, मसूरी, नैनीताल, दार्जिलिंग के महँगे बोर्डिंग स्कूलों में भेजकर अपने बच्चों को पढ़ा सकते हैं?

एक बात तो समझ ही ली जानी चाहिए कि पैदलयात्रियों का कुचल जाना और वाहनों की सड़कों पर लगातार बढ़ती भीड़ का आपस में सीधा संबंध है। आप तो सामान्य नागरिक है, सरकार भी कारों की बिक्री को शायद ही रोक सकें। लेकिन कड़े उपाय करके पैदलयात्री को राहत तो दे सकते हैं। क्या हम इतना भी नहीं कर सकते?

□

क्यों न चले काहिल बाबुओं पर चाबुक

ऐसा लग रहा है कि अब काहिल, नकारा और निकम्मे सरकारी बाबुओं को और झेलने के मूड में नहीं है मोदी सरकार। पिछले दिनों सरकार ने छतीसगढ़ कैडर के दो आई.पी.एस. अफसरों की सेवाएँ समाप्त करके यह स्पष्ट संकेत दे भी दिया है। आजादी के बाद भ्रष्ट अफसरों पर इतनी सख्त कर्रवाई शायद ही हुई हो। यानी अब अपने कर्तव्यों का सही प्रकार से निर्वाह करो, नहीं तो जाओ वापस अपने घर। अब सरकार भ्रष्ट और संदिग्ध छविवाले अफसरों को बख्शने के लिए कतई तैयार नहीं दिखती।

सरकार की नीतियों और कार्यक्रमों को लागू करने में सरकारी बाबुओं की अहम भूमिका रहती है। यदि ये ही लुंज-पुंज साबित होंगे और चोरी-चकारी करने में ही पूरा समय निकाल देंगे तो फिर काम कौन करेगा? मोदी सरकार की जनकल्याकारी नीतियों और कार्यक्रमों को कौन लागू करेगा? किसे नहीं मालूम कि सरकारी विभागों में घोर अव्यवस्था और अराजकता व्याप्त है। वहाँ पर काम करना शान के खिलाफ समझा जाता है। सारा दिन अगली छुट्टियों पर व्यर्थ की बहस में निकाल देते हैं, अधिकतर कर्मी। इस मानसिकता को जड़ से मिटाने के लिए कठोर कार्रवाई लंबे समय से अपेक्षित थी। देर आए, दुरुस्त आए की तर्ज पर चलते हुए सरकार ने अब चाबुक चलानी शुरू कर दी है निकम्मे बाबुओं पर।

सारे तो खराब नहीं

सत्ता पर काबिज होते ही प्रधानमंत्री नरेंद्र मोदी ने सख्त अंदाज में भ्रष्ट सरकारी बाबुओं को चेतावनी दी थी कि "न मैं खाऊँगा और न ही किसी को खाने दूँगा" और "न चैन से बैठूँगा, न चैन से बैठने दूँगा।" यह उन्होंने स्वयं तो मनसा-वाचा-कर्मणा

सिद्ध कर दिया है। अब बारी आई है बाबुओं की। मोदीजी ने तो सरकारी दफ्तरों में फैले भ्रष्टाचार को खत्म करने की अपनी सरकार की प्रतिबद्धता को 2014 में ही साफ कर दिया था। पर बाबुओं की कौम कहाँ माननेवाली? कहते हैं कि अंग्रेज चले गए पर अपनी औलाद इन बाबुओं की नस्ल में छोड़ गए। सच पूछिए तो 1947 भारत में आजादी के साथ सत्ता परिवर्तन तो हो गया, किंतु व्यवस्था परिवर्तन तो हुआ नहीं। अंग्रेजों ने नौकरशाहों को देश की आम जनता को प्रताड़ित करने और राजस्व के नाम पर लूट/खसोट करने के लिए ही ट्रेंनिंग देकर तैयार किया था। उस समय जिलाधिकारी को 'कलेक्टर' यानी 'वसूली करनेवाला' कहा जाता था। आजादी के बाद परिवर्तन मात्र इतना ही हुआ है कि अब उन्हें 'कलेक्टर ऐंड डिस्ट्रिक्ट मजिस्ट्रेट' कहा जाने लगा। प्रधानमंत्री स्वयं को देश का 'प्रधान सेवक' कहते हैं, लेकिन जिलाधिकारी अभी भी 'जिले के प्रथम सेवक' बनने की बजाय 'कलेक्टर' वाली ही मानसिकता लेकर बैठे हुए हैं।

मोदी सरकार के सत्तासीन होने के बाद से ही जिस तरह की सरकारी बाबुओं पर सख्त हो रही है, उससे बहुत से बाबू तो सुधरने भी लगे हैं। समय पर आना और समयबद्ध तरीके से कार्यसंपादन की आदत डालने लगे हैं।

लेकिन चूँकि रोग तो पुराना है। जकड़ा हुआ है, इसलिए बहुत से बाबू सुधरने का नाम नहीं ले रहे हैं। सब जानते हैं कि काले धन के कोढ़ के खिलाफ मोदी सरकार के नोटबंदी के कदम को असफल करने की हरचंद कोशिशें नौकरशाहों और बैंक मैनेजरों ने की थीं। सेंट्रल विजिलेंस कमीशन के आँकड़ों के अनुसार, सरकारी क्षेत्र के बैंकों के रोज ही तकरीबन तीन मुलाजिमों की नौकरी जा रही है करप्शन से लेकर घोटालों में लिप्त होने के कारण। अंदाजा लगा लें कि क्या हाल हो चुका है करप्शन का। बैंक कर्मियों ने नोटबंदी के अभियान को पलीता लगाने की भरपूर कोशिशें कीं। अनेक उसमें सफल भी हुए, लेकिन कई घोटालों में फँसे भी और गिरफ्तार होकर जेल भी गए। नोटबंदी के बाद देश में पुराने नोट बदलवाने से लेकर नए करेंसी नोट लेने के मसले पर जमकर लूट हो रही थी। असरदार लोगों ने अपने करोड़ों रुपयों की काली संपत्ति को सफेद करवाया भ्रष्ट बैंक कर्मियों की बदौलत। कहते हैं कि जिस तरह से मछली के जल ग्रहण करने का किसी को पता नहीं चल पाता, उसी तरह से बैंकों से जुड़े भ्रष्ट पेशेवरों के बारे में कहा जाता है कि उनके करप्शन से जुड़े मामलों को सामने लाना भी शेर के मुँह से निवाला छीनने के समान होता है। कारण यह है कि इन्हें पैसे को ठिकाने

लगाने का अंदाजा मालूम होता है। आखिरकार, ये हमेशा नोटों के आसपास ही तो रहते हैं, लेकिन इस नोटबंदी अभियान के दौरान इनकी पोल खुल गई।

गया मौज का दौर

अब भ्रष्ट बैंक अफसरों के मौज के दिन खत्म हो गए हैं। अब तो एक के बाद एक कई सरकारी बैंकों के शिखर पर बैठे कई भ्रष्ट अफसर फँस रहे हैं। उनके काले कारनामों के कच्चे चिट्ठे सामने आ रहे है। बीती 15 सितंबर को सी.बी.आई. ने

यूनाइटेड बैंक ऑफ इंडिया (यू.बी.आई.) की पूर्व चेयरमेन और मैनेजिंग डायरेक्टर (सी.एम.डी.) अर्चना भार्गव के खिलाफ करप्शन का केस दर्ज किया। सी.बी.आई. ने उनके ठिकानों में छापों के दौरान कैश, आभूषण और 10 करोड़ रुपए से अधिक के निवेश के ब्योरे बरामद किए, जो कथित तौर पर भार्गव और उनके परिवार के सदस्यों के नाम हैं। रिटायरमेंट की उम्र आने से पहले ही बैंक की नौकरी को खराब सेहत का बहाना बनाकर छोड़नेवाली अर्चना भार्गव पर यह भी आरोप है कि वर्ष 2011 में केनरा बैंक का कार्यकारी निदेशक रहते हुए और 2013 में यूनाइटेड बैंक ऑफ इंडिया की सी.एम.डी. के तौर पर उन्होंने उन कंपनियों को लोन दिलवाने में अतिरिक्त उदारता बरती जो उनके पति-पुत्र के स्वामित्ववाली कंपनियों से डील कर रही थीं। इससे पहले सी.बी.आई. ने अगस्त, 2014 में सिंडिकेट बैंक के सी.एम.डी. एस.के. जैन को 50 लाख रुपए की घूस लेने के आरोप में गिरफ्तार किया था। उन्होंने एक कंपनी को गलत तरीके से मोटा लोन दिलवाया था। बदले में 50 लाख रुपए बेशर्मी से ले रहे थे। वे सी.बी.आई. को चकमा दे रहे थे गिरफ्तारी से बचने के लिए।

नपते बाबू

नकारा बाबुओं पर सरकार का हल्ला बोल जारी है। हाल ही में केंद्रीय मंत्री डॉ. जितेंद्र सिंह ने राज्यसभा में बताया था कि पिछले दो वर्षों में सरकार ने 130 कामचोर बाबुओं की सेवाएँ समाप्त कर दी हैं। ग्रुप 'ए' सेवा के 11,828 और ग्रुप 'बी' सेवा के 19,714 अफसरों के सर्विस रिकॉर्ड को भ्रष्ट आचरणों के आरोप में खँगाला गया है। यानी अब चुन-चुनकर फँस रहे हैं कामचोर सरकारी अफसर। इसके साथ ही ईमानदार और कर्तव्यनिष्ठ बाबुओं को प्रोत्साहित करने का काम भी किया जा रहा है।

केंद्र सरकार के दफ्तरों में तो भ्रष्टाचार पर फिर भी लगाम लगाई जा रही है, पर ज्यादातर राज्य सरकारों के सरकारी विभागों में अभी भी सबकुछ राम भरोसे ही चल रहा है। राज्यों में भी काहिलों के विरुद्ध सघन अभियान चलाने की आवश्यकता है। इस संबंध में राज्य सरकारों को अब और विलंब नहीं करना चाहिए।

भ्रष्ट बिहार पुलिस

बिहार के निगरानी अन्वेषण ब्यूरो के डी.जी. रवींद्र कुमार ने कुछ समय पहले कहा था कि भ्रष्टाचार में बिहार पुलिस सबसे आगे है। उन्होंने बताया कि घूसखोरी या भ्रष्टाचार से जुड़े करीब 25 प्रतिशत मामलों में पुलिसकर्मी पकड़े गए हैं। 42 विभागों में

पुलिस महकमे का मामला सबसे अधिक है। बिहार पुलिस अगर खराब है तो क्या बाकी पुलिस महकमें बहुत उत्तम कार्य कर रहे हैं। दिल्ली यातायात पुलिस में घोर करप्शन है। अब आप अंदाजा लगा लें कि किस हद तक सरकारी विभागों में सड़ांध फैल चुकी है।

सातवें वेतन आयोग की सिफारिशों के लागू होने के बाद एक आशा जगी थी कि अब सरकारी कर्मी अपने को करप्शन से दूर रखेंगे। वे अपने दायित्वों का निर्वाह करेंगे। सातवें वेतन आयोग की सिफारिशों को लागू करने से 50 लाख से अधिक सरकारी कर्मचारियों और 58 लाख पेंशनधारियों के हाथों में ज्यादा पैसा आने लगा। इन्हें बेहतर पगार मिले और इन्हें बाकी भी सुविधाएँ मिलें, इसमें किसी को कोई एतराज क्यों होगा ? लेकिन अधिक पगार के बाद भी सरकारी कर्मियों का एक हिस्सा काहिली और करप्शन में आकंठ डूबा हुआ है। लेकिन अधिकारों के साथ-साथ कर्तव्यों की बातें नहीं हो रहीं।

ताजा स्थिति यह है कि बाबू अधिकार तो ले रहे हैं, पर कर्तव्यों के मोर्चे पर उस तरह से सक्षम साबित नहीं हो रहे। कोशिश भी नहीं कर रहे। आप किसी भी सरकारी दफ्तर में चले जाइए, आपको सूरते हाल लगभग पहलेवाले ही मिलेंगे। सवालों के जवाब टालू अँदाज में दिए जाएँगे। वहाँ पर सारा माहौल बेहद बोझिल लगेगा। बाबू इस अँदाज में बैठे होंगे, मानो उन्हें कोई सजा दी जा रही है। काम को करने को लेकर किसी तरह का विशेष आग्रह या उत्साह नहीं दिखता।

जस के तस हालात

यानी हालात पहले की ही तरह है। इन घोर निराशाजनक स्थितियों की पृष्ठभूमि में भ्रष्टों के विरुद्ध सख्त कार्रवाई करने के अतिरिक्त कोई विकल्प भी तो नहीं बचा है। देश में वर्तमान में दो तरह की स्थितियाँ देखने में आ रही हैं। जहाँ निजी क्षेत्र में काम करनेवालों की नौकरी कतई सुरक्षित नहीं हैं, वहीं सरकारी बाबुओं को 60 साल के बाद भी सेवा विस्तार मिलता रहता है। इधर अधिकार हैं, पर कर्तव्यों को याद दिलाना तक सही नहीं माना जाता। जाहिर है, देश में दो स्थितियाँ एक साथ तो नहीं चल सकती हैं। विकास के दोनों चक्के एक ही रफ्तार में चलें तभी देश का विकास हो सकेगा। सरकारी विभागों में कामकाज सही तरह से नहीं हुआ तो देश के विकास की रफ्तार का पहिया लड़खड़ा जाएगा। इसे ठीक करने के लिए भ्रष्ट अधिकारियों पर शिकंजा कसना जरूरी हो गया है।

□

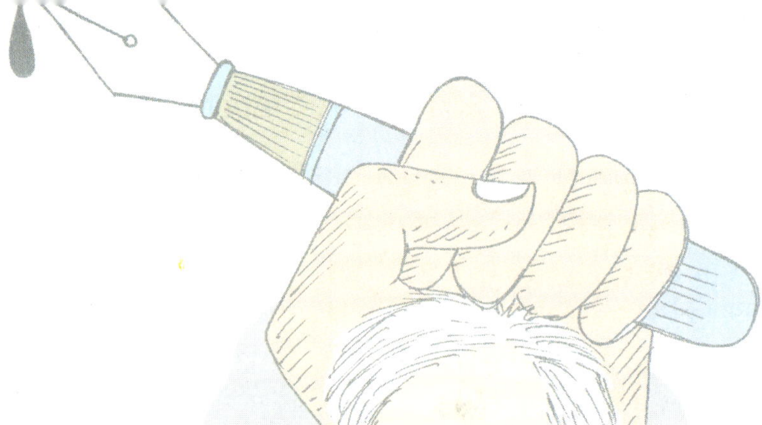

गौरी का कत्ल कांग्रेस के कर्नाटक में, दोषी मोदी सरकार कैसे?

कर्नाटक की प्रखर वामपंथी पत्रकार गौरी लंकेश का कत्ल वामपंथ बनाम दक्षिणपंथ के बीच की कटु लड़ाई बना दी गई है। आरोप-प्रत्यारोप लगाए जा रहे हैं। और इसी बीच बिहार के एक जिले अरवल में पंकज मिश्र नाम के पत्रकार की भी गोली मारकर हत्या कर दी गई है। हत्या या किसी भी प्रकार की हिंसा तो सर्वदा ही निंदनीय है! हिंसक घटनाएँ तो किसी भी सूरत में स्वीकार्य नहीं है। हत्या या किसी भी प्रकार की हिंसा किस पंथ, संप्रदाय या विचारधारा से जुड़ी थीं, अब यह मसला तो गौण हैं, हालाँकि यह प्रश्न तो उठ ही सकता है कि क्या किसी पंथ से जुड़े इनसान को पत्रकार माना जाना चाहिए? क्योंकि पत्रकारिता तो आपसे सौ फीसदी निष्पक्षता की अपेक्षा करता है। किसी पत्रकार को अपनी व्यक्तिगत निष्ठा या विषय या विचार विशेष के प्रति कभी भी आसक्ति नहीं रखनी चाहिए। न ही उसे किसी भी विचारधारा के प्रति दुराग्रही होना चाहिए। निश्चित रूप से एक जमीनी पत्रकार वही होता है, जो राजा से रंक तक को एक ही जैसा सम्मान देता है। नहीं तो वह किसी व्यक्ति या विचारधारा का प्रचारक हो जाता है। तब तो उसे पत्रकार कतई नहीं कहा जा सकता।

क्या अपने को किसी पंथ या विचार से जुड़ा इनसान तटस्थ रह सकता है? राजधानी में गौरी लंकेश की हत्या पर शोक जताने के लिए हुई सभा में जिस तरह से वामपंथी नेता सीताराम येचुरी से लेकर डी. राजा तक पहुँचे, उसने सारे मामले की गंभीरता को ही खत्म कर दिया है। गौरी की हत्या कांग्रेस शासित कर्नाटक राज्य में हुई। उनकी हत्या से सारा देश सन्न है, पर उस हत्या के लिए राज्य सरकार को दोष

न देकर केंद्र सरकार को दोष देने का क्या मतलब है? प्रेस क्लब में हुई सभा में कुछ वक्ता कह रहे थे कि गौरी लंकेश हिंदुत्व विरोधी थीं। तो क्या अब हिंदू बहुल भारत में हिंदुओं की बात करना अपराध हो गया है? अगर भारत में हिंदुओं के मसले नहीं उठेंगे तो क्या पाकिस्तान में उठेंगे? गौरी लंकेश के मामले में भी दक्षिणपंथी विचारधारा का समर्थन करनेवालों को भक्त कहने से पीछे नहीं हट रहे कुछ कथित सेक्युलवादी? तो क्या पत्रकार होने का मतलब केवल वामपंथी होना या दक्षिणपंथी विचारधारा का विरोधी होना है? गौरी लंकेश की हत्या पर उतना ही शोक उचित है, जितना एक सामान्य हत्या पर या राजद के नेता लालू के प्रिय शहाबुद्दीन के गुर्गों द्वारा गोलियों से भूने गए एक राष्ट्रीय दैनिक के पत्रकार राजेशरंजन के हत्या पर होता है, पर ये कहना कि यह लोकतंत्र की हत्या है, अभिव्यक्ति का गला घोटना है, कुतर्क भी है और गैर-वाजिब भी।

सँभले सोशल मीडिया

हालाँकि जिस तरह सोशल मीडिया पर गौरी लंकेश को लेकर अभद्र और असंसदीय शब्द लिखे जा रहे हैं, वह अपमानजनक तथा शर्मनाक है। हमारे देश में दिवंगत शख्स के लिए ओछे शब्दों का प्रयोग निषेध है। फिर हम कौन-सा समाज और कौन-सी संस्कृति रच रहे हैं? यह तो असभ्य और बर्बर समाज में भी नहीं होता होगा। महात्मा गांधी की हत्या हो या दीनदयाल उपाध्याय की हत्या हो या किसी भी आम आदमी की भी हत्या हो जाए, वह आखिरकार हत्या ही होती है। कोई नक्सली हत्या करे या आतंकवादी हत्या करे या कोई दंगाई हत्या करे, किसी भी तर्क से किसी भी हत्या को सही ठहराना अमानवीयता है।

गौरी लंकेश की हत्या का एक और भी आयाम है। इस हत्या ने साबित कर दिया है कि देश की आई.टी. राजधानी कर्नाटक बर्बादी की तरफ जा रही है। बीते कुछ समय के दौरान कर्नाटक की नकारा कांग्रेस सरकार की मिली-भगत से राज्य में जो कुछ हो रहा है, उससे देश को गंभीरता से लेना होगा। मुख्यमंत्री सिद्दारमैया के नेतृत्व वाली कर्नाटक सरकार खुद देश विरोधी गतिविधियों में लिप्त है। मुख्यमंत्री स्वयं राज्य के लिए पृथक् झंडे की माँग तक कर रहे हैं। यानी उन्हें तिरंगे से इतर भी कोई झंडा चाहिए। यही नहीं, कर्नाटक के मुख्यमंत्री सिद्दारमैया कह रहे हैं कि क्या देश के संविधान में ऐसा कोई नियम है, जो राज्य को अपना अलग झंडा रखने से रोकता हो? क्या उन्हें इस संबंध में जानकारी नहीं है कि भारत का दूसरा झंडा नहीं हो सकता? कल तो वह यह भी माँग करने लगेंगे कि हमें अपना राज्यगान भी दे दो।

और जरा देखिए कि दिल्ली में बैठे कांग्रेसी नेता इन सारे घटनाक्रमों से बेपरवाह बैठे हुए हैं। वे अपनी राज्य सरकार के इतने निंदनीय कदम की भर्त्सना तक करना भी जरूरी नहीं समझ रहे। क्यों कांग्रेस नेतृत्व अपने कर्नाटक के नेताओं को नहीं कसता? क्या माना जाए कि केंद्रीय नेतृत्व की मूक सहमति मिली हुई है कर्नाटक सरकार को?

हिंदी का विरोध

कर्नाटक सरकार हिंदी का भी बेशर्मी से विरोध कर रही है। कुछ समय पहले बंगलुरु मेट्रो रेल के साइन-बोर्ड में हिंदी इस्तेमाल होने का कुछ कन्नड़ समर्थक कड़ा विरोध कर रहे थे। ये पहले कभी नहीं हुआ। ये सरकार से तीन भाषाओं के बदले दो भाषाओं की नीति अपनाने का आग्रह भी कर रहे थे। हिंदी तो प्रेम, मैत्री और सौहार्द

की भाषा है। यह तो सारे देश को ही नहीं, अपितु पूरे विश्व में बसे भारतवासियों को जोड़ती है। अब अचानक से उसका कर्नाटक में ही क्यों विरोध होने लगा है, तो यह समझ से परे। कर्नाटक में पिछले कई दशकों से हिंदी प्रचार-प्रसार में कन्नड़ भाषी ही लगे हुए हैं। हिंदी विरोधियों का अब तो कांग्रेस मुख्यमंत्री भी साथ दे रहे हैं। उन्हें पराई अंग्रेजी अपनी लगती है, पर उन्हें अपनी ही हिंदी से तकलीफ होने लगी है। पिछले दिनों बंगलुरु मेट्रो के दो स्टेशनों पर हिंदी में लिखे गए नामों को टेप से ढक देने का मामला सामने आया था। यह घटना चिकपेटे और मैजेस्टिक स्टेशन की थी। यानी साफ है कि कर्नाटक को आग के आगे धकेला जा रहा है।

कौन बचाए कर्नाटक को

कर्नाटक को बचाने की जरूरत है, लेकिन हो यह रहा है कि वहाँ की कर्नाटक सरकार को कोई कठघरे में खड़ा नहीं कर रहा है। गौरी की हत्या के बाद देश के सोशल मीडिया में कुछ उसी तरह का माहौल बनाया जा रहा है, जैसा तब बना था, जब राजधानी से सटे नोएडा के बिसहाड़ा गाँव में एक शख्स को अपने घर में गौ-मांस रखने के आरोप में उग्र भीड़ ने मार डाला था। उस घटना के बाद तमाम तथाकथित धर्मनिरपेक्ष नेता मृतक मोहम्मद अखलाक के घर पहुँचने लगे थे, ठीक उसी तरह जैसे बीच जंगल में मधुमक्खी का बड़ा छत्ता तूफान में गिर जाए तो भालू-बंदर उस पर टूट पड़ते हैं, वे उसके घर में जाकर संवेदना कम और सियासत ज्यादा करते नजर आ रहे थे। तब उत्तर प्रदेश में समाजवादी पार्टी की सरकार थी। इसके बावजूद सेक्युलरवादी केंद्र की मोदी सरकार को दोषी ठहरा रहे थे। अखलाक के घर कांग्रेस के उपाध्यक्ष राहुल गांधी से लेकर दिल्ली के मुख्यमंत्री अरविंद केजरीवाल और असदुद्दीन ओवैसी से लेकर मा.क.पा. की वृंदा करात तक ने हाजिरी दी थी।

कर्नाटक में हालात बिगड़ने का पहला साफ संकेत तब मिला था, जब बंगलुरु शहर में कावेरी जल विवाद पर तमिलों के साथ मारपीट हुई थी। उसके बाद वहाँ पर लगातार अराजकता और अस्थिरता का वातावरण बना हुआ है, पर हैरानी इस बात की है कि कोई भी कर्नाटक सरकार को वहाँ के बिगड़ते हालातों के लिए दोष नहीं दे रहा। गौरी लंकेश का कत्ल चीख-चीखकर देश को बता रहा है कि कर्नाटक को आग में झुलसने से बचा लो।

□

हिंदी के अनाम-अज्ञात सेवक

आप भी देखते होंगे कि हमारे यहाँ पर हिंदी अकादमियाँ और हिंदी के प्रसार-प्रचार से जुड़ी संस्थाएँ जिन हिंदी सेवियों को सम्मानित करती हैं, उनमें से अधिकतर दूर-दूर तक किसी भी माने में हिंदी सेवी होते ही नहीं। क्या उत्तर प्रदेश, मध्य प्रदेश या बिहार की हिंदी पट्टी में जन्में और किसी अन्य जगह में रचे-बसे और रहनेवाले हिंदी अध्यापक, लेखक, कवि को हिंदी सेवी माना जाए? कतई नहीं। वह निश्चित रूप से एक बेहतर लेखक, कवि या कहानीकार तो हो सकता है। उसका उस रूप में तो अवश्य ही सम्मान किया जा सकता है, लेकिन उसे हिंदी सेवी की श्रेणी में रखना सही नहीं होगा। हिंदी सेवी तो वो व्यक्ति या संस्था है, जो गैर-हिंदी भाषी क्षेत्र में हिंदी के प्रसार-प्रचार के लिए निःस्वार्थ भाव से प्रतिबद्धता से दशकों से जुटा हुआ है। इसमें देश-विदेश सभी जगहों के हजारों हिंदी सेवक शामिल हैं।

दक्षिण भारत का 'हिंदी प्रचार आंदोलन'

सर्वप्रथम दक्षिण भारत हिंदी प्रचार सभा को लीजिए। लगभग 100 वर्ष पूर्व 1918 में मद्रास में 'हिंदी प्रचार आंदोलन' की नींव रखी गई थी और इसी वर्ष में स्थापित हिंदी साहित्य सम्मेलन मद्रास कार्यालय आगे चलकर दक्षिण भारत हिंदी प्रचार सभा के रूप में स्थापित हुआ। बाद में तमिल और अन्य दक्षिणी राज्यों की जनता की भावनाओं का आदर करते हुए ही इस संस्था को 'राष्ट्रीय महत्त्व की संस्था' घोषित किया गया। वर्तमान में इस संस्थान के चारों दक्षिणी राज्यों में प्रतिष्ठित शोध संस्थान है और बड़ी संख्या में दक्षिण भारतीय मूल के साहित्यप्रेमी इस संस्थान से हिंदी में दक्षता प्राप्त कर ज्यादातर दक्षिण राज्यों में ही हिंदी की

सेवा कर रहे हैं। हिंदी के प्रसार और प्रतिष्ठा में संलिप्त हजारों दक्षिण भारतीय बंधु न मात्र हिंदी से अपने रोजगार के अवसरों को स्वर्णिम बना रहे हैं, अपितु दक्षिण में हिंदी प्रचार के क्रम में ऐसी कई प्रतिष्ठित हिंदी संस्थाओं को भी स्थापित करते रहे हैं। जो लोग कहते हैं कि तमिलनाडू में हिंदी में संवाद संभव नहीं है, उन्हें यह कौन बताए कि हर साल हिंदी प्रचार सभा, चेन्नई हजारों हिंदी प्रेमियों को हिंदी लिखना-पढ़ना सिखाती है। इससे जुड़े तमिल मूल के अध्यापक सच्चे हिंदी सेवी हैं।

दक्षिण भारत में हिंदी की सेवा करने में केरल में 1934 में केरल हिंदी प्रचार सभा, आंध्र प्रदेश में 1935 में हिंदी प्रचार सभा, हैदराबाद और कर्नाटक में 1939

में कर्नाटक हिंदी प्रचार समिति, 1943 में मैसूर हिंदी प्रचार परिषद् तथा 1953 में कर्नाटक महिला हिंदी सेवा समिति की स्थापना हुई। ये मात्र कुछ ही उदाहरण हैं। लगभग प्रत्येक वर्ष ही गैर-हिंदी प्रदेशों में कोई-न-कोई हिंदी साहित्य के शिक्षण से संबंधित कोई-न-कोई संस्था खड़ी होती ही रहती है। इन संस्थानों में लाखों छात्र हिंदी की परीक्षाओं में सम्मिलित व उत्तीर्ण होते हैं। हाल के दिनों में कर्नाटक में चंद लफंगे और नासमझ हिंदी विरोधियों को खाद-पानी देनेवाले कर्नाटक के मुख्यमंत्री सिद्दारमैया को काश यह पता होता कि उनके राज्य में हिंदी की जड़ें कितनी गहरी हैं। वहाँ पर हिंदी किसी भी तरह से कन्नड़ को चुनौती नहीं देती। वो कन्नड़ की मित्र बनकर ही रहती है। हिंदी तो सही माने में प्रेम, मैत्री और सौहार्द की भाषा है। हिंदी का तो मूल स्वभाव ही मेल-जोल का है।

गांधी, हिंदी और दक्षिण

महात्मा गांधी के हिंदी प्रचार आंदोलन के परिणामस्वरूप दक्षिण भारत हिंदी प्रचार सभा की स्थापना मद्रास नगर के गोखले हॉल में डॉ. सी.पी. रामास्वामी अय्यर की अध्यक्षता में एनी बेसेंट ने की थी। इसके गांधीजी आजीवन सभापति रहे। उन्होंने देश की अखंडता और एकता के लिए हिंदी के महत्त्व एवं उसके प्रचार-प्रसार पर बल दिया। गांधीजी का विचार था कि दक्षिण भारत में हिंदी के प्रचार का कार्य वहाँ के स्थानीय लोग ही करें। महात्मा गांधी और उनके बाद के बाद हिंदी के महान् उपासक डॉ. राजेंद्र प्रसाद इस संस्था के अध्यक्ष बने। यह संस्था 'हिंदी समाचार' नाम की एक मासिक पत्रिका भी निकालती है। 'दक्षिण भारत' नामक त्रैमासिक साहित्यिक पत्रिका में दक्षिण भारतीय भाषाओं की रचनाओं के हिंदी-अनुवाद और उच्चस्तर के मौलिक साहित्यिक लेख छपते हैं। हिंदी अध्यापकों और प्रचारकों को तैयार करने के लिए सभा के शिक्षा विभाग के मार्गदर्शन में 'हिंदी प्रचार विद्यालय' नामक प्रशिक्षण विद्यालय तथा प्रवीण विद्यालय संचालित होते हैं।

केरल में हिंदी फिल्में

केरल तो हिंदी फिल्मों का दीवाना है। मलयाली बहुत चाव से देखते हैं हिंदी फिल्में। ऋतिक रोशन और कैटरीना कैफ की फिल्म 'बैंग बैंग' केरल में एक सप्ताह के अंदर चार करोड़ रुपए की कमाई कर राज्य में सबसे ज्यादा सफल हिंदी फिल्म बन गई थी। तब फिल्म की सफलता से खुश ऋतिक ने 'यू-ट्यूब'

पर साझा की वीडियो में कहा था, "केरल में अपनी फिल्म को मिली प्रतिक्रिया देखकर मैं भाव-विभोर हूँ।" बैंग-बैंग केरल में कुल 105 सिनेमाघरों एक साथ में प्रदर्शित की गई थी और सिर्फ कोच्चि में ही इसके 40 शो हुए थे। अब आप समझ लें केरल में हिंदी की स्थिति को। इसके अलावा केरल में, हिंदी का प्रचार-प्रसार करने के लिए हिंदी की छोटी-बड़ी सभी परीक्षाओं को संचालित करना, हिंदी की पुस्तकें एवं पत्र-पत्रिकाएँ प्रकाशित करना तथा हिंदी नाटकों को अभिनीत करना केरल हिंदी प्रचार सभा के मुख्य उद्देश्य रहे हैं। इसकी ओर से हिंदी, मलयालम और तमिल भाषाओं में सामंजस्य स्थापना करने के प्रयोजन से 'राष्ट्रवाणी' नाम की एक त्रिभाषा साप्ताहिक पत्रिका का भी प्रकाशन भी किया जाता है। इसके अतिरिक्त 'केरल ज्योति' नामक एक मासिक पत्रिका का प्रकाशन भी हो रहा है। आंध्र प्रदेश और तेलंगाना में भी हिंदी स्थानीय भाषाओं के साथ आगे बढ़ती जा रही है।

पूर्वोत्तर में हिंदी की बिंदी

पूर्वोत्तर भारत में हिंदी के प्रति प्रेम में अप्रत्याशित रूप से वृद्धि हुई है। इन राज्यों में सेना, सुरक्षा से जुड़े हुए जवान, व्यापार के लिए हिंदी क्षेत्रों से जाकर इन राज्यों में बस जानेवाले व्यापारी, पूर्वी उत्तर प्रदेश और बिहार से काम के सिलसिले में इन राज्यों में आए मजदूरों के कारण यहाँ हिंदी भाषा का प्रचार-प्रसार हुआ। और देश के पूर्वोत्तर भागों में हिंदी को स्थापित करने में गांधीजी ने भी पहल की थी। गांधीजी ने असमिया समाज को हिंदी से परिचित कराने के लिए बाबा राघवदास को हिंदी प्रचारक के रूप में नियुक्त करके असम भेजा था। पूर्वोत्तर में हिंदी इसलिए भी आराम से स्थापित हो गई, क्योंकि माना जाता है कि जिन भाषाओं की लिपि देवनागरी है, वह भाषा हिंदी न होते हुए भी उस भाषा के जरिए हिंदी का प्रचार हो जाता है। जैसे कि अरुणाचल में मोनपा, मिशि और अका, असम में मिरि, मिसमि और बोड़ो, नगालैंड में अडागी, सेमा, लोथा, रेग्मा, चाखे, तांग, फोम तथा नेपाली, सिक्किम में नेपाली लेपचा, भड़पाली, लिंबू आदि भाषाओं के लिए देवनागरी लिपि है। देवनागरी लिपि अधिकांश भारतीय लिपियों की माँ रही है। अतः इसके प्रचार-प्रसार से पूर्वोत्तर में हिंदी शिक्षा और प्रसार का मार्ग सुगम हो गया।

पूर्वोत्तर भारत में हिंदी समझने एवं जाननेवाले तथा बोलनेवाले लोगों की संख्या पर्याप्त है। एक बात और! पूर्वोत्तर राज्यों में हिंदी के प्रचार एवं प्रसार में केंद्रीय हिंदी संस्थान का योगदान भी उल्लेखनीय रहा है। संस्थान के तीन केंद्र गुवाहाटी,

शिलांग तथा दीमापुर में सक्रिय हैं। ये तीनों केंद्र अपने-अपने राज्यों में हिंदी के प्रचार एवं प्रसार के विशेष कार्यक्रम चलाते हैं। और मणिपुर में हिंदी साहित्य सम्मेलन की ओर से सन् 1928 से हिंदी का प्रचार-कार्य शुरू हो गया था। कुछ वर्षों बाद राष्ट्रभाषा प्रचार समिति, वर्धा ने अपनी शाखा मणिपुर में खोली। यहाँ इम्फाल के हिंदी प्रेमियों ने मिलकर 7 जून, 1953 को 'मणिपुर हिंदी परिषद्' की स्थापना की। मणिपुर की दूसरी प्रमुख हिंदी संस्था का नाम 'मणिपुर राष्ट्रभाषा प्रचार समिति' है। 'नागालैंड राष्ट्रभाषा प्रचार समिति' भी अपने प्रदेश में हिंदी को स्थापित कर रही है।

केंद्रीय हिंदी संस्थान नगालैंड के हिंदी अध्यापकों के लिए विशेष प्रशिक्षण कार्यक्रम आयोजित कर रहा है, जिसमें प्रति वर्ष नगालैंड से बीस से तीस हिंदी अध्यापक आगरा हिंदी संस्थान आते हैं तथा प्रशिक्षण के बाद आगरा से अपने यहाँ 'हिंदी के राजदूत' बनकर लौटते हैं। धीरे-धीरे नगालैंड के अंगामी, रेंगमा, लोथा, चाखेसाङ, फोमा आदि जनभाषाओं के बोलनेवाले देवनागरी लिपि को अपना रहे हैं। नगालैंड के पड़ोसी मिजोरम में हिंदी के प्रचार की संस्था का नाम 'मिजोरम हिंदी प्रचार सभा' है। इसी तरह मेघालय तथा त्रिपुरा में भी हिंदी सेवी सक्रिय हैं।

भारत से बाहर हिंदी

और अगर हम देश की सीमाओं को लाँघकर भी देखें तो भी हिंदी आज के दिन सारे संसार में बोली और पढ़ी जा रही है। भारत की पुरातन संस्कृति, इतिहास और बौद्ध धर्म से संबंध एक अरसे से भाषाविदों को बारास्ता हिंदी भारत से जोड़ते हैं। टोक्यो यूनिवर्सिटी में 1908 में हिंदी के उच्च अध्ययन का श्रीगणेश हो गया था। जापान में भारत को लेकर जिज्ञासा के बहुत से कारण रहे। बौद्ध धर्म भी एशियाई देशों से भारत के संबंध की एक बड़ी वजह रही है। अब तो जापानी मूल के लोग ही वहाँ पर मुख्य रूप से हिंदी पढ़ा रहे हैं। वहाँ पर हर बरस करीब 20 विद्यार्थी हिंदी के अध्ययन के लिए दाखिला लेते हैं। पूर्व सोवियत संघ और उसके सहयोगी देशों जैसे पोलैंड, हंगरी, बुल्गारिया, चेकोस्लोवाकिया वगैरह में भी हिंदी के अध्ययन की लंबी परंपरा रही है। एक दौर में सोवियत संघ और पूर्वी यूरोप के बहुत से देशों और भारत की नैतिकताएँ लगभग समान थीं। वहाँ पर कम्युनिस्ट व्यवस्था थी, जबकि भारत में लगभग तीन दशकों तक नेहरूवियन सोशलिज्म का प्रभाव रहा है। दुनिया के बहुत से नामवर विश्वविद्यालयों में हिंदी चेयर इंडियन काउंसिल ऑफ कल्चरल रिलेशंस (आई.सी.सी.आर.) के प्रयासों से ही स्थापित

हुईं। इनमें साउथ कोरिया के बुसान और सियोल विश्वविद्यालयों के अलावा पेइचिंग, त्रिनिडाड, इटली, बेल्जियम, स्पेन, तुर्की, रूस के विश्वविद्यालय शामिल हैं। साउथ कोरिया में हिंदी को सीखने की वजह तो विशुद्ध बिजनेस के सरोकार है। वहाँ की अनेक मल्टीनेशनल कंपनियों जैसे हुंदुई, सैमसंग, एलजी का भारत में भारी निवेश हो चुका है। ये अपने उन्हीं पेशेवर मैनेजरों को यहाँ पर भेजती हैं, जिन्हें हिंदी का गुजारे लायक ज्ञान तो हो ही। अमेरिका के भी येले, न्यूयॉर्क, विनकांसन वगैरह विश्वविद्यालयों में हिंदी पढ़ाई जा रही है। छात्रों की तादाद भी बढ़ती ही चली जा रही है। अमेरिका में भी अमेरिकी या भारतीय मूल के अमेरिकी नागरिक ही हिंदी अध्यापन कर रहे हैं। तो प्रेम, संस्कृति और मानवीय संवेदना की भाषा हिंदी सारे संसार में अपने पैर जमा चुकी है। और इसके लिए हिंदी के गैर-हिंदी भाषी मित्रों और प्रेमियों के योगदान को कम करके नहीं आंका जा सकता।

□

रोहिंग्या मुसलमानों के आतंकी तार

रोहिंग्या मुसलमानों का भारत में रहना सरासर गैर-कानूनी है और उन्हें सरकार द्वारा किसी भी आधार पर संवैधानिक दर्जा या राजनीतिक शरण दिया जाना क्यों गैर-वाजिब है? अनेक रोहिंग्या मुसलमान आतंकवाद में सीधे तौर पर शामिल हैं और ऐसे में वे देश की आंतरिक सुरक्षा के लिए गंभीर खतरा हैं। केंद्र सरकार ने भी सुप्रीम कोर्ट से आग्रह किया है कि वह इस राष्ट्रीय सुरक्षा से जुड़े मामले में कदापि हस्तक्षेप न करे और इसे सरकार की सुरक्षा नीति पर छोड़ दे। बेशक, यह मामला अंतरराष्ट्रीय इसलामिक आतंकवाद से जुड़ा हुआ है। अभी बीते सप्ताह ही पूर्वी दिल्ली से अलकायदा के एक संदिग्ध आतंकवादी को गिरफ्तार किया गया है। गुप्त सूचना के आधार पर दिल्ली पुलिस की विशेष शाखा ने शौमान हक (27) को पूर्वी दिल्ली के विकास मार्ग इलाके से गिरफ्तार किया। इस पर आरोप है कि ब्रिटिश मूल का सीरिया में प्रशिक्षित यह आतंकवादी रोहिंग्या मुसलमानों को आतंकी ट्रेनिंग देता था। इस आतंकी के पास से बिहार के किशनगंज का एक जाली वोटर आईडी कार्ड भी मिला है, जबकि वह ब्रिटिश नागरिक है। साल 2013 में वह साउथ अफ्रीका गया था और वहाँ से सीरिया जाकर उसने आतंकी संगठन ज्वॉइन किया था। वह रोहिंग्या मुसलमानों को गुमराह कर आतंकी बनाता था।

तस्करी में संलग्न

कहने की जरूरत नहीं है कि रोहिंग्या मुसलमानों को लेकर सरकार ने जिस तरह के सनसनीखेज खुलासे किए हैं, वह तो ठोस और पुख्ता इनपुट के बाद ही किए गए होंगे। इसके बाद भी रोहिंग्या मुसलमानों को भारत में शरण देने के लिए

आँसू बहा रहे कथित मानवातवादियों और मानवाधिकारवादियों का बेशर्मीपूर्वक इनकी वकालत करना इनके दोगले चरित्र को उजागर करता है! ये वही तत्त्व हैं, जिन्होंने कभी कश्मीरी पंडितों के पुनर्वास के संबंध में सरकार पर कोई दबाव नहीं डाला। केंद्र ने सुप्रीम कोर्ट को बताया है कि बहुत से रोहिंग्या मुसलमानों ने भारत में अपना जाली पहचान-पत्र तक बनवा लिया है और वे मानव तस्करी में संलग्न हैं। रोहिंग्या हुंडी व हवाला के जरिए अवैध फंड जुटाने में भी संलग्न हैं। भारत में अभी 40 हजार से अधिक रोहिंग्या मुसलमान अवैध तरीके घुस चुके हैं। ये रोहिंग्या मुसलमान म्याँमार की सीमा से कम सुरक्षावाले हिस्से से भारत में प्रवेश कर जाते हैं। ये मुख्यत: घुसपैठ के लिए इंफाल का रास्ता अख्तियार करते हैं और पश्चिमी बंगाल को अपना अभयारण्य बनाकर धीरे-धीरे देश भर में फैल जाते हैं। पिछले हफ्ते ही एन.आई.ए. ने 30 से अधिक रोहिंग्या घुसपैठियों को केरल के एक मुसलिम बहुल इलाके से पकड़ा, जो आई.एस.आई.एस. के स्लीपर सेल का काम कर रहे थे।

बौद्ध बच्चियों से बलात्कार

ये कथित मानवाधिकार और मानवतावादी वामपंथियों का तर्क तो देखिए? ये रोहिंग्या मुसलमानों के नरसंहार के लिए उन शांतिप्रिय बौद्धों को जिम्मेदार मान रहे हैं, जो चींटी को भी नहीं मारते। अगर वे रोहिंग्या मुसलमानों को रौंद रहे हैं तो क्या कभी किसी ने सोचा है कि बौद्धों ने ऐसा कड़ा कदम क्यों उठाया? इन रोहिंग्या मुसलमानों का गहराई से अध्ययन करनेवाले बताते हैं कि ये रोहिंग्या बेहद खूँखार हैं। ये म्याँमार में बौद्ध बच्चियों से बलात्कार के बाद उनकी वीभत्स हत्या कर उनकी आँतडियों को निकाल फेंकने से भी गुरेज नहीं करते। म्याँमार में बौद्ध भिक्षु विराथु वैसे तो शांति के उपासक रहे हैं, मगर उन्होंने रोहिंग्या मुसलमानों के सामूहिक क्रूर अत्याचार के खिलाफ म्याँमार में आंतरिक युद्ध छेड़ दिया है। उन्होंने अपने उपदेश में कहा कि शांति के लिए आप पागल कुत्ते के साथ नहीं सो सकते। उसके बाद म्याँमार से रोहिंग्या समूहों को खदेड़ा जाने लगा है। इसके बाद से इनके हाथ-पैर फूलने लगे हैं और ये बांग्लादेश और भारत में शरण की भीख माँगते फिर रहे हैं।

इसलामिक देश क्यों नहीं देते इन्हें मदद

रोहिंग्या मुसलमानों को लेकर म्याँमार के सबसे करीबी पड़ोसी बांग्लादेश ने भी हाथ खड़े करने शुरु कर दिए हैं। बांग्लादेश भी रोहिंग्या मुसलमानों को अपने यहाँ नहीं रखना चाहता है। उसे भी अच्छी तरह मालूम है, इनकी हरकतें। बांग्लादेश के एक मंत्री मोहम्मद शहरयार ने कहा है कि "ये रोहिंग्या मुसलमान बांग्लादेश की सुरक्षा के लिए गंभीर खतरा हैं, हमारे यहाँ पूर्व में भी कई घटनाएँ घट चुकी हैं। यही कारण है कि हम उनको लेकर सावधान हैं।" पर भारत में इन्हें शरण देने की वकालत करनेवाले हर रोज पैदा होते जा रहे हैं। इसलामिक देशों के अगुवा समझे जानेवाले सऊदी अरब और पाकिस्तान ने भी इन्हें अपने यहाँ घुसने पर रोक लगा

रखा है। दुनिया में 52 इसलामिक देश है, पर देखिए कि कोई भी इसलामिक देश इन्हें अपने पास रखने को तैयार नहीं है। इनके लिए थोड़ी बहुत मदद के लिए तुर्की जरूर तैयार हुआ है। रोहिंग्या मुसलमानों को लेकर इसलामिक देशों को आखिरकार क्यों साँप सूँघ गया''रोहिंग्या मुसलमानों पर निर्वासित बांग्लादेशी लेखिका तस्लीमा नसरीन ने मुसलिम समुदाय की सही क्लास ली है। उन्होंने मुसलिमों पर तंज कसते हुए उन पर अपने ही लोगों के साथ भेदभाव करने का आरोप लगाया है। तस्लीमा नसरीन ने ट्वीट किया, "मुसलिम उन मुसलमानों के लिए रोते हैं जो गैर मुसलिमों के जुल्म का शिकार होते हैं। मुसलिम तब नहीं रोते जब मुसलिमों पर मुसलिमों द्वारा ही जुल्म किया जाता है।" आप समझ ही गए होंगे कि तस्लीमा नसरीन ने उन मुसलिमों पर निशाना साधा है, जो म्याँमार में हिंसा का शिकार हुए रोहिंग्या मुसलमानों पर बोल रहे हैं और हिंसा के प्रति अपना विरोध जाहिर कर रही हैं। जबकि इन्हीं लोगों ने कभी भी सीरिया या इराक में मुसलिमों द्वारा मुसलिमों को मारने का कभी भी विरोध नहीं किया!

कैसा गुरु का लंगर

आजकल कुछ सिखों द्वारा रोहिंग्या मुसलमानों लिए भोजन पकाते और वितरित करने संबंधी फोटो मीडिया में छप रही हैं। क्या कभी हिंदुओं के सिरमौर और रक्षक रहे सिखबंधु शीश गंज गुरुद्वारे को भूल गए? क्या भाई मतिदास याद नहीं रहे, जिन्हें औरंगजेब द्वारा आरे से चिरवाया गया था? क्या लंगर का आयोजन करनेवालों को गुरु तेगबहादुर का बलिदान याद नहीं आ रहा? इन सिख मित्रों को अपने खुद का इतिहास याद तो रखना ही चाहिए। नहीं तो यही भेड़िए कल हम में से किसी का सिर काटेंगे। सिख समाज सेवा भाव के लिए सारे संसार में जाना जाता है। सारे देश को इनके बलिदान पर गर्व है। अगर इंटरेनशनल सिख संस्था के वालंटियर्स कहीं और दु:खी-पीड़ित लोगों के लिए लंगर सेवा करते तो किसी को आपत्ति नहीं होती। पर ये तो रोहिंग्या मुसलमानों की सेवा के लिए लंगर लगा रहे हैं। उनकी सेवा कर रहे हैं। क्या इन्हें रोहिंग्या मुसलमानों के कृत्यों के बारे में कुछ मालूम नहीं?

अभी से भारत में रहनेवाले इन रोहिंग्या मुसलमानों का असली चेहरा सामने भी आने लगा है। बीती ईद के मौके पर फरीदाबाद के एक गाँव में रोहिंग्या मुसलमान सरेआम भैंस की कुर्बानी देने लगे थे। पर जब कुछ स्थानीय लोगों ने उनसे इस

तरह की हरकत से बाज आने के लिए कहा तो वे मारपीट करने लगे।

सरकार को रोहिंग्या मुसलमानों के सवाल पर अपना स्टैंड साफ और कड़ा रखना होगा। यहाँ पर सवाल मानवाधिकार या मानवतावाद का नहीं है। यहाँ पर सवाल देश की आतंरिक सुरक्षा से जुड़ा है। उससे अहम कुछ नहीं हो सकता। अब सरकार को भारत–बांग्लादेश सीमा पर सुरक्षा को और चाक–चौबंद करना होगा, ताकि ये भारत में घुसपैठ न करें। किसी भी सूरत में राष्ट्र की सुरक्षा से समझौता करने की अनुमति किसी को हरगिज नहीं दी जा सकती।

□

प्रदूषण मुक्त पर्व कब मनाएँगे हम

दीपावली के बीत जाने के साथ ही त्योहारी मौसम के एक दौर की समाप्ति हो गई। इस मौसम में बीते वर्षों की तुलना में एक सकारात्मक बदलाव देखने में आया। वह यह था कि सुप्रीम कोर्ट के निर्देशों के चलते (समाज में जागृति की वजह से नहीं) राजधानी दिल्ली और एनसीआर में पटाखों का प्रकोप न्यूनतम के बराबर रहा, लेकिन कुल मिलाकर स्थितियाँ पहलेवाली ही बनी रहीं। मिलावटी मिठाइयाँ धड़ल्ले से बनती भी रहीं और बिकती भी रहीं। और ऊपर से हम अपनी नदियों में तरह-तरह के पदार्थों से बनीं मूर्तियों को विसर्जित करके उन्हें प्रदूषित करने से बाज नहीं आए। सदियों से पुआल, घास, बाँस और मिट्टी से मूर्तियों को बनाने और सिर्फ फूल और पत्तों के रस और काढ़े (उबाले हुए रस) से ही मूर्तियों को रँगने का रिवाज था तो हमारे पूर्वज मूर्ख नहीं थे। उन्हें प्रकृति और पर्यावरण के संरक्षण की चिंता थी।

पर पहले बात माननीय सुप्रीम कोर्ट के निर्देश की कर लें। माननीय सुप्रीम कोर्ट के निर्देश के बाद ही समाज की और सरकार की नींद टूटी और राजधानी दिल्ली और राष्ट्रीय राजधानी क्षेत्र (एनसीआर) में कान-फोड़ू पटाखे न के बराबर उपयोग में लाए गए। पटाखों की बिक्री करने का भी किसी ने साहस नहीं दिखाया। यानी सुप्रीम कोर्ट के निर्देश को माना गया। हाँ, कुछ स्तरों पर अवहेलना भी हुई। लेकिन दिवाली को प्रदूषण मुक्त बनाने के लिए ऐसे सघन प्रयास होते रहने चाहिए। मेरा तो मानना है कि सुप्रीम कोर्ट के इस आदेश को पूरे देश में सख्ती से लागू करने की जरूरत है। देश को पटाखों से अपने को मुक्त करना होगा, लेकिन जो गरीब-गुरबा पटाखे बनाने का काम करके अपनी दो जून की रोटी कमाते हैं, उनके लिए वैकल्पिक काम खोजने होंगे।

सिर्फ दीपावली के पठाखे ही नहीं, मसजिदों, मंदिरों, गुरुद्वारों, चर्चों और सभी ऐसे सार्वजनिक स्थानों से ध्वनिविस्तारक यंत्रों को हटाएँ जाने की जरूरत है, जहाँ इसकी जरूरत ही नहीं है। बच्चों के इम्तिहान हैं और मुल्ला अजान दे रहा है या घड़ी-घंटों को बजाकर आरती हो रही है और जो नमाज पढ़ने और आरती करने में दिलचस्पी नहीं रखता, उसे भी लउडस्पीकरों के माध्यम से जबरदस्ती जगाया जा रहा है तो यह नागरिकों की स्वतंत्रता का हनन नहीं है तो क्या है?

यही स्थिति सड़क पर वाहनों के सायरन और जलवा हॉर्न बजाने से हो रही है। सायरन या हॉर्न ध्यान आकर्षित करने के लिए होने चाहिए, लेकिन बच्चों और बूढ़ों के कान फाड़ने के लिए हरगिज नहीं। ध्वनि प्रदूषण को जल प्रदूषण या कचरा प्रदूषण से कम नहीं माना जाना चाहिए। जैविक कचरा तो नष्ट या खाद या गैस में परिवर्तित किया जा सकता है, परंतु ध्वनि नहीं! वह तो वातावरण में सदैव बना रहेगा और वातावरण को बोझिल कर प्रदूषण फैलाता ही रहेगा।

दुर्भाग्यवश, इस त्योहारी मौसम के दौरान भी देश की नदियाँ प्रदूषित होती रहीं हैं आस्था के नाम पर। और सेहत को चौपट करनेवाली मिठाइयाँ भी बिकती ही रहीं। इस तरफ किसी ने गौर न पहले किया और न बाद में। यानी आजादी के बाद के सत्तर सालों में सरकारी स्तर पर पहले से न तो कोई जागरूकता फैलाई गई कि नदियों और शहरों, गाँवों को और मैला न किया जाए, न ही किसी प्रकार के दंड के प्रावधान किए गए। इसी तरह मिलावटी मिठाई या खाद्यान्न बेचनेवालों पर भी कोई चाबुक नहीं चली।

दूरी मिठाई से

आप जानते हैं कि हमारे समस्त धार्मिक और पारिवारिक अनुष्ठानों पर मिठाई अनिवार्य है। उसका ऐतिहासिक और शुद्ध वैज्ञानिक कारण भी है। त्योहारों के अवसर पर लोग सुदूर गाँवों में बसे अपने संबंधियों से मिलने-जुलने और बधाइयाँ देने जाते थे। मीलों खेत-खलिहानों में पैदल चलकर पहुँचते थे। थके-माँदे मेहमानों की खातिरदारी में सबसे पहले गुड और मिट्टी के घड़े का ठंडा पानी पेश किया जाता था, जिसका स्वरूप अब बदलकर काजू या बादाम कतली या लड्डू और फ्रिज में रखे चिल्ड मिनरल वाटर की बोतल ने ले लिया है। यह अकारण नहीं किया जाता था। मीलों पैदल चलने के कारण उन्हें भयंकर थकान महसूस होती थी, जिसे कि आज के शब्दों में 'शुगर फॉल' होना भी कहते हैं, लेकिन अब तो सड़कों और यातायात के

साधनों ने लोगों को पैदल चलने से मुक्ति दिला दी है और नतीजतन लगभग एक-चौथाई वयस्क डाइबिटीज के शिकार हो गए हैं। अब जरूरत मिठाई की नहीं दवाई की हो गई है, लेकिन फिर भी लोग-बाग अब भी दीपावली पर, लक्ष्मी पूजन और भाई दूज के अवसर पर घर में उपयोग के लिए और मित्रों-संबंधी को उपहार में दी जाने वाली मिठाई को खरीदते हुए हिचक तक नहीं रहे, लेकिन असलियत तो यह है कि दीपावली पर बिकने वाली लगभग सारी मिठाइयाँ सेहत को बिगाड़ने की ही गारंटी देती हैं। इस त्योहारी सीजन में बाजार में दूषित दूध और मावे की मात्रा अचानक बढ़ गई, क्योंकि मिठाइयों की माँग और आपूर्ति में बड़ा अंतर पैदा हुआ। आबादी बढ़ने के कारण यह स्वाभाविक ही था। यह सरकार भी जान रही थी कि इतना मावा और पनीर आया कहाँ से जो कि देश में दुग्ध उत्पादन क्षमता ताले कहीं अधिक था। इसके

बावजूद इस बार भी यह सुनिश्चित नहीं किया गया कि देश को शुद्ध मिठाइयाँ मिल सकें। हिंदुस्तानी तो मूलतः और अंततः मिष्टान्न प्रेमी ही हैं। तो क्या रोज ही 'चलो कुछ मीठा हो जाए' कहनेवाले अब दीपावली पर भी मिष्टान्न न खाएँ? मिष्टान्न हर भारतीय की कमजोरी है। एक इस तरह की कमजोरी जिससे किसी को हानि नहीं होती, यदि शुद्धत्ता बरती जाए, लेकिन इस बार भी कोई सुधार नहीं दिखाई दिया। हरेक तरफ अधिकतर मिलावटी मिठाइयाँ ही मिलीं और धड़ल्ले से बिकीं। मिलावटी मावे और दूध में सबसे ज्यादा खतरनाक कास्टिक सोडा और यूरिया की बड़ी मात्रा में मिलावट होती है। इस तरह के मावे या दूध से बनीं मिठाइयों के सेवन से उल्टियाँ या पेचिश हो सकती है। इन मिठाइयों के सेवन से शरीर को दीर्घकालिक नुकसान भी होता है। बेशक अगर मिठाई अत्यधिक मिलावटी है तो उसमें कास्टिक सोडा और यूरिया की मात्रा भी ज्यादा होगी। इससे गुर्दे से रक्तस्राव होने का खतरा बढ़ जाता है। दूषित पदार्थ से बनी मिठाई से शरीर पर कितना असर होगा, यह इस पर निर्भर करता है कि आप कितनी मात्रा में मिठाई का सेवन करते हैं। यानी दीपावली पर मिठाई खाना आफत हो गया है। इसलिए बहुत से लोग सांकेतिक रूप से ही मिठाई का सेवन करते रहे।

नाश नदियों का

और अगर बात दीपावली से पहले गणेशोत्सव, दुर्गा पूजा और फिर काली पूजा करें तो लगता है कि हमारा समाज ही अपनी नदियों को साफ-निर्मल रखने को लेकर गंभीर नहीं है। इस बार भी गणेशोत्सव, दुर्गा पूजा और काली पूजा के बाद देश भर में प्रतिमाएँ नदियों में ही विसर्जित होती रहीं। मानो नदियों की सफाई को लेकर किसी के मन में संवेदना ही न बची हो। निश्चित रूप से हम अपने को बदलेंगे नहीं तो फिर हमें अपनी नदियों की गंदगी और उनके प्रदूषित होनेवाले को पर्यावरण पर बोलने का अधिकार ही क्या है? हाँ महाराष्ट्र में कुछेक गणेशोत्सव समितियों ने ही गणेश की इको फ्रेंडली प्रतिमाएँ बनाईं। इको फ्रेंडली गणेश प्रतिमाओं की खासियत यह थी कि इन्हें नारियल और सुपारी के रेशों और छिलकों से तैयार किया गया था। इन प्रतिमाओं में शुद्ध रूप से मिट्टी, गोंद और हर्बल रंगों का ही उपयोग किया गया। ये कौन नहीं जानता कि हर साल दुर्गा पूजा के अंत में करीब 20 हजार माँ दुर्गा की मूर्तियाँ अकेले हुगली नदी में विसर्जित की जाती हैं। इसके चलते नदी में करीब 17 टन वार्निश और बड़ी मात्रा में जानलेवा रासायनिक रंग हुगली के जल में मिलता है।

इन रंगों में मैगनीज, सीसा, क्रोमियम जैसे धातु मिले होते हैं। दुर्गा पूजा के बाद हुगली में तेल मोबिल और ग्रीस की मात्रा में भारी इजाफा हो जाता है। पूरे देश में एक लाख से अधिक मूर्तियाँ त्योहारी सीजन में विसर्जित होती हैं। इतनी मूर्तियों के नदियों में जाने से उनके साथ हम कितना अन्याय कर रहे हैं। दोनों बातें एक साथ नहीं चल सकती। एक तरफ हम नदियों को साफ करने का संकल्प लें, दूसरी ओर इन्हें भाँति-भाँति तरीकों से गंदा करें।

रस्मी माँग

नदियों-समुद्र में मूर्ति विसर्जन की परंपरा पर विराम लगाने की रस्मी तौर पर बरसों से पुरजोर माँग हो रही है, पर कोई नहीं जानता कि इस माँग से कब भारतीय समाज अपने को जोड़ेगा।

बहरहाल, दीपावली को मनाने के साथ ही पर्वों का मौसम समाप्त हो गया, लेकिन हम पहले की तरह ही रहे। अपनी नदियों को प्रदूषित करते रहे। फटाफट पैसा कमाने के फेर में अनेक हलवाई मिलावटी मिठाई बेचते रहे। हाँ, सुप्रीम कोर्ट के डंडे के बाद पटाखे कुछ जगहों पर लगभग नहीं चले। लेकिन इतने भर से तो बात नहीं बनेगी ? हमें अपने को सुधारना होगा। अपने पर्वों को शुद्ध तरीके से मनाना होगा।

□

मुल्ला और ईशनिंदा ले डूबेंगे पाक को

पाकिस्तान में अमन अभी बहुत दूर की बात दिखती है। वहाँ तो हालात बिगड़ते ही जा रहे हैं। एक मंत्री पर ईशनिंदा के आरोप में पाकिस्तान जलता रहा। लाहौर, कराची, इसलामाबाद, रावलपिंडी, पेशावर, शेखुपुरा समेत पाकिस्तान के प्रमुख शहरों में इसलामिक कट्टरपंथी तोड़-फोड़ करते रहे। इन्होंने सारे मुल्क में सामान्य जीवन और गतिविधियों को पंगु कर दिया। हालात बिगड़ते देखकर सरकार ने सेना को बुला लिया। सेना भी आ गई। पर सेना प्रमुख कमर जावेद बाजवा ने साफ कर दिया कि सेना अवाम के विरुद्ध कठोर कार्रवाई नहीं करेगी। सरकार खुद शांतिपूर्ण तरीके से हालात पर काबू पाए। ये अपने आपमें कतई छोटी घटना नहीं है। निर्वाचित सरकार के निर्देश को सेना ने खुले तौर पर मानने से इनकार कर दिया है। बाद में कठमुल्लों से समझौता किया गया। जिस मंत्री के इस्तीफे की कठमुल्ले माँग कर रहे थे, उसने अपने पद को छोड़ा।

इस सारे घटनाक्रम का गहराई से अध्ययन करने के बाद कहीं-न-कहीं संकेत मिल रहे हैं कि अब पाकिस्तान में सैन्य शासन की भूमिका बन चुकी है। पाकिस्तान में लंबे समय तक सेना का शासन रहा भी है, अगर वहाँ पर फिर सेना आती है, तो ये पाकिस्तान के लिए दुर्भाग्यपूर्ण स्थिति होगी, हालाँकि नेपथ्य में रहकर देश को तो पाकिस्तानी सेना ही चलाती है।

कौन फूँकता पाक को ?

यूँ तो पाकिस्तान में कठमुल्लों की लंबी-चौड़ी फौज है, पर अब उसमें एक नया नाम जुड़ा है खादिम हुसैन रिजवी का। उर्दू और पंजाबी में तकरीरें करने वाला रिजवी गैर-मुसलमानों और अपने विरोधियों को सरेआम अपशब्द बकता है। ये ही

विधि मंत्री जाहिद हामिद के इस्तीफे की माँग कर रहा था। इसका आरोप था कि जाहिद हामिद ने ईशनिंदा की है। उसे कैबिनेट से निकाला जाए और फिर उस पर कार्रवाई हो, हालाँकि सरकार और खुद हामिद उपर्युक्त आरोपों को खारिज करते रहे, पर रिजवी और बाकी कठमुल्ले कुछ भी सुनने को तैयार नहीं थे। रिजवी के ज्ञान देनेवाले वीडियो इन दिनों सोशल मीडिया पर बहुत वायरल भी हो रहे हैं। वो जिस तरह से अपने शिष्यों को संबोधित करता है, उसे देखकर इसके धार्मिक नेता होने पर संदेह अवश्य होता है। ये अपने शिष्यों को फटकार भी लगाता रहता है। इसी क्रम में इसके चेले इसके हाथ चूमते रहते हैं। रिजवी का संबंध सुन्नी मुसलमानों की बरेलवी धारा से है। उसने देखते-ही-देखते अपनी छवि कठोर कठमुल्लेवाली बना ली है। कुछ साल पहले तक उसका किसी को कोई पता नहीं था। अब वो सियासत में भी अपने लिए संभावनाएँ देखता है।

मारा ईशनिंदा का

दरअसल पाकिस्तान में ईशनिंदा एक अत्यंत संवेदनशील मसला रहा है। इसके चलते पाकिस्तान में हिंसा अब स्थायी रूप ले चुकी है। जिन पर ईशनिंदा के आरोप लगते हैं, उनकी तो मानो मौत आ जाती है। उन्हें भीड़ मार डालती है। आपको याद होगा कि पाकिस्तान के पंजाब प्रांत के गर्वनर सलमान तासीर की उनके ही सुरक्षाकर्मी मुमताज कादरी ने 2011 में हत्या कर दी थी। बाद में कादरी ने कहा था कि उसने तासीर की हत्या इसलिए की थी, क्योंकि तासीर ने देश के ईश निंदा कानूनों की आलोचना की थी। ईशनिंदा के आरोप में पाकिस्तान में किसी का भी कत्ल कर दिया जाता है। पाकिस्तान के ईशनिंदा कानून में धार्मिक स्थलों को अपवित्र करने, मजहबी भावनाएँ भड़काने, पैगंबर हजरत मोहम्मद की आलोचना और कुरआन शरीफ को नुकसान पहुँचाने जैसे अपराधों के लिए सजा की व्यवस्था है।

इस कानून में कुरआन को क्षति पहुँचानेवाले के लिए उम्र कैद, जबकि पैगंबर की निंदा करनेवाले के लिए मौत की सजा का प्रावधान है। ईशनिंदा कानून में कुरआन की प्रति या उसके किसी हिस्से को नुकसान पहुँचाने के कथित मामलों में आरोपी के इरादे के सबूत की जरूरत नहीं होती। ऐसे मामलों में सुनवाई मुसलिम जज ही करता है। अब इन कठमुल्लों के निशाने पर विधि मंत्री जाहिद हामिद थे। उनके अलावा भी बहुत से सत्ताधारी दल के नेताओं पर हमले होते रहे। हमले करनेवाले दूसरे का पक्ष सुनने के लिए तो तैयार ही नहीं थे।

पाकिस्तान को आग के हवाले करनेवालों का आरोप था कि हामिद ने 2017 के निर्वाचन विधेयक में अल्लाह के नाम पर शपथ लेने संबंधी कानून में बदलाव किया था। इसके बाद से ही कट्टरपंथियों ने उनका विरोध शुरू कर दिया था। हालाँकि बाद में सरकार ने इनके दबाव में आकर कानून में बदलाव कर शपथ को पहले जैसा कर दिया था। पर प्रदर्शन नहीं थम रहे थे। गौर करने लायक बात यह है कि यह विरोध प्रदर्शन तीन पार्टियों की तरफ से किया जा रहा था। इन पार्टियों में तहरीक-ए-लब्बैक या रसूल अल्लाह इसलामिक संगठन, तहरीक ए खात्मक-ए-नबूवत और सुन्नीय तहरीक पाकिस्तान का नाम शामिल है। रिजवी का संबंध तहरीक-ए-लब्बैक पाकिस्तान (टी.एल.पी.) से है। टीएलपी की कमान खादिम हुसैन रिजवी के हाथों में है। इसका मकसद पाकिस्तान को इसलामिक राष्ट्र बनाना है, जो शरियत-ए-मोहम्मदी के अनुसार काम करे। कहते हैं कि ये पाकिस्तान में अगले साल होनेवाले चुनाव में बड़े स्तर पर उतरेगी।

सेना की चाहत

अब लग ये रहा है कि पाकिस्तान में सेना अपने लिए और बड़ा रोल चाहती है। उसे छावनियों में रहना पसंद नहीं है। ताजा मामले में सेना निर्वाचित सरकार के निर्देशों की लगभग अवहेलना करती रही। जैसा कि पहले उल्लेख किया जा चुका है

कि सेना प्रमुख बाजवा प्रदर्शनकारियों पर एक्शन लेने से बचते रहे। इसलिए लग रहा है कि बाजबा चल सकते हैं, जनरल अयूब खान, यहिया खान, जिया उल हक और परवेज मुशर्रफ की राह पर। ये सभी सैनिक तानाशाह थे।

बता दें पाकिस्तान की सेना ने खूनखराबा करने में अपने बंगाली देशवासियों को भी नहीं छोड़ा था। पाकिस्तानी सेना अपने आपमें किसी माफिया गिरोह से कम नहीं है। पाकिस्तानी सेना ने देश में चार बार निर्वाचित सरकारों का तख्ता पलटा। सेना प्रमुख ने पाकिस्तानी सेना को एक माफिया के रूप में विकसित किया। देश में निर्वाचित सरकारों को कभी कायदे से काम करने का मौका ही नहीं दिया। पाकिस्तानी सेना ने देश के विश्व मानचित्र में सामने आने के बाद अहम राजनीतिक संस्थाओं पर भी प्रभाव बढ़ाना शुरु कर दिया। भारत से खतरे की आड़ में ही पाकिस्तान में लगातार सैनिक शासन पनपता रहा है।

कठमुल्लों को खाद-पानी

हालाँकि बीते कुछ सालों से वहाँ पर नाम की लोकतांत्रिक सरकारें रही हैं, पर सेना का असर बना रहा। ये ही सेना वहाँ पर मौलाना मसूद अजहर, हाफिज सईद और अब रिजवी जैसों का साथ देती है। इन कठमुल्लों को ताकत पाकिस्तानी सेना की अंग खुफिया एजेंसी आई.एस.आई. से ही मिलती है। पाकिस्तान में आगजनी फैलानेवाले रिजवी पर कोई एक्शन का नहीं लिया जाना साबित करता है कि उसे भी पाकिस्तानी सेना पाल रही है। वो तो चाहती है कि पाकिस्तान में इतनी अराजकता और अव्यवस्था फैल जाए कि उसे देश में सैन्य शासन लगाने का बहाना मिल जाए। □

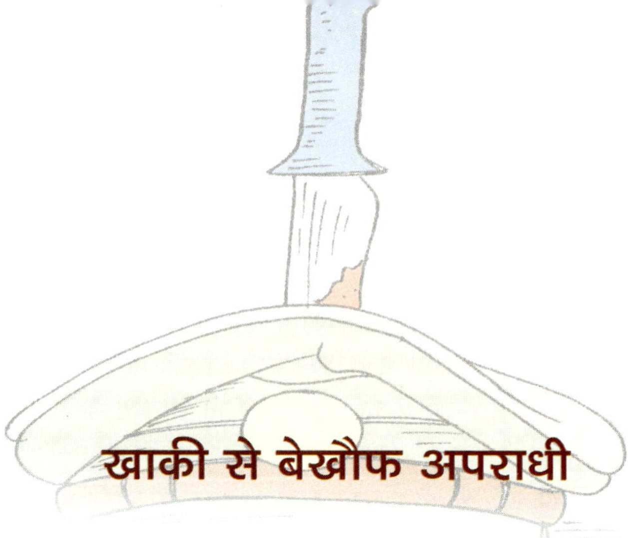

खाकी से बेखौफ अपराधी

यह दुर्भाग्य का विषय है कि हमारे देश में आमतौर पर अपनी ड्यूटी के दौरान शहीद होनेवाले पुलिसकर्मियों के प्रति किसी तरह का कृतज्ञता का भाव नहीं दर्शाया जाता। उनकी मौत, मानो मौत ही न हो। महत्त्वपूर्ण है कि पुलिस कर्मियों को लगातार विपरीत और कठिन परिस्थितियों से दो-चार होना पड़ रहा है। अगर बात मात्र सितंबर 2015 से लेकर अगस्त 2016 के बीच की करें तो इस दौरान 473 पुलिसकर्मी अपनी ड्यूटी करते हुए मारे गए। यानी भारत वर्ष में हर रोज एक से अधिक पुलिसकर्मी मारा जा रहा है।

यकीन मानिए कि समाज में पुलिस का भय तेजी से घटता नजर आ रहा है। कुछ लोग तो अपने स्तर पर ही आरोपी को पीट-पीटकर अधमरा कर देते हैं। राजधानी दिल्ली के मालवीय नगर इलाके में बीते दिनों एक नाइजीरियाई युवक की खंभे से बाँधकर पिटाई का दिल दहलानेवाला वीडियो वायरल हुआ। नाइजीरियाई युवक पर घर में चोरी करके भागने का आरोप था। वह नशे की हालत में था। इससे पहले कि पुलिस उस नाइजीरियाई को पकड़ती, भीड़ ने उसे अधमरा कर दिया था। एक और उदाहरण लें।

कुछ समय पहले झारखंड में बच्चा चोरी की अफवाहों के बीच दो जगहों पर उग्र भीड़ ने छह लोगों की पीट-पीटकर हत्या कर दी, अगर जिन अभागों को मारा गया, वे दोषी भी थे, तो किसी को ये हक कैसे मिल गया कि वे उन्हें मार डालें? अगर ये क्रम जारी रहा तो फिर देश में पुलिस की क्या जरूरत बचेगी?

गायब होता खौफ खाकी का

बेशक, समाज के एक वर्ग से खाकी वर्दी का भय खत्म सा हो गया है। साल

2015 में देश भर में 731 पुलिसकर्मी मारे गए। ये आँकड़ें भारत सरकार के नेशनल क्राइम रिकॉर्ड ब्यूरो (एन.सी.आर.बी.) के हैं। इन 731 में से 412 यानी 48.8 फीसदी उत्तर प्रदेश में 95, महाराष्ट्र में 82, पंजाब और तमिलनाडू में 64-64, गुजरात में 55, राजस्थान में 52 पुलिसवाले ड्यूटी के दौरान मारे गए। इन अभागे पुलिसकर्मियों में 427 कांस्टेबल, 178 हेड कांस्टेबल तथा 68 सहायक सब इंस्पेक्टर शामिल थे।

गुंडे-मवालियों का पुलिस को अपना शिकार बनाना इस बात का संकेत है कि देश भर की पुलिस को नए सिरे से अपने कर्तव्यों के निर्वहन के लिए तैयार किया जाए। कहीं-न-कहीं पुलिस महकमें में भी भारी कमजोरी आई है, जिसके चलते पुलिस का भय सामान्य नागरिकों के दिल से काफूर होता जा रहा है। अभी बीते अगस्त महीने की ही तो बात है, जब उत्तर प्रदेश के सँभल में दो शराबियों ने यू.पी. पुलिस के एक सिपाही को सरेआम डंडों से जमकर पीटा था। इस मामले का वीडियो भी सोशल मीडिया में फैला। इन दोनों शराबियों के हौसले इतने बुलंद थे कि उन्होंने पुलिसकर्मियों पर ही हमला बोल दिया। पुलिस का सिर्फ इतना कुसूर था कि उसने शराबियों को पब्लिक में शराब पीने से मना किया था और शराबियों की गाड़ी रोक ली थी। जिसके बाद शराबी युवकों ने पुलिसकर्मी को सड़क पर गिरा-गिराकर जमकर पिटाई की।

आत्महत्याएँ करते पुलिसवाले

निश्चित रूप से बदलते हालतों में पुलिस दबाव में है। बात दिल्ली पुलिस कर्मियों की कर लेते हैं। इनके तनाव और उससे पैदा होनेवाले निराशा का अंदाजा इसी से लगाया जा सकता है कि बीते अगस्त माह में चार पुलिस कर्मियों ने खुद को गोली मार ली। वहीं अगस्त 2016 से अगस्त 2017 के बीच इसके अलावा 6 पुलिस कर्मियों ने आत्महत्या की। इन आत्महत्या करनेवालों में से छह ने खुद के सर्विस पिस्टल से ही अपनी जीवनलीला समाप्त कर ली थी। वहीं एक ने अपने घर में ही फाँसी लगा ली थी। इन मरनेवालों सभी कांस्टेबल, हेड कांस्टेबल, ए.एस.आई. और इंस्पेक्टर स्तर के अधिकारी थे। इनमें से दो के परिजनों ने वरिष्ठ अधिकारियों पर ही मानसिक रूप से प्रताड़ित किए जाने के भी आरोप लगाए। 28 अगस्त, 2017—दक्षिण पश्चिम जिले के दिल्ली कैंट थाने में तैनात हेड कांस्टेबल प्रमोद कुमार (46) थाने में तैनात एक हेड कांस्टेबल ने खुद को अपनी सर्विस पिस्टल से गोली मार आत्महत्या कर ली थी। घटना स्थल से एक मिले सुसाइड नोट में खुद को गोली मारने

की वजह परिवारिक तनाव बताया गया था। 22 अगस्त, 2017—दक्षिणी पूर्वी दिल्ली के जैतपुर थाना में तैनात ए.एस.आई. देवेंद्र (55) ने 22 अगस्त की रात थाने से कुछ दूरी पर कालिंदी कुंज के सुनसान स्थान पर जा अपनी सर्विस पिस्टल से खुद को गोली मार ली थी। उन्होंने अपने घर में सुसाइड नोट छोड़ा था, जिसमें उन्होंने थाना के

एस.एच.ओ. और एक अन्य ए.एस.आई. पर प्रताड़ित किए जाने का आरोप लगाया था। 3 अगस्त, 2017—नई दिल्ली के बंगला साहिब स्थित ट्रैफिक उपायुक्त कार्यालय में तैनात 2010 बैच के कांस्टेबल परविंदर (32) ने 3 अगस्त की रात खुद के सर्विस पिस्टल से सिर में गोली मार ली थी। वह कार्यालय में नाइट ड्यूटी पर तैनात था। 2 जनवरी, 2017—सर्वोच्च न्यायालय की सुरक्षा में तैनात 1993 बैच के कांस्टेबल चंदपाल (45) ने 2 जनवरी की सुबह करीब सवा आठ बजे खुद को सर्विस पिस्टल से गोली मार ली थी। तो साफ है कि बेहद कठोर हालातों में काम करना पड़ रहा है पुलिस कर्मियों को। इस तरफ भी ध्यान देना होगा, ताकि ये रीलेक्स होकर काम करें।

पुलिस पर हल्ला बोल

आपको याद ही होगा कि सहारनपुर जिला में बीते कुछ समय पहले जातीय हिंसा हुई थी। सहारनपुर यू.पी. के बेहतरीन जिलों में से एक रहा है। वहाँ पर राजपूत और दलित समुदाय के लोग एक-दूसरे की जान के प्यासे हो गए थे। जमकर आगजनी हुई। कौन दोषी है, यहाँ पर इस सवाल का जवाब नहीं खोजा जा रहा है। यह काम जाँच एजेंसियाँ करेंगी, पर यह सबको जानने का हक है कि आखिर हिंसा और आगजनी में लिप्त उपद्रवियों को पुलिस का कोई भय क्यों नहीं रहा? अगर नहीं रहा तो क्यों नहीं रहा? पिछली 5 मई को सहारनपुर के थाना बडगाँव के शब्बीरपुर गाँव में दलित और राजपूत समुदाय के बीच जमकर हिंसा हुई। इस जाति आधारित हिंसा के दौरान पुलिस चौकी को जलाने और 20 वाहनों को आग के हवाले कर देने की घटना को दिन दहाड़े अंजाम दिया गया। और झारखंड में घटना स्थल पर पुलिस के पहुँचने पर भीड़ ने पुलिसकर्मियों पर भी हमला बोला था। तो खत्म हो रहा है खाकी वर्दी का भय।

कानून के दुश्मनों के निशाने पर पुलिसवाले भी आ गए हैं। शातिर अपराधियों को पुलिस का रत्तीभर भी खौफ नहीं रहा। ये बेखौफ हो चुके हैं। ये पुलिसवालों की हत्या करने से भी परहेज नहीं करते। अब पुलिस को अधिक चुस्त होना पड़ेगा। अगर कानून की रक्षा करनेवाले पुलिसकर्मी ही अपराधियों से मार खाने लगेंगे तो फिर देश के सामान्य नागरिकों का क्या होगा?

अपराधियों के दिलोदिमाग में पुलिस का भय फिर से पैदा करने के लिए जरूरी है कि सर्वप्रथम सभी राज्यों में पुलिस के रिक्त पद भरे जाएँ। पुलिसवालों की ड्यूटी का टाइम तय हों। आबादी और पुलिककर्मियों का अनुपात तय हो। हर हालत में देश

में गुंडे और मवालियों पर भारी पड़नी चाहिए पुलिस। पुलिस महकमें में भी करप्शन बहुत अंदर तक जा चुका है। ये ठीक है कि सारे खराब नहीं हैं। पर हालात इतने खराब हो चुके हैं कि अब फौरी एक्शन लिए बगैर बात नहीं बनेगी। सरकार को कामचोर पुलिसवालों को बाहर करना होगा, ईमानदार और कर्मठ को पुरस्कृत करना होगा। दूसरी बात ये है कि पुलिस महकमे में राजनीतिक हस्तक्षेप बंद होना चाहिए। जो भी हो, पुलिस के सम्मान की बहाली जरूरी है। अन्यथा देश के कानून में यकीन रखनेवाले नागरिक के लिए देश में स्पेस खत्म हो जाएगा। और जो पुलिसकर्मी अपनी ड्यूटी के दौरान शहीद होते हैं, उन्हें उसी तरह का सम्मान मिले जैसा सेना के शहीदों को मिलता है।

□

विदेशी पर्यटक सिर्फ आगरा का रुख ही क्यों करें

अभी हाल के दौर में विदेशी पर्यटकों के साथ हमारे यहाँ मारपीट-छेड़खानी, बदसलूकी आदि के कई मामले सामने आए हैं। आगरा में स्विट्जरलैंड से आए पर्यटकों के साथ बदसलूकी और मारपीट की घटना को लेकर पुलिस ने चार शोहदों के खिलाफ फतेहपुर सीकरी थाने में मामला भी दर्ज किया है। जरा सोचिए कि आज जबकि प्रधानमंत्री मोदी सहित सारा देश विदेशी पर्यटकों को देश के विभिन्न राज्यों में आकर्षित करने के लिए हर तरह के प्रयास कर रहा हो, तब विदेशी पर्यटकों से बदतमीजी करने का कितना नकारात्मक संदेश विश्व भर में जाएगा। संबंधित सरकारों और विभागों को पर्यटकों की सुरक्षा को सर्वोच्च प्राथमिकता तो देनी ही होगी।

कमी कहाँ

यह सच है कि भारत को दुनिया का सबसे महत्त्वपूर्ण पर्यटन केंद्र होना चाहिए। यहाँ भाँति-भाँति के स्वादिष्ट व्यंजन उपलब्ध हैं। हमारे देश की सामाजिक, सांस्कृतिक, कला, संगीत, साहित्यिक विविधता अदभुत है। देश में ऐतिहासिक महत्त्व के पर्यटन स्थलों से लेकर धार्मिक, आध्यात्मिक, सांस्कृतिक, पौराणिक, वन्य-अभयारण्य, शौर्य-पराक्रम-संग्राम पर्यटन स्थलों की भरमार हैं। भारतवर्ष में एक ओर सागर तट है तो दूसरी ओर हिमालय और शिवालिक पर्वत श्रृंखला है। सैकड़ों वन-अभयारण्य हैं तो विकट रेगिस्तान भी हैं और सैकड़ों सुंदर समुद्र तट भी आकर्षित करते हैं। असम, गुजरात, मध्य प्रदेश वगैरह में प्रसिद्ध वन्यजीव उद्यानों का कहना ही क्या है? यानी सबकुछ तो हमारे यहाँ है। दूसरे देश सौ-दो सौ साल के इतिहास और एकाध महायुद्ध

का गुणगान करते अधाते नहीं, लेकिन हमारे देश ने तो अमेरिका के नासा के शोध को ही मान लें तो सात हजार साल पहले रामेश्वरम् से श्रीलंका तक समुद्र में तैरता हुआ द्वीप बनाया, जिसके प्रमाण मौजूद हैं। यहाँ राम रावण युद्ध भी हुआ और महाभारत भी। अलेक्जेंडर दि ग्रेट (सिकंदर) भी यहीं परास्त हुआ और हुमायूँ की विशाल सेना भी बिहार के चौसा में परास्त होकर भाग खड़ी हुई। महाराणा प्रताप, छत्रपति शिवाजी और गुरु तेगबहादुर और गुरु गोविंद सिंह ने भी मुगलों के दाँत खट्टे किए। झाँसी की रानी लक्ष्मी बाई, तात्या टोपे और वीर कुँवर सिंह ने अंग्रेजों की जड़ें हिलाकर रख दीं, लेकिन इतना सबकुछ होने के बाद भी हम एशिया का प्रमुख पर्यटन स्थल नहीं बन पाए। कारण मुख्यत: यह रहा कि हमने मुगलों द्वारा स्थापित स्मारक दिखाए। अंग्रेजों की बनाई इमारतें दिखाईं, लेकिन अपना इतिहास, अपनी शौर्य गाथा, अपनी सांस्कृतिक/साहित्यिक-कलात्मक विरासत से पर्यटकों को अछूता रखा। फिर भला क्यों आएँ पर्यटक हमारे देश में। आज भारत से अधिक पर्यटक आते हैं, मलेशिया, सिंगापुर, थाईलैंड, चीन, या खाड़ी देशों के रेगिस्तानों में या दक्षिण कोरिया तक में। क्या कभी हमने यह भी सोचा कि हम क्यों इस मोर्चे पर पिछड़ते चले गए?

शर्म आती है कि भारत में आखिरकार, हर साल एक करोड़ भी विदेशी पर्यटक क्यों नहीं आ रहे? पिछले हफ्ते मैं युनाइटेड अरब अमीरात की यात्रा पर अपने पोते-पोतियों को लेकर दुबई, अबू धाबी और कुछ अन्य स्थानों पर गया। हर तरफ विदेशी सैलानियों को देखकर सच में ईर्ष्या का भाव पैदा हो रहा था। जब मैं अस्सी के दशक में पहली बार दुबई आया था, तब यहाँ एक छोटा-सा एयरपोर्ट था। पतली-पतली टेढ़ी-मेढ़ी सड़कें थीं और चारों ओर रेगिस्तान था। कहीं-कहीं कबीलों की झोंपड़पट्टी नुमा बस्तियों और आसपास बैठे ऊँट मिल जाया करते थे। उन दिनों वीजा नहीं था, एयरपोर्ट पर ही पगड़ीधारी सफेद गाउन पहने शेख बैठे रहते थे और कुछ उल्टे-सीधे सवाल पूछकर वीजा का मुहर लगाते रहते थे।

चटख धूप और भयंकर गरमी! जोंगा जीपों से रेगिस्तान घूमते रहते थे। कहीं-कहीं सड़कों के चौराहों पर गोलंबर बनाकर हरी घास लगाए गए थे और कुछ खजूर के पेड़ों के झुंड! वे ही पर्यटकों के लिए दर्शनीय स्थल बने हुए थे। लोग-बाग उसकी फोटो खींचकर कहते रहते थे कि "देखो…देखो, रेगिस्तान में घास? क्या कमाल है?" बाजारों के नाम पर सड़कों के किनारे टाउनहाउस टाइप दुमंजिली इमारतें थीं—नीचे दूकान-ऊपर मकान के सिद्धांत पर। उसी में कहीं-कहीं ऊपरी मंजिल पर होटल या यूँ कहें कि गेस्ट हाउस भी थे।

आज पूरा युनाइटेड अरब अमीरात समृद्धि से परिपूर्ण हैं। चारों तरफ हरियाली है। चौड़ी चिकनी सड़कें। विश्व की चुनिंदा कारें। पूरा यू.ए.ई. दूधिया बिजली में जगमगा रहा है। दुबई एयरपोर्ट से अबू धाबी तक की पूरी सड़क जगमग, हालाँकि सड़क के दोनों ओर घुप्प कुहरा।

दरअसल जो भारतीय विदेश यात्राएँ करते हैं, उन्हें मालूम है कि हम कहाँ पिछड़ते हैं। आप यूरोप और अमेरिका की बात ही मत कीजिए, आशियान और खाड़ी के देशों में हाईवे पर जगह–जगह साफ–सुथरे रेस्तराँ और शौचालय मिल जाएँगे। इनमें लघु शंका और दीर्घ शंका की, यहाँ तक कि थकान दूर करने के लिए मालिश तक की उत्तम व्यवस्था रहती है। हर प्रकार के स्वाद का गर्मागर्म भोजन और नाश्ता तो मिलता ही है। खूब सफाई रहती है। कहीं कुछ गिरा नहीं कि किसी ने उठाया नहीं। पोंछा तो चौबीसों घंटे लगता ही रहता है। कहना पड़ेगा कि हमारे देश में इतनी सी भी सामान्य सुविधाएँ आसानी से नहीं मिल पाती। काम करनेवालों की ट्रेनिंग का भी सख्त अभाव है। काम करते जरूर हैं, लेकिन, ऐसा करते हैं जैसे कि उन्हें यातना दी जा रही हो। साफ–सुथरे कपड़े और एक मुसकराहट, विनम्रतापूर्वक धीमी आवाज में बातें करना तो सीखना ही होगा। अभी तो कुछ पूछा नहीं कि ऐसा जवाब देंगे, जैसे कि लाठी चला रहे हों।

धीमी रफ्तार

भारत के पर्यटन क्षेत्र को कम-से-कम सालाना 14-15 फीसदी की गति से तो बढ़ाना ही होगा। माहौल अनुकूल है, अतः यह 25 फीसदी भी करना कोई मुश्किल का काम नहीं है। यह इसलिए भी आवश्यक है कि पर्यटन क्षेत्र में रोजगार के अवसर भरपूर हैं। वैसे अब भी यह क्षेत्र सर्वाधिक रोजगार के अवसर पैदा कर ही रहा है, पर हमारी कमियाँ और कमजोरियाँ भी कम नहीं हैं। टूरिज्म सेक्टर के जानकारों से बात करने पर मालूम चलता है कि हमारे मेट्रो और प्रमुख शहरों में फाइव स्टार और सेवन स्टार होटल तो खूब खुल रहे हैं, पर बजट होटल अब भी कम हैं। आप दिल्ली को ही ले लें। हाल के कुछ वर्षों में करीब 25-30 सुपर लक्जरी होटल एयरपोर्ट के आसपास खुल चुके हैं, लेकिन उस पयर्टक के लिए होटल नहीं बन रहे, जिसका बजट कम है। उसे पहाड़गंज और दक्षिण दिल्ली के खराब से होटलों में ही रहना पड़ता है। उनमें उसका जमकर दोहन और शोषण होता है। जाहिर है, फिर वह दुबारा भारत आने के बारे में सपने में भी नहीं सोचता। बड़ी होटल चेन भी बजट होटल बनाने से कतराती हैं। उन्हें शायद लगता है कि इसमें उन्हें अपेक्षित लाभ नहीं मिलेगा।

खींचे बौद्ध/राम/कृष्ण भक्त पर्यटक

भारत को सबसे पहले दुनियाभर के बौद्ध पर्यटकों को यहाँ लाने के लिए अपना ध्यान देना होगा। सारे संसार में 50 करोड़ बौद्ध धर्म के अनुयायी हैं। ये जापान, थाईलैंड, दक्षिण कोरिया, इंडोनेशिया, श्रीलंका, वियतनाम वगैरह देशों में हैं। बौद्ध अनुयायियों का गौतम बुद्ध की जन्मस्थली भारत को लेकर आकर्षण स्वाभाविक है। इसी के चलते बौद्ध भारत के प्रति बेहद आदर का भाव रखते हैं। बोधगया-राजगीर-नालंदा सर्किट देश के सबसे खासमखास पर्यटन स्थलों में माने जाते हैं, पर्यटकों की आमद के लिहाज से। इधर दक्षिण-पूर्व एशिया, श्रीलंका, जापान वगैरह से पर्यटक पहुँचते हैं। हर साल बिहार आनेवाले विदेशी सैलानियों का सबसे बड़ा हिस्सा बोधगया पहुँचता है। यहाँ ही वह बोधिवृक्ष खड़ा है, जिसके नीचे बैठकर सिद्धार्थ को बुद्धत्व की प्राप्ति हुई और वे बुद्ध बने। बोधगया आनेवाले पर्यटक सारनाथ अवश्य जाते हैं। सारनाथ में बुद्ध ने बुद्धत्व प्राप्त करने के बाद अपना पहला उपदेश दिया था; और उसके बाद राजगीर चले जाते हैं, जहाँ से बुद्ध ने आगे की यात्रा की। यूँ तो ये साल भर आते रहते हैं, पर अक्टूबर से मार्च तक उनकी आमद सबसे अधिक रहती है। जाहिर तौर पर इन बौद्धों को हम बौद्ध से जुड़े स्थानों पर ला सकते हैं।

इसी प्रकार हम विदेशों में बसे करोड़ों भारतवंशियों को राम, कृष्ण, शिव, और सती के स्थानों और चारों धामों के यात्राओं की ओर आकर्षित करना होगा। वे आएँगे भी और अपने बूढ़े माता-पिता को भेजेंगे भी, लेकिन उनकी चिंता मात्र दो हैं:—पहली, भोजन-आवास-यात्रा व्यवस्था की मूलभूत जरूरी सुविधाएँ और सुरक्षा। यदि सरकार इतना भर सुनिश्चित कर दे तो पर्यटक भागे चले आएँगे।

हमें हर हालात में पर्यटकों की सुरक्षा का ध्यान तो देना ही होगा। 'अतिथि देवोभवऽ' के भाव को धरती पर उतारना ही होगा। सिर्फ बच्चों को स्कूलों में सिखा दें कि यदि कोई पर्यटक दिख जाए तो हाथ जोड़कर 'नमस्कार' और 'स्वागतम्' भर कह दें। इतने से ही भारी फर्क आ जाएगा। याद होगा कि कुछ साल पहले महाबोधि मंदिर में कई विस्फोट हुए थे। उस दु:खद घटना से यहाँ आने का कार्यक्रम बनानेवाले पर्यटक हतोत्साहित तो हुए ही होंगे। अगर हम महाबोधि मंदिर को भी इनसानियत के दुश्मनों से सुरक्षित नहीं रख पाएँगे तो फिर क्या बचा। अब घटना के बाद आप जो चाहें करने के लिए स्वतंत्र हैं। इन स्थानों की पहले ही सुरक्षा इतनी मजबूत होनी चाहिए कि कोई किसी तरह की अप्रिय घटना को अंजाम देने के बारे में सोचे भी नहीं। बोधगया और उससे सटे बुद्ध सर्किट के शहरों-राजगीर और नालंदा का दौरा करनेवाले सभी पर्यटक साल भर में मोटा खर्च करते हैं। पिछले कुछ सालों से पर्यटकों की बढ़ती संख्या की वजह से थाई एयरवेज, विमान लंका, भूटान की ड्रक एयर, म्याँमार एयरवेज इंटरनेशनल और म्याँमार एयरवेज बोधगया के लिए उड़ानें भर रही हैं। विदेशी पर्यटकों की बढ़ती संख्या के मद्देनजर सड़क मार्ग को भी सुधारा गया है लेकिन, अभी भी उन्हें अंतरराष्ट्रीय स्तर पर लाने में बहुत कुछ करना बाकी है। जब से बौद्ध सर्किट से जुड़े स्थानों को बेहतर बनाने का सिलसिला शुरू हुआ है, तब से बौद्ध देशों से आनेवाले पर्यटकों की तादाद में इजाफा भी हुआ है, लेकिन इनकी संख्या अब भी थाईलैंड और श्रीलंका में आनेवाले बौद्ध पर्यटकों से बहुत कम है। इसी प्रकार से राम जन्म भूमि, कृष्ण जन्मभूमि, काशी विश्वनाथ, सीतामाता की जन्मस्थली पुनौरा धाम, बद्रीनाथ, केदारनाथ, पुरी, रामेश्वरम, गंगोत्री, यमुनोत्री, अमरकंटक, उज्जैन, गया, बैद्यनाथ धाम, कामाख्या आदि में भी सुविधाएँ बढ़ाकर उन्हें भारत के पर्यटक मानचित्र पर लाना होगा।

घर वन्यजीवों का

दक्षिण अफ्रीका, केन्या, तंजानिया, दक्षिण अफ्रीका जैसे देशों में हरेक साल

लाखों विदेशी पर्यटक वहाँ के वन्य जीवन को देखने के लिए पहुँचते हैं, जबकि भारत भी एशियाई हाथी, बंगाल टाइगर, एशियाई शेर, तेंदुआ और भारतीय गैंडा सहित कई तरह के विख्यात बड़े स्तनधारी जानवरों का घर है। भारत में संरक्षित वन्य जीवों की बड़ी विविधता है। देश के संरक्षित जंगलों में भारत के 75 राष्ट्रीय उद्यान और 421 अभयारण्य शामिल हैं, जिनमें से बाघ परियोजना के दायरे में 19 आते हैं। इसकी जलवायु और भौगोलिक विविधता इसे 350 से अधिक स्तनपायी और 1200 पक्षी प्रजातियों का घर बनाती है, जिनमें से कई उपमहाद्वीप में शानदार हैं।

भारत में प्रमुख वन्य-जीव अभयारण्यों में भरतपुर, कॉर्बेट, कान्हा, काजीरंगा, पेरियार, रणथंभौर और सरिस्का शामिल हैं। दुनिया का सबसे बड़ा सदाबहार जंगल सुंदरवन, दक्षिणी पश्चिम बंगाल में स्थित है। इनमें भी पर्यटकों की आमद बढ़ाई जाए। यानी भारत में पर्यटकों को लाने की तमाम संभावनाएँ हैं। दुर्भाग्यवश इधर पर्यटन स्थलों की बात हुई तो वह आगरा तक ही सिमट गई। अगर प्रयास ठोस और ईमानदार हों तो भारत में पर्यटकों की संख्या में भारी बढ़ोतरी संभव है।

□

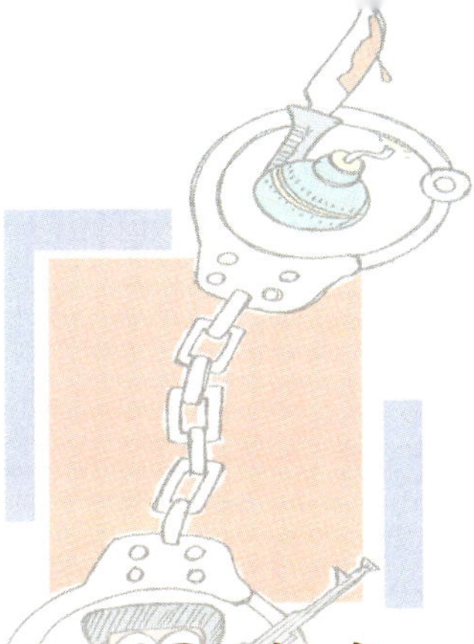

आतंकियों-अपराधियों से क्यों न हो सख्ती

अजमल कसाब, माओवादियों, नक्सलियों और पृथकतावादियों वगैरह से पुलिस पूछताछ के दौरान सख्ती क्यों न करे? अहम सवाल यह है कि क्या आरोपियों, अपराधियों और गवाहों से पुलिसिया जाँच सही तरीके से होती है? पुलिस कस्टडी में विचाराधीन कैदियों की मौत या फिर तफ्तीश के समय पुलिस की कठोर कार्रवाई से संबंधी खबरें लगातार हम देखते-सुनते हैं। ज्यादातर मामले बढ़ा-चढ़ाकर पाठकों/दर्शकों के समक्ष परोसे जाते हैं। आखिरकार कमी या गड़बड़ किस स्तर पर है? क्या पुलिस आतंकियों और कट्टर अपराधियों से भी भाईचारे के अंदाज में पूछताछ करे? क्या उस स्थिति में आरोपी और अपराधी पुलिस के समक्ष सच बोल देंगे? ये कुछ अहम सवाल हैं। इनके उत्तर देश के पुलिस महकमों को खोजने होंगे। यह कोई नहीं कह रहा है कि हमारे यहाँ पुलिस की कार्यशैली में सुधार नहीं हुए, लेकिन यह भी कोई स्वीकार करने के लिए तैयार नहीं होगा कि पुलिस की कार्यशैली में सुधार की कोई गुंजाइश ही नहीं बची है।

दोनों सही

दोनों बातें अपनी जगह सही हैं। पुलिस शातिर अपराधी तत्त्वों से कठोरता से तो पेश आनी ही चाहिए, पर उसे सभी को मवाली और बदमाश मानने की मनोवृत्ति भी त्यागनी होगी। एक बार मशहूर पुलिस अधिकारी दिल्ली के पूर्व पुलिस कमिश्नर पी.एस. भिंडर ने कहा था, "अगर पुलिस से अपराधियों के विरुद्ध कड़ी कार्रवाई के अधिकार को ही छीन लेंगे तो फिर आप किसी अपराधी से अपने जुर्म को कुबूल करने की आशा छोड़ दीजिए। फिर तो वो अपना अपराध कभी मानेगा ही नहीं।" भिंडर की बात में वजन है। उसे आसानी से खारिज नहीं किया जा सकता। खाकी का

असामाजिक तत्त्वों में भय तो कायम रहना ही चाहिए। साथ ही, सामान्य कानून प्रिय शांत नागरिकों के मन में पुलिस की छवि सहयोगी और मित्र की भी बने तो पुलिस की कार्यप्रणाली में सही माने में सुधार हो।

यह सही है कि भारत जैसे लोकतांत्रिक देश में सशक्त मानवाधिकार और जनवादी संगठनों की उपस्थिति भी आवश्यक है। अगर ये नहीं होंगे तो दीन-दुखियों के हितों को आखिर देखेगा कौन? उनके हितों पर चोट लगने की स्थिति में कौन आगे आएगा? अगर कहीं पुलिस की बर्बरता आमजन पर होती है तो इन संगठनों का पुलिस के खिलाफ आवाज उठाना पूरी तरह से सही माना जाएगा, लेकिन यह भी न हो कि मानवाधिकार और जनवादी संगठनों से जुड़े एक्टिविस्ट पुलिस की निंदा ही करते रहे और हर समय खून के प्यासे निर्दोषों को मारनेवाले आतंकवादियों, माओवादियों और नक्सलियों के साथ ही नजर आएँ। बहरहाल, सुप्रीम कोर्ट ने कुछ समय पहले पुलिस कस्टडी में पुलिस की यातना, यंत्रणा और उत्पीड़न संबंधी मामलों में कमी लाने की बाबत एक गाइडलाइन जारी की थी। तब सुप्रीम कोर्ट ने सभी राज्यों को निर्देश भी दिए थे कि वे अपने मानवाधिकार आयोगों में रिक्तियों को भरें।

लेकिन सवाल यह है कि मानवाधिकार का अधिकारी कौन होना चाहिए? आम नागरिकों के लिए तो मानवाधिकार होना ही चाहिए। यह तो उनका कानूनी और संवैधानिक अधिकार है, लेकिन मुझे सुप्रीम कोर्ट के एक रिटायर्ड जज पसायत साहब की बात याद आती है, जो कि उन्होंने कुछ बरस पहले दिल्ली में ही एक मानवाधिकारियों की गोष्ठी करते हुए कही थी। उनकी टिप्पणी एकदम सार्थक और सटीक है। जस्टिस पसायत ने कहा था कि कानून और संविधान में आस्था रखनेवाले आम नागरिकों के लिए तो मानवाधिकार एकदम सही है, लेकिन जो संविधान में विश्वास ही नहीं रखते, जब चाहें निर्दोषों की बेरहमी से हत्याएँ करते रहते हैं, उनका मानवाधिकार कैसा? मानवाधिकार मानवों के लिए है देशद्रोहियों और पाशविक वृत्ति के लोगों के लिए नहीं।

पुलिस पर यह आरोप भी लगते रहते हैं कि वो आरोपियों की कसकर पिटाई करके उनसे अपना जुर्म स्वीकार करवा लेती है। ये बात भी है कि पुलिस के सामने 'सच' बोलनेवाले कोर्ट में अपने पुलिस के सामने दिए गए बयानों से ज्यादातर मुकर जाते हैं। अभी बिल्कुल हाल ही में गुरुग्राम के रेयान स्कूल के छात्र प्रद्युम्न की नृशंस हत्या के बाद भी यही देखा गया था। उस मामले में स्कूल के बस ड्राइवर सौरभ

राघव ने आरोप लगाया था कि पुलिस और स्कूल मैनेजमेंट के दबाव में उसने आरोपी कंडक्टर अशोक के खिलाफ झूठा बयान दिया। राघव का आरोप है कि पुलिस ने उसकी पिटाई की। यह तो एक उदाहरण मात्र है, लेकिन ऐसी ही चंद पुलिसिया कार्रवाई पूरे देश की खाकी को दागदार बना देती है।

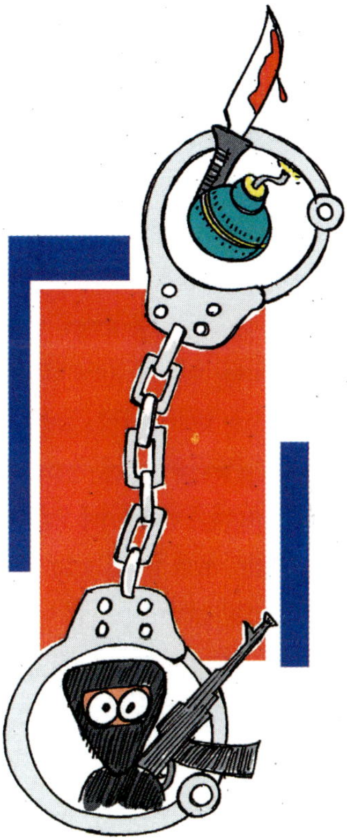

देन गोरों की

वैसे हर हालात में पुलिस को अपनी कठोर और अमानवीय छवि में सुधार तो लाना ही होगा। इसमें अब और विलंब के लिए कोई तर्क स्वीकार करना देशहित में नहीं होगा। उसकी यह छवि ब्रिटिश काल से चली आ रही है। गोरों के भारत छोड़ने के बाद भी भारतीय पुलिस की छवि में सुधार नहीं हो रहा, हालाँकि यह कोई नहीं मानेगा कि भारतीय पुलिस ने अपने को सुधारने की कोशिश ही नहीं की, लेकिन कोशिश पर्याप्त नहीं हुई। इसीलिए उसकी समाज में एक नकारात्मक छवि तो बनी ही हुई है। एक आम नागरिक मानता है कि पुलिसवाला सिर्फ भद्दी गालियाँ देकर ही बात कर सकता है। पुलिस को किसी अपराध के प्रत्यक्षदर्शियों, आरोपियों, अपराधियों से पूछताछ के लिए विनम्रता पूर्ण सभ्य तरीकों को तलाश करना ही होगा। पुलिस अब भी घिसे-पिटे तरीकों पर कब तक चलती रहेगी। अब जबकि दुनिया हाई-टेक हो चुकी है तो पुलिस को भी अपराधी की अपेक्षा और चुस्त और दुरुस्त होना पड़ेगा। अपनी छवि बदलनी होगी।

अव्वल महाराष्ट्र

अगर पुलिस के खिलाफ शिकायतों की बातें हो, तो महाराष्ट्र पुलिस शिखर पर है। राष्ट्रीय अपराध रिकॉर्ड ब्यूरो (एन.सी.आर.बी.) की ताजा रिपोर्ट के मुताबिक, पुलिस के खिलाफ शिकायतों में महाराष्ट्र शीर्ष स्थान पर है। इन शिकायतों में पुलिस पर सहयोग न करना, जाँच के लिए पैसे की माँग करना, शिकायतकर्ता के उत्पीड़न की शिकायतें शामिल हैं, हालाँकि इनमें से कई शिकायतें गलत भी साबित हुईं, कुछ मामलों में कुछ पुलिसकर्मियों को मामूली और गंभीर दंड भी दिया गया। 2014 में महाराष्ट्र पुलिस पर तकरीबन 6 हजार 5 सौ शिकायतें मिलीं। इनमें से 386 लोगों को गिरफ्तार किया गया, जबकि 487 पुलिसकर्मियों पर मुकदमे दर्ज किए गए। वहीं 2,355 शिकायतें गलत भी पाई गईं। वर्ष 2015 में शिकायतों की संख्या डेढ़ हजार से बढ़कर तकरीबन 8 हजार हो गई। इसमें से 454 पुलिसकर्मियों को गिरफ्तार किया गया और 3,962 शिकायतें गलत पाई गईं। वर्ष 2016 में राज्य में पुलिस के खिलाफ फिर एक हजार ज्यादा यानी कि 9 हजार से ज्यादा शिकायतें मिली।

मुझे लगता है कि अपराधियों से पुलिस सख्ती से पूछताछ करे इस अधिकार को किसी भी स्थिति में पुलिस द्वारा छीना जाना सही नहीं ठहराया जा सकता। यह समझना होगा कि हत्या, चोरी, लूट, रंगदारी, बलात्कार जैसे अपराध करनेवाले इनसान अलग किस्म के ही होते हैं। वो सामान्य प्रवृत्ति के शख्स नहीं हैं। तो फिर उससे प्रेम से बात करने से तो कोई बात नहीं बनेगी। बहरहाल, अगर पुलिस थानों के उन कक्षों में सी.सी.टी.वी. कैमरे लगा दिए जाएँ और पूछताछ की रेकार्डिंग रख ली जाए, जहाँ पर पुलिस का जाँच अधिकारी आरोपी, आपराधी और गवाह से पूछताछ कर रहा है, तो फिर पुलिस उत्पीड़न संबंधी सारे आरोपों पर विराम लग जाएगा। बिहार, पुद्दुचेरी, अंडमान और निकोबार समेत कुछ अन्य राज्यों की जेलों में सी.सी.टी.वी. कैमरे लगने शुरू भी हो गए हैं। पुलिसकर्मियों को और अधिक संवेदनशील और मानवीय बनाने की मुहिम चलनी आवश्यक है। हमारे यहाँ पुलिस फोरेंसिक जाँच में अभी भी काफी कमजोर है। उसे इस पक्ष को और मजबूत करना होगा। पुलिस थाने में किसी आरोपी या अपराधी की मौत अथवा गंभीर रूप से चोटग्रस्त होना पुलिस के लिए शर्मनाक है। इस तरह के मामले प्रकाश में बार-बार लगातार आते हैं। पुलिस का कोई भी अफसर इन आरोपों को खारिज नहीं कर सकता या सही नहीं ठहरा सकता।

एक बात और कि शॉर्ट कट उपायों से किसी केस की जाँच करने से तो कोई लाभ नहीं होगा, चूँकि तफ्तीश कमजोर रह जाती है, इसीलिए केस कोर्ट में जाकर खारिज हो जाता है। इसलिए जहाँ जाँच के स्तर पर सुधार समय की माँग है, वहीं पुलिस को अपनी कुल मिलाकर छवि को और उजला करना होगा, पर पुलिस से कट्टर और खूँखार अपराधियों से सख्ती का अधिकार वापस कदापि नहीं लिया जा सकता।

□

घर के बूढ़े-बुजुर्गों की मत करो अनदेखी

अभी बीती 30 नवंबर तक निजी क्षेत्र की कंपनी से सेवानिवृत्त कर्मी अपने ही बैंक के चक्कर काट रहे थे। उसी बैंक में इनकी सांकेतिक पेंशन आती है। दरअसल इन्हें बैंक में इसलिए जाना पड़ रहा था, ताकि वे वहाँ पर जाकर बता सकें कि वे अभी भी जीवित हैं इस संसार में! यह एक वार्षिक कार्य है, जो इन पेंशनभोगियों को पितृ तर्पण की तरह हर साल करना ही पड़ता है। इसीलिए देश भर में लाखों पेंशन भोगी अपने-अपने बैंकों में जा रहे थे। इन सभी को मिलती है मासिक 1250 रुपए से लेकर 10 हजार रुपए तक की पेंशन। आप समझ सकते हैं कि इतनी कम राशि में अपने और अपनी बूढ़ी औरत के लिए दाल-रोटी का इंतजाम करना भी असंभव है। दवा, कपड़ा और कमरे के किराया की तो बात भी न करें तो अच्छा होगा।

जो ठीक हैं

हाँ, केंद्र और राज्य सरकारों के रिटायर कर्मियों को तो पेंशन अब काफी संतोषजनक सी मिलने लगी है। वे खुद भी इस बात को मानते भी हैं। अब केंद्र सरकार से सेक्शन ऑफिसर पद से रिटायर होनेवाले कर्मी को मासिक 40 हजार रुपए से अधिक तक की मासिक पेंशन मिल जाती है। रिटायर होने पर उसे पी.एफ., ग्रैच्यूटी, सरकारी अस्पतालों में मुफ्त इलाज जैसे और दूसरे लाभ तो मिलते ही हैं। अगर देश भर की बात करें तो केंद्र और राज्य सरकारों के विभिन्न विभागों में काम करनेवालों से लेकर रिटायर हो गए कर्मियों का आँकड़ा बमुश्किल तीन-चार करोड़ तक ही होगा। अगर इसमें केंद्र और राज्य सरकारों के उपक्रमों में काम कर रहे या फिर सेवानिवृत हो गए कर्मियों को भी जोड़ लें तो ये आँकड़ा पाँच-

छह करोड़ के आसपास हो जाता है, लेकिन इनमें सबको पेंशन नहीं मिलता। ये संख्या कुछ कम या ज्यादा हो सकती है। इन सबको तो एक तरह से कुछ-न-कुछ सामाजिक सुरक्षा मिल रही है, पर बाकी की स्थिति तो दिन-ब-दिन बद से बदतर ही होती जा रही है। निजी क्षेत्रों में तो छोड़ ही दें, ज्यादातर सरकारी विभागों और उपक्रमों में भी अब ठेके पर ही कर्मियों को रखा जा रहा है। ठेके पर काम करनेवाले मुलाजिमों को तो फेयरवेल पार्टी भी नसीब नहीं हो पाती। ज्यादातर को उनकी रिटायरमेंट से पहले ही चलता कर दिया जाता है। ये वरिष्ठ नागरिक होने पर तिल-तिल को मोहताज हो जाते हैं। ये अपने जीवन का शेष भाग किसी तरह जैसे-तैसे गुजारते हैं। मैं अपने नोएडा आवास से नई दिल्ली की ओर दोपहर में 11-12 बजे निकलता था, तो मुझे एक बुजुर्ग दंपत्ति एक पार्क के बाहर पड़े एक बेंच पर मायूसी से बैठा बतियाता या ऊँघता मिल जाता था। एक दिन सिर्फ बूढ़े बाबा बैठे दिखे। ट्राफिक जाम था। गाड़ी सरक तक नहीं पा रही थी। मैंने बूढ़े बाबा को आवाज दी! पूछा, आज माताजी सैर करने नहीं आई? बाबा ने बड़े दुःख से जवाब दिया, वह तो पिछले शनिवार की रात ही चली गई! हम सैर करने थोड़े ही आते थे, बेटा! बारह बजे पीछे मंदिर में लंगर पाने आते थे। बेटे-बहू आजकल कहाँ पूछते हैं? दिनभर बहू गालियाँ सुनाती रहती है, खाने को कभी सूखी रोटी-दाल मिल जाए तो गनीमत है। हम सुबह उठकर टहलते हुए लंगर छकने आ जाते हैं। शाम को आरती-प्रसाद के बाद घर जाकर सो जाते हैं। वे भी क्या करें? मामूली सी नौकरी है। घर चलाना है! बच्चे पालने हैं। शाम को थोड़ी सी ट्यूशन मैं ही पढ़ा देता हूँ। बुढ़िया तो चली गई। अब मैं इंतजार कर रहा हूँ।

तिल-तिल को मोहताज

सबसे विकट स्थिति है देश में असंगठित क्षेत्रों से जुड़े करोड़ों कामगारों की। इनकी सामाजिक सुरक्षा के बारे में क्या कोई सोच रहा है? और जब असंगठित क्षेत्रों से जुड़े मजदूर 60 साल की आयु को पार कर लेते हैं तो उन्हें कौन देखता है। इनकी छत, भोजन, बीमार होने पर दवाई वगैरह की व्यवस्था किस तरह से होती है? स्वास्थ्य देखभाल और बुढ़ापा पेंशन जैसे सामाजिक सुरक्षा के लाभ संगठित क्षेत्र के कर्मचारियों को ही मिलते हैं, अगर बात गैर-संगठित क्षेत्र में काम करनेवालों की करें तो इन्हें सही तरह से सरकारी योजनाओं के लाभ तक नहीं मिल पाते। देश की कुल श्रम शक्ति का 90 फीसदी हिस्सा अंसगठित क्षेत्रों से ही जुड़ा

है। जरा सोचिए कि 60 साल की उम्र के बाद इनका क्या होता होगा।

एक बढ़िया सरकारी योजना मोदी सरकार लाई है, "अटल पेंशन योजना"! लेकिन इसका लाभ सिर्फ कामगार ही ले सकता है, वह भी सिर्फ अपने लिए। उसके पास न तो अतिरिक्त पैसा होता है, न ही इतना साधन या समय कि वह इस योजना का लाभ लेने के लिए चक्कर काटे या सालाना नवीनीकरण करवाए। कुछ बड़ी संस्थानों ने अपने कर्मचारियों के लिए संस्था से पैसे देकर अपने कर्मचारियों को इस योजना का लाभ देना भी चाहा तो नियम आड़े आ गई! तीन साल तो हो गए सरकार में फाइलें ऊपर नीचे हो रहे हैं, लेकिन इसकी लाभ संस्थाओं को क्यों नहीं मिलना चाहिए, इसके तर्क ही ढूँढ़े जा रहे हैं अब तक। सरकार मनमोहन की हो या मोदी की? बाबू तो वही हैं! उन्हें को पेंशन मिलना ही है, दूसरों को क्यों न मिले, इसके लिए अपनी बाबूगिरी का पूरा उपयोग कर रहे हैं।

बढ़े बुजुर्ग

आपने भी गौर किया होगा कि हमारे यहाँ हर स्तर पर युवा शक्ति की विशेष रूप से बहुत चर्चा होती है। इसमें कोई बुराई भी नहीं है। युवा शक्ति की भरपूर चिंता होनी ही चाहिए, परंतु इस क्रम में उनकी अनदेखी नहीं हो, जिन्होंने जीवनभर देश के लिए दिन-रात एक किया। देश में बुजुर्गों की आबादी भी तेजी से बढ़ रही है, इसलिए उनके अनुकूल स्थितियाँ बनानी होंगी। बुजुर्गों को अलग-थलग या उपेक्षित तो नहीं छोड़ा जा सकता! पिछले एक दशक में वरिष्ठ नागरिकों की संख्या में 39.3 प्रतिशत की बढ़ोतरी हुई है और देश की आबादी में इनकी हिस्सेदारी वर्ष 2001 के 6.9 प्रतिशत की तुलना में बढ़कर वर्ष 2011 में 8.3 प्रतिशत हो गई है।

बेशक, सरकार के अनेकों सामाजिक सुरक्षा के कार्यक्रम चल रहे हैं, लेकिन इनके लाभार्थी सीमित ही हैं। इनमें असंगठित क्षेत्र के बहुत कम कामगार या उनके परिवार लाभार्थियों में शामिल हो पाते हैं। गैर-संगठित क्षेत्र के श्रमिकों और उनके आश्रितों को बीमारी, अधिक उम्र, दुर्घटनाओं या मृत्यु के कारण बेहद गरीबी का सामना करना पड़ता है। इस तरफ सरकार और समाज को देखना होगा।

नियमित आय से वंचित

आप गाँव-देहात या छोटे शहरों को छोड़िए, आप अपने आसपास रहनेवाले बुजुर्गों से उनकी आय के संबंध में बात कर लीजिए। आप पाएँगे कि 10 में से

8 की नियमित आय का कोई स्रोत नहीं है। वो पूरी तरह से अपने परिवार पर ही निर्भर हैं। चूँकि, वे आर्थिक रूप से स्वावलंबी नहीं हैं, इसलिए उन्हें अपने घर में भी दुत्कार ही मिल रही है और बाहर भी! अगर किसी शख्स के दो या तीन पुत्र हैं तो वो उनके पास बारी-बारी से रहने के लिए अभिशप्त हैं। एक सच्ची घटना बताता हूँ। एक बुढ़िया के दो बेटे थे। उसकी दोनों बहुएँ 15-15 दिन उसे रोटी खिलाती थीं, लेकिन जिस महीने में 31 तारीख आती थी, उसे पास के गुरुद्वारे जाकर लंगर खाना पड़ता था। कोई भी आज के दिन अपने घर के बूढ़े-बुजुर्ग को स्थायी रूप से अपने पास रखकर राजी ही नहीं है। यानी बुजुर्ग होने पर वो

शख्स स्थायी यात्री की भूमिका में आ जाता है। यह है पितरों को तर्पण करनेवाले देश में बुजुर्गों की असली स्थिति। बहुत ही कम ऐसे परिवार हैं, जहाँ बुजुर्गों को इज्जत से रोटी नसीब है। इस बाबत सरकार को सोचना ही होगा। अपने जीवन के संध्याकाल में पहुँच गए बुजुर्गों के हितों को समझना ही होगा। आजकल महानगरों और बड़े शहरों में ओल्ड एज होम खुल रहे हैं। इनमें पर्याप्त सुविधाएँ उपलब्ध रहती हैं, लेकिन इनमें भी वे ही रह सकते हैं, जिनकी माली हालत ठोस है। यदि वे बीसेक हजार रुपया हर माह खर्च करने के लिए तैयार हैं, तब तो उनकी गुजारा है, वरना नहीं। अगर पति-पत्नी हैं तो ये आँकड़ा और बढ़ जाता है, पर नौकरी से मुक्त होने के बाद हर माह 50-60 हजार रुपए की कमाई करनेवाले बुजुर्गों की तादाद तो देश में वास्तव में बहुत ही कम है। इसलिए इन ओल्ड एज होम्स का खर्चा वहन करना सबके बूते की बात ही नहीं है।

अकेले रहते डेढ़ करोड़

देश में बुजुर्गों की या यूँ कहें कि 60 साल से अधिक उम्र की आबादी के संबंध में कुछ चौंकानेवाले आँकड़े सामने आए हैं। साल 2011 की जनगणना के अनुसार, देश में डेढ़ करोड़ बुजुर्ग बिल्कुल अकेले जीवन व्यतीत कर रहे हैं। इनमें तीन-चौथाई आबादी तो औरतों की है। ग्रामीण भारत के 32.5 फीसदी घरों में कम-से-कम एक बुजुर्ग तो है ही, जबकि शहरी भारत में यह संख्या 29 फीसदी ही रह जाती है। ग्रामीण भारत में 28 लाख महिलाएँ अकेले रह रही हैं। शहरों में यह संख्या 8.2 लाख है। जरा सोचिए कि अकेले जीवन-यापन करनेवाले इन बुजुर्गों का जीवन कितना कठिन होगा।

जरूरत और की

यह तो मैं नहीं कह रहा है कि अभी तक देश इन बुजुर्गों को लेकर संवेदनहीन रुख ही अपनाए हुए है। इनकी सुख-सुविधा के लिए अनेक तरह के कदम भी हाल के वर्षों में उठाए गए हैं। आपको अस्पतालों एवं स्वास्थ्य देखभाल केंद्रों में वरिष्ठ नागरिकों के लिए अलग से लाइनें मिलेंगी। इसी तरह से कुछ राज्य सरकारों ने सरकारी अस्पतालों में वरिष्ठ नागरिकों के लिए विशेष क्लिनिकों की व्यवस्था की है। इसके अलावा वरिष्ठ नागरिकों के लिए टैक्स में भी विशेष छूट तथा अन्य प्रावधान तो हैं ही। जैसे कि वरिष्ठ नागरिकों को उनकी बचतों पर अधिक ब्याज

दर मिलती है। सभी वरिष्ठ नागरिकों को रेल किराए में ठीक-ठाक छूट मिलती है। बैंक भी इन्हें फिक्स्ड डिपोजिट पर अधिक ब्याज दे रहे हैं। यहाँ तक तो सब ठीक है, लेकिन आवश्यकता इस बात की है कि सरकार और समाज हरेक बुजुर्ग के प्रति संवेदनशील रवैया अपनाए। सरकारी योजनाओं और कार्यक्रमों में देश के दूर-दराज क्षेत्रों में रहनेवाले बुजुर्गों को कम-से-कम छत, दवाई, भोजन की व्यवस्था तो अवश्य ही हो।

□

पाई-पाई को क्यों मोहताज हो गए बुजुर्ग

अब मध्य प्रदेश में अपने अभिभावकों का अनादर, अपमान और उन्हें राम भरोसे छोड़नेवाले सरकारी कर्मियों की खैर नहीं। दुर्भाग्यवश, हमारे देश में वृद्धों का जिस तरह से घोर अपमान होने लगा है, उसे देखते हुए मध्य सरकार के नक्शे कदम पर केंद्र, अन्य राज्य सरकारों और निजी क्षेत्रों को भी चलना चाहिए। मध्य प्रदेश सरकार उन असहाय बुजुर्ग माँ-बापों के लिए 'श्रवण कुमार' बनने जा रही है, या कम-से-कम प्रयास तो कर ही रही है। जो शासकीय अधिकारी-कर्मचारियों ने अपने ही माता-पिता को जीवन की साँझ में बेसहारा छोड़ दिया है, उनके लिए मध्य प्रदेश की सरकार ने ऐसा नियम बनाया है, जिसके तहत अपने माँ-बाप को बेसहारा छोड़नेवाले शासकीय कर्मचारियों के वेतन से एक निश्चित राशि उनके माता-पिता की सहायता के लिए काटी जाएगी। नियम के तहत उन सभी कर्मचारियों के वेतन से यह राशि कटेगी, जिनके माँ-बाप अपने बच्चों की इस बारे में शिकायत करते हैं। आमतौर पर सरकारें तो बड़ी योजनाओं और परियोजनाओं पर काम करने में ही लगी रहती हैं। उन्हें समाज में आ रही कुरीतियों और अभिशापों पर हल्ला बोलने की फुर्सत ही कहाँ मिलती है ? लेकिन इस पृष्ठभूमि में मध्य प्रदेश सरकार का निर्णय तो सराहनीय माना ही जाएगा। दरअसल जिस तेजी से हमारे यहाँ वृद्धाश्रम या सीनियर सीटिजंस होम बन रहे हैं, उससे डर लगने लगा है। इससे ये भी संकेत मिलता है कि अब बड़ी संख्या में बच्चों ने अपने माता-पिता को घर से अलग कर दिया है। क्या पितरों के तर्पण करनेवाले देश में बुजुर्गों का यह हाल होनेवाला है ?

कौन देखेगा बुजुर्गों को ?

आपने भी गौर किया ही होगा कि हमारे देश में हर स्तर पर युवा शक्ति की विशेष रूप से बहुत चर्चा होती है। इसमें कोई बुराई भी नहीं है, पर इस क्रम में उनकी तो अनदेखी नहीं हो न, जो जीवन भर देश के लिए दिन-रात सेवा करने के बाद अब चैन पूर्वक मरने का इंतजार कर रहे हैं ? देश में बुजुर्गों की आबादी भी तेजी से बढ़ रही है। देश की औसत आयु में भी लगातार वृद्धि हो रही है। इसलिए उनके लिए भी सुखी जीवन की अनुकूल स्थितियाँ बनानी ही होंगी। बुजुर्गों को अलग-थलग या उपेक्षित कदापि नहीं छोड़ा जा सकता है। पिछले एक दशक में वरिष्ठ नागरिकों की संख्या में 39.3 प्रतिशत की बढ़ोतरी हुई है और देश की आबादी में इनकी हिस्सेदारी वर्ष 2001 के 6.9 प्रतिशत की तुलना में बढ़कर वर्ष 2011 में 8.3 प्रतिशत हो गई है। बेशक, सरकार के अनेक सामाजिक सुरक्षा के कार्यक्रम हैं, लेकिन इनके लाभार्थी तो सीमित ही हैं। इनमें असंगठित क्षेत्र के बहुत कम कामगार या उनके परिवार ही लाभार्थियों में शामिल हो पाते हैं। गैर-संगठित क्षेत्र के श्रमिकों और उनके आश्रितों को बीमारी, अधिक उम्र, दुर्घटनाओं या अकाल मृत्यु के कारण बेहद गरीबी का सामना करना पड़ता है। इस तरफ सरकार और समाज को गंभीरता से विचार कर कोई-न-कोई कारगर उपाय तो करना ही होगा।

पाई-पाई को मोहताज

आप अपने आसपास रहनेवाले बुजुर्गों से उनकी मली हालात या उनके आय के नियमित स्रोतों के संबंध में बात करके देख लीजिए। आप पाएँगे कि 10 में से 8 की नियमित आय का कोई स्रोत ही नहीं है। वो पूरी तरह से अपने परिवार पर ही निर्भर है। अब यह परिवार के कमाऊ पूतों पर है कि वे उनका कितना खयाल करते हैं, चूँकि बुजुर्ग आर्थिक रूप से स्वावलंबी नहीं हैं, इसलिए उन्हें अपने ही घर में दुत्कारों को सहना पड़ रहा है। अगर किसी शख्स के दो या तीन पुत्र हैं तो वो उनके पास बारी-बारी से रहने के लिए अभिशप्त हैं। शायद ही कोई उन्हें स्थायी रूप से अपने पास रखने को राजी है। यानी बुजुर्ग होने पर ज्यादातर माँ-बाप स्थायी यात्री की भूमिका में आ जाते हैं। इस बाबत सरकारों को तो सोचना ही होगा। अपने जीवन के संध्याकाल में पहुँच गए बुजुर्गों के हितों को समझना होगा और उसका स्थायी निदान ढूँढ़ना होगा। आजकल महानगरों और बड़े शहरों में धड़ल्ले से ओल्ड एज होम खुल रहे हैं। इनमें पर्याप्त सुविधाएँ भी प्राय: उपलब्ध भी रहती हैं, लेकिन इनमें भी वे ही रह सकते हैं,

जिनकी माली हालत ठोस है। यानी यदि एक बुजुर्ग लगभग बीस हजार रुपया हर माह खर्च करने के लिए तैयार है, तभी इस सुविधा का पात्र हो सकता है। पति-पत्नी हैं तो ये आँकड़ा सीधा दोगुना हो जाता है, पर नौकरी से मुक्त होने के बाद भी हर माह 50-60 हजार रुपए की कमाई करनेवाले बुजुर्गों की तादाद तो देश में वास्तव में बहुत ही कम है। इसलिए इन ओल्ड एज होम्स का खर्चा वहन करना सबके बूते की बात नहीं है।

अकेले रहते डेढ़ करोड़

देश में बुजुर्गों या यूँ कहें कि 60 साल से अधिक उम्र की आबादी के संबंध में कुछ चौंकानेवाले आँकड़े सामने आए हैं। साल 2011 की जनगणना के अनुसार, देश में डेढ़ करोड़ बुजुर्ग बिल्कुल अकेले जीवन व्यतीत कर रह रहे हैं। इनमें तीन-चौथाई आबादी तो सिर्फ औरतों की है। ग्रामीण भारत के 32.5 फीसदी घरों में कम-से-कम एक बुजुर्ग तो है ही, जबकि शहरी भारत में यह संख्या 29 फीसदी ही रह जाती है। ग्रामीण भारत में 28 लाख महिलाएँ अकेले जिंदगी बसर कर रही हैं। शहरों में यह संख्या 8.2 लाख है। जरा सोचिए कि इन अकेले जीवन यापन करनेवाले बुजुर्गों का जीवन कितना कठोर और अपमानजनक होगा? 'घुट- घुटकर मरना', इसे नहीं कहेंगे तो किसे कहेंगे?

जरूरत और की

बेशक बुजुर्गों की सुख-सुविधा के लिए अनेक तरह के कदम उठाए भी गए

हैं। आपको अस्पतालों के बाहर वरिष्ठ नागरिकों के लिए अलग से लाइनें मिलेंगी। इसी तरह से कुछ राज्य सरकारों ने सरकारी अस्पतालों में वरिष्ठ नागरिकों के लिए विशेष क्लिनिकों की भी व्यवस्था की है। इसके अलावा वरिष्ठ नागरिकों के लिए टैक्स में विशेष छूट तथा अन्य प्रावधान तो हैं ही। जैसे कि वरिष्ठ नागरिकों को उनकी बचतों पर अधिक ब्याज दर मिलती है। सभी वरिष्ठ नागरिकों को रेल किराए में ठीक-ठाक ही छूट मिलती है। बैंक भी इन्हें फिक्स्ड डिपोजिट पर अधिक ब्याज दे रहे हैं। यहाँ तक सब ठीक है, लेकिन आवश्यकता इस बात की है कि सरकार और समाज हरेक बुजुर्ग के प्रति संवेदनशील रवैया अपनाए। सरकारी योजनाओं और कार्यक्रमों में देश के दूर-दराज क्षेत्रों में रहनेवाले बुजुर्गों को छत, दवाई, भोजन की व्यवस्था हो। बीते साल नवंबर महीने के अंत में सरकारी और निजी क्षेत्र की कंपनियों से सेवानिवृत हो गए रिटायरर्ड कर्मचारी बैंकों के चक्कर काट रहे थे। इन्हीं बैंकों में इनकी सांकेतिक पेंशन आती है। दरअसल इन्हें बैंकों में इसलिए जाना पड़ रहा था, ताकि ये वहाँ पर जाकर यह प्रामाणित कर सकें कि ये अभी इस संसार में जीवित हैं? ये वार्षिक सरकारी कर्मकांड है, जो इन पेंशनभोगियों को अपमानपूर्वक करना ही पड़ता है।

इसलिए देश भर में करोड़ों पेंशन भोगी बैंकों में जुलूस बनाकर चले जा रहे थे। इन सभी को मिलती है मासिक 1250 रुपए से लेकर 10 हजार रुपए तक की पेंशन। आप समझ सकते हैं कि इतनी कम राशि में जीवनयापन करना लगभग असंभव है। हाँ, केंद्र और राज्य सरकारों के रिटायर कर्मियों को पेंशन अब काफी संतोषजनक मिलने लगी है। वे खुद भी इस बात को मानते हैं। अब केंद्र सरकार के सेक्शन ऑफिसर पद से रिटायर होनेवाले कर्मी को 40 हजार रुपए से अधिक मासिक पेंशन मिल जाती है। रिटायर होने पर उसे पी.एफ. और दूसरे लाभ तो मिलते ही हैं, लेकिन अगर देश भर की बात करें तो केंद्र और राज्य सरकारों के विभिन्न विभागों में काम करनेवालों से लेकर रिटायर हो गए कर्मियों का कुल आँकड़ा तीन-चार करोड़ ही होगा। अगर इसमें केंद्र और राज्य सरकारों के उपक्रमों में काम कर रहे या फिर सेवानिवृत हो गए कर्मियों को भी जोड़ लें तो ये आँकड़ा पाँच-छह करोड़ के आसपास हो जाता है। ये संख्या कुछ कम या ज्यादा हो सकती है। इन सबको तो एक तरह से सामाजिक सुरक्षा मिल रही है, पर बाकी की स्थिति बद से बदतर होती जा रही है। निजी क्षेत्र में अब ठेके पर ही ज्यादातर कर्मियों को रखा जा रहा है।

इनमें काम करनेवाले मुलाजिम तो फेयरवेल पार्टी भी नहीं देख पाते। ज्यादातर को उनकी रिटायरमेंट से पहले ही चलता कर दिया जाता है। ये वरिष्ठ नागरिक होने पर तिल–तिल को मोहताज होते हैं। ये अपने जीवन का शेष भाग जैसे–तैसे गुजारते हैं।

बेहाल असंगठित क्षेत्र वाले बुजुर्ग

सबसे विकट स्थिति है देश में असंगठित क्षेत्रों से जुड़े करोड़ों लोगों की। इनकी सामाजिक सुरक्षा के बारे में क्या कोई सोच रहा है? और जब असंगठित क्षेत्रों से जुड़े मजदूर 60 साल की आयु को पार कर लेते हैं, तो उन्हें कौन देखता है। इनकी छत, भोजन, बीमार होने पर दवाई वगैरह की व्यवस्था किस तरह से होती है? स्वास्थ्य देखभाल और बुढ़ापा पेंशन जैसे सामाजिक सुरक्षा के लाभ संगठित क्षेत्र के कर्मचारियों को ही मिलते हैं। अगर बात गैर–संगठित क्षेत्र में काम करनेवालों की करे तो इन्हें सही तरह से सरकारी योजनाओं के लाभ भी नहीं मिल पाते। देश की कुल श्रम शक्ति का 90 फीसदी हिस्सा अंसगठित क्षेत्र से ही जुड़ा है। जरा सोचिए कि 60 साल की उम्र के बाद इनका क्या होता होगा।

दरअसल देश अपने वरिष्ठ नागरिकों को उनके जीवन के संध्याकाल में लाचारी की हालात में मरने के लिए नहीं छोड़ सकता। इन्होंने राष्ट्र निर्माण में अहम भूमिका निभाई है। देश का इनके ऊपर कर्ज है। उससे देश और समाज इनकार नहीं कर सकता। इनकी चिंता करना सरकार और समाज का कर्तव्य है।

□

चाबहार बंदरगाह के श्रीगणेश से उड़ी पाक की नींद

चाबहार बंदरगाह का श्रीगणेश भारत-ईरान संबंधों के लिए अहम घटना है। इससे पड़ोसी पाकिस्तान की नींद उड़ गई है। ईरान के राष्ट्रपति हसन रूहानी ने बीते रविवार को चाबहार पोर्ट के पहले चरण का उद्घाटन किया। यह एक अनुपम अवसर था भारत के लिए पाकिस्तान को ईरान से और दूर फेंकने का। यूँ भी पाकिस्तान-ईरान में संबंध बेहद तनावपूर्ण चल रहे थे। पर पहले बात कर लें चाबहार बंदरगाह की। इसके जरिए भारत-ईरान-अफगानिस्तान के बीच नए रणनीतिक ट्रांजिट रूट की शुरुआत हो गई है। यह पाकिस्तान-चीन के सहयोग से बन रहे ग्वादर पोर्ट के लिए एक बड़ी चुनौती के रूप में आकर खड़ी हो गई है। चाबहार बंदरगाह के इस पहले चरण को शाहिद बेहेश्ती बंदरगाह के तौर पर भी जाना जाता है। चाबहार बंदरगाह के विस्तार से इस बंदरगाह की क्षमता तीन गुना बढ़ जाएगी। इस 34 करोड़ डॉलर की परियोजना के निर्माण में भारत की अहम राजनीतिक-कूटनीतिक और वित्तीय भूमिका भी रही। इससे पाकिस्तान और चीन की बेचैनी वाजिब ही है।

मील का पत्थर

दरअसल यह परियोजना दोनों देशों के संबंधों के लिए मील का पत्थर साबित होगी। भारत ने पिछले साल इस बदंरगाह और इससे जुड़ी रेल एवं सड़क परियोजनाओं के लिए 50 करोड़ डॉलर की सहायता के लिए प्रतिबद्धता जताई थी। भारत के लिए चाबहार इसलिए खास है, क्योंकि यह भारत के लिए पश्चिमी एशिया से जुड़ने का सीधा रास्ता उपलब्ध कराएगा और इसमें पाकिस्तान का दूर-दूर तक कोई दखल नहीं

होगा। चाबहार के खुलने से भारत, ईरान और अफगानिस्तान और पूरे मध्य एशिया के बीच व्यापार को बड़ा सहारा मिलेगा। पिछले महीने भारत ने अफगानिस्तान को गेहूँ से भरा पहला जहाज इसी बंदरगाह के रास्ते भेजा।

ईरान में मोदी

दरअसल चाबहार के माध्यम से अब ईरान से अपने संबंधों पर विशेष फोकस देने लगा है। वैसे भी भारत के लिए ईरान एक बहुत महत्त्वपूर्ण देश है। ईरान न केवल तेल का बड़ा व्यापारिक केंद्र है, बल्कि पूरे एशिया, रूस तथा पूर्वी यूरोप में आने-जाने का एक अहम मार्ग भी है। भारत इन सब तथ्यों से भलीभाँति अवगत रहा है, लेकिन ढुलमुल और कमजोर विदेश नीति की वजह से पिछले दशकों में इस दिशा में कोई सार्थक पहल न हो पाई। विगत वर्ष प्रधानमंत्री नरेंद्र मोदी ईरान गए थे। मोदी की

ईरान यात्रा से दोनों देशों के बीच क्षेत्रीय संपर्क एवं ढाँचागत विकास, ऊर्जा साझेदारी द्विपक्षीय कारोबार के क्षेत्र में विशिष्ट सहयोग को गति मिली है।

भारत ऊर्जा से लबरेज ईरान के साथ अपने संबंधों में नई इबारत लिखने का मन बना चुका है। वर्तमान में भारत मुख्य रूप से कच्चे तेल को सऊदी अरब और नाइजीरिया से आयात करता है। मोदी की यात्रा से ईरान को यह संदेश मिला कि भारत उसके साथ आर्थिक और सामरिक संबंधों को मजबूती देना चाहता है। बाकियों को भी मोदीजी ने संदेश दे दिया कि हमारे पास भी विकल्प खुले हैं।

आपको याद होगा कि भारत और अमेरिका के बीच 2008 में हुए असैन्य परमाणु करार के बाद ईरान के साथ बहुत सारी परियोजनाओं को हमारी तत्कालीन सरकार ने या तो रद्द कर दिया था या फिर कई योजनाओं को ठंडे बस्ते में डाल दिया था। यह भी सच है कि भारत और ईरान के बीच कई प्रकार के मतभेद और गलतफमियाँ भी रही हैं, हालाँकि मोदी की यात्रा के बाद पुराने गिले-शिकवे काफी हद तक दूर हो चुके हैं। ईरान पर लगे प्रतिबंध के कारण भारतीय कंपनियों ने ईरान में निवेश करने से परहेज करना चालू कर दिया था, लेकिन प्रतिबंध हटने के बाद अब भारतीय कंपनियाँ वहाँ पर निवेश करने लगी हैं। चाबहार बंदरगाह परियोजना इस बात की गवाही है। ईरान हर कठिन मौके पर भारत के साथ रहा है। अब भारत को ईरान के साथ अपने संबंध को लेकर बहुत समझदारी से कदम उठाने होंगे। भारत किसी भी हालत में ईरान की अनदेखी नहीं कर सकता।

अब पाक का क्या होगा ?

चाबहार बंदरगाह से शुरू होने से पाकिस्तान का रग-रग जरूर दुःखी होगा, लेकिन वह कर कुछ नहीं सकता! पाकिस्तान के आर्मी चीफ जनरल कमर जावेद बाजवा ने कुछ समय पहले ईरान की यात्रा की थी। वह कहने को तो एक सामान्य यात्रा थी बाजवा की, लेकिन ऐसा था नहीं। दरअसल, ईरान-पाकिस्तान के संबंधों में लगातार तल्खी आ रही है। पिछले साल जिस दिन भारतीय सेना ने आजाद कश्मीर में आतंकी शिविरों को बर्बाद किया था, उसी दिन ईरान ने भी पाकिस्तान पर हमला किया था। अब यह एक सामान्य संयोग तो था नहीं! वैसे, हो भी सकता है! याद होगा कि ईरान ने 28-29 सितंबर, 2016 की रात को पाकिस्तान की पश्चिमी सीमा पर मोर्टार से गोले दागे थे। पाकिस्तान और ईरान के बीच 900 किलोमीटर की सीमा है। ईरान ने 1965 में भारत के साथ जंग में पाकिस्तान का खुलकर साथ दिया था।

ईरानी नेवी भी साथ दे रही थी पाक नेवी का, लेकिन तब कॉंग्रेसी हुकूमत थी। अब स्थितियों बहुत बदल चुकी हैं। एटमी गुंडे यानी पाकिस्तान से उसके सभी पड़ोसी देश इसलिए नाराज हैं, क्योंकि वह खुलेआम हर जगह आतंकवाद फैलाता है। कहा तो यह जाता है कि सउदी अरब की मदद से। ईरान इसलिए भी पाकिस्तान से नाराज है, क्योंकि; दोनों देशों की सीमा पर तैनात ईरान के दस सुरक्षाकर्मियों को पिछले साल आतंकवादियों ने मौत के घाट उतार दिया था। ये मानकर चलिए कि ईरान-पाकिस्तान के बीच संबंध आनेवाले दिनों में तो कभी सामान्य नहीं होंगे। कारण यह भी है कि पाकिस्तान पक्का चमचा है, ईरान के घोषित शत्रु सऊदी अरब का। ईरान-पाकिस्तान में इसलिए भी तनातनी रही है, क्योंकि ईरान शिया है, जबकि पाक अपने में एक कट्टर सुन्नी मुसलिम देश है। पाकिस्तान की सऊदी अरब से नजदीकियाँ कभी भी ईरान को रास नहीं आई हैं, लेकिन पाकिस्तान तो पक्का बेशर्म मुल्क है, इसलिए वह सऊदी से नाता नहीं तोड़ता, न ही तोड़ने की मंशा रखता है। इसकी कुछ ठोस वजहें भी हैं। पहली, तो यह कि सऊदी में लाखों की तादाद में पाकिस्तान के मजदूर नौकरी करते हैं। अगर ये वापस पाकिस्तान भेज दिए जाएँ तो पाकिस्तान में हाहाकार मच जाएगा। दूसरा, पाकिस्तान को सऊदी से कच्चा लेत आराम से मिल जाता है। उसे कच्चा तेल वैसे तो ईरान, नाइजीरिया या किसी और देश से भी मिल सकता है, पर उसके नागरिकों को नौकरी और कोई देश नहीं दे सकता। इसलिए पाकिस्तान उसके साथ चिपका ही रहता है।

अवसर भारत के लिए

पाकिस्तान-ईरान के कटु संबंध अभी भारत के लिए अवसर भी है, ईरान से अपने संबंधों को मजबूती देने का। मोदी की यात्रा से पहले तेल और गैस मंत्री धर्मेंद्र प्रधान और फिर विदेश मंत्री सुषमा स्वराज भी ईरान गए थे। ईरान के राष्ट्रपति डॉ. हसन रूहानी के निमंत्रण पर हुई यात्रा में मोदी ईरान के सर्वोच्च नेता अयातुल्लाह अल खुमैनी से भी मिले थे। खुमैनी आमतौर पर किसी विदेशी राष्ट्राध्यक्ष से मिलते तक नहीं है, लेकिन वे मोदी से गर्मजोशी से मिले। तो मानकर ही चलिए कि ईरान भी भारत को अहमियत देता है। ईरान को यह भी पता है कि भारत में शिया मुसलमानों के साथ भेदभाव या कत्लेआम नहीं होता।

□

कब सुधरेंगे हमारे नगर निकाय?

मुंबई के पॉश परेल इलाके के कमला मिल कंपाउंड के एक बिल्डिंग के छत के ऊपर चलाई जा रही 'पब' या 'रात्रि दारूखाना और नाच घर' में लगी आग से मची तबाही ने 23 दिसंबर,1995 को मंडी डबवाली (हरियाणा) और 13 जून, 1997 को राजधानी दिल्ली के उपहार सिनेमाघर में लगी दिल-दलहानेवाले अग्निकांडों की डरावनी यादें ताजा कर दीं हैं। एक के बाद एक इस तरह के अग्निकांड हमारे यहाँ तो हर साल ही होते रहते हैं। पर हमें होश कहाँ आती है। हादसों के बाद रस्मी तौर पर जाँच बिठा दी जाती है और मृतकों के परिजनों तथा घायलों को कुछ सरकारी मदद दिलाने के बाद तो सबकुछ भुला ही दिया जाता है। इसी से मिलते-जुलते हादसे बाकी के देशों में भी होते रहते हैं। कुछ समय पहले अमेरिका के शहर कैलिफोर्निया में भी एक इमारत में 'रेव पार्टी' में आग लगने से कम-से-कम नौ लोगों की मौत हो गई थी। मेक्सिको और ब्राजील से भी इसी तरह के दु:खद हादसों के समाचार आते रहे हैं। कुछ वर्ष पहले चीन के शंघाई शहर में भी एक बड़े पंडालनुमा जगह में चलाए जा रहे एक नाइट क्लब में आग लगने से सैकड़ों यवयुवक-नवयुवतियाँ की दर्दनाक मौत हो गई थी। हमारे देश में तो हादसे थमने का नाम ही नहीं लेते।

नहीं बना नजीर

दिल्ली के दर्दनाक उपहार सिनेमा अग्निकांड से देश भर की सरकारों और नगर पालिकाओं/निगमों को सबक लेना चाहिए था, लेकिन इतना भयावह हादसा देश की राजधानी में जमी संवेदनहीन सियासी जमात और भ्रष्ट अफसरशाही का रवैया भी न सुधार सका, दूसरे शहरों की बात ही क्यों करें? मुंबई में हुई हालिया चौदह मौतों

की कहानी का अंजाम भी वही हो जाए तो आश्चर्य ही क्या होगा? यह हमारे देश में न पहली बार हुआ है, न आखिरी बार ही होगा। घोर निराशाजनक स्थिति है! कोई दूसरा देश होता तो इतनी मौतों के लिए संबंधित सरकारों और स्थानीय निकायों पर ही आपराधिक मुकदमा हो गया होता, करोड़ों का हर्जाना-जुर्माना अलग से। तख्तापलट हो जाना भी कोई खास बात नहीं होती! लेकिन, हमारे देश में सब बयान देकर ही बरी हो जाते हैं। उपहार कांड के बाद हर साल अखबारों में, न्यूज चैनलों पर दिल्ली की बहुमंजिला इमारतों में आग से निपटने के उपायों में लापरवाही पर लंबी-लंबी रिपोर्टें छपीं, दिन-दिन भर के प्रोग्राम भी टी.वी. चैनलों पर हुए, लेकिन किसी सरकारी विभाग के चाल, चरित्र में और काम-काज के ढर्रे में तो कोई फर्क नहीं नजर आया। उपहार सिनेमा के मालिक अंसल बंधु सुप्रीम कोर्ट तक जाकर आखिरकार राहत ले ही आए और हादसे में अपने दोनों बच्चे खो चुकीं नीलम कृष्णमूर्ति के हिस्से में लंबी लड़ाई हार जाने का दर्द भर ही तो बचा रहा। किसी को कोई फर्क नहीं पड़ता, सिवाय उन लोगों के, जिनकी दुनिया हमेशा के लिए वीरान हो जाती है। सरकारें नागरिकों से तगड़ा टैक्स लेती हैं, एमसीडी, बीएमसी की अरबों की आमदनी है, लेकिन आम शहरी की जान बचाने की जिम्मेदारी लेने के लिए कौन तैयार है?

मुंबई के हादसे के बहाने कम-से-कम 20 नवंबर, 2011 को दिल्ली के दिलशाद गार्डन में हुए अग्निकांड की ही याद कर लेते हैं। उस मनहूस दिन राजधानी में किन्नरों के एक आयोजन के दौरान सामुदायिक भवन में लगी आग में भी 14 लोगों की जानें चली गई थीं। मंडी डबवाली में डी.ए.वी. स्कूल में चल रहे सालाना आयोजन में 360 अभागे लोग, जिनमें देश के नौनिहाल स्कूली बच्चे ही अधिक थे, स्वाहा हो गए थे, हालाँकि कुछ लोगों का तो यहाँ तक दावा है कि मृतकों की तादाद साढ़े पाँच सौ से भी अधिक थी।

कैसे गई जानें

मंडी डबवाली से लेकर मुंबई के ताजा अग्निकांडों में कुछ बातें पहली नजर में एक जैसी सामने आईं। इन तीनों स्थानों में आग लगने के बाद मची भगदड़ से बहुत सी जानें गईं, चूँकि तीनों मनहूस जगहों में लोगों के लिए निकलने का रास्ता मात्र एक था, जिसके कारण अफरा-तफरी मच गई। उसके बाद जो कुछ हुआ, वो अब बताने की जरूरत नहीं है। मंडी डबवाली में यही हुआ था। स्कूली कार्यक्रम चल रहा था। शामियाने के नीचे बहुत बड़ी संख्या में स्कूली बच्चे, उनके अभिभावक और तमाम

दूसरे लोग बैठे थे। उनके वहाँ से निकलने का सिर्फ एक ही रास्ता था। शामियाने में शार्ट सर्किट के बाद आग लगी और उसने अपनी चपेट में सैकड़ों लोगों को ले लिया। स्वतंत्र भारत के इतिहास में किसी अग्निकांड में कभी इतने अधिक लोग नहीं मारे गए, जितने मंडी डबवाली में मारे गए थे। कमोबेश इसी तरह के हालातों से दो-चार हुए थे उपहार सिनेमाघर में 'बार्डर' फिल्म देख रहे तमाम लोग। उपहार में आग लगने के बाद उसके भीतर धुआँ उठने लगा। जब वे अभागे लोग निकलने की चेष्टा कर रहे थे, तब उन्होंने पाया कि सिनेमा घर के सभी दरवाजे बंद थे। वे लाख कोशिश करने के बाद भी खुल नहीं पा रहे थे। उसके बाद जो कुछ हुआ, उसने पत्थर दिल इनसानों की आँखों से भी आँसू निकलवा दिए। साँस घुटने से 59 अभागे लोगों को अपनी जान से हाथ धोना पड़ा।

पत्थर दिल इनसान

लेकिन मुंबई के हादसे के दौरान कुछ नई और डरावनी चीजें सामने आईं। जिनसे

साफ है कि समाज कितना संवेदनहीन हो रहा है। अब पता चल रहा है कि अगर वहाँ मौजूद लोगों पर शराब और सेल्फी का नशा सवार न होता तो लोगों को जल्दी निकालकर भीषण नुकसान से बचा जा सकता था। दिल्ली के दिल कनॉट प्लेस में आज भी करीब डेढ़-दो दर्जन पब चल रहे हैं। इनमें रोज और वीकएंड पर सैकड़ों लोग मौज-मस्ती के लिए पहुँचते हैं। इन पबों में कभी मुंबई जैसा हादसा नहीं होगा, इसकी गारंटी कौन ले सकता है। बड़ा सवाल यह है कि क्या इस तरह के हादसों के लिए सिर्फ प्रशासन को ही जिम्मेदार माना जाए? शायद नहीं? कम-से-कम पूरी तरह से तो किसी भी हालात में नहीं। अगर उपहार की बात छोड़ भी दी जाए तो मुंबई और मंडी डबवाली अग्निकांडों के लिए कहीं-न-कहीं वे तमाम लोग भी दोषी हैं, जो वहाँ पर चल रहे पब और स्कूल के कार्यक्रम को आयोजित कर रहे थे। मंडी डबवाली में लगे शामियाने में एकत्र लोगों के लिए बाहर निकलने का सिर्फ एक ही रास्ता था। क्या आयोजकों को मालूम नहीं था कि अगर कोई हादसा हुआ तो लोग निकलेंगे कैसे? सिर्फ एक ही रास्ता होगा तो फिर हादसे की हालत में धक्का-मुक्की तो होगी ही।

कुछेक माह पहले राजधानी के एक पॉश इलाके की एक आवासीय इमारत के कुछ फ्लैटों में किसी कारण से आग लग गई। फायर ब्रिगेड को सूचित किया गया। फायर ब्रिगेड की गाड़ियाँ आईं तो उन्हें सोसायटी के भीतर प्रवेश करने के लिए लोहे के चने चबाने पड़ गए, क्योंकि सोसायटी के दो में से एक गेट को वहाँ के मैनेजमेंट ने इसलिए बंद कर दिया था, क्योंकि उस तरफ एक मंदिर का निर्माण किया गया था। दूसरे गेट पर पचास से अधिक कारें खड़ीं थीं। उन्हें वहाँ से हटाना इसलिए मुश्किल हो रहा था, क्योंकि कइयों के स्वामी उस वक्त घरों में ही नहीं थे। अब आप ही बताइए कि इन स्थितियों के लिए प्रशासन को कैसे दोषी माना जाए। आपको याद होगा कि उपहार कांड के दौरान भी फायर ब्रिग्रेड के वाहन वक्त पर इसलिए नहीं पहुँच पाए थे, क्योंकि उस वक्त उस रास्ते पर भारी जाम लगा हुआ था। जाहिर है, वाहनों को घटना स्थल पर पहुँचने में ही खासा विलंब हो गया। इस कारण वक्त पर मदद न मिलने से बहुत सी जानें चली गईं।

मुंबई हादसे के बाद तो कम-से-कम हमारी आँखें खुल जानी चाहिए। आखिर हम कब तक चिर निंदा में सोते रहेंगे और आम नागरिक जान खोते रहेंगे। क्या देश आज भी यह सुनिश्चित नहीं कर सकता है कि अब उपहार और मुंबई के पब में हुए हादसों की पुनरावृत्ति नहीं होगी।

□

फौजी क्यों दे रहा है अपनी जान

भारतीय सेना के शौर्य पर सारा देश गर्व करता रहा है। चाहे युद्ध हो या फिर कोई प्राकृतिक आपदा, सेना ने अपने दायित्वों का बखूबी निर्वाह किया है, लेकिन सैनिकों में बढ़ता तनाव अब सारे देश के लिए चिंता का विषय है। फौजी आत्महत्याएँ कर रहे हैं। ये आपस में ही एक-दूसरे की जीवन लीला भी समाप्त करने लगे हैं। ये क्या हो रहा है? अगर बात सिर्फ 2014 से अब तक की हो तो 330 सैनिकों ने खुदकुशी कर ली है। एक दर्जन मामले वे भी सामने आए, जब किसी सैनिक ने अपने साथी या साथियों को गोलियों से भून डाला।

साल 2014 में दक्षिण कश्मीर के अनंतनाग जिले में एक जवान ने अपने ही चार साथियों की गोली मारकर हत्या कर दी थी। मारे गए फौजियों में एक जेसीओ (सूबेदार मेजर) और तीन जवान थे। दरअसल उस भयावह घटना का कारण ड्यूटी को लेकर इनमें हुई झड़प को बताया गया था।

काँटों भरी जिंदगी

निश्चित रूप से फौजी का जीवन बेहद कठोर और काँटों भरा होता है। सेना की नौकरी में लंबे समय तक घर-परिवार से दूर रहकर काम करने के कारण तनाव के हालात पैदा हो रहे हैं। पर इस समस्या का हल खोजने की किस स्तर पर कोशिशें हुईं? क्या जवानों को 'तनाव प्रबंधन' विषय विशेषज्ञों के विचार सुनाए जाते हैं। कहनेवाले कहते हैं कि देश के प्रहरी आध्यात्मिक जीवनशैली अपनाकर अपनी शारीरिक-मानसिक क्षमताओं का विकास कर सकते हैं। वे तनाव से मुक्ति पा सकते हैं। कुछ कोशिशें तो हो रही हैं सैनिकों को तनाव से मुक्ति दिलवाने के लिहाज से, पर लगता है कि अब भी इस लिहाज से व्यापक कदम उठाने की जरूरत है। फौजियों को

बताए जाने की आवश्यकता है कि तनाव एक धीमा जहर है, जो व्यक्ति के व्यवहार में हताशा, निराशा, चिंता, क्षोभ के रूप में दिखाई देता है। यह एक बहुत बड़ी समस्या है, जो केवल जिम्मेदारियों के बढ़ने से नहीं, जीवन के प्रति हमारी अज्ञानता और उपेक्षा से जुड़ी है। अध्यात्म के मार्ग पर चलकर जवान तनाव से बच सकते हैं। बेहतर होगा कि सीमा पर तैनात जवानों को ध्यान, योगनिद्रा, संगीत, उपासना-प्रार्थना, स्वाध्याय के महत्त्व को समझाया जाए।

330 ने की आत्महत्या

बेशक अपने को विश्व शक्ति होने का दावा करनेवाले देश को शोभा नहीं देता कि वहाँ का रक्षा क्षेत्र इतने संकट में हो। इस बीच, खुदकुशी को लेकर एक राय ये भी है कि यह एक तरह की मानसिकता होती है। कुछ लोग विपरीत परिस्थितियों में रहने के बाद भी नहीं टूटते। कुछ कठोर हालातों का सामना नहीं कर पाते और आतमहत्याएँ कर लेते हैं। ताजा मीडिया रिपोर्टों के अनुसार, 2014 से लेकर अब तक 330 सैनिकों ने आत्म हत्याएँ की। इन सभी के कारणों की गहनता से अध्ययन करना चाहिए। भारतीय सेना के पास संसाधनों की कोई कमी नहीं है। उसे उन कारणों का पता अवश्य लगाना होगा, ताकि सेना के जवान खुदकुशी न करें और अपने साथियों की ही जान के प्यासे न हो जाएँ। खुदकुशी करनेवाले फौजी कौन हैं? क्या ये वे हैं, जो सीमावर्ती इलाकों में देश विरोधी तत्त्वों से लोहा ले रहे हैं? क्या सैनिकों के ऊपर काम का बोझ बहुत अधिक है? क्या उन्हें समय पर घर जाने के लिए अवकाश मिलने में कठिनाई होती है? वजहें तो हैं, जिसके कारण फौजी इतने बड़े फैसले ले लेते हैं? एक कारण तो साफ है कि अपने घर से सैकड़ों-हजारों मील दूर जाकर नौकरी करने के चलते पारिवारिक स्तर पर कठिनाइयाँ तो आती होंगी। जाहिर सी बात है कि परिवार के किसी सदस्य की बीमारी-लाचारी के दौरान ये सैनिक परेशान हो जाते होंगे, पर दूरी के कारण कुछ भी करने की स्थिति में नहीं होते होंगे? लेकिन क्या सेना में भर्ती होने से पहले उन्हें मालूम नहीं होता कि उन्हें अपने घर के आसपास की पोस्टिंग नहीं मिल सकती है। अगर कभी मिले तो ये संयोग ही है। उन्हें ये भी जानना-समझना होगा कि सिर्फ सैनिक ही घर से दूर रहकर नौकरी नहीं कर रहे। कई दूसरे लोग तो विदेशों में जाकर भी नौकरी करते हैं विपरीत हालातों में।

अमेरिका के हालात

ये भी बताना जरूरी है कि सैनिकों द्वारा की जानेवाली आत्महत्याओं के मामले में सिर्फ भारत का ही नाम नहीं आता। अमेरिका में भी सैनिक आत्महत्याएँ करते हैं। इराक की जंग से पहले औसत हर साल एक लाख में 12 अमेरिकी सैनिक आत्महत्याएँ कर रहे थे, हालाँकि इराक के साथ सन् 2004 में हुई जंग के पश्चात् खुदकुशी करनेवाले अमेरिकी सैनिकों का आँकड़ा बढ़ गया। ये अगले पाँच सालों में दो गुना हो गया। अमेरिका में सेना से रिटायर हो गए अफसर भी खुदकुशी कर रहे हैं। भारत में इस तरह की कतई स्थिति नहीं है। भारत में रिटायर हो चुके फौजी खुदकुशी नहीं करते। अगर बात ब्रिटेन की करें तो वहाँ पर हर दो हफ्ते में एक सैनिक अपनी जीवनलीला को समाप्त कर रहा है। बाकी देशों में भी कमोबेश यही हालात होंगे।

छोटी उम्र में नौकरी

पर मेरे अपने अध्ययन से सैनिकों के आत्महत्या के कारणों के कुछ अहम निष्कर्ष सामने आ रहे हैं। उदाहरण के रूप में फौजी बहुत छोटी उम्र में सेना की नौकरी में चला जाता है। उस समय वो 20–21 साल का होता है, तब तक उसके माता–पिता परिवार को देख रहे होते हैं। इसलिए शुरुआती सालों में तो उसे घर की कोई चिंता नहीं रहती, पर वक्त गुजरने के साथ उसकी पारिवारिक संपत्ति के बँटवारे जैसे मामले उसकी गैर–मौजदूगी में तय होने लगते हैं। इसके चलते वे बहुत तनाव में रहने लगते हैं। ये तनाव ही उनकी मौत का कारण बनता है। यहाँ पर एक बिंदु को रखना चाहता हूँ कि सेना में अफसर तो कभी–कभार ही खुदकुशी करते हैं। अधिकतर खुदखुशी करनेवाले मामले फौजियों से जुड़े रहते हैं। एक और पक्ष की तरफ ध्यान नहीं जाता। होता ये है कि फौजी की जब शादी होती है, तब उसकी उम्र बीसेक साल होती है। पाँच–छह साल सेना की नौकरी करने के बाद उसकी शादी होती तो उसके लिए अपने को एडजेस्ट करना कठिन हो जाता है। शादी से पहले तो उसके माता–पिता ने घर को सँभाला होता है। शादी के बाद उसका भी अपना परिवार बन जाता है। उसे पत्नी को देखना होता है। पत्नी की भी उससे अपेक्षाएँ रहती हैं कि वह उसके साथ कुछ खास मौकों पर रहे। ग्रामीण पृष्ठभूमि से आनेवाले फौजियों को इस स्थिति से खासतौर पर दो–चार होना पड़ता है। फौजी जब बीच–बीच में घर जाने के लिए छुट्टी माँगता है और उसकी छुट्टी की अर्जी किसी कारणवश खारिज हो जाती है तो वो बागी हो जाता है। वो अपनी बंदूक से अपने साथी का कत्ल करने से भी नहीं चूकता। दरअसल सीमावर्ती इलाकों में और जहाँ सेना देश विरोधी तत्त्वों से लोहा ले रही होती है, वहाँ पर सैनिकों का दिल बहलाने का कोई साधन नहीं होता। कोई मनोरंजन का जरिया नहीं होता। जरा सोचिए उन सैनिकों के बारे में। रूह काँप जाती है। उत्तर प्रदेश का रहनेवाला कोई फौजी जब मणिपुर के सुदूर भाग में अपने घर से कोई अप्रिय खबर पाता है तो वो कितना विचलित हो जाता होगा। जरा सोचिए उस पर क्या गुजरती होगी, जब वो उसे छुट्टी नहीं मिलती। सरकार और फौज को फौजियों में खुदकुशी और आपस में ही खून बहाने के बढ़ते मामलों के कारणों और उनके हल तलाशने ही होंगे।

□

कौन है असली हत्यारा गरीब सफाईकर्मियों का

स्वच्छ भारत अभियान जोरों पर है। होना भी चाहिए! देश भर में युद्धस्तर पर शौचालय बन रहे हैं। सरकारी कर्मचारियों की ड्यूटी लगी है और वे गाँव-गाँव घूम-घूमकर खुले में शौच करनेवालों को खदेड़ते नजर आ रहे हैं! और दूसरी ओर देश के छोटे-बड़े शहरों में सीवरों और सेप्टिक टैंकों की सफाई करनेवाले सफाई योद्धाओं की मौत के मामले बंद होने का नाम ही नहीं ले रहे हैं। असलियत तो यह है कि अब ये हादसे पहले से कहीं अधिक होने लगे हैं। हाल के दौर में इन अभागों के कुछ चित्र मीडिया में भी आने लगे हैं कि किन कठोर हालातों में सफाईकर्मी गंदे-कीचड़ से सने सीवर के भीतर से निकल रहे हैं या इनके शव निकाले जा रहे हैं। ये सारे नजारे भयावह लगते हैं। निराश कर जाते हैं और सोचने पर मजबूर कर देते हैं कि हमारे इस महान् देश में आजादी के 70 साल बाद भी हमारे देश का कोई इनसान अपना और अपने परिवार का पेट पालने के लिए कितने समझौते करने के लिए मजबूर होता रहता है।

सफाई कर्मियों के मारे जाने की घटनाओं के बढ़ने का सीधा अर्थ यह है कि हालात अन्य शहरों और सभी राज्यों में भी बदतर हो रहे हैं। राजधानी दिल्ली के पॉश घिटोरनी क्षेत्र में सीवर की सफाई के दौरान दो कर्मियों की मौत की घटना को अभी माह भर भी नहीं हुआ था कि यह खबर आ गई कि गुरुग्राम में सीवर की सफाई के दौरान दम घुटने के कारण 3 सफाई कर्मचारियों की मौत हो गई है। हो यह रहा है कि चूँकि ये किस्मत के मारे अधिकतर सफाईकर्मी देश भर में निजी ठेकेदारों के माध्यम से ही उन्हीं के लिए काम करते हैं, जो सामान्यत: किसी श्रम कानून का पालन ही नहीं

करते और इनके मुआवजे वगैरह को लेकर कभी गंभीर ही नहीं होते। कुछेक मामलों में इनके सगे-संबंधी के बारे में भी किसी को कोई पुख्ता जानकारी तक नहीं होती या होती भी है तो छुपा ली जाती है।

कोई रोने वाला भी नहीं

एक बेगुनाह गरीब की जिंदगी चली जाती है और कोई उनकी मौत पर रोनेवाला भी नहीं होता। इन मौतों के बाद मामले को रफा-दफा करने का सिलसिला भी तुरंत ही चल पड़ता है। तमाम तरह के तर्क-कुतर्क आने लगते हैं। इसकी एक बानगी पेश है। एक हालिया मामले के बाद दिल्ली जल बोर्ड के एक अधिकारी ने बाकायदा बयान देकर कहा, "हमने सीवर लाइन की सफाई के लिए कोई अनुबंध ही जारी नहीं किया था और न ही वहाँ आस-पास कोई ठेकेदार ही काम कर रहा था। हम जाँच कर रहे हैं कि कैसे बिना अनुमति के इन लोगों ने पिट में प्रवेश किया?" इसे गैर-जिम्मेदाराना ढिठाई की हद नहीं तो और क्या कहेंगे? इसे कहते हैं, 'चोरी तो चोरी, ऊपर से सीनाजोरी।' जरा उस अफसर को सीवर की पिट में डालकर चौबीस घंटे छोड़ दीजिए, फिर पूछिए कि वे क्या कहते हैं? ऐसे अफसरों पर हत्या का मुकदमा दर्ज कर सीवर में ही डाल देना चाहिए। ये कमीशनखोर और निकम्मे अधिकारी इसी के लायक हैं और अब चूँकि मामला किसी बेसहारा गरीब की मौत से जुड़ा है, तो उसे खत्म करना भी इन चोरों के लिए कोई कठिन काम नहीं है। दुर्भाग्य से हमारी व्यवस्था ही कुछ इस तरह की बन गई है कि गरीब की मौत को 'मौत' माना ही नहीं जाता। उसे सामान्य घटना स्वीकार कर लिया जाता है। यही सबसे बड़ा दुर्भाग्य है हमारे सभ्य समाज का!

सीवर लील गए जिंदगियाँ

अब कुछ आँकड़ें भी लगे हाथ देख ही लेते हैं। सीवर और सेप्टिक टैंकों की सफाई के दौरान सफाई कर्मचारियों की मौत की हालिया घटनाओं की पृष्ठभूमि में सफाई कर्मचारी आंदोलन (एस.के.ए.) ने अपने एक अध्ययन रिपोर्ट में खुलासा किया है कि बीते पाँच वर्षों में सफाई करते हुए 1470 सफाईकर्मियों को अपनी जान गँवानी पड़ी है। यह आँकड़ा वास्तव में दिल-दहलानेवाला है। इतने निरीह लोगों की मौत पर समाज चुप क्यों रहा? कहाँ गुम हो गए गुजरात के दंगों पर लगातार सोलह वर्ष चिल्लानेवाले? कहाँ गए मानवाधिकारों की दुहाई देनेवाले? अदालतों में पी.आई.

एल. फाइल करनेवाले? क्या शर्म भी नहीं आती इन्हें?

उपलब्ध डेटा के अनुसार इसी 2017 साल में अप्रैल से जुलाई के बीच पूरे देश में 54 सफाईकर्मियों की मौतें रिकॉर्ड की गई। मौतें तो हुई होंगी कहीं ज्यादा! लेकिन गरीबों की रिपोर्ट लिखकर पुलिस अपना वक्त और सरकारी कागज क्यों बर्बाद करे भला? कुछ पैसे ठेकेदार से गरीबों को दिलवा दिए और उससे दस-बीस गुना ठेकेदार से खुद खा लिया और मामला हो गया रफा-दफा! और सिर्फ दिल्ली में ही पाँच वर्षों के भीतर 74 सफाईकर्मियों की मौत सीवर और सेप्टिक टैंकों की सफाई के दौरान हो गई! सवाल पूछा जाएगा कि इतने सफाईकर्मियों की मौतों के लिए दोषी आखिरकार किसे माना जाए? किस पर कार्रवाई हो? क्या आज तक सीवर और सेप्टिक टैंकों में हुई मौतों के लिए किसी को भी जेल भेजा गया? सजा दिलवाई गई? किसी भी दोषी सरकारी अफसर को नौकरी से निकाला गया? इन सभी सवालों के उत्तर आपको नकारात्मक ही मिलेंगे। सारा मामला संबंधित विभागों की उदासीनता और उनके

भ्रष्टाचार और मिलीभगत से जुड़ा हुआ है। हर जगह काहिली और घोर अव्यवस्था और अराजकता फैली हुई है। स्थितियों को सुधारने की दिशा में कोई पहल होती दिखाई भी नहीं दे रही है!

उठा लो कोई कदम

सवाल यह भी कि अभी तक दम घुटने से हो रही मौतों को रोकने के लिए कोई ठोस कदम क्यों नहीं उठाए जाए रहे? निश्चित रूप से बड़ी ही दुर्भाग्यपूर्ण स्थिति है कि राजधानी दिल्ली में ही पाँच साल के भीतर 74 सफाईकर्मियों को जान गँवानी पड़ी और कहीं कोई प्रतिक्रिया तक नहीं हुई। किसी टी.वी. चैनल ने अपने प्राइम टाइम पर इस मसले को उठाना जरूरी नहीं समझा। इंडिया गेट पर किसी ने मोमबत्ती ब्रिगेड ने परेड नहीं की। कहने की आवशयकता नहीं है कि सफाई कर्मी समाज के अंतिम पाएदान पर खड़ा वही कमजोर इनसान है, जिसकी चर्चा महात्मा गांधी ने भी की थी। आज जिस पंडित दीनदयाल उपाध्याय की जन्म शताब्दी वर्ष को भारत सरकार 'गरीब कल्याण वर्ष' के रूप में मना रही है, उन पंडित दीनदयाल उपाध्याय के 'एकात्म मानववाद दर्शन' के मूल में भी वही गरीब खड़ा है, लेकिन उन गरीबों के हितों और पुनर्वास को लेकर सरकारें उदासीन क्यों हैं? क्या राजनीतिक इच्छाशक्ति की कमी है? या अफसरशाही अभी भी सरकार पर हावी बनी हुई है?

निजीकरण ने तो पहले से ही निरीह सफाईकर्मियों की कमर तोड़कर रख दी है। सरकारी आँकड़ों के मुताबिक बीस साल पहले दिल्ली जल बोर्ड में 8 हजार स्थायी सीवर सफाई कर्मी थे। अब इनकी संख्या घटकर मात्र 2,200 ही रह गई है। दिल्ली की आबादी रोज बढ़ रही है, कॉलोनियाँ बढ़ती चली जा रही हैं, सीवरों पर बोझ बढ़ता जा रहा है और सीवर सफाईकर्मी घटते ही चले जा रहे हैं! काम पहले की अपेक्षा कई गुना बढ़ गया है। अब ठेकेदार कहीं से भी किसी भी अनुभवहीन भूखे बेरोजगार गरीब को सड़क से उठाकर सफाई कर्मियों के नाम पर पकड़ लाते हैं, सीवर और सेप्टिक टैंकों की सफाई के लिए उतार देते हैं। इन्हें इनकी सुरक्षा के लिए आवश्यक उपकरण तक भी मिलते नहीं है। इसलिए ये सीवर में घुसते ही साँस घुटने से मरने लगते हैं।

अब तो इन संबंधित विभागों को गरीब सफाई कर्मियों के जीवन से खिलवाड़ बंद करनी ही होगी। इनकी मौत पर परदा डालना छोड़ना होगा। इन्हें इनके वाजिब हक देने होंगे। इन्हें निजी या सरकारी क्षेत्र की जो भी एजेंसियाँ सीवर या सेप्टिक टैंकों की सफाई के लिए रखती है, उन्हें सुनिश्चित करना होगा कि ये इस जानलेवा काम के

लिए प्रशिक्षित हैं और सीवर के भीतर सुरक्षा उपकरणों के साथ ही भेजे जाएँ। इसके साथ ही इनके कठोर काम को देखते हुए अतिरिक्त भत्ते और सुविधाएँ भी मिलें। श्रम मंत्रालय को चाहिए कि सीवर में घुसकर काम करनेवाले सफाईकर्मियों के लिए तत्काल एक सेफ्टी कोड भी लागू करने की आवश्यकता है।

चलें यूरोप के रास्ते

याद रखिए कि सीवर सफाई का काम यूरोप और दूसरे विकसित देशों में भी तो होता ही है, लेकिन वहाँ पर सफाईकर्मी मरते तो नहीं हैं न? वजह यह है कि वहाँ पर उन्हें आधुनिक यंत्र उपलब्ध करवाए जाते हैं। सही ढंग से प्रशिक्षित किया जाता है! इसलिए वहाँ के सफाई कर्मी सुरक्षित रहते हैं। हमारे यहाँ सफाईकर्मी को मरने के लिए सीवर में भेज दिया जाता है। इनके मरने से सरकारों की सेहत पर कोई असर नहीं पड़ता। इनके मरने पर ये ट्वीट या दो लाइनों का शोक संदेश दे देते हैं। सीवर सफाईकर्मियों की सुरक्षा के संदर्भ में दिए एक फैसले में बॉम्बे हाई कोर्ट ने वर्ष 1996 में सीवरों में काम करनेवाले सफाईकर्मियों को प्राथमिक सुरक्षा उपकरणों जैसे मास्क, बेल्ट आदि उपलब्ध करवाने संबंधी फैसला दिया था। क्या उस फैसले पर अमल हो रहा है? कतई नहीं?

मध्य प्रदेश में भी इसी साल के शुरू में सीवर लाइन में उतरने से दो कर्मियों की मौत हो गई थी। उनकी मौतों पर संज्ञान लेते हुए राज्य मानवाधिकार आयोग ने उनके परिजनों को 10-10 लाख रुपए हरजाना देने की सिफारिश नगरीय एवं प्रशासन विभाग से की थी। आयोग का कहना था कि सफाई कर्मचारियों को सीवेज में उतारने से पहले उन्हें निजी सेफ्टी उपकरण उपलब्ध कराए जाने चाहिए थे। सफाई कर्मियों को सुरक्षा उपकरण उपलब्ध कराए बिना ही सीवेज लाइन में उतार दिया गया था। विभिन्न गैसों के प्रभाव में आने से उनकी दम घुटने से मौत हो गई। दरअसल यही हो भी रहा है। इन अभागे कर्मियों को बिना किसी सुरक्षा उपकरण के सीवर में सफाई के लिए भेज दिया जाता है। और मरने के बाद एक जाँच कमेटी गठित करने की खानापूरी हो जाती है। इनके साथ इतना कठोर व्यवहार इसलिए ही हो रहा है; क्योंकि इनकी कोई आवाज नहीं है। अगर आवाज होती तो इन सफाई कर्मियों को यूँ ही नहीं मरना पड़ता। □

योगी चले लाने निवेश

उत्तर प्रदेश के मुख्यमंत्री योगी आदित्यनाथ ने विगत सप्ताह देश की आर्थिक राजधानी मुंबई में प्रमुख उद्योगपतियों को अपने राज्य में निवेश करने का न्योता देने गए। वे उन्हें लखनऊ या दिल्ली बुला भी सकते थे, पर मुंबई जाकर निवेश के प्रति अपनी गंभीरता का इजहार कर अच्छा ही किया। उन्होंने यू.पी. इंवेस्टर्स समिट 2018 के लिए साल 2018 के फरवरी में लखनऊ में होनेवाले बिजनेस समिट के लिए 'लोगो' भी यहीं से लॉन्च किया।

देखा जाए तो योगी जी उसी दिशा में चल पड़े हैं, जिस पर हरेक मुख्यमंत्री और सरकार को चलना ही चाहिए। कोई भी प्रदेश निजी क्षेत्र के निवेश के बिना चौतरफा विकास कर ही नहीं सकता। आपको देसी-विदेश निवेश तो आकर्षित करना ही होगा। इसी क्रम में आपको अपने राज्य में निवेश का अनुकूल वातावरण भी बनाना होगा, ताकि प्राइवेट सेक्टर का निवेश भी खुलकर आए। ये अपने आपमें सुखद है कि अब अधिकतर राज्य अपने यहाँ निवेश लाने के लिए तगड़ी पहल कर रहे हैं। इनमें एक तरह से स्वस्थ प्रतिस्पर्धा भी है। इसका निश्चित तौर पर स्वागत तो होना ही चाहिए।

जाहिर सी बात है कि जो राज्य जितने ठोस कदम उठाएँगे निवेश को खींचने के लिए, उन्हें उतना ही प्रत्यक्ष विदेशी निवेश (एफ.डी.आई.) और देश के अंदर से ही प्राइवेट सेक्टर का निवेश भी मिलेगा। यूँ तो आंध्र प्रदेश और तेलंगाना के मुख्यमंत्री चंद्रबाबू नायडू और के. चंद्रशेखर राव आपस में अकसर लड़ते-झगड़ते रहते हैं, पर इन दोनों में एक अद्भुत समानता भी है। ये दोनों अपने-अपने प्रदेश में निवेश लाने के लिए लगातार प्रयासरत रहते हैं। ये अकसर विदेश यात्राएँ भी करते रहते हैं, निवेशकों से मिलने के लिए। इसका इन दोनों को लाभ भी मिला है। निवेश के स्तर पर इनके बीच एक स्वस्थ प्रतिस्पर्धा भी चल रही है।

उदाहरण महाराष्ट्र-गुजरात का

महाराष्ट्र और गुजरात तो परंपरागत रूप से देश के दो ऐसे राज्य हैं, जहाँ पर निवेश का वातावरण शुरू से ही रहा है। दरअसल भारत की औद्योगिक और आर्थिक प्रगति का रास्ता इन दोनों ही राज्यों से होकर गुजरता है। अगर गुजरात की बात करें तो इसकी उत्तरी-पश्चिमी सीमा पाकिस्तान से लगी है। गुजरात का क्षेत्रफल 1,96,024 वर्ग किलोमीटर है। और अगर बात महाराष्ट्र की हो तो, देश की आजादी के बाद मध्य भारत के सभी मराठी भाषी स्थानों का विलय करके एक राज्य बनाने को लेकर बड़ा आंदोलन चला और 1 मई, 1960 को कोंकण, मराठवाडा, पश्चिमी महाराष्ट्र, दक्षिण महाराष्ट्र, उत्तर महाराष्ट्र तथा विदर्भ के सभी संभागों को जोड़ कर महाराष्ट्र राज्य की स्थापना की गई, लेकिन महाराष्ट्र और गुजरात में परस्पर मैत्री और सहयोग का वातावरण सदैव बना रहा। गुजराती और मराठी समाज में तालमेल के मूल में बड़ी वजह यह रही कि इन दोनों में अहंकार या ईगो का भाव कभी नहीं होता है। ये दोनों ही मानकर चलते हैं कि व्यापारी की 'मूँछें' (इगो) नहीं होतीं। धंधा करने चले हो तो अपनी इगो घर में छोड़कर ही बाहर निकलो। शायद इसीलिए दोनों ने एक-दूसरे के पर्वों को भी आत्मसात् कर लिया है। गुजराती आज गणेशोत्सव को उसी धूमधाम और उत्साह से मनाते हैं, जैसे मराठी नवरात्रि में आनंद और उत्साहपूर्वक गरबा नृत्य के साथ नवरात्र मनाते हैं। इसलिए दो राज्यों के बनने के बाद भी इन दोनों समाजों और राज्यों में कभी दूरियाँ पैदा नहीं हुईं। मुंबई के गुजराती भाषियों ने इस महानगर को अपनी कुशल उद्यमितापूर्ण क्षमताओं से सदैव समृद्ध किया। वे 1960 से पहले की तरह से ही मुंबई में अपने कारोबार को आगे बढ़ाते रहे। मुंबई के अनाज, कपड़ा, पेपर और मेटल बाजार में गुजराती छाए हुए हैं। हीरे के 90 फीसदी कारोबारी गुजराती हैं। और मुंबई स्टॉक एक्सचेंज की आप गुजरातियों के बगैर कल्पना भी नहीं कर सकते। आप मुंबई में मराठियों और गुजरातियों को आप अलग करके नहीं देख सकते। दोनों मुंबई की प्राण और आत्मा हैं। मुंबई यानी देश की वित्तीय राजधानी। इसी मुंबई में धीरूभाई के बाद हिंदूजा बंधु, गौतम अडानी, अजीम प्रेमजी, रतन टाटा, आदी गोदरेज, समीर सोमाया जैसे अंतरराष्ट्रीय स्तर पर कारोबारी दुनिया में जगह बनानेवाले अनेक गुजराती आए और आगे बढ़े। इन दोनों राज्यों के आपसी संबंधों से सबको सबक तो लेना ही होगा।

इस बीच, भारत सरकार का डिपार्टमेंट ऑफ इंडस्ट्रियल पॉलिसी एंड प्रमोशन (डी.आई.पी.पी.) हर साल एक सूची जारी करने लगा है, जो यह बताता है कि

देश के कौन से राज्य बिजनेस करने के लिहाज से उत्तम हैं। इस पूरी कवायद के पीछे एकमात्र लक्ष्य, राज्यों के बीच निवेश और विकास को लेकर एक स्वस्थ प्रतिस्पर्धा को बढ़ावा देना है। इस सूची में वे ही राज्य आगे निकल रहे हैं, जहाँ पर औद्योगिक उपयोग के लिए जमीन की उपलब्धता है, म्युनिसिपिलिटी कार्यालय में लैंड रिकॉर्डस का कंप्यूटरीकरण हो चुका है, डिस्ट्रिक्ट कोर्ट में कमर्शियल विवाद के लिए ई-फाइलिंग की व्यवस्था है, कानून व्यवस्था की स्थिति ठीक है, वगैरह-वगैरह।

लेकिन, उद्यमी की सबसे बड़ी चिंता राज्य में कानून व्यवस्था और भ्रष्टाचार को लेकर है। यह दुर्भाग्य रहा उत्तर प्रदेश का कि कल्याण सिंह के मुख्यमंत्रित्व काल के बाद गुंडागर्दी आमबात हो गई और सरकारी अफसरों तथा सरकारी पार्टियों के नेताओं द्वारा लूट की राशि बढ़ती ही गई। "उत्तम प्रदेश" को " उलटा प्रदेश" बनाकर रख दिया विगत दो दशकों के शासकों ने। ऐसा भी नहीं है कि निवेशकों के बजट में 'चंदा' और 'सुविधा शुल्क' का प्रावधान नहीं होता। जरूर होता है, लेकिन दाल में नमक के बराबर! असीमित नहीं। अब कोई दाल से ज्यादा नमक ही माँगने लगे तो क्या अंजाम होगा? उत्तर प्रदेश भुगत रहा है, सबके आँखों के सामने है यह!

देनी होंगी सुविधाएँ

उत्तर प्रदेश में निवेश की संभावनाओं पर गौर करें तो इतना स्पष्ट है कि अगर प्रदेश सरकार निवेश करने की उत्सुक कंपनियों को तुरंत भूमि का अधिग्रहण करने में मदद करेगी, पर्यावरण अनुमति दिलवाने में विलंब नहीं करेगी, श्रम कानूनों का भ्रष्टाचार रहित अनुपालन होगा, इंफ्रास्ट्रक्चर संबंधी बिजली, पानी, सड़क और कुशल कामगारों की मूलभूत आवश्यकताओं की पूर्ति की जाएगी और कर प्रणाली की प्रक्रिया को सरल किया जाएगा तो राज्य में मोटा निवेश आने लगेगा। ये कारक तो सभी राज्यों पर लागू होते हैं।

एक बात तो समझ ही लेनी चाहिए कि हरेक कारोबारी का लक्ष्य अधिक-से-अधिक मुनाफा कमाना ही होता है। मारवाड़ियों में एक कहावत प्रचलित है। 'यदि दो अठन्नी को तीन नहीं बनाया तो धंधा क्या खाक किया।' खैर, अब मोदीजी के राज में दो की तीन अठन्नी तो बनने से रही। फिर भी निवेशक जिधर अधिक मुनाफा मिलेगा, उधर का ही रुख कर लेंगे। अधिक लाभ के लिए भारतीय कंपनियाँ हों या विदेशी सभी यही करने लगी हैं। मैं पिछले सप्ताह राँची में आयोजित 'झारखंड ऊर्जा संवाद' की अध्यक्षता करने गया। वहाँ मुझे हरियाणा के फरीदाबाद के एक बड़े उद्योगपति मिले। वे राँची में दस हजार आदिवासियों को (मुख्यत: महिलाओं) को झारखंड में अपनी गारमेंट्स एक्सपोर्ट्स की फैक्ट्री लगाकर रोजगार देना चाहते हैं। मैंनें पूछा कैसे आए? उन्होंने कहा कि सोशल मीडिया पर देखा कि आप राँची में किसी सम्मेलन की अध्यक्षता करनेवाले हैं, जिसका उद्घाटन झारखंड के मुख्यमंत्री रघुवर दासजी करेंगे तो सोचा कि चला चलूँ। कुछ ज्ञानवर्धन भी होगा और मौका मिला तो मुख्यमंत्रीजी के दर्शन भी हो जाएँगे। ऐसे तो भेंट होना टेढ़ी खीर है। खैर, उनकी मुख्यमंत्रीजी से

मुलाकात भी हो गई और उन्होंने तत्काल उपस्थित अधिकारियों को नियमानुसार समस्त सुविधाएँ प्रदान करने का आदेश भी दे दिया। आखिरकार दस हजार बेरोजगारों के नियोजन की बात थी? क्यूँ न कोई भी मुख्यमंत्री दिलचस्पी लेगा? आपको यह जानकर हैरानी होगी कि भारतीय कंपनियाँ अमेरिका में लाखों लोगों को रोजगार दे रही हैं। टाटा, महिंद्रा, गोयनका, बिड़ला, जिंदल जैसी सैकड़ों भारतीय कंपनियों का देश से बाहर अरबों रुपए का निवेश हो चुका है। अगर ये भारतीय कंपनियाँ देश में ही निवेश करतीं तो यह देश हित में रहता। देश का पैसा देश में ही खर्च होता। देश समृद्ध होता, लेकिन लूट-खसोट, गुंडागर्दी और दादागिरी के चक्कर में सत्तर साल तो बर्बाद हो गए। अब तो सुधर जाएँ? यह तो तब ही संभव होगा, जब हम अपने यहाँ निवेश का माहौल बनाएँ।

हाले-ए-बिहार

बिहार में पैदा हुआ, पला-बढ़ा। अत: कुछ बातें बिहार की भी करना चाहूँगा। बिहार में सत्तर के दशक में डॉ. जगन्नाथ मिश्र के मुख्यमंत्रित्व में राज्य के विभिन्न क्षेत्रों में औद्योगिक विकास के लिए पाँच औधोगिक विकास प्राधिकरण बने थे। ये पटना, मुजफ्फरपुर, बोकारो, राँची और आदित्यपुर (जमशेदपुर) में बनाई गई थीं। इनमें से तीन तो झारखंड में चली गईं। बिहार की दो अथॉरिटी पटना और मुजफ्फरपुर भी बंद प्राय हो गईं हैं। इसलिए निवेशक भी भाग गए। अब पटना औद्योगिक क्षेत्र की जमीन पर कहीं फिल्म निर्माता प्रकाश झा मॉल, होटल और मल्टीप्लेक्स खोल रहे हैं तो कहीं स्कूल खुल रहे हैं तो कहीं गाड़ियों के शो रूम। अखबारों के दफ्तर भी। राज्य सरकार को अब राज्य में निवेश के नए सिरे से उपाय खोजने होंगे। सबसे पहले तो बिहार में परिवहन व्यवस्था को सुधारना होगा। राज्य में सार्वजनिक परिवहन नाम की कोई चीज ही नहीं है, एक भारी भरकम परिवहन भवन को छोड़कर! एक समय में बिहार राज्य पथ परिवहन निगम का देश भर में नाम था। बिहार में साक्षर और मेहनती युवाओं की बड़ी फौज रोजगार तलाश रही है। अगर राज्य में निवेश आएगा तो प्रदेश से पलायन थमेगा। और सबसे अहम बात ये है कि सभी राज्यों को अपने यहाँ कानून-व्यवस्था की स्थिति चौकस तो रखनी ही होगी। जो राज्य इस मोर्चे पर कमजोर साबित होंगे वे निवेश पाने में भी मात खा जाएँगे।

□

घूमें राहुल-प्रियंका और खर्च उठाएँ करदाता?

अब तो राहुल गांधी कांग्रेस के अध्यक्ष बन गए हैं। यानी लंबे समय से उनके कांग्रेस का अध्यक्ष बनने को लेकर चल रही कयासबाजी अब थम गई है। जाहिर है, नई जिम्मेदारी मिलने पर वे अपनी पार्टी के कार्यक्रमों में अब और अधिक सक्रिय रूप से भाग लेंगे। यह स्वाभाविक भी है। देश के कोने-कोने में जाएँगे। यहाँ तक तो सब ठीक है, पर बड़ा सवाल तो यह उठ खड़ा हुआ है कि उनकी अपनी पार्टी के कामकाज के लिए होनेवाली विमान यात्राओं का खर्च उनकी सुरक्षा में भागते रहनेवाले चार सौ से ज्यादा एस.पी.जी. के अधिकारियों का खर्च और तमाम सुरक्षा काफिले की तामझाम के ऊपर होनेवाले खर्च को देश का आम कर दाता क्यों वहन करें? अब भी तो यही हो रहा है, लेकिन अब आगे कई गुना और अधिक होगा। राहुल गांधीजी तो वैसे भी चुनावी सभाओं से लेकर पार्टी के कार्यक्रमों में और व्यक्तिगत पार्टियों तक में लगातार घूमते-फिरते ही रहते हैं। इसमें किसी को परेशानी भी नहीं है। होनी भी नहीं चाहिए, परंतु उनकी निजी या कांग्रेस पार्टी के काम से की जानेवाली यात्राओं के ऊपर होनेवाले करोड़ों रुपए के खर्च को आयकर दाता क्यों उठाए? राहुल गांधी कोई सरकारी काम तो करेंगे नहीं। जो राहुलजी कर रहे हैं, वही कार्य तो देश भर से चुने गए 795 सांसद भी कर रहे हैं। तो क्या उन्हें भी दे दी जाए एस.पी.जी. सुरक्षा? सरकार को राहुल गांधी और प्रियंका वाड्रा को एस.पी.जी. कवर देने के संबध में फिर से विचार करने और एस.पी.जी. एक्ट में आमूलचूल सुधार की सख्त और तत्काल आवश्यकता है।

प्रधानमंत्री नरेंद्र मोदी, पूर्व प्रधानमंत्री डॉ. मनमोहन सिंह, अटल बिहारी वाजपेयी

और कुछ हद तक सोनिया गांधी को भी एस.पी.जी. कवर देने की बात तो समझ आती है, हालाँकि सोनिया की हैसियत भी तो मात्र एक पूर्व प्रधानमंत्री की विधवा की है। वे एक सांसद जरूर हैं, लेकिन देश में सांसद तो 795 हैं। उन्हें तो मात्र तीन अंगरक्षक ही मिलते हैं। न गाड़ी, न बड़ी कोठी, न गृह रक्षक फोर्स, न हेलीकॉप्टर न और कोई लंबा तामझाम। इनपर विशेष मेहरबानी का कोई भी कारण तो समझ से परे है। सोनिया पर होनेवाला सरकारी खर्च भी वाजिब है या नजायज इस पर भी बहस तो होनी ही चाहिए, परंतु राहुल गांधी और प्रियंका गांधी और उनके पूरे कुनबे की सुरक्षा पर इतना भारी-भरकम खर्चा करने का क्या औचित्य है? प्रियंका गांधी तो सांसद भी नहीं हैं और उनके पति की हैसियत तो एक आम नागरिक से अधिक कुछ भी नहीं है। उनके पास कोई सरकारी पद भी नहीं है। फिर भी उन्हें भव्य बँगला मिला हुआ है। वह भी सपरिवार प्रधानमंत्री के स्तर की सुरक्षा ले रहे हैं। कुछ दिनों पूर्व तक तो देश के किसी भी एयरपोर्ट पर उनकी सुरक्षा जाँच तक नहीं होती थी।

रोज का कितना खर्चा

वित्त मंत्री अरुण जेटली ने साल 2015-16 के आम बजट में एस.पी.जी. के लिए करीब 359.55 करोड़ रुपए का बजट रखा। यानी करीब-करीब रोज का एक करोड़ रुपए एस.पी.जी. पर भारत सरकार खर्च कर रही है, लेकिन यह तो सिर्फ एस.पी.जी. पर होनेवाला सीधा खर्च है। ये वीवीआईपी जहाँ भी जाते हैं, उस राज्य में पूरी कानून-व्यवस्था, बैरिकेटिंग, कारवाँ आदि का खर्च इससे कई गुना अधिक है। यानी रोज करोड़ों का खर्च मात्र मुट्‌ठीभर लोगों पर हो रहा है और टैक्स जनता भर रही है।

निश्चित रूप से भारतीय प्रधानमंत्री की सुरक्षा व्यवस्था दुनिया के किसी भी अन्य देश के राष्ट्राध्यक्ष की तुलना में उन्नीस तो किसी भी हालत में नहीं होनी चाहिए। भारत ने बीते दौर में एक प्रधानमंत्री और एक पूर्व प्रधानमंत्री क्रमशः इंदिरा गांधी और राजीव गांधी को आतंकवाद का शिकार होते देखा है। जाहिर है, अब देश सतर्क हो चुका है। इसीलिए एस.पी.जी. का गठन भी हुआ है, पर एक परिवार को बाल-बच्चों, नाती-पोतों समेत सबको एस.पी.जी. कवर प्राप्त हो और बाकी सब के सब उससे वंचित हों, यह कैसा न्याय है? दो तो सबको दे दो, नहीं तो किसी को भी नहीं।

अब प्रश्न ये है कि क्या अन्य भूतपूर्व प्रधानमंत्रियों के परिजनों को भी एस.पी. जी. कवर मिलता है? ये कोई पुरानी बात नहीं है जब पी.वी. नरसिंह राव के पुत्र

पी.वी. राजेश्वर राव के निधन का एक छोटा सा समाचार छपा था। वे पूर्व सांसद भी थे। उन्हें कभी कोई अलग से सुरक्षा नहीं मिली। उनके बाकी भाई-बहनों को भी कभी एस.पी.जी. सुरक्षा नहीं प्राप्त हुई। राव की तरह से बाकी भूतपूर्व प्रधानमंत्रियों के परिवार के सदस्य भी सामान्य नागरिक की तरह से ही जीवन बिता रहे हैं। इनमें पत्नी और बच्चे सभी शामिल हैं। डॉ. मनमोहन सिंह की एक पुत्री डॉ. उपिंदर सिंह, दिल्ली यूनिवर्सिटी में इतिहास पढ़ाती हैं। चंद्रशेखर जी के दोनों पुत्र भी बिना किसी खास सुरक्षा व्यवस्था के जीवनयापन कर रहे हैं। उनके एक पुत्र नीरज शेखर तो मेरे साथ ही राज्यसभा के सांसद हैं। देवगौड़ा और गुजराल साहब के परिवारों को भी कोई अलग से सुरक्षा नहीं मिली हुई। पर राजीव गांधी के परिवार पर रोज करोड़ों रुपए खर्च हो रहे हैं, क्योंकि वे चौबीसो घंटे एस.पी.जी. के सुरक्षा कवर में रहते हैं।

मुफ्त देसी-विदेशी दौरे

एस.पी.जी. की सुरक्षा में आनेवालों को दिल्ली से बाहर किसी अन्य शहर या विदेशी दौरे पर जाने के दौरान हेलीकॉप्टर या विमान की सुविधा भी तुरंत उपलब्ध कराई जाती है। ये सारी सुविधाएँ प्रधानमंत्री, राष्ट्रपति, उप-राष्ट्रपति, पूर्व प्रधानमंत्री तक को मिलना तो जायज ठहराया जा सकता है, पर इसके दायरे में राहुल गांधी और प्रियंका गांधी भी कवर हों, यह तो समझ से परे है। प्रियंका गांधी अपनी निजी यात्राओं पर लगातार सैर-सपाटा करती रहती हैं। पूरे परिवार और लंबी-चौड़ी मित्रमंडली के साथ। तो सवाल यह है कि उनकी सुरक्षा का खर्च देश का आयकरदाता क्यों उठाए? यही बात राहुल गांधी को लेकर भी कही जा सकती है, हालाँकि वे सांसद होने के नाते सांसदों को लागू सामान्य सरकारी बँगले के हकदार तो हैं, लेकिन कैबिनेट मंत्रियों के दर्जे के बँगले, सुरक्षा के तामझाम और हाउस गार्ड के हकदार तो कतई नहीं। इन्हें एम.पी. स्तरीय सुरक्षा मिले, ताकि ये अपने कार्यों का निर्वाह सही तरह से कर सकें, इसमें तो किसी को कोई समस्या नहीं है। जहाँ भीड़-भाड़ में जाए, वहाँ स्थानीय प्रशासन किसी भी सांसद की तरह उन्हें लोकल सुरक्षा कवच तो देगा ही। वे किस मानें में बहन मायावती, मुलायम सिंह, अखिलेश, लालूजी, शरद यादव, शरद पवार या करूणानिधि से ज्यादा असुरक्षित हैं?

कुछ माह पहले एक आर.टी.आई. के जवाब में भारत सरकार बताया कि प्रियंका गांधी को लुटियन दिल्ली के लोधी एस्टेट के शानदार बँगले का मासिक किराया मात्र 8,888 रुपए ही देना पड़ता है। यह छह कमरे और दो बड़े हालों और

तीन बड़े लॉन, कई सर्वेंट क्वार्टर सहित विशाल बँगला है। कई एकड़ में फैला है। ऊँची दीवारें हैं। जगह-जगह सुरक्षा पोस्ट बने हुए हैं। दर्जनों सुरक्षा प्रहरी 24 घंटे तैनात रहते हैं। यह भी ठीक है कि उनकी भी सुरक्षा अहम है। वे कम-से-कम नेहरू-गांधी परिवार की वंशज तो हैं ही। पर उनसे आखिरकार इतना कम किराया क्यों लिया जा रहा है? उनके और उनके पति के पास हजारों करोड़ की संपत्ति है। उन्हें धन की कमी है क्या? पिछले ही हफ्ते नगर विकासमंत्री पुरी साहब से बात हो रही

थी। परेशान थे बेचारे। उन्होंने बताया कि अभी भी वे एक दर्जन से ज्यादा मंत्रियों को उनकी हैसियत के अनुसार कोठियाँ नहीं दे पाएँ हैं। कई तो एम.पी. फ्लैट्स में या गेस्ट हाउसों में रह रहे हैं। एक ओर यह हालात और दूसरी ओर राहुल, प्रियंका के सरकारी खर्च पर गुलछर्रे। इतने कम किराए पर राजधानी में एक कमरे का फ्लैट मिलना भी कठिन है। और जब प्रियंका गांधी के पति रॉबर्ट वाड्रा का अपना सैंकड़ों करोड़ का लंबा-चौड़ा कारोबार है। वे स्वयं सक्षम हैं, तो फिर उनसे इतना कम किराया सरकार क्यों लेती है। यदि किसी व्यापारी को खतरा महसूस होता है और पुलिस विभाग उस खतरे को जायज मानती है तो उसे भी गनर मुहैया कराने का प्रावधान है, पर पैसे सरकारी खजाने में जमा करवाने के बाद। जाहिर है, देश की जनता को इस सवाल का जवाब तो चाहिए ही। और क्या प्रियंका गांधी को दिल्ली में अपना मकान रहते हुए भी लगभग मुफ्त में लुटियन जोन के बँगले में रहने की माँग करने में स्वयं में शोभा देता है ? शर्म नहीं आती ? इस देश में बाकी पूर्व प्रधानमंत्रियों के परिवार भी तो हैं। उन्हें तो इस तरह की कोई सुविधाएँ नहीं मिलतीं ? प्रियंका तो सांसद या विधायक क्या वार्ड पार्षद तक भी तो नहीं हैं। लाल बहादुर शास्त्री के परिवार के किसी सदस्य के पास तो दिल्ली में एक फ्लैट भी नहीं है। वे गुड़गाँव में रहते हैं।

जिस तरह की सुविधाएँ राहुल गांधी और प्रियंका को मिलती हैं, उसकी एक चौथाई भी बाकी पूर्व प्रधानमंत्रियों के परिवार के सदस्यों को नहीं मिलती। भूतपूर्व प्रधानमंत्री पी.वी. नरसिंह राव के बच्चों को शायद ही कभी एस.पी.जी. सुरक्षा मिली हो। यहाँ तक कि वर्तमान प्रधानमंत्री का पूरा परिवार भी आम नागरिक की जिंदगी जी रहा है, पर राजीव गांधी के परिवार पर रोज करोड़ों रुपए खर्च हो रहे हैं, क्योंकि वे एस.पी.जी. के सुरक्षा कवर में रहते हैं। क्या बाकी प्रधानमंत्रियों के परिवार के सदस्यों की जान को किसी से कोई खतरा नहीं है ? क्या वे पूरी तरह से सुरक्षित हैं ?

एस.पी.जी. का 1985 में बीरबल नाथ समिति की सिफारिश पर गठन हुआ था। एक बार राजघाट पर जब राजीव गांधी गए थे तो एक नौजवान, जो बाद में डॉक्टरी जाँच में पागल निकला, झाड़ियों में छुपाकर तमाशा देख रहा था। वह निहत्था राजीव गांधी को मारने आया था यह सिद्ध नहीं हुआ, लेकिन बीरबल नाथ समिति की सिफारिश पर कई पुलिस अधिकारियों पर कार्रवाई हो गई और प्रधानमंत्री की सुरक्षा को सुदृढ़ करने के लिए एक नए अत्याधुनिक सुरक्षा दस्ता एस.पी.जी. का गठन भी हो गया। 8 अप्रैल, 1985 को एस.पी.जी. अस्तित्व में आई और डॉ. एस. सुब्रमण्यम

इसके प्रथम प्रमुख बनें। एस.पी.जी. के गठन का मकसद राजीव गांधी की सुरक्षा को चाक-चौबंद करना था, प्रधानमंत्री की नहीं। खैर उस वक्त स्थितियाँ गंभीर थीं। 1984 में अकाल तख्त ध्वस्त करने के इंदिरा गांधी के दुर्भाग्यपूर्ण निर्णय से पूरा सिख समाज मर्माहत था। परिणाम स्वरुप, श्रीमती इंदिरा की साल 1984 में उनके ही सुरक्षा गार्डों ने हत्या कर दी थी। सारा देश उस रोंगटे खड़े कर देनेवाली घटना से सन्न था। तब सरकार द्वारा ये महसूस किया गया कि (प्रधानमंत्री) राजीव गांधी की सुरक्षा को और मजबूत करने की आवश्यकता है, लेकिन जब वी.पी. सिंह प्रधानमंत्री बने तो स्थिति हास्यास्पद हो गई। राजीव गांधी (पूर्व प्रधानमंत्री) तो एस.पी.जी. की सुरक्षा में चलते थे, लेकिन तत्कालीन प्रधानमंत्री सामान्य मंत्रियों को लागू सुरक्षा कवर में। संसद् के सेंट्रल हॉल में यह एक चुटकुला बन गया।

इसके बाद राजघाट की घटना के बाद एस.पी.जी. सामने आई। कुछ अरसे के बाद सरकार ने तय किया कि एस.पी.जी. पूर्व प्रधानमंत्रियों को भी सुरक्षा उपलब्ध करवाएगी। उन्हें उनके पद से मुक्त होने के पाँच साल बाद तक सुरक्षा देगी एस.पी.जी., ऐसा नियम बनाया गया। यह क्रम जारी रहा साल 1991 तक। उसी साल एक दिल-दहलानेवाली घटना में राजीव गांधी की जान चली गई। उसके बाद सरकार ने पूर्व प्रधानमंत्रियों की एस.पी.जी. सुरक्षा कवर की उपर्युक्त पाँच वर्षों की अवधि को दस साल कर दिया।

एस.पी.जी. एक्ट में साल 2002 में एक बड़ा संशोधन किया गया। इसमें व्यवस्था कर दी गई कि 'कांग्रेस अध्यक्ष सोनिया गांधी और उनके परिवार (राहुल गांधी और प्रियंका गांधी और उनके कुनबे) को भी प्रधानमंत्री के स्तर की सुरक्षा मिलती रहे और प्रतिवर्ष सुरक्षा स्तर की समीक्षा होगी।' जाहिर है, इसका सीधा लाभ सोनिया गांधी और उनके परिवार को मिल गया। तो वक्त की माँग है कि एस.पी.जी. एक्ट में संशोधन हों, ताकि कोई भी शख्स, जिसे एस.पी.जी. सुरक्षा मिली है, वह इसका दुरुपयोग न कर सके।

□

रेल के विकास बिना राष्ट्र का विकास कैसा?

आगामी आम बजट में वित्त मंत्री अरुण जेटली रेलवे को क्या देने जा रहे हैं, यह तो 1 फरवरी को ही सही रूप से मालूम पड़ेगा, लेकिन यह तो तय है कि उनका रेलवे पर विशेष फोकस रहनेवाला है इस बार की बजट में। केंद्रीय वित्त मंत्री श्री जेटली ने 2017-18 का आम बजट स्वतंत्र भारत का प्रथम संयुक्त बजट पेश किया था, जिसमें रेलवे भी एक मंत्रालय के रूप में ही शामिल था। इस लिहाज से दूसरी बार संयुक्त आम बजट में रेलवे भी अन्य क्षेत्रों की तरह समाहित किया जाएगा। यह व्यवस्था इसलिए की गई थी, क्योंकि भारत अब रेलवे के साथ-साथ रक्षा, कृषि, सड़क, जलमार्ग और नागरिक उड्डयन में होनेवाले निवेश भी रेल बजट का बराबरी करने की स्थिति में आ गए है।

अरुण जेटली अपने बजट में रेलवे के चार प्रमुख क्षेत्रों अर्थात् यात्री सुरक्षा, पूँजीगत एवं विकास कार्यों, स्वच्छता और वित्त एवं लेखांकन संबंधी सुधारों पर अपना ध्यान केंद्रित कर सकते हैं। यह भी लग रहा है कि बजट में बड़ी लाइनों पर अवस्थित मानवरहित रेलवे क्रॉसिंगों को वर्ष 2020 तक समाप्त करने के सरकार के लक्ष्य पर बड़ी मात्रा में धन आवंटित किया जा सकता है। सुप्रीम कोर्ट ने 2015 में एक याचिका की सुनवाई के दौरान रेलवे को कहा था कि भले ही आपको बजट की दिक्कत हो, लेकिन आपको मानवरहित क्रॉसिंग पर हो रही मौतों को रोकने लिए ठोस कदम उठाने ही होंगे। कोर्ट ने कहा कि ऐसा नहीं है कि हर क्रॉसिंग पर हादसे होते हैं, कुछ क्रॉसिंग ऐसी हैं, जहाँ ऐसे हादसे हो रहे हैं, जो खतरनाक हैं। जनहित याचिका में कहा गया है कि देश भर में करीब 13,500 मानवरहित क्रॉसिंग हैं, जिनकी वजह से आए दिन ट्रेन दुर्घटनाएँ हो रही हैं। पिछले 25 सालों में करीब पाँच हजार लोग अपनी जान गँवा चुके हैं। इस पृष्ठभूमि में बजट में मानवरहित क्रॉसिंग

पर होनेवाले हादसों को रोकने के उपायों को करने के लिए ज्यादा धन आवंटित होने की संभावना बढ़ जाती है।

करो रेल नेटवर्क का विस्तार

यह तो एक अच्छी बात है कि मौजूदा सरकार रेल पटरियों का तेजी से विस्तार कर रही है। मोटे तौर पर इस लिहाज से दो स्तरों पर काम होना चाहिए। पहला, उन जगहों में रेल लाइनें बिछाई जाएँ, जहाँ पर रेलवे ने अब तक दस्तक ही नहीं दी है। दूसरा, अब देश के रेल नेटवर्क को आपको दो की बजाय तीन-चार पटरियों पर दौड़ाना होगा। तब ही देश का रेल यातायात सुगम होगा और हादसे कम हो सकेंगे। देश के सभी मुख्य रेल मार्गों पर कम-से-कम चार-पाँच रेल ट्रैक तो हर जगह बनने ही चाहिए। तभी रेल यात्रियों और माल परिवहन की भारी बोझ को सहने में सक्षम होगा। दो ट्रैक यात्री सवारी गाड़ियों के आवागमन के लिए, एक अप और एक डाउन ट्रैक। इसी प्रकार दो मालगाड़ियों के वास्ते, पाँचवाँ इमरजेंसी ट्रैक सेना, पुलिस बल, राहत कार्य के लिए विशेष ट्रेनों आदि के लिए। क्या यह सब हम आज करने की स्थिति में हैं? अगर नहीं हैं तो भारतीय रेलवे को यह सब करने के लिए संसाधन जुटाने ही होंगे, क्योंकि सिर्फ दो ट्रैकों पर रोज करोड़ों मुसाफिरों को उनके गंतव्य स्थल पर सुरक्षित पहुँचाने से लेकर लाखों टन सामान से लदे मालगाड़ियों की आवाजाही करना संभव ही नहीं, खतरनाक भी है। अफसोस होता है कि हमारे इधर रेल ट्रैकों को विछाने के काम को कई दशकों तक गंभीरता से लिया ही नहीं जाता था। वर्ष 2014 तक रोज 4-5 किलोमीटर ही ट्रैक बिछाए जाते थे। अपने पिछले साल के बजट को पेश करते हुए श्री जेटली ने बताया था कि वर्ष 2017-18 में 3,500 किलोमीटर लंबी रेल लाइनों को चालू किया जाएगा, जबकि वर्ष 2016-17 में 2800 किलोमीटर लंबी रेल लाइनों को चालू किया गया था। माना जा सकता है कि इस बार के बजट में जेटली रेल लाइनों के विस्तार के लिए मोटी रकम रखेंगे। अगर यह नहीं होगा तो अंग्रेजों के द्वारा खनिज और कच्चा माल, धन और वन संपदा लूटकर बंदरगाहों तक ले जाने के लिए मालगाड़ियों के आवागमन के लिए बनाए गए रेलमार्ग आज के दिन प्रतिदिन करोड़ों यात्रियों को कैसे ढो सकेंगें!

अभाव काम की संस्कृति का

रेलवे के साथ सबसे बड़ी समस्या यही है कि यहाँ पर कामकाज आराम से होता

है। जबकि प्रधानमंत्री और उनकी मौजूदा सरकार चाहती है कि जल्द-से-जल्द काम हों और नई परियोजनाओं पर समय से अमल किया जाए। अगर बजट से इतर बात करें तो यहाँ कामकाज की चाल में तेजी तो लानी ही होगी। रेलवे के हर विभाग को तेजी से काम करने के लिए तैयार करना होगा, ताकि परियोजनाओं पर तेजी से अमल किया जा सके। निकम्मे कर्मियों को दंड मिले और बेहतर कर्मी पुरस्कृत भी हों। रेलवे स्टेशनों के पुनर्विकास के विकास पर वित्त मंत्री का फिर से फोकस रहनेवाला है। इसके साथ ही उन्हें देश भर के रेलवे स्टेशनों पर लिफ्ट एवं एस्केलेटर लगाकर उन्हें दिव्यांगजनों और बुजुर्गों के अनुकूल बनाने का भी खयाल होगा। अगर आप रेलवे से सफर करते हैं तो आपने महसूस किया होगा कि रेलवे में स्वच्छता अभियान चलाने की बड़ी जरूरत है। वैसे रेलवे में एसएमएस आधारित 'क्लीन माई कोच सर्विस' चालू हो चुकी है। वर्ष 2019 तक भारतीय रेलवे के सभी डिब्बों में जैव शौचालय लगाने का भी प्रस्ताव है।

अपना खर्चा खुद उठाए

लगभग हरेक भारतीय के जीवन से जुड़ी है रेलवे। हमारी रेल दुनिया की पाँचवीं सबसे बड़ी रेल नेटवर्क है। निश्चित रूप से रेलवे की मोटे तौर पर दो प्राथमिकताएँ हैं। पहली, मुसाफिरों की सुरक्षा, दूसरा, करीब 13 लाख कर्मियोंवाली रेलवे वित्तीय दृष्टि से आत्मनिर्भर बने। ये लाभ भी कमाएँ और स्तरीय सेवा भी दे। रेलवे के कामकाज में सुधार तो हुआ है, पर अब भी अनेक स्तरों पर सुधार करना शेष है। अब रेलवे को अपने अनावश्यक खर्चे तो घटाने ही होंगे। यह भी समझ नहीं आता कि रेल किराए साल दर साल क्यों न बढ़ाए जाएँ? निश्चित रूप से किराए अनावश्यक रूप से तो नहीं बढ़ने चाहिए पर जितने जरूरी हों, उतने तो बढ़ने ही चाहिए। किराए न बढ़ाने का औचित्य समझ से परे है। अहम प्रश्न यह है कि जब रेलवे का परिचालन का खर्चा बढ़ता ही जा रहा है, तब रेलवे अपने किराए क्यों नहीं बढ़ाता? रेलवे में खाने-पीने की गुणवत्ता भी सुधरनी चाहिए। जलपान सेवा में विविधता कतई नहीं है। रेलवे में फूड मेन्यू में बदलाव नहीं होता। ऊँचे किराये के मुताबिक भी सुविधाएँ नहीं हैं। इन मुद्दों पर वित्त मंत्री को ध्यान देना चाहिए।

चूँकि देश में कार्यशील महिलाओं की संख्या बढ़ रही है, इसलिए उनका रेलों में सफर करना बढ़ता ही जा रहा है। इनकी ट्रेनों में सुरक्षा बढ़े। महिलाओं के लिए अलग से डिब्बे होने चाहिए और महिला सुरक्षाकर्मियों की तादाद भी बढ़नी चाहिए। वहीं बुजुर्गों को भी बेहतर सुविधाएँ मिलनी चाहिए। ट्रेनों में हेल्थकेयर सुविधा भी होनी चाहिए।

सातवें वेतन आयोग की सिफारिशों को लागू करने के बाद रेलवे के वित्त पर तगड़ा असर पड़ा है। उसे अपने 13 लाख कर्मियों और लाखों सेवानिवृत कर्मियों को बढ़ी हुई पगार और पेंशन देनी पड़ रही है। 7वें वेतन आयोग ने रेलवे पर 28,000 करोड़ रुपए का और बोझ डाल दिया है। खर्चे तो रेलवे के बढ़ते ही जा रहे है, पर उस अनुपात में रेलवे की कमाई नहीं हो रही है। रेल यात्रियों का कहना है कि वित्त मंत्रीजी किराया बढ़ाएँ, लेकिन सुविधाएँ भी दें। यह जायज भी है।

□

आसियान सम्मेलन : वक्त चीन को औकात बताने का

आगामी 25 जनवरी को राजधानी में आयोजित होनेवाले भारत-आसियान शिखर सम्मलेन की मेजबानी करके भारत दो बड़े हित साधना चाहेगा। पहला, भारत-आसियान देशों के आपसी और व्यापारिक संबंधों को नई बुलंदियों पर लेकर जाना। दूसरा, इस क्षेत्र में चीन के असर को कम करना।

भारत-आसियान सम्मेलन का एक मकसद चीन को उसकी औकात बताना भी है। यह सम्मेलन ऐसे वक्त पर हो रहा है, जब दक्षिण चीन सागर में चीन आक्रामक रवैया अपनाए हुए है और उत्तर कोरिया ने पिछले कुछ महीनों के कई मिसाइल परीक्षण किए हैं। नई दिल्ली में इन मुद्दों पर बात हो सकती है। दरअसल चीन अपने महत्त्वाकांक्षी प्रोजेक्ट 'वन वेल्ट वन रोड' के जरिए पूरी दुनिया में दबदबा बढ़ाना चाहता है। इसके अलावा दक्षिण चीन सागर के इलाके में उसका कई पड़ोसी देशों से विवाद है। भारत अब तैयार है आसियान देशों को चीन के दबाव से मुक्ति दिलवाने के लिए।

एक्ट ईस्ट पॉलिसी पर तेजी से काम

भारत-आसियान देशों के साथ अपने संबंधों को बेहतर करने के लिए एक्ट ईस्ट पॉलिसी पर तेजी से काम कर रहा है, जिसके तहत सांस्कृतिक, आर्थिक, ऐतिहासिक, रणनीतिक और सामरिक संबंधों को बेहतर बनाने पर जोर है।

दरअसल आसियान देशों के साथ भारत के रिश्तों के 25 साल पूरे होने के मौके पर सभी 10 आसियान देशों के प्रमुख भारत आ रहे हैं। 25 जनवरी को दिल्ली में आयोजित होनेवाले इस कार्यक्रम में भारत आसियान देशों के साथ अपने संबंधों को नई बुलंदियों पर ले जाने का विस्तृत प्रस्ताव रखेगा। सम्मेलन के अगले दिन यानी 26

जनवरी को गणतंत्र दिवस की परेड में इस बार एक राष्ट्राध्यक्ष नहीं, बल्कि 10 देशों के राष्ट्राध्यक्ष मुख्य अतिथि होंगे। देश के गणतंत्र दिवस पर एक साथ इतने अधिक राष्ट्राध्यक्ष कभी मौजूद नहीं रहे हैं। 1974 के बाद पहली बार एक से ज्यादा मुख्य अतिथि गणतंत्र दिवस समारोह में हिस्सा ले रहे हैं। इससे पहले 1968 और 1974 में ही ऐसा हुआ था, जब गणतंत्र दिवस के मौके पर देश ने एक से ज्यादा मेहमानों की मेजबानी की थी। 1968 में यूगोस्लाविया और सोवियत संघ तत्कालीन राष्ट्राध्यक्ष मुख्य अतिथि थे, जबकि 1974 में यूगोस्लाविया के राष्ट्रपति के साथ श्रीलंका की प्रधानमंत्री सिरिमाओ भंडारनायके आई थीं। इस बार इतिहास रचा जा रहा है। भारत-आसियान सम्मेलन को सफल बनाने के क्रम में कुछ समय पहले विदेश मंत्री सुषमा स्वराज तीन आसियान देशों थाईलैंड, इंडोनेशिया और सिंगापुर भी गईं थी।

इतिहास धार्मिक-सांस्कृतिक संबंधों का

दस आसियान देशों में इंडोनेशिया, मलेशिया, फिलीपींस, वियतनाम, सिंगापुर, कंबोडिया, म्याँमार, थाईलैंड, ब्रुनेई एवं लाओस जैसे देश शामिल हैं। भारत का इन देशों से धार्मिक और सांस्कृतिक संबंधों का पुराना इतिहास है। इनमें से अधिकतर देशों से भारत हिंदू और बौद्ध धर्मों के चलते अपने को करीब पाता है। इन देशों से हर साल लाखों बौद्ध पर्यटक भारत भी बौद्ध की वजह से आते हैं। भारत को इस अवसर पर ये प्रयास करने होंगे, ताकि इन आसियान देशों से हमारे इधर अधिक बौद्ध पर्यटक आएँ। अगर बात थाईलैंड की करें तो वहाँ पर हर साल लाखों बौद्ध देशों से पर्यटक पहुँचते हैं। थाईलैंड में प्रति वर्ष लगभग 80 लाख पर्यटक पहुँच रहे हैं। इनमें से अधिकतर भगवान् बौद्ध से जुड़े मंदिरों के दर्शन करने के लिए जाते हैं। क्या भारत में इतनी संख्या में पर्यटक बौद्ध से संबंधित तीर्थ स्थलों का भ्रमण करते हैं? नहीं। भारत में मुश्किल से 10 लाख पर्यटक भी बौद्ध सर्किट नहीं पहुँचते।

यूँ तो भारत की चाहत है कि दुनियाभर में फैले 50 करोड़ बौद्ध धर्म के अनुयायियों को भारत लाया जाए। बौद्ध अनुयायियों का गौतम बौद्ध की जन्मस्थली भारत को लेकर आकर्षण स्वाभाविक है। भारत को थाईलैंड, म्याँमार, वियतनाम, कंबोडिया, सिंगापुर जैसे आसियान देशों के पर्यटकों को भारत खींचना होगा। भारत इन पर्यटकों को बोधगया-राजगीर-नालंदा सर्किट में विशेष रूप से लेकर आ सकता है। जाहिर है कि थाईलैंड के बौद्ध मंदिरों में आनेवाले पर्यटकों की अपेक्षा हमारे यहाँ बेहद कम बौद्ध पर्यटक आते हैं। थाईलैंड के बौद्ध मंदिरों में सैकड़ों बौद्ध पर्यटक

हर वक्त नजर आते हैं। आखिर वे कौन से कारण हैं, जिनके चलते हम अपने देश में अधिक-से-अधिक बौद्ध पर्यटकों को खींच नहीं पा रहे हैं? भारत को इस लिहाज से थाईलैंड से सीखना होगा। थाईलैंड में जगह-जगह बौद्ध मंदिर हैं। उनमें भगवान् बुद्ध की विभिन्न मुद्राओं में भव्य मूर्तियाँ हैं।

हिंदू धर्म जोड़ता इंडोनेशिया से

अगर बात भारत और प्रमुख आसियान देश इंडोनेशिया की करें तो ये साफ है कि दोनों देशों को हिंदू धर्म जोड़ता है। इंडोनेशिया इस्लामिक देश होने के बाद भी अपनी रामायण पर गर्व करता है। इंडोनेशिया की रामायण दुनिया भर में मशहूर है। इंडोनेशिया चाहता है कि उसकी रामायण का मंचन भारत के अलग-अलग शहरों में साल में कम-से-कम दो बार हो। दोनों देश मानते हैं कि रामायण के आदान-प्रदान से उनके रिश्ते और भी मजबूत हो सकते हैं। इससे दोनों के पर्यटन को भी फायदा होगा। 90 फीसदी मुसलिम आबादी वाले इंडोनेशिया पर रामायण की गहरी छाप है। कहते हैं कि इंडोनेशिया में माना जाता है कि अच्छा मनुष्य बनने के लिए रामायण पढ़ना आवश्यक है। यह सच है कि इंडोनेशिया रामायण के साथ जुड़ी अपनी पहचान पर गर्व करता है। जाहिर है भारत आसियान देशों से हिंदू और बौद्ध धर्मों के कारण

गहराई से जुड़ता है। गौरतलब है कि अब कूटनीति में आपसी व्यापार अहम हो गया है। इसलिए भारत को आसियान सम्मेलन के दौरान इन सभी देशों से अपने व्यापारिक संबंधों को और बेहतर करने के उपाय भी सोचने होंगे। इसलिए बिजनेस समिट भी होगा। भारत निश्चित रूप से आसियान देशों के साथ सड़क परिवहन और राजमार्ग, जलमार्ग और जल संसाधन, वित्त जैसे क्षेत्रों में सहयोग और बढ़ाने बेकरार है।

मलेशिया में कष्ट झेलते भारतवंशी

आशियान सम्मेलन में मलेशिया के प्रधानमंत्री भी आ रहे हैं। भारत को उनसे मलेशिया में बसे लगभग 30 लाख भारतवंशियों के हितों को लेकर भी बात करनी होगी। इनमें से अधिकतर के पुरखे तमिलनाडू के पूर्वी तट पर स्थित तंजावुर शहर से हैं। मलेशिया में बसे भारतीयों को अंग्रेज खेतों में काम करने के लिए लेकर गए थे। ये 1830 से 1900 तक की बातें हैं। इनके दिलों में भारत और तमिलनाडू बसता है, लेकिन अब ये पूरी तरह से मलेशियाई ही हैं। ये सब चाहते हैं कि कि भारत संसार की महाशक्ति बन जाए। सब धारा प्रवाह तमिल बोलते हैं। यानी अपनी मिट्टी से दूर भी फल-फूल रही है तमिल। पर वहाँ पर इन्हें कई स्तरों पर दूसरे दर्जे का नागरिक माना जाता है। इस बाबत भारत को मलेशिया के प्रधानमंत्री के साथ सीधी बात करनी होगी। प्रधानमंत्री नरेंद्र मोदी बार-बार कहते हैं कि भारतवंशी भारत से बाहर भारत के ब्रांड एंबेसडर हैं। जाहिर है इसलिए हमें इनके हितों को लेकर और संवेदशील होना पड़ेगा।

आसियान की स्थापना को पिछले बरस 50 साल हो गए। इंडोनेशिया, मलेशिया, फिलीपींस, सिंगापुर और थाईलैंड ने 1967 में आसियान का गठन किया था। उसके बाद इससे कुछ और देश भी जुड़ते गए। अब आसियान मुल्कों को भारत का और अधिक सक्रिय भी साथ मिलने जा रहा है।

□

जिन्हें स्कूल की प्रार्थना में दिखता है हिंदुत्व

क्या भारत में हिंदी और संस्कृत का प्रयोग या हिंदू होना, अब अपराध की श्रेणी में माना जाएगा? संकेत तो कुछ इसी तरह के मिल रहे हैं। इसका एक ताजा उदाहरण देश के सामने आया है। एक मानसिक रूप से विक्षिप्त इनसान ने सुप्रीम कोर्ट में दाखिल अपनी याचिका में कहा है कि केंद्रीय विद्यालयों में होनेवाली प्रार्थना हिंदुत्व को बढ़ावा देती है। ये प्रार्थना देश और देश से बाहर चल रहे, सभी केंद्रीय विद्यालयों में पिछले लगभग साठ के दशक से प्रयोग में हैं। जब केंद्रीय विद्यालय संगठन की स्थापना हुई, उस वक्त तो आज देश के कर्णधार माने जानेवाले लोगों में एक राहुल गांधी के परदादा यानी कि उनकी दादी इंदिरा के पिता जवाहरलाल नेहरू ही देश के प्रधानमंत्री थे। अब यह प्रार्थना पूरी तरह असंवैधानिक बताई जा रही है। इसे गाते हुए पिछले साठ सालों में किसी भी शिक्षक या विद्यार्थियों को तो कोई आपत्ति नहीं हुई।

राष्ट्रीय एकता पर बल

अब इस प्रार्थना को हिंदुत्ववादी कहने की हिमाकत की जा रही है। देश के पहले प्रधानमंत्री जवाहर लाल नेहरू के जीवन काल में 15 दिसंबर, 1963 को केंद्रीय विद्यालय संगठन स्थापित हुआ था। उस वक्त के शिक्षामंत्री भी महान् शिक्षाविद् मोहम्मद करीम छागला थे। तब देश में भा.ज.पा. या एन.डी.ए. की सरकारों का कहीं नामोनिशान भी नहीं थी, लेकिन अब इनके पीछे तो देश के कथित सेक्युलरवादी हाथ धोकर पीछे पड़े हुए हैं। केंद्रीय विद्यालयों में गाई जानेवाली प्रार्थना है, "असतो माऽ सदगमयऽ। तमसो मा ज्योतिर्गमयऽ मृत्योर्मामृतमगमयऽ।" अर्थात् "(हमें) असत्य से सत्य की ओर ले चलो। अंधकार से प्रकाश की ओर ले चलो,

मृत्यु से अमरत्व की ओर ले चलो।" इस प्रार्थना में हिंदू या हिंदुत्व कहाँ से आ गया है? यह समझ नहीं आता। इतनी गंभीर और गहन विचार लिए प्रार्थना में मध्य प्रदेश के एक निवासी विनायक शाहजी को इसमें हिंदुत्व दिखाई दे रहा है। मैंने इस लेख को लिखने से पहले केंद्रीय विद्यालयों में पढ़े कई पूर्व छात्रों और शिक्षकों से बात की। सबका कहना था कि उन्हें तो कभी भी उनके माता-पिता ने इस प्रार्थना पर आपत्ति नहीं जताई या उनकी तथाकथित वैज्ञानिक सोच इससे बाधित नहीं हुई। ऐसा भी नहीं कि 1128 (ग्यारह सौ अठाईस) केंद्रीय विद्यालयों में से पढ़कर निकला कोई साइंटिस्ट, डॉक्टर, इंजीनियर, आई.टी. प्रोफेशनल या जर्नलिस्ट आई.एस., आई.पी.एस., जज नहीं निकला जिसे प्रार्थना समझ में न आई हो? फिर समझ नहीं आ रहा कि एकाएक यह मुद्दा क्यों उठाया गया? यदि किसी भी व्यक्ति विशेष को कोई आपत्ति है भी तो यह उसका निजी मामला है और वह चाहे तो अपने बच्चे को केंद्रीय विद्यालय न भेजे।

केंद्रीय विद्यालय के प्रतीक चिह्न पर एक ध्येय वाक्य है, "ततत्त्व पूषण अपावृणु।" मैंने इस ध्येय वाक्य पर कुछ शोध किया। यह ध्येय वाक्य यजुर्वेद के ईशावास्योपनिषद के 15वें श्लोक से लिया गया है। यह पूरा श्लोक इस प्रकार है, "हिरण्यमयेन पात्रेण, सत्यस्यापिहितं मुखम। तत्त्वं पूषन्नपावृणु सत्यधर्माय दृष्टये॥"

इसका अर्थ है कि "सबका भरण-पोषण करनेवाले, हे परमेश्वर! सत्य स्वरूप हिरण्यमय (ज्योर्तिमय) पात्र जो ढका हुआ है, मुझे उस पात्र का ढक्कन उठाकर मुझे सत्य का दर्शन करा दीजिए।"

जिस संगठन का ध्येय वाक्य ही सत्य दर्शन पर आधारित हो, उसे हिंदुत्ववादी कहने का अर्थ है कि बाकी सभी असत्यवादी है?

केंद्रीय विद्यालय की स्थापना के मूल में एक अहम विचार यह भी था कि यहाँ के बच्चों में राष्ट्रीय एकता और 'भारतीयता' की भावना का विकास हो। क्या नई या पुरानी प्रार्थनाएँ उक्त दोनों विचारों के विरुद्ध खड़ी होती है? जरा याचिकाकर्ता यह बताएँगे कि क्या पिछले 54 वर्षों में केंद्रीय विद्यालयों में प्रतिवर्ष 12 लाख से ज्यादा पढ़ रहे कितने बच्चों ने हिंदी/संस्कृत प्रार्थना करके धर्म परिवर्तित कर लिया? क्या प्रार्थना हिंदी/संस्कृत में न करवा के लैटिन/अरबी या इतालवी में करवाई जाए? क्या 'सर्वधर्म सम:भाव' का अर्थ बहुमत को नीचा दिखाना ही है? सुप्रीम कोर्ट ने इस याचिका पर सुनवाई करते हुए केंद्र सरकार और केंद्रीय विद्यालयों को नोटिस

जारी कर जवाब भी माँगा है। एक प्रश्न यह भी पूछना है कि रामजन्म भूमि जैसे अतिमहत्त्वपूर्ण मामले को दशकों तक झूला झुलानेवाले सुप्रीम कोर्ट को सब काम छोड़कर इसी याचिका की सुनवाई का वक्त मिल गया? सुप्रीम कोर्ट ने कहा है कि ये बड़ा गंभीर संवैधानिक मुद्दा है, जिस पर विचार जरूरी है। याचिकाकर्ता ने कहा है कि केंद्रीय विद्यालय में जिस प्रार्थना को बच्चे गाते हैं, वो संविधान के अनुच्छेद 25 और 28 के खिलाफ है और इसे इजाजत नहीं दी जा सकती है। राज्यों के फंड से चलनेवाले संस्थानों में किसी धर्म विशेष को बढ़ावा नहीं दिया जा सकता।

सेक्युलरिज्म की ओवरडोज

दरअसल ये सेक्युलरिज्म की ओवरडोज का परिणाम है, जो अंततः "...लम्हों ने खता की थी, सदियों ने सजा पाई" में परिवर्तित हो सकता है। हरेक चीज में मीनमेख निकालना कहाँ तक उचित माना जाएगा। देश भर में 1128 केंद्रीय विद्यालय हैं, जिनमें एक जैसी यूनिफॉर्म और एक जैसे ही पाठ्यक्रम होता है। इस तरह से ये दुनिया की सबसे बड़ी स्कूल चेन बन जाती है। रोज 12 लाख बच्चे यही प्रार्थना करते हैं। पिछले 54 वर्षों में करोड़ों छात्र केंद्रीय विद्यालय से यही प्रार्थना करके निकले और देश-विदेश में भी नाम कमा रहे हैं। वे भावनात्मक रूप से इस प्रार्थना से

जुड़े हुए हैं। क्या याचिकाकर्ता ने करोड़ों नागरिकों की भावना पर ठेस नहीं पहुँचाया है? क्या उन पर आपराधिक मुकदमा नहीं चलाया जाना चाहिए? ये स्कूल पिछले 54 वर्षों से भी अधिक समय से चल रहे हैं। इन्होंने देश को एक से बढ़कर एक प्रतिभाएँ दी हैं। इसे शुरू करने के मूल में विचार ही यह था, ताकि केंद्र सरकार के कर्मचारियों के बच्चों को विशेषकर सेना, रेलवे, अनुसंधानशालाओं आदि में कार्यरत कर्मियों की ट्रांसफर की स्थिति में नए शहर में जाने पर केंद्रीय विद्यालय में दाखिला आसानी से मिल जाए।

अगला निशाना ध्येय वाक्य

मानकर चलिए अब वह दिन भी आनेवाला है, जब केंद्रीय विद्यालय के ध्येय वाक्य, 'तत् त्वं पूषन् अपावृणु' (हे ईश्वर, आप ज्ञान पर छाए आवरण को कृपापूर्वक हटा दें) पर भी प्रश्नचिह्न लगेंगे। वेदों को भी असंवैधानिक कह दिया जाए तो आश्चर्य नहीं है। क्योंकि यह ध्येय वाक्य संस्कृत में है, इसलिए इसमें भी धर्मनिरपेक्षता आड़े आएगी।

केंद्रीय विद्यालयों में होनेवाली प्रार्थना में हिंदुत्व देखना या इसे संविधान सम्मत न मानना या साल 2005 में उठी माँग कि राष्ट्र गान से 'सिंध' शब्द को निकाल देना चाहिए, में कोई बहुत फर्क नहीं है। 'सिंध' शब्द के स्थान पर राष्ट्रगान में कश्मीर को शामिल करने की माँग की गई थी। तर्क ये दिया गया था कि चूँकि सिंध अब भारत का हिस्सा नहीं रहा, तो इसे राष्ट्रगान में नहीं होना चाहिए। शायद ही संसार के किसी अन्य देश में राष्ट्रगान का इस तरह से अपमान होता हो, जैसा हमारे देश में होता आया है। राष्ट्रगान पर रोक लगाने से लेकर इसमें संशोधन करने के प्रयास लगातार चलते रहते हैं।

रोक राष्ट्रगान पर

कुछ वर्ष पूर्व इलाहाबाद से एक बेहद शर्मनाक मामला सामने आया था। वहाँ पर एम.ए. कॉन्वेंट नामक स्कूल में राष्ट्रगान पर रोक थी। जब मामले ने तूल पकड़ा तो पुलिस ने स्कूल प्रबंधक जिया उल हक को गिरफ्तार कर लिया। क्या इस तरह का आपको उदाहरण किसी अन्य देश में मिलेगा? कतई नहीं। स्कूल में राष्ट्रगान नहीं होने देने के पीछे प्रबंधक जिया उल हक का तर्क था कि राष्ट्रगान में "भारत भाग्य विधाता" शब्दों का गलत प्रयोग किया गया है। उन्हें इन शब्दों से घोर आपत्ति है। हक

के अनुसार, भारत में रहनेवाले सभी लोगों के भाग्य का विधाता भारत कैसे हो सकता है। यह इसलाम के विरुद्ध है।

हमारे यहाँ पहले भी राष्ट्रगान में संशोधन की माँग उठती रही है, पर क्या राष्ट्रगान में संशोधन हो सकता है? क्या राष्ट्रगान में अधिनायक की जगह मंगल शब्द होना चाहिए? क्या राष्ट्रगान से सिंध शब्द के स्थान पर कोई और शब्द जोड़ा जाए? पहले भी सिंध शब्द को हटाने की माँग हुई थी, इस आधार पर की कि चूँकि सिंध अब भारत का भाग नहीं है, इसलिए इसे राष्ट्र गान से हटाना चाहिए। ऐसी बेहूदगी बात क्यों की जाती है। अरबी लोग जब हिंदुस्तान आए तो सिंधु नदी को पार कर आए। अरबी में स को ह बोलते हैं इसलिए सिंध की जगह हिंद कहकर उच्चारण किया। हिंद के जगह सिंध कैसे नहीं होगा। साल 2005 में संजीव भटनागर नाम के एक शख्स ने सुप्रीम कोर्ट में एक जनहित याचिका दायर की थी, जिसमें सिंध भारतीय प्रदेश न होने के आधार पर जन–गण–मन से निकालने की माँग की थी। इस याचिका को 13 मई, 2005 को सुप्रीम कोर्ट के मुख्य न्यायाधीश आर.सी. लाहोटी की अध्यक्षतावाली खंडपीठ ने सिर्फ खारिज ही नहीं किया था, बल्कि संजीव भटनागर की याचिका को 'छिछली और बचकानी मुकदमेबाजी' मानते हुए उन पर दस हजार रुपए का दंड भी लगाया था।

अब केंद्रीय विद्यालयों की प्रार्थना में सिरे से कमियाँ निकाली जा रही हैं, चूँकि यह मामला न्यायालय में विचाराधीन है, इसलिए मैं अधिक न बोलते हुए इतना तो अवश्य ही कहना चाहूँगा कि देश में कुछ शक्तियाँ देश को खोखला करने की दिशा में संलग्न हैं। इन्हें कभी भी माफ नहीं किया जा सकता। जरूरत इस बात की है कि संविधान से 'धर्मनिरपेक्ष और समाजवादी' शब्दों को जो इंदिरा गांधी ने इमरजेंसी के दौरान जोड़ी थीं, निकाल बाहर किया जाए।

□

डावोस में मोदी के हिंदी में बोलने का मतलब

प्रधानमंत्री नरेंद्र मोदी का स्विट्जरलैंड के शहर डावोस में वर्ल्ड इकोनॉमिक फोरम के 48वें सम्मेलन में हिंदी में भाषण देना अपने आपमें महत्त्वपूर्ण रहा। वे पूर्व में संयुक्त राष्ट्र की आम सभा को भी हिंदी में संबोधित कर चुके हैं। इसके पूर्व जब विदेश मंत्री की हैसियत से 1977 में अटल बिहारी बाजपेयी ने संयुक्त राष्ट्र संघ में अपना भाषण दिया था, तब वह भी खासा चर्चित रहा था। एक तरह से मोदी ने हिंदी प्रेमियों के जेहन में बाजपेयी की वाक् पटुता, धाराप्रवाह भाषण और हिंदी प्रेम की याद ताजी कर दी। उनके डावोस में दिए भाषण के बाद कुछ चिर निराशावादी कहने लगे थे कि चूँकि भाषण हिंदी में दिया गया है, इसलिए इसे विश्व प्रेस में जगह नहीं मिलेगी, लेकिन हुआ इसके ठीक विपरीत। सारी दुनिया के महत्त्वपूर्ण मीडिया ने मोदीजी के भाषण को पर्याप्त कवरेज दी। दरअसल अब भारत का प्रधानमंत्री अगर किसी बड़े मंच से बोलता है, तो उसे सुना जाता है। मीडिया उसे नजरअंदाज नहीं कर सकती। यह भारत की बढ़ती हुई आर्थिक शक्ति को भी दर्शाता है। बहरहाल मोदीजी की बात उन सभी निवेशकों तक चली ही गई, जिन्हें वो पहुँचाना चाहते थे। यद्यपि कांग्रेस के नेता शशि थरूर कह रहे हैं कि हिंदी में भाषण देने का कोई औचित्य नहीं था। शशि को कुछ उल्टा-पुल्टा बोलने में मजा आता है। उन्हें तो मीन-मेख निकालने की आदत है। हिंदी को संयुक्त राष्ट्र की आधिकारिक भाषा बनाए जाने के सरकारी प्रयासों पर संसद् में विगत दिनों हो रही चर्चा में भाग लेते हुए शशि थरूर ने यहाँ तक कह डाला था कि "हिंदी भारत की राष्ट्रभाषा नहीं राजभाषा है। हिंदी सिर्फ एक ही देश भारत में बोली जाती

है। इसलिए इसको संयुक्त राष्ट्र की आधिकारिक भाषा नहीं बनाया जा सकता। यह शशि की निराशावादी मनोवृत्ति को दर्शाता है। आज प्रधानमंत्री और विदेश मंत्री सभी अंतरराष्ट्रीय मंचों पर हिंदी बोलते हैं। भविष्य में कोई तमिलनाडु या पश्चिम बंगाल से प्रधानमंत्री भी बन सकता है, हमें उन्हें संयुक्त राष्ट्र में हिंदी में बोलने के लिए मजबूर क्यों करना चाहिए ?" मतलब साफ है कि वे प्रेम और मैत्री की भाषा हिंदी को संयुक्त राष्ट्र की भाषा बनाने का समर्थन नहीं करते। ऐसे बकवास विश्व भर के हिंदी प्रेमी कब तक बर्दाश्त करते रहेंगें।

हालाँकि शशि थरूर को करारा जवाब देकर सुषमा स्वराज ने चुप करवा दिया था। थरूर की गैर-जरूरी टिप्पणी के बाद उन्होंने कहा, "हिंदी केवल भारत में बोली जाती है, यह सिवाय आपकी अज्ञानता के और कुछ नहीं है। हिंदी भारत के अलावा फिजी में बोली जाती है। जितने भी गिरमिटिया देश हैं, चाहे मॉरीशस हो, त्रिनिदाद, टोबैगो, सूरीनाम हो, कीनिया, युगांडा और अमेरिका में भी लोग हिंदी बोलते हैं। अमेरिका में तमाम अप्रवासी भारतीय हिंदी बोलते हैं।—चाहे वे बंगाल के हों या केरल के।

अगर बात शशि थरूर और कांग्रेस से हटकर हो तो स्पष्ट है कि भारत हिंदी को संयुक्त राष्ट्र की आधिकारिक भाषा बनवाने को लेकर गंभीरता से प्रयासरत है। वो इस पहल में अपने साथ मॉरीशस और फीजी को भी जोड़ता है। एक बात को समझ ही लेना होगा कि किसी भाषा को संयुक्त राष्ट्र की आधिकारिक भाषा का दर्जा देने के लिए वोटिंग होती है। इसके लिए किसी देश की ओर से लाए जानेवाले प्रस्ताव पर मतदान में हिस्सा लेने के लिए संयुक्त राष्ट्र के सभी 193 देशों को राशि देनी पड़ती है, लेकिन गरीब मुल्क मतदान में हिस्सा लेने के बदले यह खर्च उठाने में सक्षम नहीं है। यह भी जान लेना चाहिए कि सिर्फ पैसों के बल पर हिंदी को यह दर्जा हासिल नहीं हो सकती। धन खर्च करने को तो भारत सरकार तैयार है, लेकिन इसके लिए संयुक्त राष्ट्र के 129 सदस्य देशों का समर्थन जुटाने की भी तो जरूरत होगी।

अभी तक संयुक्त राष्ट्र में चीनी, अंग्रेजी, अरबी, फ्रेंच, रूसी और स्पेनिश को ही आधिकारिक भाषा का दर्जा प्राप्त है। अरबी को 1986 में इस तर्क पर आधिकारिक भाषा की मान्यता दी गई कि इसे 22 देशों में लगभग 20 करोड़ लोग बोलते हैं। संख्या को अगर आधार मानें तो भारत में 100 करोड़ से अधिक लोग हिंदी में संवाद करते हैं। बीस करोड़ से ज्यादा लोग तो भारत के बाहर हिंदी बोलते हैं। यह उनकी भाषा है, पर हिंदी को उन भाषाओं में जगह नहीं मिल रही है, जिनका संयुक्त राष्ट्र में खास

स्थान है। 1945 में संयुक्त राष्ट्र की आधिकारिक भाषाएँ केवल चार थीं। अंग्रेजी, रूसी, फ्रांसीसी और चीनी। उनमें 1973 में दो भाषाएँ स्पेनिश और अरबी जुड़ीं। इन भाषाओं में वहाँ पर दिए जानेवालों भाषणों का अन्य भाषाओं में अनुवाद होता है। आपको याद होगा कि जनता पार्टी की सरकार के विदेश मंत्री के रूप में अटल बिहारी वाजपेयी ने 1977 में संयुक्त राष्ट्र के अधिवेशन में सर्वप्रथम हिंदी में भाषण दिया था। उनसे पहले किसी भी भारतीय प्रधानमंत्री या विदेश मंत्री ने हिंदी का प्रयोग इस मंच पर नहीं किया था। अटलजी के उस भाषण के बाद पूरे देश में एक उम्मीद बँधी कि हिंदी को संयुक्त राष्ट्र की आधिकारिक भाषा का दर्जा मिलने ही वाला है।

अब हिंदी विरोधियों को कौन बताए कि भारत की पुरातन संस्कृति, इतिहास और बौद्ध धर्म से संबंध एक अरसे से भाषाविदों को बारास्ता हिंदी भारत से जोड़ते हैं। टोक्यो यूनिवर्सिटी में 1908 में हिंदी के उच्च अध्ययन का श्रीगणेश हो गया था। चंदेक बरस पहले इस विभाग ने अपनी स्थापना के 100 साल पूरे किए थे। जापान में भारत को लेकर जिज्ञासा के बहुत से कारण रहे। गुरुदेव रविंद्रनाथ टेगोर चार बार वहाँ की यात्रा पर गए। बुद्ध से भारत के संबंध की एक बड़ी वजह सारे बौध मतावलंबी देशों में रहे ही है। अब तो जापानी मूल के लोग ही वहाँ पर मुख्य रूप से हिंदी पढ़ा रहे हैं। वहाँ पर हर बरस करीब 20 विद्यार्थी हिंदी के अध्ययन के लिए दाखिला लेते हैं। पूर्व सोवियत संघ और उसके सहयोगी देशों जैसे पोलैंड, हंगरी, बुल्गारिया, चेकोस्लोवाकिया वगैरह में भी हिंदी के अध्ययन की लंबी परंपरा रही है। झारखंड में राँची विश्वविद्यालय के फादर कामिल बुल्के का नाम यहाँ लेना चाहूँगा। वे रामचरितमानस के विद्वान् मने जाते थे। उनकी अंग्रेजी-हिंदी शब्दकोष एक बहुमूल्य कृति है। 1967-1970 के दौर में तुलसी जयंती पर फादर कामिल बुल्के के व्याख्यान सुनने देश भर के मानस प्रेमी राँची में जुटते थे। फादर बुल्के के बारे में यह मशहूर था कि जब भी कोई नया व्यक्ति फादर बुल्के से अंग्रेजी में बातचीत की शुरुआत करता था, तब वे विनम्रतापूर्वक हाथ जोड़कर कहते थे, "यदि आपको हिंदी आती हो तो मैं हिंदी में ही वार्त्तालाप करना पसंद करूँगा।" एक दौर में सोवियत संघ और पूर्वी यूरोप के बहुत से देशों और भारत की नैतिकताएँ लगभग समान थीं। वहाँ पर कम्युनिस्ट व्यवस्था थी, जबकि भारत में नेहरू विजन सोशलिज्म का प्रभाव था। दुनिया के बहुत से नामवर विश्वविद्यालयों में हिंदी चेयर इंडियन काउंसिल ऑफ कल्चरल रिलेशंस (आई.सी.सी.आर.) के प्रयासों से स्थापित हुईं। इनमें साउथ कोरिया के बुसान और सियोल विश्वविद्यालयों के अलावा पेइचिंग, त्रिनिडाड, इटली, बेल्जियम, स्पेन, तुर्की, रूस वगैरह के विश्वविद्यालय शामिल हैं। अमेरिका के भी येले, न्यूयॉर्क, विनकांसन वगैरह विश्वविद्यालयों में हिंदी पढ़ाई जा रही है। छात्रों की तादाद भी बढ़ती जा रही है। इधर भी अमेरिकी या भारतीय मूल के अमेरिकी नागरिक ही हिंदी पढ़ा रहे हैं।

सिंगापुर में एक प्रमुख इलाके का नाम है 'लिटिल इंडिया'। इस घनी आबादी के इलाके में बड़ी संख्या में भारतवंशी रहते हैं। अधिकतर तमिल मूल के हैं। अब बड़ी संख्या में उत्तर भारतीय भी बस गए हैं। इन्हीं की इधर दूकानें और रेस्तराँ भी हैं। यहाँ पर घूमते हुए आपको एक इमारत पर टँगा बोर्ड अपनी तरफ खींचता है। इस

पर हिंदी-अंग्रेजी में लिखा है 'डी.ए.वी. हिंदी स्कूल'। डी.ए.वी. हिंदी स्कूल में प्रवेश करते हैं, तो वहाँ पर हिंदी की कक्षाएँ चल रही हैं। हिंदी सीखनेवाले सिंगापुर में कई पीढ़ी पहले बसे भारतीयों के अलावा चीनी और मलय मूल के लोग भी हैं। सिंगापुर में बसे भारतवंशियों के बच्चों को भी यही स्कूल हिंदी सिखाता-पढ़ाता है। यहाँ का सारा वातावरण देखकर लगा कि आप भारत के किसी स्कूल में हों। बीते 50 वर्षों से यहाँ पर हिंदी पढ़ाई जा रही है, हालाँकि सिंगापुर में आर्य समाज की स्थापना को पिछले वर्ष 100 पूरे हुए हैं। लिटिल इंडिया इलाके के कई शो-रूम में आपको बोर्ड हिंदी में दिखाई देते हैं। कुछ इसी तरह का माहौल आपको मिलेगा, दुबई, लंदन और बैंकॉक के मुख्य बाजारों में। आपको इन सब जगहों के मॉल्स, यूनिवर्सिटी कैंपस, एफ.एम. रेडियो और दूसरे सार्वजनिक स्थानों पर लोग-बाग हिंदी में बातचीत करते हुए मिलेंगे। यानी कि हिंदी ने एक प्रमुख अंतरराष्ट्रीय भाषा के रूप में अपना स्थान बना लिया है। इसकी दो-तीन बड़ी वजहें समझ आ रही हैं। पहली, पूरी दुनिया में करोड़ों प्रवासी भारतीय या भारतवंशी बसे हुए हैं। ये आपको संसार के हर बड़े-छोटे शहरों में मिल ही जाएँगे। ये भारतीय अपने साथ हिंदी भी लेकर बाहर गए हैं। भले ही तमिलनाडू का कोई शख्स भारत में तमिल में न बतियाता हो, पर देश से बाहर वो किसी अन्य भारतीय के साथ हिंदी ही बोलता है। उससे भी मिस्र, मलेशिया, थाईलैंड, खाड़ी और अफ्रीकी देशों में एयरपोर्ट पर मिलने वाले टूरिस्ट गाइड से लेकर होटलों का स्टाफ तक भी, भले ही टूटी-फूटी हिंदी में ही सही, संवाद स्थापित करने कि कोशिश करते हैं। दरअसल, जैसे ही हम भारतीय किसी अन्य देश के एयरपोर्ट से बाहर निकलते हैं, हमें भारतीय के रूप में पहचाना जाने लगता है। आपका 'क्या हालचाल है?' 'भारतीय हो?' 'कैसे हो?' 'नमस्ते' 'प्रणाम' जैसे छोटे वाक्य और शब्द सुनने को मिलने लगते हैं। दूसरा, अब भारतीय भी दुनिया भर में पर्यटकों के तौर पर घूम रहे हैं। पैसे खर्च कर रहे हैं। इनकी आर्थिक स्थिति में तेजी से सुधार हो रही है। ये दुबई से लेकर डरबन तक हवाई से ऑस्ट्रेलिया तक जा रहे हैं, दुनिया देखने के लिए, मौज-मस्ती करने के लिए। इसलिए इन हिंदुस्तानियों को प्रभावित करने के लिए तमाम देशों के पर्यटन उद्योग से जुड़े लोग कुछ हिंदी सीख रहे हैं। मुझे आज से 34 वर्ष पूर्व 1984 की एक घटना याद आती है। मैं मॉरीशस में भारतवंशियों के 150 वर्ष पूरे होने के उपलक्ष्य में आयोजित जलसे में भाग लेने राष्ट्रपति ज्ञानी जैल सिंह के नेतृत्व में एक प्रतिनिधिमंडल के सदस्य के रूप में गया था। मॉरीशस की राजधानी

पोर्ट लुइस के बाजार में घूम रहा था। उस इलाके को चाइना टाउन कहा जाता था। सारी दूकानों पर चाइनीज मूल के लोग ही बैठे थे। एक आवाज आई "आओ, आओ सिला-सिलाया सूट सिर्फ 500 रुपए में। फिटिंग मुफ्त।" मैं चौंका, घूमकर देखा तो एक बुढ़ा चाइनीज मुस्कुरा रहा था। मैंने पूछा कि आप हिंदी बोलते हो ? उसने जबाब दिया" मॉरीशस में दूकाने चलानी है तो हिंदी तो बोलनी ही पड़ेगी।"

फिर वापस चलते हैं दावोस में हुए वर्ल्ड इकोनॉमिक फोरम में।

यहाँ सवाल यह है कि जब चीन, जर्मनी, फ्रांस वगैरह के राष्ट्राध्यक्ष इस मंच में अपनी-अपनी भाषाओं में भाषण दे सकते हैं, तो हमें इतने सालों तक क्यों इंतजार करना पड़ा। क्या हीन भावना सता रही थी ? इसके साथ ही एक बात यह भी कि अब यह शक की गुंजाइश ही नहीं है कि हिंदी अंतरराष्ट्रीय दर्जा ग्रहणकर चुकी है, इसलिए इसे अब संयुक्त राष्ट्र की भाषा भी बनानी ही चाहिए।

□

क्यों न हिंदी बने यू.एन. की आधिकारिक भाषा?

क्यों न यह मान लिया जाए कि हिंदी को संयुक्त राष्ट्र की आधिकारिक भाषा बनाए जाने के सरकारी प्रयासों के साथ कांग्रेस नहीं खड़ी है? या यूँ कहें कि विरोध कर रही है। इसका एक उदाहरण पेश है। कांग्रेसी सांसद शशि थरूर जो कि कांग्रेस सांसद बनने के पूर्व संयुक्त राष्ट्र संघ के सहायक महासचिव भी रह चुके हैं; ने बीते दिनों लोकसभा में इस मसले पर हो रही बहस के दौरान यहाँ तक कह दिया कि "हिंदी भारत की राष्ट्रभाषा नहीं राजभाषा है।" हिंदी सिर्फ एक ही देश भारत में बोली जाती है। इसलिए इसको संयुक्त राष्ट्र की आधिकारिक भाषा नहीं बनाया जा सकता। आज के प्रधानमंत्री और विदेश मंत्री हिंदी में बोलते हैं, लेकिन भविष्य में कोई तमिलनाडु या पश्चिम बंगाल से भी तो प्रधानमंत्री बन सकता है, तो हमें उन्हें संयुक्त राष्ट्र में हिंदी में बोलने के लिए मजबूर क्यों करना चाहिए?" मतलब साफ है कि वे प्रेम और मैत्री की भाषा हिंदी को संयुक्त राष्ट्र की भाषा बनाने का समर्थन नहीं करते। क्या वह ऐसा इटली मूल की अपनी नेत्री सोनिया या उनके पुत्र राहुलजी की सहमति के बिना ही ऐसा बोल रहे थे? हालाँकि, शशि थरूर को करारा जवाब देकर सुषमा स्वराज ने चुप करवा दिया था। थरूर की गैर-जरूरी टिप्पणी के बाद उन्होंने कहा, "हिंदी केवल भारत में बोली जाती है, यह सिवाय आपकी अज्ञानता के और कुछ नहीं है। हिंदी भारत के अलावा फिजी में बोली जाती है। जितने भी गिरमिटिया देश हैं, चाहे मॉरीशस हो, त्रिनिदाद टोबैगो, सूरीनाम हो, इन देशों में लोग तो हिंदी बोलते हैं। अमेरिका, इंग्लैंड और खाड़ी के देशों के अप्रवासी भारतीय भी हिंदी बोलते हैं।"

साथ मॉरीशस और फीजी का

अगर बात शशि थरूर और कांग्रेस से हटकर हो तो स्पष्ट है कि भारत हिंदी को संयुक्त राष्ट्र की आधिकारिक भाषा बनवाने को लेकर गंभीरता से प्रयासरत है। वो इस पहल में अपने साथ मॉरीशस और फीजी को भी जोड़ता है। एक बात को समझ ही लेना होगा कि किसी भाषा को संयुक्त राष्ट्र की आधिकारिक भाषा का दर्जा देने के लिए वोटिंग होती है। इसके लिए किसी देश की ओर से लाए जानेवाले प्रस्ताव पर मतदान में हिस्सा लेने के लिए संयुक्त राष्ट्र के सभी 193 देशों को राशि देनी पड़ती है, लेकिन गरीब मुल्क मतदान में हिस्सा लेने के बदले यह खर्च उठाने में सक्षम नहीं है। यह भी जान लेना चाहिए कि सिर्फ पैसों के बल पर हिंदी को यह दर्जा हासिल नहीं हो सकती। धन खर्च करने को तो भारत सरकार तैयार है, लेकिन इसके लिए संयुक्त राष्ट्र के 129 सदस्य देशों का समर्थन जुटाने की भी तो जरूरत होगी।

अभी तक संयुक्त राष्ट्र में चीनी, अंग्रेजी, अरबी, फ्रेंच, रूसी और स्पेनिश को ही आधिकारिक भाषा का दर्जा प्राप्त है। अरबी को 1986 में इस तर्क पर आधिकारिक भाषा की मान्यता दी गई कि इसे 22 देशों में लगभग 20 करोड़ लोग बोलते हैं। संख्या को अगर आधार मानें तो भारत में 100 करोड़ से अधिक लोग हिंदी में संवाद करते हैं। बीस करोड़ से ज्यादा लोग तो भारत के बाहर हिंदी बोलते हैं। यह उनकी भाषा है, पर हिंदी को उन भाषाओं में जगह नहीं मिल रही है, जिनका संयुक्त राष्ट्र में खास स्थान है। 1945 में संयुक्त राष्ट्र की आधिकारिक भाषाएँ केवल चार थीं। अँग्रेजी, रूसी, फ्रांसीसी और चीनी। उनमें 1973 में दो भाषाएँ स्पेनिश और अरबी जुड़ीं। इन भाषाओं में वहाँ पर दिए जानेवालों भाषणों का अन्य भाषाओं में अनुवाद होता है। आपको याद होगा कि जनता पार्टी की सरकार के विदेश मंत्री के रूप में अटल बिहारी वाजपेयी ने 1977 में संयुक्त राष्ट्र के अधिवेशन में सर्वप्रथम हिंदी में भाषण दिया था। उनसे पहले किसी भी भारतीय प्रधानमंत्री या विदेश मंत्री ने हिंदी का प्रयोग इस मंच पर नहीं किया था। अटलजी के उस भाषण के बाद पूरे देश में एक उम्मीद बँधी कि हिंदी को संयुक्त राष्ट्र की आधिकारिक भाषा का दर्जा मिलने ही वाला है।

हिंदी जोड़ती भारत से

अब हिंदी विरोधियों को कौन बताए कि भारत की पुरातन संस्कृति, इतिहास और बौद्ध धर्म से संबंध एक अरसे से भाषाविदों को बारास्ता हिंदी भारत से जोड़ते हैं। टोक्यो यूनिवर्सिटी में 1908 में हिंदी के उच्च अध्ययन का श्रीगणेश हो गया था।

चंदेक बरस पहले इस विभाग ने अपनी स्थापना के 100 साल पूरे किए थे। जापान में भारत को लेकर जिज्ञासा के बहुत से कारण रहे। गुरुदेव रविंद्रनाथ टेगोर चार बार वहाँ की यात्रा पर गए। बुद्ध से भारत के संबंध की एक बड़ी वजह सारे बौध मतावलंबी देशों में रहे ही हैं। अब तो जापानी मूल के लोग ही वहाँ पर मुख्य रूप से हिंदी पढ़ा रहे हैं। वहाँ पर हर बरस करीब 20 विद्यार्थी हिंदी के अध्ययन के लिए दाखिला

लेते हैं। पूर्व सोवियत संघ और उसके सहयोगी देशों जैसे पोलैंड, हंगरी, बुल्गारिया, चेकोस्लोवाकिया वगैरह में भी हिंदी के अध्ययन की लंबी परंपरा रही है। एक दौर में सोवियत संघ और पूर्वी यूरोप के बहुत से देशों और भारत की नैतिकताएँ लगभग समान थीं। वहाँ पर कम्युनिस्ट व्यवस्था थी, जबकि भारत में नेहरू विजन सोशलिज्म का प्रभाव था। दुनिया के बहुत से नामवर विश्वविद्यालयों में हिंदी चेयर इंडियन काउंसिल ऑफ कल्चरल रिलेशंस (आई.सी.सी.आर.) के प्रयासों से स्थापित हुईं। अभी लगभग 124 विश्वविद्यालयों में हिंदी चेयर हैं। इनमें साउथ कोरिया के बुसान और सियोल विश्वविद्यालयों के अलावा पेइचिंग, त्रिनिडाड, इटली, बेल्जियम, स्पेन, तुर्की, रूस वगैरह के विश्वविद्यालय शामिल हैं। अमेरिका के भी येले, न्यूयॉर्क, विनकांसन वगैरह विश्वविद्यालयों में हिंदी पढ़ाई जा रही है। छात्रों की तादाद भी बढ़ती जा रही है। इधर भी अमेरिकी या भारतीय मूल के अमेरिकी नागरिक ही हिंदी पढ़ा रहे हैं।

ताकत हिंदी की

सिंगापुर में एक प्रमुख इलाके का नाम है 'लिटिल इंडिया'। इस घनी आबादी के इलाके में बड़ी संख्या में भारतवंशी रहते हैं। अधिकतर तमिल मूल के हैं। अब बड़ी संख्या में उत्तर भारतीय भी बस गए हैं। इन्हीं की इधर दूकानें और रेस्तराँ भी हैं। यहाँ पर घूमते हुए आपको एक इमारत पर टँगा बोर्ड अपनी तरफ खींचता है। इस पर हिंदी-अंग्रेजी में लिखा है 'डी.ए.वी. हिंदी स्कूल'। डी.ए.वी. हिंदी स्कूल में प्रवेश करते हैं, तो वहाँ पर हिंदी की कक्षाएँ चल रही हैं। हिंदी सीखनेवाले सिंगापुर में कई पीढ़ी पहले बसे भारतीयों के अलावा चीनी और मलय मूल के लोग भी हैं। सिंगापुर में बसे भारतवंशियों के बच्चों को भी यही स्कूल हिंदी सिखाता-पढ़ाता है। यहाँ का सारा वातावरण देखकर लगा कि आप भारत के किसी स्कूल में हों। बीते 50 वर्षों से यहाँ पर हिंदी पढ़ाई जा रही है, हालाँकि सिंगापुर में आर्य समाज की स्थापना को पिछले वर्ष 100 पूरे हुए हैं। लिटिल इंडिया इलाके के कई शो-रूम में आपको बोर्ड हिंदी में दिखाई देते हैं। कुछ इसी तरह का माहौल आपको मिलेगा, दुबई, लंदन और बैंकॉक, पताया के मुख्य बाजारों में। आपको इन सब जगहों के मॉल्स, यूनिवर्सिटी कैंपस, एफ.एम. रेडियो और दूसरे सार्वजनिक स्थानों पर लोग-बाग हिंदी में बातचीत करते हुए मिलेंगे। यानी कि हिंदी ने एक प्रमुख अंतरराष्ट्रीय भाषा के रूप में अपना स्थान बना लिया है। इसकी दो-तीन बड़ी वजहें समझ आ रही हैं। पहली, पूरी दुनिया

में करोड़ों प्रवासी भारतीय या भारतवंशी बसे हुए हैं। ये आपको संसार के हर बड़े-छोटे शहरों में मिल ही जाएँगे। ये भारतीय अपने साथ हिंदी भी लेकर बाहर गए हैं। भले ही तमिलनाडू का कोई शख्स भारत में तमिल में न बतियाता हो, पर देश से बाहर वो किसी अन्य भारतीय के साथ हिंदी ही बोलता है। उससे भी मिस्र, मलेशिया, थाईलैंड, खाड़ी और अफ्रीकी देशों में एयरपोर्ट पर मिलने वाले टूरिस्ट गाइड से लेकर होटलों का स्टाफ तक भी, भले ही टूटी-फूटी हिंदी में ही सही, संवाद स्थापित करने कि कोशिश करते हैं। दरअसल, जैसे ही हम भारतीय किसी अन्य देश के एयरपोर्ट से बाहर निकलते हैं, हमें भारतीय के रूप में पहचाना जाने लगता है। आपका 'क्या हालचाल है?' 'भारतीय हो?' 'कैसे हो?' 'नमस्ते' 'प्रणाम' जैसे छोटे वाक्य और शब्द सुनने को मिलने लगते हैं। दूसरा, अब भारतीय भी दुनिया भर में पर्यटकों के तौर पर घूम रहे हैं।

यकीन मानिए हिंदी को जानने-समझने की लालसा समूचे संसार में देखी जा रही है। बेशक हिंदी प्रेम और मानवीय संवेदनाओं की बेजोड़ भाषा है। लगभग सभी टैक्सी वाले भी कुछ-न-कुछ हिंदी समझ लेते हैं। कम-से-कम एकाध लाइन हिंदी फिल्मों का गाना तो गुनगुना ही देते हैं। जब से चीनी कंपनियों ने भारत के बाजार में तेजी के अपनी पैठ बनाना शुरू किया है, तब से चीनी कंपनियों के भारत में काम करनेवाले पेशेवर भी हिंदी सीख रहे है। मजे की बात यह है कि चीनियों को हिंदी सिखाने का काम पाकिस्तान की एक सरकारी शिक्षण संस्थान कर रहा है।

चूँकि अब हिंदी अंतरराष्ट्रीय दर्जा ग्रहणकर चुकी है, इसलिए अब इसे संयुक्त राष्ट्र की भाषा भी बनना ही चाहिए। आज नहीं तो कल। कबतक करोगे अन्याय हिंदी से? हिंदी आज व्यापार की भाषा बन चुकी है। हिंदी भाषियों से व्यापर करने की चाहत है तो हिंदी सीखनी ही होगी? देखते रहो! हिंदी जल्द ही सिर पर चढ़कर बोलेगी।

□

नेताजी से क्यों भयभीत रहते थे नेहरूजी

पूरी दुनिया जानती है कि देश की आजादी की लड़ाई में नेताजी सुभाष चंद्र बोस का योगदान अविस्मरणीय रहा, पर पंडित जवाहर लाल नेहरू ने शायद अपनी हीनभावना के कारण ही, जानबूझकर उनका लगातार अपमान किया। इसके विपरीत नेताजी ने तो उनको सदैव अपना बड़ा भाई ही माना और पूरा सम्मान दिया। देश की आजादी के बाद भी नेहरूजी को यह लगता रहा कि नेताजी कभी भी अचानक से देश के सामने प्रगट हो सकते हैं। इसका खुलासा तो अब हो चुका है। इसमें भी पंडित नेहरू की कुंठा और अज्ञात भय ही कारण रहा होगा। नेहरूजी के निर्देश पर नेताजी के कलकत्ता में रहनेवाले परिवार के सभी सदस्यों की गतिविधियों पर लगातार केंद्रीय खुफिया विभाग (आई.बी.) की नजर रखी जाती थी। नेहरूजी को यह तो पता था ही कि नेताजी ही देश के सर्वाधिक लोकप्रिय नेता हैं। जनता उन्हें तहेदिल से चाहती हैं और सम्मान भी देती है, लेकिन नेहरूजी के दिमाग के किसी कोने में यह बात घर कर गई थी कि अगर नेताजी फिर से देश लौटे तो उनकी सत्ता तो चली ही जाएगी। जाहिर है, नेहरूजी की सोच के साथ उस वक्त की कांग्रेस खड़ी थी। इसलिए ही सभी कांग्रेसी सरकारें बोस परिवार पर दो दशकों तक पैनी खुफिया नजर रखती रहीं। नेहरूजी की 1964 में मृत्यु के बाद भी 1968 तक नेताजी के परिजनों पर खुफिया एजेंसियों की निगरानी कायम रही।

नेताजी के सबसे करीबी भतीजे अमियानाथ बोस 1957 में जापान गए। इस बात की जानकारी नेहरूजी को मिली। उन्होंने 26 नवंबर,1957 को देश के विदेश सचिव सुबीमल दत्ता को आदेश दिया कि वे भारत के टोक्यो में पदस्थापित राजदूत की ड्यूटी लगाएँ, यह पता करने के लिए कि अमियानाथ बोस जापान में कर क्या रहे हैं? यही नहीं, उन्होंने इस बात की भी जानकारी देने को कहा था कि अमिया बोस भारतीय

दूतावास या नेताजी की अस्थियाँ जहाँ रखी गई हैं वहाँ पर गए थे या नहीं? अब जरा अंदाजा लगाइए कि नेहरूजी किस तरह की सस्ती और ओछी हरकतों में लिप्त थे। वे कितने भयभीत थे। इस सनसनीखेज तथ्य का खुलासा हुआ है अनुज धर की पुस्तक 'इंडियाज बिगेस्ट कवर-अप" में। सवाल यह उठता है कि नेहरूजी जापान में अमिया नाथ बोस की गतिविधियों को जानने को लेकर आखिर इतने उत्सुक क्यों थे? क्या उन्हें ऐसा लगता था कि अमियानाथ की गतिविधियों पर नजर रखने से नेताजी के बारे में उन्हें कुछ पुख्ता जानकारी मिल सकेगी? क्या इसीलिए वे अमियानाथ बोस पर देश में और उनके देश से बाहर जाने पर भी खुफिया निगरानी करवाते थे? कहते हैं कि अमियानाथ बोस पर नजर रखने के निर्देश खुद प्रधानमंत्री नेहरूजी ने ही दिए थे। नेहरूजी के बारे में यह भी कहा जाता है कि वे देश के प्रधानमंत्री बनने से पहले तो अमियानाथ बोस के कलकत्ता के 1, बुडवर्न पार्क स्थित आवास में जाते थे, पर प्रधानमंत्री बनने के बाद उन्होंने अचानक अमियानाथ बोस से सारे संबंध तोड़ लिये।

दिल दुःखाया नेताजी का

नेताजी जब भी इलाहाबाद जाते थे तो वे नेहरू परिवार के आवास आनंद भवन में जाना कभी भी नहीं भूलते थे। कांग्रेस के 1928 में कलकता में हुए सत्र में भाग लेने के लिए निमंत्रण देने के लिए नेताजी तो खुद ही 'आनंद भवन' पहुँचे थे। उन्होंने मोतीलाल नेहरू और जवाहर लाल नेहरूजी को इसमें भाग लेने का स्वयं न्योता दिया था। नेताजी लगातार नेहरूजी को खत भी लिखते रहते थे। वे नेहरूजी से पारिवारिक मसलों पर भी लगातार पूछताछ किया करते थे। जिन दिनों इंदिरा गांधी अपनी माँ कमला नेहरू के पास स्विट्जरलैंड में थीं, तब नेताजी ने पत्र लिखकर नेहरूजी से पूछा था, "इंदु (इंदिराजी के बचपन का नाम) कैसी हैं? वह स्विट्जरलैंड में अकेला तो महसूस नहीं करती?" नेताजी ने पंडित नेहरू को 30 जून, 1936 से लेकर फरवरी 1939 तक लगातार पत्र लिखे। इन सभी पत्रों में नेताजी ने नेहरूजी के प्रति बेहद आदर का भाव दिखाया है। नेहरूजी को लिखे शायद उनके आखिरी खत के स्वर से ऐसे संकेत मिलते हैं कि नेता को उस समय तक यह अच्छी तरह समझ में आ गया था कि वे (नेहरूजी) अब उनसे (नेताजी से) दूरियाँ बना रहे हैं। यह खत भी कांग्रेस के त्रिपुरी सत्र के बाद ही लिखा गया था। यानी 1939 में। अपने उस 27 पन्नों के खत में वे साफ कहते हैं, "मैं महसूस करता हूँ कि आप (नेहरूजी) मुझे बिल्कुल नहीं चाहते।"

दरअसल, नेताजी इस बात से आहत थे कि नेहरूजी ने 1939 में त्रिपुरी में हुए कांग्रेस के सत्र में उनका बिल्कुल साथ नहीं दिया। नेताजी दुबारा कांग्रेस के त्रिपुरी सत्र में अध्यक्ष निर्वाचित हुए थे। पर उन्होंने विजयी होने के बाद भी अपना पद छोड़ दिया था। क्यों छोड़ा था, इस तथ्य से सारा देश वाकिफ है। देश को यह भी पता है कि नेताजी ने कांग्रेस अध्यक्ष पद के चुनाव में गांधीजी के उम्मीदवार डॉ. पट्टाभि सीतारमैया को करारी शिकस्त दी थी। गांधीजी ने तो त्रिपुरी में यहाँ तक घोषणा कर दी थी कि "सीतारमैया की हार मेरी हार होगी।" नेताजी के दोबारा अध्यक्ष चुने जाने से कांग्रेस में आतंरिक कलह तेज हो गई थी। गांधीजी यह हरगिज नहीं चाहते थे कि नेताजी फिर से कांग्रेस के अध्यक्ष बनें। गांधी की इस राय से नेहरूजी भी पूरी तरह से सहमत थे। तब नेताजी ने अमिया बोस को 17 अप्रैल, 1939 को लिखे पत्र में कहा था, "नेहरू ने मुझे अपने व्यवहार से बहुत पीड़ा पहुँचाई है। अगर वे त्रिपुरी में तटस्थ भी रहते तो पार्टी में मेरी स्थिति बेहतर होती।

नामधारी सिखों के पूजनीय नेताजी

नेताजी सुभाषचंद्र बोस भारत के उन गिने-चुने नेताओं में हैं, जिन्हें देश के आम-खास सभी तहे-दिल से आदर सम्मान करते हैं, हालाँकि स्वाधीनता आंदोलन के इतिहास लिखनेवालों ने उनके योगदान को कमतर करने की भरपूर कोशिशें की हैं। फिर भी उनके प्रति सारा देश का कृतज्ञता का भाव रखता है। अब नामधारी सिख बिरादरी को ही ले लीजिए। ये नेताजी सुभाष चंद्र बोस को अपने बिरादरी का पूज्य मानती है। लगभग हरेक नामधारी सिख के घर में उनका चित्र टँगा मिलेगा या उनके जीवन से जुड़ी कोई किताब जरूर मिलेगी। नेताजी का जन्म दिन आते ही बुजुर्ग नामधारी नेताजी का स्मरण करने लगते हैं। नेताजी का नामधारी सिखों से संबंध 1943 के आसपास स्थापित हुआ था। तब नेताजी थाईलैंड में भारत को अंग्रेजी राज की गुलामी से मुक्ति दिलाने के लिए वहाँ पर बसे भारतीय समाज के साथ गहन संपर्क कर रहे थे। एक दिन नेताजी का थाईलैंड की नामधारी बिरादरी के प्रमुख सरदार प्रताप सिंह के आवास में जाने का कार्यक्रम बना। वहाँ पर तमाम नामधारी बिरादरी मौजूद थी। नेताजी ने वहाँ नामधारी भाईयों से आह्वान किया कि वे उनकी धन इत्यादि से मदद करें, ताकि वे गोरी सरकार को उखाड़ फेंक सकें। उसके बाद तो वहाँ पर मौजूद नामधारी और वहाँ उपस्थित गैर-नामधारी भारतीयों ने धन, गहने और अन्य सामानों का ढेर नेताजी के आगे लगा दिया। यह सब नेताजी ध्यान से देख रहे थे। पर नेताजी को तब कुछ हैरानी हुई जब उनके मेजबान (सरदार प्रताप सिंह) ने उन्हें अंत तक स्वयं कुछ भी नहीं दिया। तब नेताजी ने सरदार प्रताप सिंह से व्यंग्य के लहजे में पूछा, "तो आप नहीं चाहते कि भारत माता गुलामी की जंजीरों से मुक्त हो?" जवाब में सरदार प्रताप सिंह ने बड़ी विनम्रता से कहा, "नेताजी, मैं तो इंतजार कर रहा था कि एक बार सारे उपस्थित लोग अपनी तरफ से जो देना है, दे दें। उसके बाद मैं उसके बराबर की रकम आपको अपनी ओर से अकेले ही अलग से दे दूँगा।" यह सुनते ही नेताजी ने सरदार प्रताप सिंह को गले लगा लिया। उस दिन के बाद से नेताजी नामधारियों के भी प्रिय नेता हो गए। आज भी नामधारी सिख बिरादरी दिल्ली से बैंकॉक तक में नेताजी के जन्म दिन पर गोष्ठी और दूसरे कार्यक्रम आयोजित करती है।

श्रमिकों के हितैषी भी

कभी-कभी मुझे इस बात पर हैरानी होती है कि हमारे देश में नेताजी सुभाषचंद्र बोस के द्वारा मजदूरों के हक के लिए किए उनके जुझारू संघर्ष पर कभी चर्चा नहीं

होती। नेताजी टाटा स्टील मजदूर संघ के साल 1928 से 1937 तक लगातार नौ वर्षों तक प्रेसिडेंट रहे। वे बहुत ही सक्रिय थे, यूनियन की गतिविधियों में। वे मजदूरों के अधिकारों को लेकर बहुत ही संवेदनशील रहते थे और उनके मसले लगातार मैनेजमेंट के समक्ष उठाते थे।

टाटा स्टील की मजदूर संघ का गठन 1920 में हुआ था। तब टाटा कंपनी में पर भारतीय अफसर बहुत ही कम थे। नेताजी ने यूनियन के अध्यक्ष चुने जाने के बाद कंपनी के चेयरमेन एन.बी. सकतावाला को 12 नवंबर, 1928 को लिखे अपने एक पत्र में कहा कि, "कंपनी के साथ सबसे बड़ी दिक्कत ये भी है कि कामगार सारे भारतीय हैं, पर इसमें भारतीय अफसर बहुत कम हैं। ज्यादातर अहम पदों पर ब्रिटिश ही हैं।" उन्होंने आगे लिखा कि वे चाहते हैं कि टाटा स्टील का भारतीयकरण हो। इससे यह कंपनी और बुलंदियों पर जाएगी। नेताजी के पत्र के बाद टाटा स्टील का मैंनेजमेंट चेता और उसने अपना पहला भारतीय जनरल मैनेजर बनाया। नेताजी के आह्वान पर टाटा स्टील में 1928 में ऐतिहासिक हड़ताल भी हुई। उसके बाद से ही टाटा स्टील में मजदूरों को बोनस मिलना शुरू हुआ। टाटा स्टील इस लिहाज से देश की पहली बोनस देनेवाली कंपनी बन गई, जिसका श्रेय नेताजी को ही जाता है। 1928 में हुई सफल हड़ताल के बाद नेताजी ने टाटा स्टील यूनियन से अपनी दूरियाँ बना लीं। मैनेजमेंट से मजदूरों के हक में समझौता करने के बाद वे स्वाधीनता आंदोलन में कूद पड़े। ट्रेड यूनियन के इतिहास को जानने वाले जानते हैं कि नेताजी के प्रयासों के बाद आगे चलकर देश की दूसरी बड़ी कंपनियों ने भी अपने मजदूरों को बोनस देना शुरू कर दिया। जमशेदपुर में मजदूरों का नेतृत्व करने के दौरान नेताजीको दो-दो बार एटक का राष्ट्रीय अध्यक्ष भी चुना गया। 21 सितंबर, 1931 को जब नेताजी जमशेदपुर टाउन मैदान में मजदूरों द्वारा आयोजित सभा की अध्यक्षता कर रहे थे, तभी उन पर कातिलाना हमला भी किया गया। अचानक कुछ लोग मंच के ऊपर चढ़ गए। वे नेताजी और मंच पर उपस्थित अन्य लोगों से मारपीट भी करने लगे, लेकिन निहत्थे मजदूर जब हमलावरों पर भारी पड़ने लगे, तब वे भाग खड़े हुए। हमलावर नेताजी की हत्या की नीयत से आए थे, किंतु वे सफल नहीं हुए। इस घटना में कुल 40 लोग घायल हुए थे। टाटा स्टील मजदूर संघ को छोड़ने के बाद नेताजी सुभाष चंद्र बोस देश की आजादी के लिए चल रहे राष्ट्रव्यापी आंदोलन का हिस्सा बन गए और देखते-देखते ही देश भर में सर्वोच्च लोकप्रिय नेता बन गए।

□

बॉलीवुड क्यों मानता है आई.एस.आई. को भारत का मित्र

क्या अब पाकिस्तान की विश्व कुख्यात भारत विरोधी खुफिया एजेंसी इंटर सर्विस इंटेलीजेंस (आई.एस.आई.) भारत की मित्र और शुभचिंतक बन गई है? ऐसा आखिरकार कब से हो गया? हाल ही में रीलिज हुई सलमान खान की फिल्म 'टाइगर जिंदा हैं' में आई.एस.आई. को भारत की हमदर्द एजेंसी के रूप में जोरदार ढंग से पेश किया गया है। मजे की बात है कि सेंसर बोर्ड ने इसे पास भी कर दिया है। फिल्म की मोटे तौर पर कहानी यह है कि इराक में भारत की नर्से कट्टरवादी इसलामिक संगठन आई.एस.आई.एस. के कब्जे में आ गई हैं। उन्हें मुक्त करवाने के अभियान में पाकिस्तानी खुफिया एजेंसी आई.एस.आई. सहयोग करती है भारतीय खुफिया एजेंसी रॉ का। क्या रीयल लाइफ की सच्चाइयों को सीधा उलटकर रील लाइफ में किसी भी रूप में दिखाया जाना चाहिए? इस प्रकार, दिन को रात कहना कहाँ तक सही माना जाए?

'टाइगर जिंदा है' को दर्शक तो बहुत पसंद कर रहे हैं। फिल्म भी हिट हो चुकी है। मोटा बिजनेस कर रही है। पैसा बरस रहा है। यहाँ तक तो सब सही है, पर सवाल यह है कि क्रिएटिव फ्रीडम की आड़ में आप जो कुछ भी चाहेंगे दर्शकों को दिखा देंगे? क्या सेंसर बोर्ड सोया हुआ है, जो टाइगर को जिंदा कर रहा है। ऐसी फिल्म में आई.एस.आई. की भूमिका को लेकर सेंसर बोर्ड निर्विकार और तटस्थ भाव लिए हुए है?

आई.एस.आई. का इतिहास

आई.एस.आई. का इतिहास भारत में गड़बड़ी और अस्थिरता फैलाने के

उदाहरणों से अटा पड़ा है। पाकिस्तान को मालूम है कि वो सीधे युद्ध में भारत के सामने कभी टिक नहीं सकता। इसलिए वह आई.एस.आई. के माध्यम से भारत के खिलाफ छद्म युद्ध छेड़े हुए है। खालिस्तान से लेकर कश्मीर में देश विरोधी ताकतों को आई.एस.आई. ने हमेशा से खाद-पानी दिया है। सर्वविदित है कि आई.एस.आई. का वर्तमान में मुख्यालय पाकिस्तान की राजधानी इसलामाबाद में है। आई.एस. आई. को भारत विरोधी एजेंसी के रूप में खड़े करने में पाकिस्तान के पूर्व सैनिक तानाशाह जिया उल हक की विशेष भूमिका थी। उन्होंने अपने खासमखास सेना के अफसरों को ही आई.एस.आई. में नई जान फूँकने की जिम्मेदारी सौंपी थी। कौन नहीं जानता कि मुंबई में साल 2008 में हुए खूनी आतंकवादी हमले और काबुल में भारतीय दूतावास को निशाना बनाकर किए गए विस्फोट के पीछे आई.एस. आई. का ही हाथ था। यह दावा भारत का नहीं, बल्कि बी.बी.सी. ने दो हिस्सों में प्रसारित अपने एक चर्चित अनुसंधानात्मक कार्यक्रम में किया था। इसे 'सीक्रेट पाकिस्तान' नाम दिया गया था।

पाकिस्तान से आए आतंकवादियों ने 26 नवंबर, 2008 को मुंबई के कई प्रमुख स्थानों पर हमला किया था। उन हमलों में हर जगह लश्कर-ए-तैयबा की छाप नजर आई थी। हमलों की शुरुआत से लगने लगा था कि यह लश्कर की करतूत है। एक बार जब आप लश्कर से इन हमलों को जोड़ते हैं, तो आप इसे पाकिस्तानी खुफिया एजेंसी आई.एस.आई. से भी निश्चित रूप से जोड़ेंगे, क्योंकि लश्कर-ए-तैयबा तो आई.एस.आई. का नाजायज बच्चा के रूप में विश्व विख्यात है। काबुल में जुलाई, 2008 में विस्फोटकों से लदी कार को भारतीय दूतावास के निकट उड़ा दिया गया था। इस हमले में 58 लोग मारे गए थे और 141 घायल हो गए थे। सूचना और सिलसिलेवार घटनाक्रम से पूरी तरह स्पष्ट हो गया था कि काबुल में विस्फोट करनेवाले हक्कानी नेटवर्क को आई.एस.आई. का समर्थन मिला हुआ था। ये तो आई.एस.आई. के भारत-विरोध को दर्शाते मात्र दो उदाहरण ही हैं, लेकिन अब हमारे फिल्म निर्माता उसी आई.एस.आई. को अपने यहाँ एक महान् और मानवीय संवेदना से ओत-प्रोत एजेंसी बनाने का असफल प्रयास कर रहे हैं।

कमर टूटी आई.एस.आई. की

भारत में जाली करेंसी का धंधा करवाने में भी हमेशा से आई.एस.आई. को महारत हासिल है। नोटबंदी के कारण 500 और एक हजार के नोट बंद करने के

ऐलान ने पाकिस्तान की भी नींद उड़ा दी थी। आतंकवाद को पालने-पोसनेवाले पाकिस्तान को ऐसा झटका दिया मोदीजी ने कि वो चारों खाने चित हो गया। आई.एस.आई. ने भारतीय करेंसी के 500 और एक हजार रुपए के जाली नोट बड़ी संख्या में छपवाकर रखे थे। ये जाली नोट पाकिस्तान की सरकारी मिलों में बने उसी कागज से तैयार किए गए, जिससे पाकिस्तानी नोट भी तैयार होते हैं। ये नकली नोट भी उन्हीं मशीनों पर छापे भी गए थे, जिसका इस्तेमाल पाकिस्तान अपने नोट छापने के लिए करता है। यहाँ तक कि इन नोटों में वही रंग इस्तेमाल किए गए थे, जो पाकिस्तान अपनी करेंसी छापने में करता है। पाकिस्तान में तैयार इन जाली नोटों को भारत में अलग-अलग रास्तों और तरीकों से पहुँचाया जाता था। खुफिया सूत्रों के मुताबिक जाली नोटों का बहुत बड़ा हिस्सा सीमा पार से आतंकियों की मदद के लिए भी भेजा जाता है। इतनी भयानक खुफिया एजेंसी को भारत कभी भी अपना हितैषी नहीं मान सकता, लेकिन इसे ऐसा ही दिखने की कारीगरी 'टाइगर जिंदा है' के निर्माताओं ने की है।

और भी हैं उदाहरण

बात सिर्फ 'टाइगर जिंदा है' पर ही खत्म नहीं हो जाती। मालूम नहीं कि कब हम अपने मित्रों और शत्रुओं को पहचानना शुरू करेंगे। यकीन मानिए कि हम तो अपने ऊपर बम गिरानेवालों को भी गले लगाने से पीछे नहीं हटते।

हमने अपने देश में 1965 और 1971 की जंगों के पाकिस्तानी नायक के पुत्र को नायक बनाया हुआ है। फ्लाइट लेफ्टिनेंट अरशद सामी खान को पाकिस्तान अपने सबसे आदरणीय योद्धाओं की श्रेणी में रखता है। वे उन्हीं अदनान सामी के पिता थे, जो गीत-संगीत से ज्यादा घरेलू पचड़ों में फँसे रहते हैं। अदनान सामी को तो अब भारत की नागरिकता मिल चुकी है।

फ्लाइट लेफ्टिनेंट अरशद सामी खान का खासतौर पर उल्लेख पाकिस्तान एयरफोर्स के संग्रहालय और वेबसाइटों में किया गया है। उनके चित्र के साथ उनकी बहादुरी का बखान करते हुए कहा गया है, 'फ्लाइट लेफ्टिनेंट अरशद सामी खान ने भारत के खिलाफ 1965 की जंग में शत्रु (भारत) का एक लड़ाकू विमान, 15 टैंकों और 12 वाहनों को नष्ट किया। वे रणभूमि में विपरीत हालतों के बावजूद शत्रु की सेना का बहादुरी से मुकाबला करते रहे। फ्लाइट लेफ्टिनेंट अरशद सामी खान को उनकी बहादुरी के लिए 'सितारा-ए-जुर्रत' से नवाजा जाता है।' फ्लाइट लेफ्टिनेंट अरशद सामी खान के संबंध में किए गए इन दावों की जाँच की जरूरत नहीं है। पाकिस्तान झूठे दावों को करने के लिए बदनाम रहा है। वहाँ पर सेना को तमाम युद्ध हारने के बाद भी महान् माना जाता है।

आप हैरान होंगे कि उसी फ्लाइट लेफ्टिनेंट सामी साहब की किताब का विमोचन भारत की राजधानी नई दिल्ली में 28 फरवरी, 2008 को हुआ पुस्तक का नाम था—'श्री प्रेसिडेंट एंड एन एड-लाइफ पॉवर एंड पॉलिटिक्स।' उस विमोचन के मौके पर पूर्व प्रधानमंत्री आई.के. गुजराल और पंजाब के मुख्यमंत्री अमरिंदर सिंह समेत राजधानी के सेमिनार सर्किट के तमाम नामी-गिरामी हस्ताक्षर मौजूद थे। गुजराल साहब ने किताब का विमोचन किया था और तारीफों के कसीदे भी कहे तो अब मान गए होंगे न कि भारत अपने खिलाफ साजिश रचनेवालों से लेकर बम फेंकनेवाले को भी गले लगा लेता है।

क्या 1971 की जंग के भारतीय नायक सैम मानकेशॉ पर लिखी किसी पुस्तक का पाकिस्तान में विमोचन कभी संभव है? क्या उनके या उनके जैसे किसी भारतीय

योद्धा की संतान को पाकिस्तान में वही दर्जा मिल सकता है, जो हमने अदनान सामी को अपने यहाँ पर दिया? टाइगर जिंदा है में आई.एस.आई. के रोल पर देश में किसी तरह की बहस या विरोध तक का न होना स्पष्ट करता है कि हम गहरे राष्ट्रीय हितों से जुड़े सवालों पर कतई गंभीर नहीं है।

□

लिट-फेस्ट में क्यों मिले देश विरोधियों को मंच

लिट-फेस्ट यानी साहित्यिक उत्सव। एक इस तरह का कार्यक्रम जहाँ पर लेखक और उनके पाठक सीधे मिलें, उनके बीच सीधा संवाद हो, लेखकों के काम पर टीका-टिप्पणी भी हो। वे भी अपनी नई किताब पर या फिर किसी भी विषय पर बेबाकी से राय रखें। जाहिर है, देश के विभिन्न शहरों में 'लिट-फेस्टिवल' के बढ़ते आयोजन अपने आपमें एक अच्छी शुरुआत मानी जानी चाहिए। यहाँ तक सब ठीक है। किसी भी देश और समाज को दिशा उसके लेखक और कवि ही तो देते हैं। वह समाज मरा हुआ माना जाता है, जो अपने लेखकों के प्रति कृतज्ञता का भाव नहीं रखता।

लेकिन अब कुछ 'लिट-फेस्टिवल' के दौरान एक खास एजेंडे पर चलनेवाले लेखक अभिव्यक्ति की स्वतंत्रता की आड़ में देश विरोधी विचार रखने से बाज नहीं आते। पुस्तक चर्चा और लेखकों से भेंट तथा संवाद के बहाने 'लिट-फेस्टिवल' में ऐसी आवाजों को तरजीह दी जाने लगी है, जो जानबूझकर मंच से ऐसी बातें कहेंगे, जिससे भारतीयता की भावना का अपमान हो। ये तो सदैव राष्ट्रवाद को लांछित करके अपने को महान् साबित करने की फिराक में लगे रहते हैं। ये महानुभाव तो शब्दों के उत्सव की मूल भावना का ही अनादर और अवहेलना करते रहते हैं। संस्कृति कर्मी मालिनी अवस्थी ने विगत दिनों अपनी फेसबुक वॉल पर बताया कि जयपुर 'लिट-फेस्ट' में मुख्य वक्ता के तौर पर पधारे 'पीकू अय्यर' ने अपने उद्बोधन में राष्ट्रवाद का अपमान कुछ इस तरह से किया है कि वे राष्ट्रवाद और आतंकवाद दोनों को एक तराजू में तौलने लगे। पीकू अय्यर के शब्दों में "हम राष्ट्रवादियों और

आतंकवादियों को मिटा नहीं सकते हैं, लेकिन हम हमारे शब्द, विचार, और कल्पना से दुनिया बदलने की कोशिश कर सकते हैं।" अब आप जरा अय्यर के उक्त विचार को पढ़े और समझें। वे राष्ट्रवाद की तुलना आतंकवाद से कर रहे हैं। निश्चय ही इस तरह की बात कोई सिरफिरा शख्स ही करेगा। भारत में अभिव्यक्ति की आजादी ही तो है, तभी तो हम इस तरह के अनर्गल प्रलाप करनेवाले दुस्साहसी पीकू अय्यर को लोगबाग महान् बुद्धिजीवी मान 'लिट-फेस्ट' के स्वागत उद्बोधन के लिए आमंत्रित करते हैं, और वह जान कर उसी जगह चोट करते हैं, जहाँ आयोजकों के लिए उन्हें बुलाना सार्थक सिद्ध हो।

नहीं होता विरोध

हैरानी इसलिए होती है, क्योंकि पीकू अय्यर जब अपनी अधकचरी सोच रखते हैं, तो कोई विरोध में आवाज तक नहीं बुलंद करता। उन्हें सुना जाता है। तालियाँ भी बजाई जाती हैं। उन्हें किसने अधिकार दिया कि वह हमारे ही देश में आकर एक मंच का आश्रय लेकर एक ही साँस में राष्ट्रवाद और आतंकवाद की तुलना करने का दुःसाहस करें। दुर्भाग्य यह है कि पीकू सरीखे कथित लेखकों का प्रतिवाद करने के लिए दूसरा पक्ष आगे नहीं आता। लगता है कि राष्ट्रवादी अपनी बौद्धिक सामग्री को सही वक्त पर इस्तेमाल करने से चूक जाते हैं। वस्तुतः कम्युनिस्ट बुद्धिजीवियों द्वारा पश्चिमी विद्वानों की दो चार लाइनें कोट कर देने भर से राष्ट्रवादी विचारधारा को माननेवाले बुद्धिजीवी आत्मसमर्पण कर देते हैं। जरूरत राष्ट्रवाद को हिंदू संदर्भ में परिभाषित करने की है।

बरपा हंगामा क्यों

अब देखने में ये भी आ रहा है कि किसी जगह के फेस्ट को अखिल भारतीय स्तर पर प्रचार दिलवाने के लिए आयोजक देश विरोधियों को बुलाने लगे हैं। क्या जवाहरलाल नेहरू यूनिवर्सिटी छात्र संघ का पूर्व अध्यक्ष कन्हैया कुमार लेखक है? उसे दूर-दूर तक कोई लेखक नहीं मान सकता, लेकिन उसे लिट-फेस्टिवल में बुलाया जाता है। पिछले साल लखनऊ लिट-फेस्टिवल में कन्हैया कुमार को वक्ता के रूप में बुलाया गया था, तब उनके वहाँ वक्ता के रूप में बुलाए जाने पर कसकर हंगामा भी हुआ था। विरोध के बावजूद कन्हैया कुमार को मंच दिया गया। विरोध करनेवालों का कहना था कि साहित्य के कार्यक्रम में कन्हैया कुमार का क्या काम

है। उन्होंने 'कन्हैया कुमार वापस जाओ' के नारे भी लगाए। वहीं दोनों पक्षों के बीच विवाद की वजह से अफरातफरी का माहौल बन गया। बहरहाल, कन्हैया के आने से जो हंगामा बरपा उससे लखनऊ फेस्ट देश भर में अपनी जगह बनाने में सफल रहा। कहते हैं न कि 'बदनाम हुए तो क्या नाम न हुआ?'

दरअसल, इतिहास को तोड़-मरोड़कर दफनाने की जिम्मेदारी इन लिट-फेस्ट से जुड़े लेफ्टिस्ट लंपटों ने ही ले ली है। ये हर जगह तथाकथित बुद्धिजीवी बनकर ऐसे घुस जाते हैं कि जैसे कि आज हम हिंदुस्तान का इतिहास भूलकर मुगल और फिरंगियों के गुणगान में लगे हैं। राष्ट्रवाद को 'हिंदू राष्ट्रवाद' तक सीमित कर दिया गया है। कला ,साहित्य सब इन बुद्धिजीवियों की जागीर बन कर रह गई है।

दे दो कालजयी रचना

लिट-फेस्टिवल की उपयोगिता पर कोई सवाल नहीं खड़े कर सकता है, लेकिन यह तो देखना ही होगा कि कुछ तथाकथित लेखक इस मंच का दुरुपयोग करने से

बाज आएँ। ये अपनी गिरेबान में झाँककर तो देखें कि क्या उनके काम से आम-जन वाकिफ भी है? तो जवाब होगा कि कतई नहीं। ये सब मिलकर पिछले कई दशकों में ऐसी एक भी रचना दे पाने में असफल रहे हैं, जो जन-मानस को इनसे जोड़ सके। ये स्वयंभू साहित्यकार स्वांतः सुखाय कुछ भी लिखते रहते हैं और जोड़-तोड़, चाटुकारिता, भाई-भतीजावाद, जुगाड़ व चरण-वंदना से 'महान्' बन जाते हैं या पुरस्कार पा जाते हैं। लेकिन इनकी 'रचनाएँ' महज 500 से 1000 प्रतियों में छपकर पुस्तकालयों में धूल खाने चली जाती हैं। क्या किसी भी आम-आदमी ने खरीदकर अरुंधति राय की एक भी रचना पढ़ी? यह रोना व्यर्थ होगा कि अब लोगों की पढ़ने की आदत खत्म हो गई है। अमीश त्रिपाठी और चेतन भगत जैसे लेखकों की रचनाएँ लॉञ्च होने से पहले ही कैसे बिक जाती हैं? अफसोस! कलम के कथित सिपाही अपने लेखन से जन-जागरण करने के बजाय राजनैतिक पार्टियों के मोहरे बन कर खुश हैं। प्रेमचंद का रास्ता कठिन है और जनमानस से जुड़ा लेखन तो इन सबके लिए नितांत असंभव है। ये ही लेखक कुछ समय पहले अभिव्यक्ति की स्वतंत्रता पर आँच आने के कथित खतरे से नाराज होकर अपने सरकारी सम्मान और पुरस्कार वापस कर रहे थे। इन लेखकों की पंजाब में आतंकवाद के दौर में आतंकियों के खिलाफ कलम क्यों थमी? इंदिरा की इमरजेंसी के दौर में भी इनके कलम की स्याही सूख गई थी। आतंकवाद के दौर में आप ही दुबके रहे आतंकियों के भय से। देश में स्तरीय साहित्य की रचना हो तथा कलम के सिपाही सच लिखकर समाज को दिशा दें, ये नितांत आवश्यक है, पर उन कथित लेखकों को समाज और पाठक खारिज करें जो देश को कमजोर करने का दुस्साहस करते हैं।

□

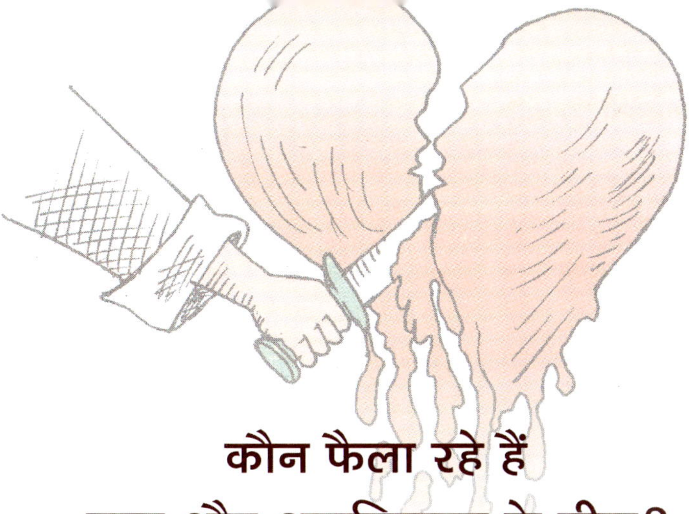

कौन फैला रहे हैं घृणा और असहिष्णुता के बीज?

पिछले एक फरवरी की शाम अंकित सक्सेना का राजधानी दिल्ली के रघुवीर नगर में सरेआम कत्ल हो गया। घिनौना, हृदय विदारक और बर्बरतापूर्ण। जैसे बकरे को जिबह (गला रेतकर) करके मारा जाता है, वैसे ही बीच सड़क पर 23 साल के नौजवान पेशेवर फोटोग्राफर को महज इसलिए जान से हाथ धोना पड़ा, क्योंकि उसने एक बीस बरस की बालिग मुसलमान कन्या से प्रेम करने का दुस्साहस किया था। दोनों के बीच घनिष्ठता बढ़ती ही जा रही थी। उस दिन शाम भी वह बेचारी अंकित से मिलने निकली ही थी कि उस 20 वर्षीय प्रेमिका के अपने बाप, मामा, चाचा और भाईयों ने उसी की माँ के साथ मिलकर भरी बाजार में बीच सड़क पर अंकित को उसके घर के बाहर ही पकड़ लिया और एक धारदार चाकू से उसके गले को रेत-रेतकर कत्ल कर दिया। पर उस बदनसीब अंकित के कत्ल पर देश भर की सेक्युलर बिरादरी ने जैसी कि उनसे पहले से ही उम्मीद की जा रही थी, कोई प्रतिक्रिया तक नहीं दी। उन्हें गौ-कशी करने और गौमांस रखने के आरोपी अखलाख की हत्या के वक्त देश में अभिव्यक्ति की आजादी पर संकट आता भी नजर नहीं आया। इसीलिए वे शांत हैं, मस्त हैं और सेक्युलरवाद की जाम टकराने में व्यस्त हैं। उन्हें अपनी मस्ती भरे ठहाकों के बीच अंकित के माँ की चीख सुनाई तक नहीं देती। उन्हें यही करना भी चाहिए था।

क्या हो गया है इस देश में? जहाँ यह गाया जाता रहा है कि 'मजहब नहीं सिखाता आपस में बैर करना, हिंदी हैं, हमवतन हैं, हिंदोस्ता हमारा।' किसने बिगाड़ा इस माहौल को? किसने सिर चढ़ाया इन धर्मांध उन्मादियों को?

अपने परिवार के इकलौते कमाऊ सदस्य अंकित की सरे बाजार गला रेतकर मारे जाने पर कांग्रेस अध्यक्ष राहुल गांधी और दिल्ली के मुख्यमंत्री अरविंद केजरीवाल ने भी उसके घर जाकर उसके माता-पिता से संवेदना व्यक्त करना जरूरी नहीं माना। अंकित के कत्ल को तमाम सेक्युलरवादी एक सामान्य घटना मान रहे हैं। इसीलिए राहुल गांधी या फिर केजरीवालजी अंकित के परिजनों से क्यों मिलें? अंकित जैसे न जाने कितने नौजवानों का रोज ही कत्ल होता रहता है, इस देश में। उनके मारे जाने से देश की धर्मनिरपेक्षता पर कोई असर थोड़े ही पड़ता है? वह तो अक्षुण्ण रहती है। ये मोटी चमड़ीवाले बेहया हैं। इनसान कहना भी गलत ही होगा इन्हें। आखिर इन सेक्युलरवादिओं को बाकी तमाम काम भी तो करने होते हैं। केजरीवाल जी को सुबह से शाम तक एफ.एम. रेडियो पर बच्चों को ज्ञान भी देना होता है। इसलिए ये अंकित के मारे जाने पर क्यों शोकाकुल हो? राहुल बाबा अपनी ढलती जवानी में मोदी की लोकप्रियता से परेशान हैं। जाने यह योगीराज उनको कब चांस देगा? चांस देगा भी भला या नहीं?

पहले डॉ. नारंग अब अंकित

याद रहे ये वही केजरीवाल हैं, जिन्हें सितंबर 2016 में राजधानी के विकासपुरी में कट्टरपंथी बांग्लादेशियों के हाथों मारे गए डॉक्टर पकंज नारंग के परिवार से मिलने की कभी फुर्सत ही नहीं मिली थी। जनकपुरी की घटना से सारी दिल्ली सहम गई थी, लेकिन केजरीवाल को डॉक्टर के परिजनों से मिलना जरूरी नहीं लगा था। डॉ. पंकज नारंग की बांग्लादेशियों ने बिना वजह ही एक मामूली से रोड रेज में हत्या कर दी थी। ये वही सेक्युलरवादी हैं, जो कासगंज में तिरंगा-यात्रा निकाल रहे चंदन गुप्ता को गोली मारकर हत्या किए जाने पर भी चुप रहते हैं। अंकित सक्सेना के कत्ल पर सेक्युलर बिरादरी की चुप्पी तो अब आम लोगों को समझ में आने लगी है। अगर ये अंकित के मारे जाने पर शोक जताएँगे, तो देश की धर्मनिरपेक्षता पर संकट के बादल मँडराने लगेंगे। इसलिए ये तटस्थ भाव से सारी स्थिति पर नजर बनाए हुए हैं। ये प्रेस क्लब पर कोई बैठक भी नहीं कर रहे। ये कोई कैंडिल मार्च निकालने के बारे में भी नहीं सोच रहे। इनको न तो डॉ. नारंग की हत्या में सांप्रदायिकता दिखाई दी थी, न कासगंज के चंदन को गोली मारे जाने में। इन सरेआम हत्याओं पर खामोश हैं ये तमाम छद्म धर्मनिरपेक्षवादी।

करते हैं ये कत्ल में भी फर्क

डॉ. नारंग की हत्या को बिसाहाड़ा कांडवाले अखलाख से अलग बतानेवाले सद्बुद्धिजीवियों ने अब अंकित के कत्ल के बाद भी मौन धारण कर लिया हैं। दादरी के बिसहाड़ा गाँव में एक अखलाख नाम के उस शख्स को अपने घर में गौ-मांस रखने के आरोप में उग्र भीड़ ने मार डाला था। उस समय तो सभी कहने लगे थे कि बकरे का मांस था, लेकिन जब उत्तर प्रदेश की तत्कालीन अखिलेश यादव की सरकार के फोरेंसिक लैब ने ही उसे गौ-मांस ही सिद्ध कर दिया था, तब तो इनकी बोलती ही बंद हो गई थी। श्मशान वाली चुप्पी साध ली थी उन सभी सेक्युलरवादियों ने। निश्चित रूप से अखलाख की हत्या भी बर्बरतापूर्ण थी। वह एक निंदाजनक गलत कृत्य था, लेकिन घटना के बाद तमाम तथाकथित धर्मनिरपेक्ष नेता मृतक मोहम्मद अखलाक के घर जुलूस निकालकर पहुँचने लगे थे। राहुल गांधी, अरविंद केजरीवाल और असदुद्दीन ओवैसी से लेकर मा.क.पा. की वृंदा करात तक सब के

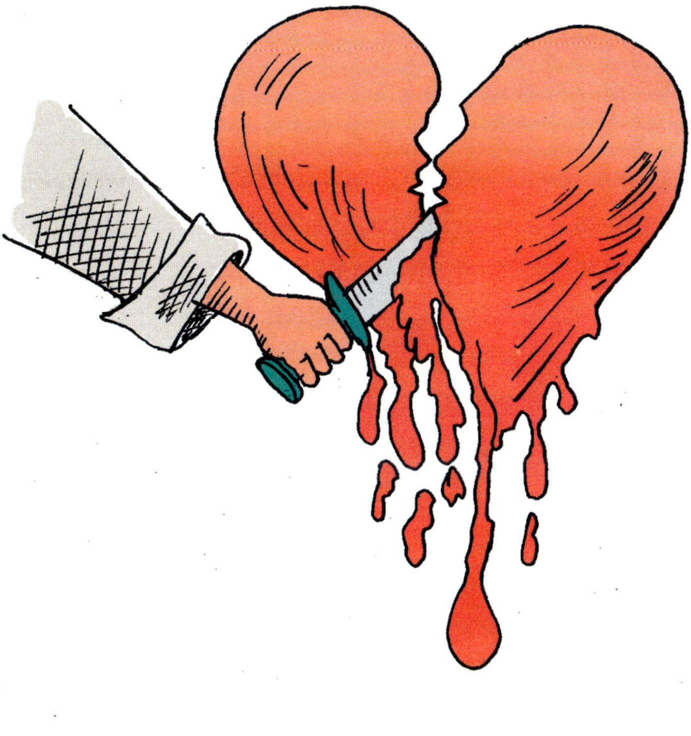

सब अखलाख के घर गए थे हाजिरी देने। तब इन सबका वहाँ जाना सही था, क्योंकि तब इनके मुताबिक धर्मनिरपेक्षता का खून हुआ था। अब अंकित जैसे एक छोटे-मोटे फोटोग्राफर का कत्ल हुआ है। इससे तो धर्मनिरपेक्षता पर कोई प्रतिकूल प्रभाव तो नहीं पड़ेगा न? इसलिए ये धर्मनिरपेक्षता और उससे मिलने वाले एकमुश्त वोटों के लालच में अंकित के घर जाकर अपना वक्त क्यों बर्बाद करेंगे भला? भा.क.पा. के महासचिव एस. सुधाकर रेड्डी भी अखलाख की हत्या के लिए मोदी पर गरजते-बरसते रहे थे, हालाँकि रेड्डीजी अब चुप है, क्योंकि एक अनाम नौजवान अंकित मारा गया है। वे अंकित की मौत की हत्या पर कठोर बयान देकर अपना वक्त थोड़े ही बर्बाद करना चाहेंगे। उनकी जुबान तब भी सिल जाती है, जब केरल और पश्चिम बंगाल में संघ के निहत्थे कार्यकर्ताओं को सरेराह निर्ममता से घेरकर मार दिया जाता है।

प्यार करने का गुनाह

क्या अब हमारे देश में दो बालिग नागरिकों को आपस में प्यार करना भी गुनाह हो गया? क्या कोई हिंदू लड़का किसी मुसलमान लड़की से प्यार करेगा तो उसकी धर्म के नाम पर हत्या कर दी जाएगी? मैं तो आमिर खान सहित कई राजनेताओं और पत्रकारों को व्यक्तिगत रूप से जानता हूँ, जिन्होंने मुसलमान होते हुए भी हिंदू लड़की से प्यार किया, शादी की, बच्चे भी पैदा किए और सुखी जीवन बिता रहे हैं। उनको तो कभी किसी ने नहीं मारा? अंकित एक होनहार हँसमुख नौजवान था। फोटोग्राफी करता था और बॉडी-बिल्डिंग का शौक भी था। वह आई.पी.एस. बनना चाहता था। तैयारी भी कर रहा था, लेकिन उसने एक गुनाह कर दिया था। हिंदू होकर भी वह पड़ोस की एक मुसलिम लड़की से प्यार कर बैठा और उसकी सजा के तौर पर लड़की के भाई-बाप, चाचा, मामा और लड़की की माँ ने पकड़कर उसकी गला रेतकर हत्या कर दी। यह हत्या अंकित के भाई और माँ के सामने ही हुई। अंकित सक्सेना को एक मुसलिम लड़की से प्यार हो जाए, यह लड़की के परिवार को पसंद नहीं था। घटनाक्रम के अनुसार एक फरवरी की शाम को आठ बजे लड़की के परिवारवाले अंकित के घर के सामने पहुँचे और अंकित को पकड़कर उससे अपनी लड़की से संबंधों के बारे में पूछने लगे। जब अंकित ने उन सबसे थाने पर चलकर मामला सुलझाने को कहा तो लड़की के पिता, चाचा, मामा और भाई सबने मिलकर उसपर लात-घूँसे बरसाए। लड़की की माँ, भाई और मामा ने अंकित के हाथ-पैर पकड़ लिए और पिता ने धारदार चाकू से उसका गला रेत दिया।

नहीं सभ्य समाज लायक

धिक्कार है ऐसे राक्षसों पर! ऐसे संवेदनहीन समाज पर। अगर इतनी ही नफरत रखनी है तो बांग्लादेश से भागकर क्यों आए थे? वहीं जाकर रहो, क्योंकि आप जैसे निष्ठुर और धर्मांध लोग सभ्य समाज में रहने लायक हो ही नहीं। हिंदू लड़की या लड़कों को मुसलिम लड़के, लड़कियों से दूर रखो। तब तो कोई अंकित नहीं मारा जाएगा! खैर अंकित के बर्बरतापूर्ण कत्ल होने पर किसी लेखक ने अपना पुरस्कार वापस करने के बारे में सोचा भी नहीं। दरअसल ये छद्म धर्मनिरपेक्षतावादी व्यक्ति धर्म देखकर ही अपना कदम बढ़ाते हैं और लहूलुहान मानवता को कर देते हैं। आप इन सेक्युलरवादियों को इनसान के छद्म रूप में हैवान भी कह सकते हैं। इनके लिए मरनेवाले इनसान नहीं होते। इनके लिए तो मरनेवाला सिर्फ और सिर्फ एक धर्म के हिस्सा होते हैं, जो उनकी नफरत की आग में अपनी आहुति देता है और इन्हें थोक भाव में वोट देता है। यह हिंदुस्तानी है, पाकिस्तानी है या बँगलादेशी यदि उसने तिकड़म से वोटर कार्ड बनवा लिया है तो इनको तो सिर्फ अपने वोट बैंक से मतलब है। ये समाज के वैसे ठेकेदार हैं, जो अपनी सुविधा के अनुसार ही निंदा और प्रशंसा भी करते हैं। इसलिए इनको पहचानना जरूरी है, जो धर्म देखकर इनसान पहचानते हैं। इसलिए इनकी अखलाक और अंकित के कत्ल पर प्रतिक्रिया एक जैसी नहीं होती।

अंकित का कत्ल बहुत सारे सवाल छोड़कर जा रहा है जैसे कि अब इस देश में धर्मनिरपेक्षता का झंडा उठानेवाली बिरादरी की लोग किसी हिंदू के कत्ल पर दो शब्द निंदा के भी नहीं कहेंगे। इन बीमार मानसिकतावाले लोगों को देश गौर से देख रहा है, अच्छी तरह पहचान चुका है। ये लहू के रंग में भी फर्क करने से पीछे नहीं हटते। □

अराजकता का पर्याय बनती 'आप' सरकार

दिल्ली सरकार के मुख्य सचिव अंशु प्रकाश की मुख्यमंत्री के सरकारी आवास पर मध्य रात्रि में बुलवाकर विधायकों द्वारा लात-घूँसों से पिटाई का मामला अपने आपमें अकल्पनीय और शर्मनाक है। पहले कभी नहीं सुना था कि मुख्यमंत्री के आवास पर किसी वरिष्ठ आई.ए.एस. अफसर को सत्तासीन दल के विधायक मुख्यमंत्री आवास पर बुलवाकर मध्य रात्रि में घूँसों और लातों से मारें। तो क्या अब कोई शक-शुबहा बच रहा है कि जिसके आधार पर कहा जा सके, दिल्ली सरकार अपने आपमें अराजकतावादी नहीं है।

संकेत साफ है कि अंशु प्रकाश जैसे वरिष्ठ, ईमानदार और नियमों का सख्ती से पालन करने और करवानेवाले नौकरशाह के साथ बदतमीजी करने के लिए ही देर रात में बैठक बुलाने का बहाना किया गया था, हालाँकि कहने को बैठक दिल्ली में राशन वितरण जैसे महत्त्वपूर्ण मुद्दे पर बुलाई गई थी। क्या यह बैठक दिन में कार्यालय में ही या कम-से-कम काम के समय में ही आयोजित नहीं हो सकती थी? क्या दिन में बैठक हो जाती तो कोई आफत आ जाती? हाँ, आपातकालीन स्थिति में बैठक रात में भी बुलाई जा सकती थी। इस तरह की बैठकें होती ही रहती हैं। इसमें कुछ भी गलत नहीं है, लेकिन बैठक में तो सचिव और संबंधित मंत्री ही होते हैं! विधायकों को 'दाल-भात में मूसलचंद' की हैसियत से वहाँ बुलाने की क्या जरूरत थी। वास्तविकता तो यह है कि यहाँ पर तो सारी पटकथा पहले से ही तैयार कर ली गई थी। आपराधिक षड्यंत्र के तहत सत्ता के नशे में चूर केजरीवाल, उनके मंत्रियों और विधायकों को तो बस लड़ना ही है। अराजकता की स्थिति पैदा करनी है! वे अपनी काहिली और निकम्मापन दिखाने से बाज नहीं आ रहे। अब इन्हें किसी ने यह भी समझा दिया है कि एफ.एम. रेडियो पर अपने विज्ञापन करके ये बहुत बड़ा काम

कर सकते हैं। इसलिए इनके मुखिया अरविंद केजरीवाल और उनके सखा मनीष सिसोदिया बार-बार एफ.एम. रेडियो पर प्रवचन देते हुए सुने जा सकते हैं। खैर, ये इनका आंतरिक मामला है।

नहीं करते मिलकर काम

बहरहाल, अब किसी को संदेह नहीं होना चाहिए कि केजरीवाल एंड कंपनी किसी के साथ मिलकर लोकतांत्रिक ढंग से काम कर ही नहीं सकते। न उप-राज्यपाल के साथ, न केंद्र सरकार के साथ और न ही नौकरशाहों के साथ। इनकी नजरों में सब चोर-उचक्के हैं, बस सिर्फ आप वाले ही दूध के धुले हैं। ये नजीब जंग के साथ काम नहीं कर सके, अब अनिल बैजल से भी रोज लड़ते ही रहते हैं। अब मुख्य सचिव अंशु प्रकाश को मारा, इससे पहले दिल्ली की महिला कार्यकारी मुख्य सचिव शकुंतला गैमलिन को भ्रष्ट बताया। गैमलिन ने केजरीवाल से पूछा था कि उन्हें बिना साक्ष्यों के करप्ट क्यों कहा गया। तब केजरीवाल गायब हो गए।

केजरीवाल कह रहे थे कि उन्हें दिल्ली के उप-राज्यपाल नजीब जंग उनकी पसंद का मुख्यसचिव नहीं दे रहे, हालाँकि जंग का कहना था कि दिल्ली सरकार को शंकुतला गैमलिन के रूप में एक योग्य अफसर को दिया गया हैं। दिल्ली सरकार को उनसे कार्यकारी मुख्य सचिव के रूप में काम लेना चाहिए। उन्हें गैमलिन पर तमाम आरोप लगाने से बचना चाहिए। आपको याद होगा कि उस विवाद के कारण भी दिल्ली सरकार का कामकाज पंगु हो गया था। अंशु प्रकाश के साथ मारपीट की घटना के बाद पूर्व रक्षा सचिव अमिताभ पांडे की कठोर प्रतिक्रिया को समझा जा सकता है। वे कहते हैं कि "'आप' के नेताओं का आचरण लफंगोंवाला है। अंशु प्रकाश बेहद भद्र अधिकारी हैं। उन्हें जाननेवाले यह मान ही नहीं सकते हैं कि वे अभद्र व्यवहार किसी के साथ भी करेंगे। दिल्ली सरकार के शिखर अफसर के साथ मारपीट की घटना का होना अविश्वसीय है।"

किसने की मारपीट

अंशु प्रकाश के साथ मारपीट करनेवाले विधायकों के सरगना आम आदमी पार्टी के बदनाम विधायक एवं वक्फ बोर्ड के पूर्व चेयरमैन अमानतुल्ला खान थे। उन पर करप्शन के तमाम आरोपों के बीच तत्कालीन उपराज्यपाल नजीब जंग ने दिल्ली वक्फ बोर्ड भंग कर दिया था। अक्टूबर 2016 में इसकी जाँच केंद्रीय जाँच एजेंसी

(सी.बी.आई.) से कराने के आदेश दिए थे। वे गुंडई करने में माहिर हैं। करप्शन के आरोपों से घिरा यह शख्स केजरीवाल का परम प्रिय है। उसके लिए केजरीवाल ने कुमार विश्वास सरीखे लोकप्रिय नेता को लात मार दी थी। आपको पता होगा कि कुमार विश्वास पर भी खान ने तमाम आरोपों लगाए थे। अंशु प्रकाश के साथ मारपीट के मामले के बाद कवि कुमार विश्वास ने अरविंद केजरीवाल और अन्य पर तंज कसा है। कुमार विश्वार ने डॉ नवाज देवबंदी के एक शेर को ट्वीट किया। उन्होंने लिखा, "जो झूठ बोल के करता है मुतमईन (संतुष्ट) सबको, वो झूठ बोल के खुद मुतमईन नहीं होता।" आप समझ सकते हैं कि केजरीवाल से किस हदतक दूर जा चुके हैं उनके अपने घनिष्ठतम मित्रगण।

जो थे बेहतरीन नौकरशाह

आजाद भारत ने टी.एन. कौल, पी.एन. हक्सर, ज्ञान प्रकाश, के. सुब्रमण्यम अजीत योगी, सरीखे बीसियों शानदार सरकारी अफसर देखे हैं। कई सरकारी बाबू

अपने सेवाकाल में ही या फिर सेवा से रिटायर होने के बाद राजनीति में गए। उन्होंने राजनीति के मैदान में भी अपनी शानदार पारी खेली, कई अभी भी खेल ही रहे हैं। इनमें सत्यपाल सिंह, हरदीप पुरी, यशवंत सिन्हा, आर.के. सिंह, आर.सी.पी. सिंह आदि शामिल हैं। ये अपनी ब्यूरोक्रेसी के दिनों के अनुभव से सांसद और मंत्री के रूप में अपने कार्य को और बेहतर करके दिखाते रहे हैं।

दो बातें साफ हैं। पहला, सरकार के कार्यक्रम और योजनाओं को लागू करने का काम नौकरशाही पर ही होता है। भारतीय संविधान ने विधायिका, कार्यपालिका और न्यायपालिका की सीमाएँ लगभग तय करके रखी हैं। यदि इन्हें काम करने ही नहीं दिया जाएगा तो फिर काम कौन करेगा? कौन सरकार की जनकल्याकारी नीतियों और कार्यक्रमों को लागू करेगा? यह कहना भी सही नहीं होगा कि सरकारी विभागों में अब सबकुछ सुधर चुका है। वहाँ पर काम करना अब भी कुछ बाबू अपनी शान के खिलाफ समझते हैं। ये सारा दिन अगली छुट्टियों पर व्यर्थ की बहस करने में ही निकाल देते हैं। इसलिए विधायिका और कार्यपालिका को मिल-जुलकर काम करना सीखना होगा। दूसरा, किसी भी हालात में भ्रष्ट नौकरशाहों को या भ्रष्ट राजनेताओं और मंत्रियों को भी माफ नहीं किया जा सकता। अब अखिल भारतीय सेवाओं के काहिल, नकारा और निकम्मे सरकारी बाबुओं को और झेलने के मूड में नहीं है मोदी सरकार। विगत दिनों सरकार ने छतीसगढ़ कैडर के दो आई.पी.एस. अफसरों की सेवाएँ समाप्त करके यह स्पष्ट संकेत दे भी दिया है। आजादी के बाद भ्रष्ट अफसरों पर इतनी सख्त कार्रवाई शायद ही हुई हो। यानी अब अपने कर्तव्यों का सही प्रकार से निर्वाह करो, नहीं तो जाओ वापस अपने घर। अब सरकार भ्रष्ट और संदिग्ध छविवाले अफसरों को बख्शने के लिए कतई तैयार नहीं दिखती। पर अंशु प्रकाश तो जाने-माने, बेदाग और निर्भीक अधिकारी रहे हैं। उनके जाननेवाले यह बताते हैं कि अंशु का कॅरियर खुली किताब की तरह है। उन्हें कोई प्रलोभन नहीं दे सकता। वे कभी भी नियमों के विरुद्ध नहीं जाते। तो क्या इसलिए ही उन्हें मारा-पीटा गया? जवाब तो देना होगा केजरीवाल को।

□

दिल्ली में राष्ट्रपति शासन में अब देर क्यों

दिल्ली के मुख्य सचिव अंशु प्रकाश को मुख्यमंत्री आवास पर बुलवाकर अपने आम आदमी पार्टी (आप) के गुंडा चरित्र के विधायकों से सामने पिटवाकर दिल्ली के मुख्यमंत्री अरविंद केजरीवाल ने दिल्ली की शासन व्यवस्था को पूरी तरह ठप्प कर दिया है। यह तथ्य तो अब जगजाहिर हो ही चुका है। सवाल यह है कि आखिरकार क्यों केंद्र और दिल्ली सरकार मिलकर काम नहीं कर पा रहे हैं? जनता इस यक्ष प्रश्न का उत्तर जानना चाहती है। इस सवाल का उत्तर तब ही मिलेगा, जब हम दिल्ली विधानसभा और दिल्ली की सरकारों के इतिहास को थोड़ा सा खँगाल लेंगे।

दरअसल आजादी के बाद दिल्ली में 1952 में पहली बार विधानसभा के चुनाव हुए थे। दिल्ली के पहले यशस्वी मुख्यमंत्री कांग्रेस के चौधरी ब्रह्मप्रकाश बने। वे दिग्गज नेता थे। चौधरी साहब 1952 से 1955 तक मुख्यमंत्री रहे। 1956 में दिल्ली विधानसभा को भंग कर इसे केंद्र शासित प्रदेश घोषित कर दिया गया। 1966 में दिल्ली को एक महानगर पालिका का रूप दे दिया गया। उस समय विधानसभा को मेट्रोपोलिटन काउंसिल और मुख्यमंत्री के समकक्ष चुने हुए नेता को चीफ मेट्रोपोलिटन काउंसिलर का पदनाम दिया गया। केंद्र शासित प्रदेश दिल्ली को पुनः 1991 में संविधान में संशोधन करके इसे राष्ट्रीय राजधानी क्षेत्र घोषित किया गया। नए परिसीमन के तहत एक नई विधानसभा का गठन भी किया गया। दिल्ली विधानसभा की बात होते ही लोग 1993 में गठित विधानसभा को पहली विधानसभा मानते हैं। हालाँकि यह सच नहीं है। सन् 1952 से ही दिल्ली में मुख्यमंत्री और 1967 के बाद 1991 तक लगातार चीफ मेट्रोपोलिटन काउंसिलर (मुख्यमंत्री के समकक्ष) और पुनः 1991 के बाद दिल्ली में मुख्यमंत्री बनते आए हैं। मुझे याद है

कि जब 1967 में दिल्ली में मेट्रोपोलिटन काउंसिल के चुनाव में भारतीय जनसंघ की शानदार विजय हुई थी, तब विजय कुमार मल्होत्रा चीफ मेट्रोपोलिटन काउंसिलर और लालकृष्ण आडवाणी स्पीकर बने थे। उस समय केंद्र में इंदिरा गांधी की सरकार थी।

नरसिंह राव के साथ खुराना

वर्ष 1991 में 69वें संविधान संशोधन के अनुसार दिल्ली को 70 सदस्यों की एक विधानसभा दे दी गई, जिसमें 12 सीटें अनुसूचित जातियों के लिए आरक्षित थीं। तो दिल्ली विधानसभा के लिए वर्ष 1993 में फिर चुनाव हुए। भारतीय जनता पार्टी (भा.ज.पा.) को बहुमत मिला। मदन लाल खुरानाजी दिल्ली के मुख्यमंत्री बने। तब केंद्र में कांग्रेस के नेतृत्ववाली सरकार थी, जिसके प्रधानमंत्री पी.वी. नरसिंह राव थे। तब से लेकर वर्ष 2014 तक दिल्ली में केंद्र सरकार और राज्य सरकार सामान्य ढंग से मिल-जुलकर ही काम कर रहे थे। आपस में कोई अनावश्यक तकरार नहीं था। यहाँ का विकास हो रहा था। न कभी यह मसला ही उभरकर आया कि केंद्र और राज्य में किन दलों की सरकारें हैं। जब शीला दीक्षित मुख्यमंत्री थीं, तब वो अटल बिहारी वाजपेयी और लाल कृष्ण आडवाणी के साथ मिलकर दिल्ली का विकास कर रही थीं। कहीं कोई विवाद ही नहीं था। सारे काम आपसी बातचीत से हल हो रहे थे।

आप आई, अराजकता आई

पर दिल्ली में आम आदमी पार्टी (आप) की सरकार के सत्तासीन होते ही अराजकता और अव्यवस्था फैलने लगी। और हद तो तब हो गई जब दिल्ली सरकार के मुख्य सचिव अंशु प्रकाश की मुख्यमंत्री ने अपने निजी सहायक द्वारा सरकारी आवास पर मध्य रात्रि में बुलवाकर गुंडे किस्म के हिस्ट्रीशीटर विधायकों द्वारा लात-घूँसों से पिटाई करवा दी। ऐसा शर्मनाक वाकया पहले कभी नहीं सुना था कि देश भर में कहीं भी किसी मुख्यमंत्री के आवास पर किसी वरिष्ठ आई.ए.एस. अफसर को सत्तासीन दल के विधायकों द्वारा मुख्यमंत्री आवास पर बुलवाकर मध्य रात्रि में घूँसों और लातों से पिटवाया जाए। यह तो तानाशाह का स्वरूप माने जानेवाले मायावती, लालू, जयललिता या बंसीलाल तक ने नहीं किया। लोकतंत्र का इससे बड़ा माखौल क्या हो सकता है? विधानसभा का नेता की कार्यपालिका के मुखिया से न बने, यदि कार्यपालिका उसके शुद्ध राजनीतिक निर्णयों को न माने तो उसे मध्य रात्रि में बुलवाकर अपने सामने विधायकों से पिटवा दे। ऐसा तो विश्व भर के किसी

भी लोकतंत्र में न कभी देखा न सुना! आखिर दिल्ली कहाँ जा रही है? क्या यह सब अब देश की राजधानी में घटित होगा? आखिर हम सारी दुनिया को क्या संदेश दे रहे हैं? पूरी दुनिया दिल्ली सरकार पर थू-थू कर रही है। मोटा-मोटी संकेत मिल चुके हैं कि घोर अराजक हो चुकी दिल्ली सरकार अब केंद्र सरकार से लेकर सरकारी अफसरों से लड़ने के मूड में ही नहीं है, बल्कि सीधे-सीधे मारपीट और गुंडई पर उतारू है। वो सुधरने के लिए तैयार ही नहीं है। उसे तो बस शोर मचाना है, हल्ला करना है। यदि कोई सरकार ही गुंडई पर उतारू हो जाए तो उससे भी फिर वैसे ही निपटना होगा, जैसे कि किसी गुंडे-मवाली से निपटा जाता है?

राष्ट्रपति शासन लगे

तो अब विकल्प ही क्या बचा हैं? विकल्प अब सिर्फ एक ही है कि दिल्ली सरकार को तुरंत बर्खास्त करके यहाँ पर राष्ट्रपति शासन लागू हो। फिर जब स्थितियाँ अनुकूल हो जाएँ, शांति-व्यवस्था दुरुस्त हो जाए, तभी चुनाव करवा दिए जाएँ नए विधानसभा के लिए। वैसे तो अभी इस सरकार का दो वर्ष का कार्यकाल शेष है। यानी इस दौरान अब और कुछ होनेवाला भी नहीं। हाँ, दावे और वादें खूब होंगे। अरविंद केजरीवाल और मनीष सिसोदिया को अब एफ.एम. रेडियो पर बड़े-बड़े वादे और प्रवचन (पर-वचन) देते हुए सुना जा सकता है, क्योंकि स्व-कार्य तो स्वीकार्य ही

नहीं है किसी भी सही दिमाग के व्यक्ति को। इन दोनों को लगता है कि एफ.एम. रेडियो पर जनता से मुखातिब होना ही जनता की सेवा है। इसी से वे फिर से चुनाव जीत जाएँगे, ऐसा गलतफहमी पल रखा है उन्होंने।

केजरीवाल के खाने और दिखाने के दाँत अलग-अलग हैं। केजरीवाल सरकार में एक के बाद एक मंत्रियों पर भ्रष्टाचार एवं अनियमितताओं के आरोप लगते आए हैं। इसी का नतीजा है कि सरकार बनने के बाद से लेकर अब तक कई मंत्रियों को हटाना भी पड़ा, हालाँकि केजरीवालजी ने भरसक भ्रष्टाचारियों को बचाने में कोई कसर नहीं उठा रखी। ज्यादातर विधायकों पर गुंडागर्दी, बलात्कार, अपहरण और रंगदारी बसूलने जैसे गंभीर आरोप हैं। केजरीवाल ने अपने मंत्रियों के भ्रष्टाचार के मुद्दों को नकारने के भरसक प्रयास किए हैं, लेकिन मंत्री सत्येंद्र जैन की हवाला मामले में संलिप्तता के आरोप तथा उसके नजदीकी रिश्तेदार डॉ. निकुंज अग्रवाल को सरकारी नियुक्ति में पैसे वसूलने के मामले इतने गंभीर हैं कि उन्हें नजरअंदाज ही नहीं किया जा सकता। केजरीवाल का भ्रष्टाचार के विरुद्ध संघर्ष तो दिसंबर 2013 के मध्य में समाप्त हो गया था। दिल्ली की जनता तो अब भ्रष्टाचार के मामले में अरविंद केजरीवाल के दोहरे मापदंड को खूब अच्छी तरह समझने लग गई है। वह यह भी बखूबी समझती है कि केजरीवाल पहले अपने साथियों की गलतियों का बचाव करते हैं, लेकिन जब वह पूरी तरह फँस जाते हैं तो सफाई देने से कन्नी काट जाते हैं।

कतई लोकतांत्रिक नहीं

अंशु प्रकाश जैसे सज्जन और कर्मठ अफसर की सरे आम पिटाई की घटना के बाद अब किसी को यह संदेह नहीं होना चाहिए कि केजरीवाल एंड कंपनी किसी के साथ मिलकर लोकतांत्रिक ढंग से काम कर ही नहीं सकते। उनकी लोकतंत्र में आस्था है ही नहीं। वे नवोदित तानाशाह हैं। न उप-राज्यपाल के साथ, न केंद्र सरकार के साथ और न ही नौकरशाहों के साथ। किसी के साथ इनका तालमेल बैठ ही नहीं सकता, क्योंकि इनकी नजरों में सब के सब खराब हैं, बस सिर्फ ये ही दूध के धुले हैं। ये नजीब जंग के साथ काम नहीं कर सके, अब अनिल बैजल से भी रोज लड़ते ही रहते हैं। अब मुख्य सचिव अंशु प्रकाश को मारा, इससे पहले दिल्ली की महिला कार्यकारी मुख्य सचिव शकुंतला गैमलिन को सरेआम भ्रष्ट बता डाला। गैमलिन पूर्वोत्तर राज्य से आती हैं। वो बेहद जुझारू अफसर हैं। केजरीवाल खुद तो कभी आई.ए.एस. नहीं बन सके। इस जनम में अब बन भी नहीं सकते। अगले जनम में

ही कोशिश करनी होगी, लेकिन अंशु प्रकाश जी यदि चुनाव लड़ जाएँ, तो वे जरूर मुख्यमंत्री बन सकते हैं। केजरीवाल जी भी आई.ए.एस. बनने की तमन्ना लेकर ही परीक्षा में वैठे थे लेकिन, न तो आई.ए.एस. बने न आई.एफ.एस. न ही आई.पी.एस. चुने गए। चुने भी गए तो आयकर अधिकारी। आयकर अधिकारी के बारे में जितना कम कहा जाए उतना की ठीक है। क्या यह केजरीवाल की हीन भावना तो नहीं काम कर रही कि वे लगातार ईमानदार आई.ए.एस. और आई.पी.एस. अधिकारियों को बेवजह बेइज्जत करते चले आ रहे हैं?

केजरीवाल ने सच में बहुत लोगों को निराश किया है अपने आचरण से भी व्यवहार से भी। वे पहली बार जब दिल्ली में सत्तासीन हुए तो उनके विरोधियों को भी एक उम्मीद तो बँधी ही थी कि वे एक वैकल्पिक राजनीति का मार्ग प्रशस्त करेंगे, लेकिन वे अन्ना के आंदोलन से निकले हुए। रँगे सियारों की टोली के सरगना निकले, लेकिन जब रँगा सियार पकड़ा जाता है तो उसका जनता क्या उपचार करती है यह जगजाहिर है। वही अब केजरीवालजी के साथ होनेवाला है, ऐसा लगता है। उन्होंने वैकल्पिक राजनीति की बात करनेवाले लोगों को एक उम्मीद जरूर दिखाई थी। पर वे तो नकारात्मक राजनीति के सबसे बड़े चेहरे बनकर उभरे। केजरीवाल ने भारतीय सेना द्वारा सर्जिकल स्ट्राइक तक पर सवालिया निशान खड़े किये। वे भूल गए कि देश अपने शूरवीरों को लेकर सियासत नहीं करता। बटाला कांड को फेक एनकाउंटर कहा उन्होंने करप्शन को चोट पहुँचाने के लिए उठाए गए नोटबंदी के कदम तक का पूरजोर विरोध किया। अब उनके सामने के सारे विकल्प खत्म हो चुके हैं। पाप का घड़ा जब भर जाता है तो उसे फूटने में देर नहीं लगती।

□

धर्म के आधार पर सेना को बाँटते ओवैसी

असदुद्दीन ओवैसी साहब ने सरहद पर देश के लिए अपने प्राणों की आहुति देनेवाले शहीदों की शहादत का अपमान किया है। यह देश शहीदों का धर्म नहीं देखता। किसी भी देश के लिए यह घातक होगा। ओवैसी ने जम्मू-कश्मीर के सुंजवान में आतंकी हमले में बलिदान देनेवाले सेना के पाँच जवानों के धर्म का जिक्र करके अपना छोटापन ही दिखाया है। आपने देश की सेना को धर्म के आधार पर तोड़ने-बाँटने का कुकृत्य करने की यह चेष्टा राष्ट्रविरोधी कृत्य है। इसके लिए ओवैसी को देश से माफी माँगनी चाहिए या फिर उन पर सेना में धार्मिक आधार पर दंगा करवाने की कोशिश करने के आरोप में अपराध कायम होना चाहिए।

पहले भारतीय, फिर कुछ और

निश्चित रूप से ओवैसी की टिप्पणी से हरेक राष्ट्रभक्त आहत हुआ है। सांप्रदायिक राजनीति करने में माहिर ओवैसी और हर वक्त कुछ-न-कुछ ऊट-पटाँग बोलकर मीडिया में बने रहने के लिए सेना को भी सांप्रदायिकता का चश्मा पहनकर ही देख रहे हैं। समझ लीजिए कि भारतीय सेना के शूरवीर अपने को पहले भारतीय मानते हैं, बाद में कुछ और। यह भावना उनमें कूट-कूटकर भरी होती है। आपको मालूम ही होगा कि सन् 1971 की जंग के दौरान भारतीय सेना के प्रमुख पारसी मतावलंबी फिल्डमार्शल सैम मॉनेक शॉ थे और ढाका में सारे विजय अभियान को लेफ्टिनेंट जनरल जे.एफ.आर. जैकब और इनके बॉस लेफ्टिनेंट जनरल जे.एस. अरोड़ा देख रहे थे। वो क्रमशः यहूदी और सिख थे, लेकिन ये सभी सेना प्रमुख सबसे

पहले भारतीय थे। सारा देश रणभूमि के वीरों और शहीदों को अंतरतम से नमन करता है। देश को इनके मजहब से कोई लेना-देना नहीं है। देश तो अपनी सेना और सैनिकों का दिल की गहराई से सम्मान करता है, पर वोटों के लिए टुच्ची राजनीति करनेवाले ओवैसी को यह बात समझ कहाँ से आएगी। ओवैसी साहब, आप हैदराबाद से आते हैं। वैसे तो इनके पूर्वज ब्राह्मण थे और निजाम के लालच में मजहब बदलकर अपना रुतबा बनाने में कामयाब रहे थे। अब अपने पूर्वजों को ही गलियाँ दे रहे हैं। क्या आपको पता नहीं है एयर चीफ मार्शल इदरीस हसन लतीफ के संबंध में? वे 1 सितंबर, 1978 से 31 अगस्त, 1981 तक भारतीय वायुसेना के चीफ थे? वे फाइटर पायलट थे। उन्होंने 1965 और 1971 की जंगों में पाकिस्तान पर जमकर प्रहार किया था। क्या उनकी देशभक्ति और कर्तव्य परायणता के लिए उन्हें उनके मजहब के आधार पर शिखर पद मिला था?

पूजा पद्धति बदली, पुरखे नहीं

ये याद रखने की आवश्यकता है कि भारत और हिंदू एक-दूसरे के पर्याय शब्द हैं। उपासना पद्धति बदलने से किसी के पुरखे नहीं बदलते। इसलामिक मामलों के विद्वान् मौलाना उमर इलियासी अपने को भगवान् कृष्ण का वंशज बताते हैं। वे आपसे मिलते हैं तो 'आदाब' के साथ-साथ, लगे हाथ, 'राधे-राधे' भी कहने से परहेज नहीं करते। कहते हैं, "क्या मैं या कोई अपने पूर्वजों को भूल सकता है?" देश को ओवैसी जैसे नहीं बल्कि उमेर इलियासी सरीखे मुसलमानों की दरकार है, जिनके लिए धर्म देश से बड़ा न हो।

निरादर वीर अब्दुल हमीद का

ये वास्तव में बेहद दुर्भाग्यपूर्ण स्थिति है कि जनता के प्रतिनिधि होकर भी ओवैसी जी अपने वक्तव्यों से शहीद अब्दुल हमीद और शहीद मोहम्मद हनीफुद्धीन सरीखे भारतीय सेना के उन शूरवीरों का अपमान करते हैं, जिन्होंने मातृभूमि के लिए अपने प्राणों की आहुति दी। शहीद अब्दुल हमीद गाजीपुर (उ.प्र.) से थे। वे 1954 में सेना में शामिल हुए। उन्हें अपने सेवा काल में सैन्य सेवा मेडल, समर सेवा मेडल और रक्षा मेडल से सम्मानित किया गया था। 1965 में पाकिस्तान युद्ध में उन्हें असाधारण बहादुरी के लिए 'महावीर चक्र' और 'परमवीर चक्र' प्राप्त हुआ। भारत की 1965 की जंग में भारत विजय की कहानी अब्दुल हमीद सरीखे शूरवीरों के रणभूमि में जौहर

दिखाए बिना नामुमकिन थी। 8 सितंबर, 1965 की रात में, पाकिस्तान द्वारा भारत पर हमला करने पर, उस हमले का जवाव देने के लिए भारतीय सेना के जवान उनका मुकाबला करने को खड़े हो गए। अमर शहीद अब्दुल हमीद पंजाब के खेमकरण सेक्टर में सेना की अग्रिम पंक्ति में तैनात थे। पाकिस्तान ने उस समय के अपराजेय माने जानेवाले 'अमेरिकन पैटर्न टैंकों' के साथ, 'खेमकरन' सेक्टर के 'असल उताड़' गाँव पर हमला कर दिया। भारतीय सैनिकों के पास न तो टैंक थे और नहीं बड़े हथियार, लेकिन उनके पास था, भारत माता की रक्षा के लिए लड़ते हुए मर जाने का

हौसला। भारतीय सैनिक अपनी साधारण 'थ्री नॉट थ्री रायफल', और एल.एम.जी. के साथ ही पैटनटैंकों का सामना करने लगे। हवलदार वीर अब्दुल हमीद के पास 'गन माउंटेड जीप' थी, जो पैटर्न टैंकों के सामने मात्र एक खिलौने भर के सामान थी। वीर अब्दुल हमीद ने अपनी जीप में ही बैठकर अपनी गन से पैटर्न टैंकों के कमजोर अंगों पर एकदम सटीक निशाना लगाकर एक-एक कर धवस्त करना प्रारंभ कर दिया। वीर अब्दुल हमीद ने अपनी 'गन माउंटेड जीप' से सात 'पाकिस्तानी पैटर्न टैंकों' को ध्वस्त कर दिया। उन्होंने 'असल उताड़' गाँव को 'पाकिस्तानी पैटर्न टैंकों' की कब्रगाह बना दिया था। आज भी सारे देश का बच्चा-बच्चा हवलदार अब्दुल हमीद को कृतज्ञता से स्मरण करता है। अलीगढ़ मुसलिम विश्वविद्यालय के कुछ माह पहले रिटायर हुए उप कुलपति जमीरुद्दीन शाह ने दशकों भारतीय सेना की सेवा की। जमीरुद्दीन शाह सेना में मेजर जनरल रहे। उन्होंने भी 1965 और 1971 की जंगों में शत्रु के दाँत खट्टे किए। और क्या कोई करगिल जंग में शहीद लेफ्टिनेंट हनीफ मोहम्मद के शौर्य को भूल सकता है? कारगिल जंग में शहीद हुए सैनिकों की दिलेरी की दास्ताँ आज भी देशवासियों की जुबान पर है। पाकिस्तानी सैनिक मई 1999 में करगिल सेक्टर में घुसपैठियों की शक्ल में घुसे और नियंत्रण रेखा पार कर हमारी कई चोटियों पर कब्जा कर लिया। दुश्मन की इस नापाक हरकत का जवाब देने के लिए आर्मी ने 'ऑपरेशन विजय' शुरू किया, जिसमें 30,000 भारतीय सैनिक शामिल थे। एयरफोर्स ने आर्मी को सपोर्ट करने के लिए 26 मई को 'ऑपरेशन सफेद सागर' शुरू किया और नौसेना ने कराची तक पहुँचनेवाले समुद्री मार्ग से सप्लाई रोकने के लिए अपने पूर्वी इलाकों के जहाजी बेड़े को अरब सागर में लाकर खड़ा कर दिया। करगिल जंग में दिल्ली के मयूर विहार निवासी मोहम्मद हनीफउद्दीन ने अपनी बहादुरी से दुश्मनों के छक्के छुड़ा दिए थे।

यह देश ओवैसी या किसी अन्य को अपनी सेना को धर्म या जाति के आधार बाँटने की अनुमति नहीं देगा। अब इस तरह के बीमार तत्त्वों को कौन बताए कि सेना के सभी केंद्रों में मंदिर, मसजिद, गुरुद्वारा, चर्च वगैरह सभी मजहबों के इबादतगाह हैं। सेना में सभी मजहबों का आदर होता है। सभी एक साथ सभी पर्वों में खुलकर भाग लेते हैं। एक बात समझ ली जानी चाहिए कि किसी भी शहीद का धर्म नहीं होता ठीक उसी तरह से जैसे कि आतंकी का भी धर्म नहीं होता। दिल्ली पुलिस ने इंडियन मुजाहिदीन के मोस्ट वांटेड आतंकी आरिज खान उर्फ जुनैद को गिरफ्तार किया है।

165 लोगों का हत्यारा जुनैद पिछले 10 साल से फरार था। जुनैद दिल्ली के जामिया नगर इलाके में 13 सितंबर, 2008 को हुए बटला हाउस एनकाउंटर का मुख्य सूत्रधार था। उस मुठभेड़ के बाद ओवैसी, दिग्विजय सिंह, केजरीवाल और कांग्रेस के तमाम नेता उस मुठभेड़ को फर्जी बता रहे थे।

सलमान खुर्शीद ने प्रेस वक्तव्य तक दे दिया था कि जब सोनियाजी को बरला कि खबर मिली तो वे रो पड़ी थीं। अब तो सच्चाई सामने आ गई है। इस देश में धर्म के नाम पर सियासत बंद होनी चाहिए। शहीद और आतंकी के बीच का अंतर समझा जाए। वर्ना ओवैसी जैसे नेता जम्मू-कश्मीर के सुंजवान में वीरगति को प्राप्त हुए शहीदों और जुनैद जैसे आतंकी को एक ही श्रेणी में रखते रहेंगे और देश को बाँटते रहेंगे।

□

बनो गुजरात और महाराष्ट्र सरीखा

अब तो एक उम्मीद बँध गई है कि 120 सालों से तमिलनाडु और कर्नाटक के बीच चल रहे कावेरी जल विवाद पर विराम लग जाएगा। दरअसल इस विवाद पर सुप्रीम कोर्ट ने शुक्रवार को फैसला सुनाते हुए तमिलनाडु के पानी का हिस्सा घटा दिया है। इस फैसले का सभी संबंधित पक्षों को स्वागत करना चाहिए, क्योंकि सुप्रीम कोर्ट ने सभी पहलुओं पर सांगोपांग विचार के बाद ही ऐसा फैसला सुनाया होगा। दोनों पक्षों की दलीलों को भी अच्छी तरह सुनकर और उसपर चिंतन-मनन करने के बाद ही तो माननीय न्यायाधीश ने फैसला सुनाया होगा। अब इस मसले पर और विवाद नहीं होना चाहिए। दुर्भाग्यवश हमारे देश के कई पड़ोसी राज्यों में नदियों के जल बँटवारे से लेकर दूसरे विभिन्न मुद्दों पर लंबे विवाद चल रहे हैं। विगत वर्ष देश की आई.टी. राजधानी बंगलुरु में कावेरी जल बँटवारे का विवाद सड़कों पर आ गया था। बंगलुरु में तमिल मूल के लोगों के साथ मारपीट भी हुई, उनके घरों और दफ्तरों में तोड़-फोड़ तक हुई। यह स्थिति वास्तव में गंभीर है। भारत एक है और एक रहेगा। हम चाहे किसी भी राज्य में पैदा हुए हों और आज के दिन कहीं भी रह रहे हों, हैं तो सभी भारत माता के संतान ही न? फिर अपनों से ही ऐसा व्यवहार क्यों? और अगर बात कावेरी से जरा हटकर करें तो पंजाब और हरियाणा भी आमने-सामने ही आ गए हैं, सतलुज-यमुना लिंक नहर के जल के बँटवारे के मुद्दे पर। सन् 1966 से पहले हरियाणा भी तो पंजाब का ही एक अंग था, पर अब जल बँटवारे पर दोनों के बीच किच-किच जारी रहती है। मालूम नहीं कि इनके बीच जारी अनावश्यक विवाद कब खत्म होगा।

किसे मिले जल महानदी का

छतीसगढ़ और उड़ीसा की जनता के लिए जीवनदायनी महानदी के जल के बँटवारे के मसले पर भी इन दोनों राज्यों के बीच तलवारें खींची रहती हैं। हालात बिगड़ते ही जा रहे हैं। ओडिशा में स्थानीय राजनैतिक दल लगातार बंद का आह्वान कर रहे हैं, तो छत्तीसगढ़ में भी लोग ओडिशा के खिलाफ सड़कों पर उतरते रहते हैं। छत्तीसगढ़ के रायगढ़ जिले में अरपा, भैंसाझार बाँध परियोजना के निर्माण से ओडिशा सरकार नाराज है। उसका मानना है कि इस बाँध के निर्माण से राज्य के कई इलाकों में सूखे के हालात बनेंगे, जबकि छत्तीसगढ़ सरकार की दलील है कि वो सिर्फ महानदी का बैंक वॉटर रोक रहा है। यह पानी आगे जाकर ओडिशा में ही समुद्र में तो मिल जाता है। महानदी छत्तीसगढ़ महासमंद के अंतिम छोर से निकलकर ओडिशा की ओर बहती है, फिर यह भुवनेश्वर और पुरी के बीच समुद्र में मिल जाती है। बस गनीमत इतनी है कि अभी तक महानदी के पानी के बँटवारे पर उड़ीसा या छतीसगढ़ का कोई शहर नहीं जला। जैसे कि बंगलुरु जल उठा था। दोनों राज्यों के नागरिकों ने एक-दूसरे के अपने यहाँ रहनेवाले नागरिकों के साथ मारपीट या बदसलूकी भी नहीं की। यानी कावेरी से लेकर महानदी तक विवाद गहराते ही जा रहे हैं। इनका कोई स्थायी समाधान सामने आ नहीं रहा है। जिस पर मोदीजी को हस्तक्षेप कर मुख्यमंत्रियों और सभी दलों को साथ बैठाकर कोई स्थायी हल तो निकालना ही पड़ेगा।

किसका बेलगाम ?

बेलगाम को लेकर महाराष्ट्र और कर्नाटक के बीच सन् 1956 से ही सीमा विवाद चल रहा है। बेलगाम मराठी बहुल इलाका है, लेकिन कर्नाटक राज्य में आता है। महाराष्ट्र लंबे समय से बेलगाम के अपने में विलय की माँग करता रहा है। कुछ समय पहले इस मुद्दे पर आंदोलन करनेवाले मराठी भाषियों पर पुलिस ने लाठीचार्ज भी किया था। लाठी चार्ज का महाराष्ट्र के सभी राजनीतिक दलों ने विरोध किया था। महाराष्ट्र के सभी दल बेलगाम और आसपास के इलाकों को महाराष्ट्र में मिलाने या केंद्र शासित घोषित करने की माँग करते रहे हैं। दरअसल, बेलगाम में बड़ी संख्या में मराठी भाषी लोग रहते हैं। फिलहाल तो यह इलाका कर्नाटक में है। महाराष्ट्र और कर्नाटक में लंबे समय तक केंद्र के साथ कांग्रेस की सरकारें रहीं। फिर भी बेलगाम या सतलज-यमुना लिंक नहर जैसे मसले सुलझ नहीं पाए।

नहीं होता संवाद भी

और देश के नक्शे में आते ही तेलंगाना ने आंध्र प्रदेश से पंगा लेना शुरू कर दिया है। दोनों राज्यों के मुख्यमंत्री कभी-कभी लगता है कि सामान्य शिष्टाचार भी भूल जाते हैं। राजनीति में नेताओं और दलों में वाद-विवाद होते हैं। यह सामान्य बात है, पर विवाद किसी भी हालत में वैमनस्य में नहीं बदलने चाहिए। चंद्रबाबू नायडू और चंद्रशेखर राव जिस तरह से एक-दूसरे को लेकर आचरण करते रहते हैं और आरोप-प्रत्यारोपों का दौर चलता रहता है दोनों के बीच, उससे कोई भी निराश ही होगा। बेहतर होता कि आंध्र प्रदेश के बँटवारे के बाद दोनों राज्य आगे बढ़ते। दोनों में विकास की धारा बहती। इससे देश को ही लाभ होता। पर यहाँ पर तो हद ही हो रही है। दोनों राज्यों के नेता तो एक-दूसरे के जानी दुश्मन बनकर सामने आ रहे हैं। दोनों एक-दूसरे का चेहरा देखने से भी बचते हैं। दोनों मुख्यमंत्री एक-दूसरे से बात तक भी नहीं करते। पृथक् तेलंगाना को लेकर चलनेवाले आंदोलन के समय से ही आंध्र प्रदेश और तेलंगाना के नेताओं और जनता में दूरियाँ बढ़ने लगी थीं। एक-दूसरे से शिकायतों के दौर शुरू हो गए थे। कुछ इस तरह के हालात बन गए थे कि मानो दो शत्रु राष्ट्र हों। तब ही लग रहा था कि ये राज्य आपस में मिल-जुलकर शायद न रह पाएँ। वह सब अब सामने आ रहा है।

और सिर्फ राज्य ही एक-दूसरे के खिलाफ जंग नहीं कर रहे। अब एक राज्य के नागरिकों के लिए दूसरे राज्य में रहना भी एक बड़ी चुनौती हो रही है। जहाँ एक ओर पूर्वोत्तर राज्यों में हिंदी भाषी गोली के निशाने पर हैं, तो उत्तर भारत में भी नार्थ ईस्ट के नागरिकों को तमाम तरह के अपमान झेलने पड़ते हैं। महाराष्ट्र में बिहारी और उत्तर प्रदेश के मूल निवासी पिट रहे हैं। बेहतर तो ये होता कि पड़ोसी राज्य एक-दूसरे के खिलाफ कटुता रखने या फैलाने की बजाय अपने प्रदेशों के चौतरफा विकास पर ही ज्यादा फोकस करते। अपने यहाँ पर विदेशी निवेश को आकर्षित करने के लिए एक-दूसरे से आगे बढ़ने की स्वस्थ प्रतिस्पर्धा करते। कायदे से पड़ोसी राज्यों को आपसी विवाद ले-देकर खत्म करने चाहिए। पर इनमें तो रंजिशें स्थायी-सी हो गई हैं। इनको हल करने को लेकर सबको मिलकर गंभीरता से प्रयास करने चाहिए।

पेश करते उदाहरण

आपस में किच-किच करनेवाले राज्यों को 1 मई, 1960 को देश के मानचित्र पर आए महाराष्ट्र और गुजरात से सबक लेना होगा। भारत की आर्थिक प्रगति का रास्ता इन दोनों ही राज्यों से ही होकर गुजरता है। ये बाकी राज्यों के लिए उदाहरण पेश करते हैं। गुजराती और मराठी शुरू से आपसी सामंजस्य और भाईचारे के भाव से रहते हैं। व्यापारी गुजराती लेकिन मैनेजर मराठी जहाँ गुजराती कारोबारी बनने को बेताब रहा, वहीं मराठी नौकरी करने तक अपने को सीमित रखता था। दोनों ने एक-दूसरे के स्पेस को कभी लाँघा नहीं। मराठी, समाज की रुचियों में शामिल रहे कला, संस्कृति, संगीत वगैरह। गुजराती समाज सच्चा और अच्छा कारोबारी बना रहा। इन दोनों राज्यों में परस्पर मैत्री और सहयोग का वातावरण सदैव बना रहा। दोनों ने एक-दूसरे के पर्वों को आत्मसात् कर लिया। गुजराती गणेशोत्सव को उसी उत्साह से मनाते हैं, जैसे मराठी नवरात्रि को आनंद और उत्साह के साथ मनाते हैं। इसलिए दो राज्यों के बनने के बाद भी इन दोनों समाजों और राज्यों में कभी दूरियाँ पैदा नहीं हुईं। मुंबई के गुजराती भाषियों ने इस महानगर को अपनी कुशल उद्यमी क्षमताओं से समृद्ध किया। मुंबई के अनाज, कपड़ा, पेपर और मेटल बाजार में गुजराती छाए हुए हैं। हीरे के 90 फीसदी कारोबारी गुजराती हैं। और मुंबई स्टॉक एक्सचेंज की आप गुजरातियों के बगैर कल्पना भी नहीं कर सकते। तो क्या बाकी पड़ोसी राज्यों में भी महाराष्ट्र और गुजरात जैसे संबंध नहीं विकसित हो सकते? अवश्य हो सकते हैं अगर इनमें इच्छा शक्ति हो। □

कब छेड़ेंगे नशे के सौदागरों के खिलाफ जंग

अभी पिछले सप्ताह की ही बात है, जब करोड़ों रुपए की हेरोइन के साथ एक सौदागर को पटना रेलवे स्टेशन के पास पकड़ा गया था। वह पश्चिम बंगाल के मालदा जिले से हेरोइन की बड़ी खेप लेकर बिहार में सप्लाई करने के लिए आया था। वह मादक पदार्थों को बांग्लादेश से लाकर बंगाल और बिहार से देश के बाकी भागों में अमृतसर तक ले जाता था। दरअसल बिहार में बांग्लादेशी हेरोइन बारास्ता पश्चिम बंगाल के मालदा होकर पहुँचती है।

जवाब दे बंगाल सरकार

अब सीधा चुभनेवाला सवाल पश्चिम बंगाल सरकार और सीमा सुरक्षा बल (बी.एस.एफ.) से है। ये सीमा-पार से हो रही मादक पदार्थों की तस्करी पर अंकुश लगाने में क्यों विफल रहे हैं? जिन सरकारी विभागों की नशे का कारोबार करनेवालों पर कठोर कार्रवाई करने की जिम्मेदारी है, वे कहाँ पर और क्यों चूड़ियाँ डालकर बैठे हैं?

बांग्लादेश सीमा से सटा बंगाल का मालदा जिला तो सच में देश भर में नशे की बेखौफ तरीके से सप्लाई कर रहा है। मालदा जिले के सुदूर गाँवों में आप दूर-दूर तक अफीम की खेती होते भी हुए देख सकते हैं। इसकी बुवाई नवंबर और दिसंबर में होती है और कटाई फरवरी मार्च में। इन खेतों के आसापास दिन-रात बंदूकधारी गार्ड पहरा दे रहे होते हैं। मजाल है कि कोई इन्हें कुछ कह दे। इन इलाकों में सरकार या प्रशासन नाम की कोई चीज दिखाई ही नहीं देती। इधर स्थानीय जनता भी बड़े स्तर पर अफीम की खेती करके उसे बेचने के व्यापार में ही लगी है।

अब कब कठोर होगी बी.एस.एफ. ?

कहनेवाले कहते हैं कि नशा बेचकर अत्याधुनिक हथियार खरीदे जाते हैं आतंकवादियों के लिए सीमापार से। यह सब करना बेहद आसान है, क्योंकि दोनों देशों की सीमा पर खुल्लम-खुल्ला लोगों की घुसपैठ और मादक पदार्थों की तस्करी होती है। सीमा सुरक्षा बल (बी.एस.एफ.) के अफसर और जवान यदा-कदा पकड़े भी जाते हैं तस्करों से घूस लेते हुए या खुद ही मादक पदार्थों की तस्करी करते हुए। कुछ दिनों की सख्ती और शांति के बाद फिर से पहले की तरह गैर-कानूनी धंधा चालू हो जाता है। नशा बेचकर मिले पैसे से मालदा के सैकड़ों गैर-कानूनी मदरसे भी चलते हैं, जिसमें आतंकवाद और देशद्रोह का पाठ पढ़ाया जाता है। मालदा में मुसलमानों की आबादी लगभग 52 फीसदी है। पश्चिम बंगाल पुलिस के डायरेक्टर जनरल (इंटेलिजेंस) राज कनौजिया ने एक बार खुद भी माना था कि मालदा में मादक पदार्थों और जाली करैंसी का धंधा धड़ल्ले से होता है। उनसे पूछा जाना चाहिए कि राज्य सरकार की पुलिस, सीमा सुरक्षा बल और दूसरी सरकारी एजेंसियों को इन काले कारनामों को अंजाम देनेवालों की कमर तोड़ने में दिक्कत क्यों आती है। मालदा से मिलनेवाली पुख्ता जानकारी के आधार पर यह कहा जा सकता है कि वहाँ पर बच्चे, किशोर, नौजवान सभी नशा बेचने का कारोबार कर रहे हैं। मालदा में जब नशे के कारोबारियों पर एक्शन होता है तो यहाँ की जनता तगड़ा बवाल काटती है। सरकारी बसों से लेकर पुलिस थानों पर हमले होते हैं। बिहार में हिरोइन के साथ लगातार लोग पकड़े ही जा रहे हैं, चूँकि मालदा बिहार से सटा है तो पहले यहाँ पर हिरोइन लाई जाती है। नारकोटिक कंट्रोल ब्यूरो (एन.सी.बी.) के एक आला अफसर बता रहे थे कि एक किलो हिरोइन का भाव 6 लाख रुपए के आसपास रहता है। जैसे-जैसे इसकी मात्रा कम करके बेची जाती है, इसकी कीमत बढ़ती ही जाती है।

नशे की चपेट में युवा

दरअसल पूरे देश को नशे का दास बनाने की षड्यंत्र रची जा रही है और पुरजोर चेष्टा हो रही है। एक जमाने में पंजाब का शहर धुरी पूरे सूबे या यूँ कहें कि उत्तर भारत में अपनी चावल मिलों के कारण मशहूर था। चावल कारोबारी खूब कमा खा रहे थे। उनके पास काम करनेवाले भी मौज में थे, पर बीते कुछ सालों से धुरी की तसवीर बदल गई है। अब यह शहर हो गया नशेड़ियों का गढ़। धुरी उसी पंजाब का शहर है, जिस पंजाब के बारे में स्वामी विवेकानंद ने एक बार कहा था कि इधर के

योद्धाओं ने विदेशी आक्रमणकारियों से जमकर लोहा लिया। अफसोस कि जो प्रदेश कभी अपने लहलहाते खेतों और सरहदों की रखवाली करनेवालों के लिए जाना जाता था, अब नशे से लड़ रहा है। देखा जाए तो पूरे देश में बढ़ती नशे की लत नौजवानों को महामारी की तरह अपनी चपेट में ले रही है।

दरअसल, भारत युवाओं के बलबूते ही दुनिया की 'आर्थिक महाशक्ति' बनने का ख्वाब देखता है। पर देश के युवाओं का एक बड़ा हिस्सा अब नशे की गिरफ्तर में है। यह बात वैसे समझ से परे है कि भारत जैसे आध्यात्मिक देश का नौजवान नशे के बिना क्यों अपनी जिंदगी बिताने के लिए तैयार नहीं है। अफीम, गाँजा, चरस, स्मैक, हेरोइन, कोकीन, एफेड्राइन, मिथाइलिन, डाइऑक्सी मेथाम्पेटामाइन, रॉहिप्नॉल और एल.एस.डी. जैसी खतरनाक ड्रग्स युवाओं के बीच लोकप्रियता हासिल कर रही हैं।

आप दिन में किसी भी समय राजधानी के दिल कनाट प्लेस तक में नशाखोरों को सड़कों के किनारे या अंडरपासों में समूहों में नशा करते हुए देख सकते हैं। इन्हें पुलिस भी कुछ नहीं कहती।

कहाँ से आता नशा ?

भारत में नशे का सामान बांग्लादेश, पाकिस्तान, अफगानिस्तान, म्याँमार और

नेपाल से पहुँचता है। आपको हर हफ्ते नाइजीरियाई नागरिकों के पुलिस के चंगुल में फँसने की खबरें भी पढ़ने को मिलती हैं। राजधानी में सैकड़ों नाइजीरिया के नौजवान नशे का धंधा ही कर रहे हैं। समझ नहीं आता कि ये किस तरह से भारत में आकर यह सब करने लगते हैं और हमारी पुलिस कुछ नहीं कर पाती। क्या हमारा कानून इतना लचर है कि हम इनके विरुद्ध कुछ नहीं कर पाते? जहाँ तक देश के पूर्वोत्तर भाग की बात है तो नारकोटिक्स विभाग का कहना है कि पूर्वोत्तर में नशीले पदार्थों की सबसे बड़ी खेप म्याँमार से ही आती है। म्याँमार से भारत नशीले पदार्थों की खेप तामु से चलती है, जो मणिपुर के छोटे शहर मोरे पहुँचती है, वहाँ से इंफाल और कोहिमा होते हुए यह ड्रग्स दीमापुर पहुँचती है। पूर्वोत्तर में सबसे ज्यादा ड्रग्स की तस्करी दीमापुर, मणिपुर और नागालैंड के रास्ते से ही होती है। भारत दुनिया का शायद एकमात्र देश है, जहाँ कानूनन अफीम का उत्पादन होता है। मालदा का हमने ऊपर जिक्र किया है। कानूनी तौर पर यहाँ अफीम का इस्तेमाल दवाइयाँ बनाने में होता है, लेकिन सच्चाई यह है कि इसका एक बहुत बड़ा हिस्सा या ज्यादा हिस्सा गैरकानूनी तरीके से नशे का धंधा करनेवालों के हाथ में पहुँच जाता है। राजस्थान में चितौड़गढ़, मध्य प्रदेश में मंदसौर, रतलाम, नीमच और उत्तर प्रदेश में गाजीपुर में भी अफीम की कानूनन खेती होती है।

हल्ला बोल नशे पर

दरअसल नशे के धंधे से लड़ने के लिए समाज से लेकर सरकार को मिलकर युद्ध स्तर पर पहल करनी होगी। सख्ततम कानून बनाने होंगे। अभी यह लड़ाई पूरी तरह से सफल नहीं हो पा रही है। अभी केंद्रीय नारकोटिक्स ब्यूरो (सी.बी.एन.) नशे के खिलाफ चलनेवाली तमाम नीतियों को बनाता है। इसका काम नशीले पदार्थों को लेकर बननेवाले कानून को अंतिम रूप देने से लेकर दंड दिलवाने तक कार्य करने की जरूरत है। बेशक, सी.बी.एन. को अपनी लड़ाई को और व्यापक बनाने की जरूरत है। अभी उसकी तरफ से किए जा रही पहल अधूरी ही लग रही है। कहनेवाले कहते हैं कि नशे के खिलाफ जंग एन.सी.बी. के कुछ अफसरों के निकम्मेपन के कारण सफल नहीं हो रही। इसका एक उदाहरण पेश है। कुछ साल पहले सी.बी.आई. ने लखनऊ में एन.सी.बी. के सुपरिंटेंडेंट स्तर के अधिकारी को एक प्रतिष्ठित रेस्टोरेंट में तमाम नशे के धंधे से जुड़े लोगों के साथ दबोचा था। दरअसल सी.बी.आई. इस सुपरिंटेंडेंट की करतूतों पर पहले से नजर रखे हुए थी। उस पर आरोप था

कि वह नशीली व प्रतिबंधित दवाओं के विक्रेताओं के खिलाफ दर्ज केस को हल्का करने के लिए डील कर रहा था। अब इस तरह के अफसरों के साथ तो आप नशे के धंधेबाजों से नहीं लड़ सकते। नशे के खिलाफ लड़ाई में तमाम अवरोध आ रहे हैं और आएँगे भी। हाँ अगर इच्छाशक्ति हो तो नशे के खिलाफ जंग को जीता ही जा सकता है, लेकिन अब तक तो वह इच्छाशक्ति दिखाई नहीं दे रही।

□

मत छोड़ो सेना के जासूसों को

एक तरफ शत्रु का भारत पर अमरीकी मिसाइल से आक्रमण हो रहा हो और दूसरी तरफ भारतीय वायुसेना का एक ग्रुप कैप्टन रैंक का अधिकारी, जासूसी करते हुए पकड़ा जाए, तो आप क्या कहेंगे। यह तो सच में गंभीर ही नहीं भयानक स्थिति है। विगत दिनों पाकिस्तान ने भारत पर सीजफायर का बेशर्मी से उल्लंघन करते हुए एक मिसाइल दागा, जो उसे अमेरिका ने तो अफगानिस्तान में अल-कायदा के आतंकवादी ठिकानों को ध्वस्त करने को दिया था, जिसे अब पाकिस्तान हमारे सीमावर्ती गाँवों को ध्वस्त करने के लिए इस्तेमाल कर रहा है। इस मिसाइल से भारतीय सेना के कई योद्धा भी वीर गति को प्राप्त हुए। अनेकों निर्दोष ग्रामीणों को भी हताहत कर दिया। हमने भी पाकिस्तान को करारा जवाब तो दिया। उसे भारी क्षति भी पहुँचाई, लेकिन प्रतिक्रियात्मक कार्रवाई तो सीमित ही होती है। घुसकर मारना जैसा कि सर्जिकल स्ट्राइक में हुआ, हमेशा बेहतर होता है। क्योंकि अंग्रेजी की एक पुरानी कहावत तो सर्वविदित है कि, "आफेंस इज दि बेस्ट डिफेंस।" (यदि आप आक्रामक होंगे, तभी आपकी सुरक्षा सुनिश्चित होगी।)

दरअसल जासूसी करनेवाले ग्रुप कैप्टन पर कुछ अति महत्त्वपूर्ण दस्तावेज पाकिस्तान को सौंपने का आरोप है। ये दस्तावेज भारत के सैन्य ठिकानों से संबंधित बताए जाते हैं। बेशर्म गिरफ्तार अधिकारी वायुसेना मुख्यालय में ही तैनात है। बताया गया कि वायुसेना की काउंटर इंटेलीजेंस विंग ने उनसे करीब 10 दिनों तक गंभीर पूछताछ करने के बाद विशेष प्रकोष्ठ के उत्तरी संभाग को सौंपा गया। Official Secret Act (ओ.एस.ए.) के तहत मामला दर्ज किया गया। अदालत ने गिरफ्तार अधिकारी को पूछताछ के लिए पाँच दिन के पुलिस हिरासत में भेज दिया है। वायु

सेना अधिकारी को आई.एस.आई. ने दो फेसबुक अकाउंट के जरिये हनी ट्रैप के जाल में फँसाया गया। ग्रुप कैप्टन की गतिविधिया संदिग्ध पाए जाने के बाद 31 जनवरी को उन्हें वायुसेना ने हिरासत में लिया था। इस सारे षड्यंत्र में कुछ और लोग भी शामिल हो सकते हैं।

दस्तावेजों की श्रेणियाँ

सेना के तीनों अंगों में प्रत्येक संवेदनशील दस्तावेज को सुरक्षा की दृष्टि से अलग-अलग श्रेणियों में रखा जाता है। इसमें गोपनीय, रहस्य, गुप्त और अति गुप्त की श्रेणियाँ हैं। इन्हें x के निशान से पहचाना जाता है, यानी एक x यदि गोपनीय है तो xxxx अति गोपनीय होगा। सेनाओं में सोशल मीडिया के इस्तेमाल के लिए एक सख्त नकारात्मक नीति है। सेना के अधिकारियों को सोशल मीडिया के इस्तेमाल की सीमित इजाजत तो है, परंतु वे सेना की वर्दी में अपनी फोटो पोस्ट नहीं कर सकते। साथ ही वे कहाँ तैनात हैं, इस संबंध में भी जानकारी साझा नहीं कर सकते। इसके अलावा कोई भी अधिकारिक जानकारी, प्लान और यहाँ तक की कार्यालय के बुनियादी ढाँचे के संबंध में भी कोई जानकारी नहीं दे सकते। इतने कठोर नियमों के बावजूद भी वायु सेना का यह लालची अफसर दुश्मन के जाल में फँस गया।

गद्दारी देश से

लेकिन यह तो पहला केस नहीं है, जबकि सेना के किसी अंग का कोई आला अफसर देश की सुरक्षा से संबंधित जानकारी दुश्मन मुल्क को दे रहा हो। ये कोई तीस-पैंतीस साल पुरानी बात है, जब मेजर जनरल फ्रेंक लारकिंस, उनके भाई एयर मार्शल कैनिथ लारकिंस और लेफ्टिनेंट कर्नल जसबीर सिंह को देश के बेहद संवेदनशील रक्षा दस्तावेजों की सप्लाई करते हुए पकड़ा गया था। उस केस को लारकिंस जासूसी कांड का नाम दिया गया था। इन तीनों पर लगे आरोप साबित हुए थे। इन अफसरों को डूब के मर जाना चाहिए था, देश के साथ गद्दारी करने के लिए, लेकिन इनकी आत्मा तो मर चुकी थी। इसीलिए ये जेल में सड़ते रहे थे, लेकिन सजा की अवधि खत्म होने के बाद ये भी अपनी सामान्य जिंदगी जीने लगे। कहते हैं कि एक मछली सारे तालाब को गंदा कर देती है। वैसे तो भारतीय सेना के तीनों अंगों से जुड़े अधिकारियों और फौजियों में राष्ट्र भक्ति की भावना कूट-कूटकर भरी होती है। ये भारत की सरहदों की रक्षा के लिए अपने प्राणों की बलि देने से कभी

पीछे नहीं हटते। इनके शौर्य को सारी दुनिया ने विभिन्न युद्धों के दौरान देखा है, पर ये भी सच है कि कुछ सैनिक धन या किसी अन्य कारण से शत्रु के जाल में फँसकर देश के साथ धोखा करने लगते हैं।

अक्षम्य अपराध

सेना की जासूसी करना अक्षम्य अपराध की श्रेणी में आता है। इस अपराध में लिप्त व्यक्ति के साथ नरम व्यवहार करने की कल्पना तक नहीं की जा सकती है। उसे कठोरतम सजा मिलनी ही चाहिए। इन जयचंदों को देश स्वीकार नहीं कर सकता। ऐसे मामलों को राष्ट्रद्रोह नहीं मानेंगे तो किसे मानेंगे। जिस देश का अन्न खा रहे हैं, जिस सरकार के वेतनभोगी हैं, उसी की पीठ में छुरा भोंक रहे हैं।

भारत की रक्षा तैयारियों की ताजा स्थिति को प्राप्त करने के लिए पाकिस्तान की दुर्दांत खुफिया एजेंसी आई.एस.आई. हमेशा ही सक्रिय रहती है। उसका सारा इतिहास ही भारत में गड़बड़ और अस्थिरता फैलाने के उदाहरणों से अटा पड़ा है। पाकिस्तान को मालूम है कि वह कभी भी सीधे युद्ध में भारत के सामने टिक

नहीं सकता। सीधे युद्ध में उसकी पराजय पहले भी होती रही है और भविष्य में भी होनी ही है। इसलिए वह आई.एस.आई. के माध्यम से भारत के खिलाफ छद्म युद्ध छेड़े हुए है। 'खालिस्तान' के विफल होने से लेकर कश्मीर तक में दंगा-फसाद कराने में देश विरोधी ताकतों को आई.एस.आई. ने लगातार खाद-पानी दिया है। आई.एस.आई. का वर्तमान में मुख्यालय पाकिस्तान की राजधानी इसलामाबाद में ही है। आई.एस.आई. को भारत विरोधी एजेंसी के रूप में खड़े करने में पूर्व सैनिक तानाशाह जिया उल हक की विशेष भूमिका रही है। उन्होंने अपने खासमखास सेना के अफसरों को व्यक्तिगत रूप से चुनकर इसमें नई जान फूँकने की जिम्मेदारी सौंपी थी। मुंबई में साल 2008 में हुए खूनी आतंकवादी हमले और काबुल में भारतीय दूतावास को निशाना बनाकर किए गए विस्फोट के पीछे आई.एस.आई. का ही हाथ था। ये आई.एस.आई. ही भारत में अपने लिए जासूस तलाश करती है और उन्हें प्रलोभन देकर उनसे सेना की अति महत्त्वपूर्ण जानकारियाँ निकलवाती हैं।

स्वतंत्र भारत के इतिहास में सांबा जासूसी केस जैसा शर्मनाक मामला अभी तक सामने नहीं आया है। सन् 1980 में नियंत्रण रेखा के पास तैनात सेना की 168 ब्रिगेड के लगभग 50 जवानों को पकड़ा गया था। उन सभी पर पाकिस्तान के लिए जासूसी करने का आरोप था। बहरहाल अब उस बेहद शर्मनाक मामले की यहाँ पर विस्तार से चर्चा करने का कोई मतलब नहीं है, लेकिन यह बता दें कि उस जासूसी कांड से जुड़े सभी लोगों को कठोर सजा हुई थी, लेकिन ये तो देखनेवाली बात है कि आखिर भारतीय सेना के भीतर जासूस कैसे प्रवेश करने लगते हैं? क्यों देशभक्ति पर भारी पड़ जाता है, चंद सिक्कों का मोह? इन सवालों के तो जवाब तलाश करने ही होंगे। अगर इन सवालों के जवाब नहीं तलाशे गए तो ये देशद्रोही सेना को अंदर से दीमक की तरह चाटते ही रहेंगे। यह स्थिति देश के लिए किसी भी हालत में बर्दास्त नहीं किया जा सकता है।

यह याद रखना होगा कि भारत को कमजोर करने में लगे हैं, चीन और पाकिस्तान। पिछले साल भारत को चीन से डोकलाम में लगभग तीन माह तक जूझना पड़ा था। युद्ध के जैसे हालात बन चुके थे। भारतीय सेना भी चीन के दाँत खट्टे करने के लिए तैयार खड़ी थी। अब पाकिस्तानी सीमा की एल.ओ.सी. पर स्थिति तनावपूर्ण बनी हुई है। पाकिस्तान भारत के धैर्य की परीक्षा ले रहा है। वह शायद 1948, 1965, 1971 और कारगिल की हार को भूल गया है। वह एक

बार फिर से धूल में मिलने को बेकरार हो रहा है। उसका कुछ हद तक तो काम आसान हमारे जासूस ही कर देते हैं। इन पर सख्ती से लगाम लगानी होगी। मेरा मत है कि भारत की रक्षा संबंधी तैयारियों से संबंधित दस्तावेज बेचनेवाले जयचंदों को मौत की सजा हो। इनके केस पर कोर्ट तुरंत और लगातार सुनवाई करके फैसला ले। ये केस किसी भी हालत में लटकने नहीं चाहिए। अगर किसी पर आरोप सिद्ध होता है तो उसकी सजा सिर्फ फाँसी ही होनी चाहिए। देश को बेचनेवालों को इससे कम की सजा भला क्या मिलनी चाहिए।

□

वक्त आ गया है पाकिस्तान को औकात बताने का

भारत और चीन के बीच ढाई-तीन महीने तक भारत-भूटान-चीन की सीमा पर डोकलाम में तना-तनी और युद्ध के जैसे हालात बने रहने के बाद जब सीमा पर शांति कायम हुई तो पाकिस्तान ने अपना मोर्चा खोल दिया है। धूर्त पड़ोसी पाकिस्तान सीजफायर का निरंतर उल्लंघन कर रहा है। अब तो उसकी शैतानिया हद से बाहर हो गई हैं। बीते दिनों उसने भारत पर मिसाइल तक दाग दिया। यह मिसाइल अमेरिका ने पाकिस्तान को अफगानिस्तान में अल-का-यदा के आतंकियों पर दागने के लिए दिया था, जिसका दुरुपयोग पाकिस्तान अब भारत की सीमा पर बसे निरीह जनता को मारने के लिए कर रहा है। तो क्या यह मान लिया जाए कि चीन और पाकिस्तान की यह साझा कोशिश हो रही है कि भारत को किसी प्रकार से सीमा विवाद में उलझा कर रखा जाए। यह स्थिति वाकई गंभीर है। भारत को अब इस चीन-पाक की मिली-भगत में अपनी कूटनीति और रणनीति में बदलाव तो करने की आवश्यकता तो होगी ही। रक्षात्मक रवैया भी अब छोड़ना होगा। भारत की तो यह परंपरागत नीति ही रही है कि हम 'आक्रामक रवैया' नहीं अपनाते। यह काफी हद तक सही भी है, लेकिन हमारी विनम्रता को कभी-कभी कमजोरी भी मान लिया जाता है, इसलिए दुष्ट दुश्मनों को समय-समय पर यह बताना भी जरुरी हो जाता है कि विनम्रता कतई हमारी कमजोरी नहीं है। एक कहावत है कि "कभी-कभी तो अरबी घोड़ों को भी जोर से एड़ी मारनी पड़ती है। और ये पाकिस्तान तो अरबी घोड़े नहीं खच्चर हैं। जो न ही घोड़े होते हैं न ही साबुत गधे ही हैं। ये तो बीच-बीच के जानवर हैं। जिन्हें समय-समय पर उनकी औकात तो बतानी ही पड़ेगी।

और अब पाकिस्तान को उसकी औकात दिखाने का सही वक्त आ ही गया है। भारत से लगातार तीन बार क्रमश: 1948, 1965, 1971 और फिर कारगिल के छद्म युद्ध में धूल चाट चुका पाकिस्तान को तबीयत से पिटाई खाने की तीव्र इच्छा हो रही है। वैसे भी लातों के देवता बातों से कहाँ मानते हैं। पाकिस्तान वार्त्ता से आपसी मसले सुलझाने के लिए तैयार ही नहीं है। उससे उसका पड़ोसी ईरान भी और कभी उसका खुद का हिस्सा रहा बांग्लादेश भी पाकिस्तान से बुरी तरह से नाराज है। बांग्लादेश ने तो उससे अपने संबंध मात्र सांकेतिक भर ही कर लिए हैं। बांग्लादेश ने तो उड़ी में भारत के सर्जिकल एक्शन का समर्थन भी किया था। पाकिस्तान से बांग्लादेश इसलिए भी खफा है, क्योंकि पाकिस्तान लगातार उसके आंतरिक मामलों में टाँग अड़ाने से कभी बाज ही नहीं आता। बांग्लादेश में 1971 के सैन्य कत्लेआम के गुनाहगारों को बांग्लादेश में लगातार फाँसी पर लटकाया जा रहा है। इससे पाकिस्तान को हर बार बड़ी तकलीफ होती है। तकलीफ होनी लाजिमी है, क्योंकि तब पाकिस्तान की जंगली सेना ने अपने ही देश (पूर्वी पाकिस्तान) के लाखों बांग्लाभाषियों को निर्ममतापूर्वक मार डाला था। हजारों बांग्लादेशी महिलाओं के साथ जघन्य बलात्कार भी हुए थे। उनका मुख्य कसूर मात्र यही था कि वे उर्दू को अपनी भाषा मानने को तैयार नहीं थे। वे बांग्ला प्रेमी थे और वहीं बने रहना चाहते थे। उनपर जबरदस्ती उर्दू थोपी जाए इसका बँगलाभाषी मुसलमान विरोध कर रहे थे। तब पाकिस्तान सेना का वे ही लोग साथ दे रहे थे, जिन्हें आजकल बांग्लादेश में सूली पर लटकाया जा रहा है। बहरहाल, अगर भारत की सैन्य शक्ति के समक्ष चीन जैसा शक्तिशाली और घोर अहंकारी देश भी जब भाग खड़ा हो सकता है, तो फिर दो कौड़ी के पाकिस्तान की औकात ही क्या है?

पानी माँग रहा चीन

कहने की आवश्यकता ही नहीं है कि भारत की सरकार द्वारा दृढ़ रुख अपनाने के चलते ही डोकलाम पर जबरन कब्जा करने की बंदरभभकी देनेवाला चीन भी अंतत: बाज आ गया था। भारत के आत्म विश्वास और हौसला के आगे चीन का हौसला भी पस्त हो गया था। अंतत: चीन को अपनी रेड आर्मी को वापस बैरक में भेजने का फैसला करना पड़ा था। युद्ध के विचार को तो कभी भी बौद्ध और गांधी का देश भारतवर्ष कभी आगे बढ़ा ही नहीं सकता, लेकिन हमें नहीं भूलना चाहिए कि यह वीर अर्जुन और दानवीर कर्ण का भी भारत है और अब 1962 का जैसा

कमजोर राष्ट्र कतई नहीं रह गया। चीन को अब यह भाषा अच्छी तरह समझ में आ गई है, इसलिए अब वह पाकिस्तान के कंधे पर बंदूक रखकर गोली चला रहा है। लगता है कि चीन ही पाकिस्तान को भारत की सीमा के अंदर मिसाइल दागने के लिए प्रोत्साहित कर रहा है।

बाँटता आतंकवाद

आज पूरे विश्व को इस सच्चाई का पूरी तरह पता है कि दुनिया के सभी देशों को आतंकवाद की सप्लाई करता है 'पाकिस्तान।' जिस देश में ओसामा बिन लादेन जैसे खूँखार आतंकवादी को सुरक्षित पनाहगाह मिला हो, उसके बारे में आप क्या कहेंगे? पिछले दिनों तो अमेरिकी राष्ट्रपति डोनाल्ड ट्रंप ने भी हाल के दिनों में पाकिस्तान को दी जानेवाली सुरक्षा सहायता पर रोक लगाकर विश्व को यह स्पष्ट संदेश देकर अमेरिका का दृढ़ संकल्प जाहिर कर दिया है कि अब अमेरिका से सहायता पाने के इच्छुक देश अब आतंकवाद को समर्थन देकर अमेरिका के दोस्त तो हरगिज नहीं हो सकते। अमेरिका की ओर से ऐसे कड़े संदेश का लंबे समय से इंतजार भी किया जा रहा था। ट्रंप प्रशासन ने पाकिस्तान पर स्पष्ट रूप से यह आरोप

लगाया कि आतंकवाद के खिलाफ लड़ाई में वह पर्याप्त काम नहीं कर रहा है। यानी पाकिस्तान की असलियत से तो अब सब के सब वाकिफ हो ही गए हैं।

करो अपने पर भरोसा

पर हमारे देश में पिछले सत्तर साल में तो यही देखने में आता रहा है कि जब भी पाकिस्तान से हमारे संबंध खराब हुए तो हम पूरे विश्व के सामने ही अपना पक्ष रखने लगे। मंशा यही रहती थी कि जब शेष संसार हमारे साथ खड़ा हो जाए, तभी हमें यह समझ लेना होगा कि भारत को अपनी लड़ाई शुरू करने का सही वक्त आ गया है। और इस मनोवृत्त से तो हम लगातार कमजोर पड़ते गए। कोई भी देश हमें बाहर से नैतिक समर्थन तो दे सकता है, पर लड़ना तो अपने देश को ही होगा। कोई भी और कभी भी कमजोर का साथ नहीं देता। जब हमारा राष्ट्र मजबूत होगा और अपनी मजबूती को प्रदर्शित करने की क्षमता भी रखेगा, तभी दूसरे राष्ट्र भी हमारा साथ देने के लिए आगे बढ़ेंगे। अगर आज के जमाने में भी कोई यह समझता है कि जंग सिर्फ सेना लड़ती है तो ये सोच उनकी घोर मूर्खता होगी। युद्ध देश लड़ता है, लेकिन देश की समूची जनता का बल उसके पीछे खड़ा रहता है। हमने चीन के साथ डोकलाम विवाद के समय भी यह स्पस्ट अनुभव किया कि चीन के विस्तारवादी और आक्रामक रवैये के खिलाफ कोई भी देश हमारे साथ खुलकर खड़ा होता नजर नहीं आया था। और तो और जिस ब्रिक्स के भारत और चीन दोनों ही सदस्य है, उसके बाकी सदस्यों ने भी दोनों देशों को एक टेबल पर लाने की कोई सक्रिय चेष्टा तक नहीं की थी। शायद हिम्मत ही नहीं जुटा पाए। जब ब्रिक्स की यह स्थिति है तो फिर सार्क देशों की तो चर्चा करना ही व्यर्थ है। श्रीलंका, नेपाल, अफगानिस्तान, भूटान और मालदीव में इतनी कुव्वत ही कहाँ कि वे बेचारे हमारे लिए बोलने की हिम्मत करें या पाकिस्तान को उसकी धूर्तता के लिए धिक्कारे, लेकिन जब हम ही मजबूती के साथ खड़े होंगे तभी अमेरिका से लेकर इजराइल तक, सभी महाशक्तियाँ हमारे पक्ष में खड़े होंगे। मेरे जम्मू में रहनेवाले एक मित्र बता रहे हैं कि आर.एस. पुरा सेक्टर में सीमा पार से लगातार पाकिस्तानी रेंजरों की फायरिंग हो रही है। मात्र सन् 2017 में ही 860 बार से ज्यादा पाकिस्तान ने युद्ध विराम का उल्लंधन किया है। पाकिस्तानी सेना आर.एस. पुरा सेक्टर से लेकर पुंछ सेक्टर तक, कोई ढाई सौ किलोमीटर की सीमावर्ती क्षेत्र में पाकिस्तानी रेंजर भारतीय सीमा के अंदर रिहायशी इलाकों में लगातार गोले बरसा रहे हैं। अब तक हमारे सैकड़ों जवान शहीद हो चुके हैं। दर्जनों नागरिक पाक की नापाक

गोलियों का निशाना बन चुके हैं। कोई चार दर्जन लोग मोर्टार के गर्म गोलों के छर्रों से बुरी तरह घायल भी हो चुके हैं। सरहद पर बसे अनेकों गाँव के गाँव खाली हो गए हैं। सेना और बी.एस.एफ. के जवान भी जवाबी हमले तो कर रहे हैं, लेकिन कुल मिलाकर भारत-पाक सरहद पर युद्ध जैसे हालात हैं, लेकिन अब जवाबी कार्रवाई को छोड़कर आक्रामक रुख अपनाने की जरूरत आ गई है। पाकिस्तान को यह बताना ही पड़ेगा कि हम रक्षात्मक ही नहीं आक्रामक भी हो सकते हैं।

चीन के दबाव में नहीं

आपको तो याद ही होगा कि डोकलाम विवाद के दौरान भारत का रुख शुरू से ही एकदम साफ था कि भारत कभी भी और किसी भी हालत में चीन के दबाव में नहीं आएगा। हाँ आपसी सहयोग और सीमा पर जारी तनाव को दूर करने के लिए भारत तो हर वक्त तैयार था और आज भी है। भारत तो चीन से बराबरी के संबंध चाहता है। उसकी दादागिरी अब भारत बर्दास्त नहीं करेगा। अब भारत को चीन की धौंस सिरे से नामंजूर है। धौंस का जवाब तो भारत इस बार चीन के गले में अँगूठा डालकर देने के लिए तैयार था। इसीलिए तो चीन को अपनी सेना बैरकों में वापस भेजनी पड़ी। चीन ने लद्दाख में भी घुसपैठ की चेष्टा की थी। जिसे भारतीय फौज के वीर जवानों ने पूरी तरह विफल कर दिया। चीन को अब यह स्पस्ट संदेश मिल गया है कि इस बार उसकी टक्कर 1962 के कमजोर भारत से नहीं थी। अबकी बार उसकी भिड़ंत गुलाब के फूलवाले नेहरू से नहीं 56 इंच के सीने वाले दृढ़संकल्प राष्ट्रभक्त प्रधानमंत्री मोदी से है। मौका आते ही उसे पूरी तरह से दाँत खट्टे करके खदेड़ दिया जाएगा। जिस तरह का कड़ा और सख्त संदेश हमने चीन को दिया है, उसी तरह का मुहतोड़ जवाब हमें जल्द-से-जल्द पाकिस्तान को भी देना ही होगा। अब कोई दूसरा विकल्प नहीं बचा है इस एटमी गुंडे को मुहतोड़ सबक सिखाने के लिए। गरीबी और बदहाली से त्राहि-त्राहि करते पाकिस्तान का रुख शुरू से भारत विरोधी रहा है। वह भारत विरोध पर ही जिंदा है। अपनी जनता का ध्यान समस्याओं से मोड़कर गीदड़-भभकी देता रहता है। 1971 की जंग में अपनी इज्जत लुटवाने वाली और 90 हजार सैनिकों का समर्थन करनेवाली पाकिस्तान सेना को कड़ा संदेश तो देना होगा। मिसाइल का जवाब तो उससे भी बड़े मिसाइल से देकर ही दुष्ट पाकिस्तान को एक बार फिर सदा के लिए शांत कर देने की जरूरत है।

□

कहाँ गई भारतीय नारी की अनुकरणीय छवि

कुछ दिन पहले के अखबारों में तीन खबरें पढ़कर मन उदास हो गया है। मन-मस्तिष्क पर बचपन के दिनों से बैठी भारतीय नारी की शालीन, सौम्य और सुंदर छवि ध्वस्त होती सी दिखी। मातृस्वरूपा, वात्सल्यमयी संस्कारों की जननी माँ जैसी भारतीय नारी को ऊँचे पदों पर जाकर जहाँ संस्थान में स्वच्छ चरित्र और अनुकरणीय छवि की बयार बहानी चाहिए थी, वे स्वयं भ्रष्टाचार के दलदल में जाकर फँस गई। हाय! कहाँ गया भारतीय नारियों का उत्तम चरित्र और अनुकरणीय संस्कार?

यह और भी दुर्भाग्यपूर्ण है कि इन तीनों खबरों के केंद्र में सूत्रधार नामी-गिरामी अपनी उपलब्धियों के लिए चर्चित और सफल महिलाएँ ही थीं। तीनों पर अलग-अलग तरह के आरोप लगे हैं। लेकिन सभी आरोप गंभीर और घिनौने हैं। पहले बात करेंगे यूनाइटेड बैंक ऑफ इंडिया की पूर्व चेयरमैन और प्रबंध निदेशक अर्चना भार्गव की। केंद्रीय जाँच ब्यूरो (सी.बी.आई.) ने अर्चना भार्गव के खिलाफ आय से अधिक संपत्ति एकत्र करने के आरोप लगाते हुए केस दर्ज किया है। सी.बी.आई. ने उनके ठिकानों पर छापों के दौरान कैश, आभूषण और 10 करोड़ रुपए से अधिक के निवेश के ब्योरे बरामद किए हैं, जो कथित तौर पर भार्गव और उनके परिवार के सदस्यों के नाम हैं। रिटायरमेंट की उम्र आने से पहले ही बैंक की नौकरी को खराब सेहत का बहाना बनाकर छोड़नेवाली अर्चना भार्गव पर यह भी आरोप है कि वर्ष 2011 में केनरा बैंक की कार्यकारी निदेशक रहते हुए और 2013 में यूनाइटेड बैंक ऑफ इंडिया की सी.एम.डी. के तौर पर उन्होंने उन कंपनियों को लोन दिलवाने में अतिरिक्त

उदारता बरती जो उनके पति–पुत्र के स्वामित्व वाली कंपनियों से डील कर रही थीं। इस केस से पहले कभी इतनी शिखर महिला बैंक अधिकारी पर करप्शन का केस दर्ज हुआ हो, ऐसा नहीं सुना था।

आमतौर पर निष्ठावान

आम तौर पर यह एक सत्य है कि महिला कर्मी अपने दफ्तर के दायित्वों के प्रति ईमानदार और निष्ठावान रहती हैं। उन पर कभी इतने बड़े पैमाने पर घोटाले करने के आरोप नहीं लगते। तो फिर अर्चना भार्गव कैसे अपने कर्तव्यों का पालन करने के बजाय अनाप–शनाप तरीके से गोलमाल करने लगीं? अभी कुछ माह पहले तक अरुंधति भंट्टाचार्य मुखिया थीं, स्टेट बैंक ऑफ इंडिया (एस.बी.आई.) की। वे जब इस पद पर बैठी थीं, तब कहा जा रहा था कि यह नारी सशक्तिकरण की दिशा में बड़ा कदम है। उनसे पहले विजयालक्ष्मी अय्यर बैंक ऑफ इंडिया की चेयरमैन और मैनेजिंग डायरेक्टर रही। इनके अलावा, नैनालाल किदवई एच.एस.बी.सी. इंडिया, चंदा कोचड़ आई.सी.आई.सी.आई. बैंक की मैनेजिंग डायरेक्टर और सी.ई.ओ. रहीं। इन सब की साफ–सुथरी छवि बनी रही। पर अर्चना भार्गव ने सबकुछ गड़–बड़ कर दिया। दरअसल शिखर पर पहुँचने से भी ज्यादा खास बात यह होती है कि आपके नेतृत्व में बैंक का कारोबार कितना फैलता है, बैंक कितने नौजवान उद्यमियों को लोन देता है ताकि वे अपने सपनों को साकार कर सकें, कितने आम और निर्धन लोगों को अपनी छत बनाने के लिए लोन देता है और अपने डूबे हुए लोन की रिकवरी कर पाता है। ये सब करने में अर्चना भार्गव असफल रहीं।

लगा होगा झटका

अर्चना भार्गव के आचरण से बैंकिंग और फाइनेंस की दुनिया में तेजी से आगे बढ़ती महिलाओं को झटका जरूर लगेगा। भारतीय महिला सी.ई.ओ. के एक क्षेत्रवार विश्लेषण से पता चलता है कि महिला सी.ई.ओ. में से आधी (54 फीसदी) बैंकिंग व वित्तीय सेवा क्षेत्र में हैं, जबकि मीडिया व लाइफ साइंसेज में क्रमशः 11–11 फीसदी।

नोट छापने का धंधा

खैर जिस दिन अर्चना भार्गव को लेकर समाचार था, उस दिन देश का मीडियानेशनल फिल्म डवलपमेंट कोरपेरशन (एन.एफ.डी.सी.) की प्रबंध निदेशक

नीना लाथ गुप्ता को उनके पद से हटाए जाने संबंधी समाचार भी दे रहा था। राष्ट्रपति ने नीना लाथ गुप्ता की बर्खास्तगी संबंधी फाइल को हरी झंडी दिखाई थी। वो भी दिन-रात घूस खा रही थी। वो अपने विभाग से दिए जानेवाले हर काम के बदले में बेशर्मी से हिस्सा और कमीशन मांगती थी। उन पर सरकार कुछ समय से नजर रख रही थी। जब सरकार को उनके खिलाफ पुख्ता साक्ष्य प्राप्त हो गए तो उन्हें नौकरी से बाहर कर दिया गया। वो अप्रैल, 2006 से एन.एफ.डी.सी. की प्रबंध निदेशक थीं। दरअसल एन.एफ.डी.सी. का प्राथमिक लक्ष्य सिनेमा में भारतीय फिल्म उद्योग के एक एकीकृत और कुशल विकास की योजना बनाना, उसे बढ़ावा देना और व्यवस्थित करना है। बेशक एन.एफ.डी.सी. ने बीते लंबे समय से भारतीय सिनेमा के विकास के लिए आवश्यक सेवाओं की एक विस्तृत श्रृंखला प्रदान की है, लेकिन नीना लाथ गुप्ता के

रूप में उसे एक इस तरह का अफसर मिला, जो इतने बेहतरीन सरकारी निभाग की इज्जत धूल में मिला रहा था। जाहिर है, उनके काले-कारनामे अब जब मीडिया देश की जनता के सामने रख रहा है तो वो कहीं मुँह दिखाने लायक नहीं रही है।

जरा सोचिए कि सरकार ने अर्चना भार्गव और नीला लाथ गुप्ता पर कितना भरोसा करके अहम पद दिए और ये वहाँ पर नोट छापने का धंधा करने लगीं। इनसे सरकार को तमाम अपेक्षाएँ थीं कि ये अपने विभागों को बुलंदियों पर लेकर जाएँगी। कार्यशाली महिलाओं पर देश गर्व करता है। ये महिलाएँ उन स्कूल-कॉलेज में पढ़नेवाली लड़कियों की आदर्श होती है, जो भविष्य में नौकरी करना चाहती हैं। लेकिन इन दोनों ने देश और समाज को निराश किया।

और उसी दिन एक समाचार अपनी पुत्री का कत्ल करने की आरोपी इंद्राणी मुखर्जी के संबंध में भी छपा था, चूँकि उन पर बहुत कुछ छप चुका है, इसलिए उनकी अधिक चर्चा करना व्यर्थ है, पर इतना तो कहा ही जाएगा कि मीडिया के संसार में नाम और शोहरत कमाने वाली महिला इतनी गिर गई कि उसने अपनी बेटी को ही मरवा दिया। उस पर कम-से-कम आरोप तो यही है। अर्चना भार्गव, नीना लाथ गुप्ता और इंद्राणी मुखर्जी समाज के सभ्रांत और कुलीन तबकों से हैं। निश्चित रूप से समाजशास्त्री और नारी मुक्ति आंदोलन से जुड़ी महिलाएँ इन सवालों के जवाब तलाश करेंगी कि इतने बड़े और असरदार पदों पर पहुँचने के बाद भी ये भ्रष्टाचार में किसलिए लिप्त हुईं।

किए होंगे हरचंद प्रयास

दरअसल भारत में महिलाएँ कितना ही आगे पहुँच जाएँ पर उन्हें घर के काम से मुक्ति नहीं मिलती। यानी उन्हें दफ्तर के साथ-साथ घर का तो काम करना ही पड़ता है। प्रतिभाशाली महिलाओं में से कई माँ बनने के बाद नौकरी छोड़ देती हैं। माँ बनने के बाद दो-तीन साल का समय काफी मुश्किल भरे होते हैं। कैसे अपने बच्चे को घर पर छोड़ने के विचार से उनकी हिम्मत टूट जाती है। इन तीनों ने भी आगे बढ़ने के लिए हर चंद प्रयास किए होंगे। ये निर्विवाद है। इन्होंने दिन-रात मेहनत की होगी। पर अफसोस कि लालच के आगे इन्होंने अपना सबकुछ खो दिया। कहते हैं कि कभी-कभी इनसान दुर्बल क्षणों में इतना बड़ा अपराध कर बैठता है कि उसके बाद उसके लिए बचने का कोई मौका ही नहीं बचता।

□

दुर्घटनाओं की रोकथाम के कारगर उपाय क्यों नहीं

बिहार के मुजफ्फरपुर जिले में राष्ट्रीय राजमार्ग पर हुए एक सड़क हादसे में एक साथ पलक झपकते ही नौ मासूम बच्चों की मौत की खबर जिसने भी सुनी, उसके पैरों के नीचे से जमीन ही खिसक गई। सारा बिहार ही नहीं पूरा देश ही इस दर्दनाक इस हादसे से सन्न है। घटना में 25 बच्चे भी घायल हो गए हैं, जो अब तक सदमे से उबर ही नहीं पा रहे हैं।

ये सभी बच्चे विद्यालय की छुट्टी होने पर राजमार्ग संख्या-77 पार करके वापस सड़क की दूसरी ओर बसे गाँव में अपने घर जा रहे थे कि तभी एक तेज रफ्तार अनियंत्रित बोलेरो ने इन बच्चों को अपनी चपेट में ले लिया।

मुजफ्फरपुर हादसे के बाद एक बार फिर इस बात की पुष्टि हो गई है कि हमारे देश में पैदल यात्री की स्थिति दिन-प्रतिदिन खराब होती चली जा रही है। आखिरकार कब तक देश का आम गरीब पैदालयात्री को सड़कों पर किसी कार, ट्रक, मोटरसाइकल वगैरह से कुचला जाता रहेगा। उसे बचानेवाला तो कोई नहीं है। पैदल यात्रियों को रेड लाइट के वक्त भी सड़क पार करने नहीं दे रहे गैर-जिम्मेदार वाहन चलाने वाले। पैदल यात्रियों के हितों को आखिरकार कौन देख रहा है? सड़कों पर पैदल यात्रियों को कुचलनेवालों पर कब लगाम कसी जाएगी? देश में हर साल करीब डेढ़ लाख लोग अपने देश में सड़क हादसों में जान गँवा रहे हैं। इनमें पैदलयात्री करीब 20 फीसदी माने जाते हैं। लगभग इतने ही साइकल सवार होंगे। जो जीवनभर के लिए हादसों के कारण विक्लांग हो जाते हैं, वे तो असंख्य हैं। हर गाँव में कोई-न-कोई सड़क दुर्घटना का मारा अपंग मिल जाएगा। साथ ही भेंट हो जाएगी

उसके बिखरे हुए परिवार से भी, जो एक ओर परिवार के अपंग सदस्य की देखभाल में भी जुटा है और दूसरी ओर परिवार के लिए दाल-रोटी के जुगाड़ में भी संघर्षरत है। अपनी किशोरावस्ता और ज्यादातर जवानी में मैंने खुद भी पैदालयात्रा करते या साइकिल पर प्रतिदिन पचासों किलोमीटर अखबार के एक युवा रिपोर्टर के रूप में भागते हुए इस समस्या से जूझा हूँ। उन दिनों तो न सड़क पर इतनी गाड़ियाँ ही होती थीं, न इतनी भीड़भाड़। पैदल यात्रियों के लिए फुटपाथ भी हुआ करते थे जिन पर अब शत-प्रतिशत खोमचेवालों और ठेलेवालों का ही एकाधिकार है।

कौन सोचे उस दीन-हीन की

जब बात सड़कों के चौड़ीकरण, सौंदर्यीकरण और इनके विस्तार पर होती है तो पैदलयात्री के बारे में कोई नहीं सोचता। उसकी एक वजह ये भी है कि वो समाज का अंतिम व्यक्ति है। वो गरीब है। उसकी आर्थिक-सामाजिक हैसियत कमजोर है। तो क्या इसलिए वो सड़क पर तड़प-तड़पकर मरने के लिए अभिशप्त है। क्या अमीरजादे सड़कों पर पैदलयात्रियों को कुचलते रहेंगे? मैं मानता हूँ कि पैदलयात्रियों का कुचला जाना और वाहनों की सड़कों पर लगातार बढ़ती भीड़ का सीधा संबंध है। कारों की बिक्री को तो रोका नहीं जा सकता, लेकिन सरकार कड़े उपाय करके पैदलयात्रिओं को राहत तो दे ही सकती है। फूटपाथों को फिर से कायम तो किया ही जा सकता है। सड़कों के किनारे जहाँ स्कूल, अस्पताल, मंदिर, मसजिद आदि सार्वजनिक स्थान हों वहाँ तो अंडरपास या फुट ओवरब्रिज बनाये ही जा सकते हैं। कम-से-कम स्कूल की छुट्टी के समय एक ट्रैफिक का सिपाही तो तैनात हो ही सकता है।

कैसे पार करें हाईवे

मुजफ्फरपुर सड़क हादसे ने एक बार फिर यह साबित कर दिया कि घनी आबादी वाले उत्तर प्रदेश, बंगाल और बिहार से गुजरने वाले हाईवे देश के सबसे खतरनाक बन गए है पैदलयात्रियों के लिए। इन्हें पार करना या इन पर सफर करना लगातार डरावना बनता जा रहा है। इधर भीषण हादसों से लेकर हत्याएँ और लूटपाट आम बात है। इन सड़कों पर आए दिनों लाशें मिलती रहती हैं। हत्यारे लाशों को इधर के हाईवे पर फेंक देते हैं, ताकि यह प्रतीत हो कि वे दुर्घटना में ही मरे हों। सही मायनों में खून से लथपथ हो चुके हैं देश के हाईवे। इन हाईवे से अपने गंतव्य स्थलों

पर जानेवाले मुसाफिर और इनके किनारे रहनेवाले लोग लगातार हादसों के शिकार हो रहे हैं। इन पर रोज डकैती, लूटपाट और रेप के केस भी हो रहे हैं। कुछ समय पहले नोएडा से शाहजहाँपुर जा रहे एक परिवार के साथ गाजियाबाद-कानपुर नेशनल हाईवे-91 पर बदमाशों ने खौफनाक वारदात को अंजाम दिया था। बदमाशों ने तीन घंटे तक परिवार को बंधक बनाए रखा और लूटपाट के बाद माँ और बेटी दोनों के साथ गैंगरेप किया।

अगर बात दिल्ली-आगरा एक्सप्रेस हाईवे की हो तो इस पर लगातार आए दिन लाशें मिल रही हैं। इनकी हालत देखकर ही समझ आ जाता है कि इन्हें बड़ी ही बेरहमी से कत्ल करने के बाद हाईवे पर फेंक दिया गया होगा। इसी तरह से राजधानी दिल्ली से सटे हरियाणा राज्य के सोनीपत शहर से गुजरनेवाले नेशनल हाईवे नंबर-1 पर भी लगातार लाशें मिलने से पुलिस की नींद हराम हो चुकी है। कहनेवाले तो यहाँ तक कहते हैं कि नेशनल हाईवे नंबर एक लाशों को फेंकने का अड्डा बनता जा रहा है। उत्तर प्रदेश के लगभग सभी हाईवे खराब ही हैं। नेशनल क्राइम रिकॉर्ड ब्यूरो के आँकड़ों पर गौर करें तो समझ आ जाएगा कि उत्तर प्रदेश और बिहार के हाईवे कितने असुरक्षित हो चुके हैं। इनके बाद क्रमशः उड़ीसा, महाराष्ट्र, मध्य प्रदेश का नंबर आता है। दरअसल उत्तर प्रदेश और बिहार को देश के 'क्राइम स्टेट' का दर्जा भी मिल सकता है। उसे इन राज्यों से गुजरने वाले हाईवे पर होनेवाली दर्जनों आपराधिक घटनाओं में भी देखा जा सकता है। हाईवे पर होनेवाले अपराध पुलिस के लिए नया सिरदर्द बन रहे हैं। पर

यह भी सच है कि समूचे हाईवे के चप्पे-चप्पे पर पुलिस की तैनाती मुमकिन भी नहीं है। भारत में करीब एक लाख किलोमीटर लंबा नेशनल हाईवे का जाल बिछा हुआ है। सबसे बड़े हाईवे का नेटवर्क उत्तर प्रदेश में है। राज्य में 8,483 किलोमीटर लंबा हाईवे है। बिहार में भी राष्ट्रीय राजमार्ग की लंबाई 4,967 किलोमीटर है। बाकी राज्यों में भी हाईवे की लंबाई अच्छी खासी है। तो सवाल यह है कि आखिरकार कैसे थमे इन पर होनेवाले अपराध और हादसे? इसका यही उपाय समझ आता है कि अपराधियों के मन में पुलिस का खौफ हो। वे अपराध को अंजाम देने से पहले दस बार सोचें। इसी तरह से हाईवे पर तयशुदा रफ्तार से ज्यादा स्पीड से अपने वाहन चलानेवालों पर भी कैमरों की नजर हो। हाईवे पर यातायात के नियमों का पालन न करनेवालों का कठोर दंड हो। उनके लाइसेंस कैंसिल कर दिए जाएँ। आपराधिक लापरवाही के जुर्म की सजा भी सख्त की जाए। जब भी संसाधनों का विकास होता है, निश्चित तौर पर नई संभावनाएँ बढ़ती हैं। वह शुभ है। होना भी चाहिए, लेकिन जहाँ संभावनाएँ और अवसर पैदा होंगे, वहाँ नई चुनौतियाँ भी आएँगी। बुद्धिमानी इसी में है कि समझ लें कि कठोर एक्शन लिए बगैर तो हाईवे सुरक्षित नहीं होनेवाले। मुजफ्फरपुर के हाईवे पर हुए हादसे के बाद देश के सभी राज्यों की आँखें खुल जानी चाहिए। सरकारी तंत्र को कठोरता उन ड्राइवरों पर करनी होगी, जो शराब के नशे में वाहन चलाते हैं। यहाँ हम उनकी भी बात कर रहे हैं, जो नियमों की अनदेखी करके वाहन चलाते हैं। अब सब राज्यों को यह सुनिश्चित करना ही होगा कि किसी भी हालत में इस तरह के केस की पुनरावृत्ति न हो। सभी राज्य हाईवे पेट्रोल पुलिस के नाम से अलग दस्ता बना सकते हैं। इनके पास गाड़ियाँ अत्याधुनिक उपकरण और हाईवे पर अपराध से निपटने के लिए खास तरह की ट्रेनिंग होनी चाहिए।

सड़क परिवहन और राजमार्ग मंत्रालय की एक ताजा रिपोर्ट के मुताबिक, भारत में साल 2013 में 39,828 लोग हाईवे पर हुए विभिन्न हादसों में मारे गए। अगले बरस यानी 2014 में ये आँकड़ा 40,049 तक पहुँच गया। अब यह मंत्रालय देश के विशाल नेशनल हाईवे पर पड़नेवाले उन ब्लैक स्पॉट (जिधर साल में दस या उससे ज्यादा हादसे होते हैं) की निशानदेही कर रहा है। इसके लिए 11 हजार करोड़ रुपए भी आवंटित किए गए हैं। अभी तक मंत्रालय को देश में 726 ब्लैक स्पॉट मिले हैं। इनमें से तमिलनाडू में 100, उत्तर प्रदेश में 99 और कर्नाटक में 86 ब्लैक स्पॉट हैं। ये हादसों के लिहाज से बहुत संवेदनशील हैं।

हर जगह मरता पैदलयात्री

सच बात तो यह है कि पैदलयात्री हर जगह पिस रहा है। अगर बात राजधानी दिल्ली की ही कर लें तो जब भी कोई शख्स किसी भी सड़क या चौराहे को पार करने के लिए खड़ा होता है तो वह चारों तरफ से सैकड़ों वाहनों के हॉर्न की आवाजें सुन रहा होता है। उसके सामने से सैकड़ों वाहन प्रदूषण फैलाते हुए निकल रहे होते हैं। आप मानेंगे कि अब मुंबई से लेकर इंदौर और ग्वालियर से लेकर गाजियाबाद में सड़कों पर चलनेवाले वाहन मौत का धुआँ ही उड़ा रहे हैं। सड़कों पर वाहनों की अंधाधुंध रफ्तार से बढ़ती संख्या के कारण शहरों में बढ़ते वायू प्रदूषण ने बड़ी संख्या में लोगों को साँस का मरीज बना दिया है। एक अनुमान के अनुसार, शहरों की हजारों छोटी-बड़ी गाड़ियों में से केवल 5 फीसदी की ही नियमित जाँच होती है। 50 फीसदी वाहनों का धुआँ प्रदूषण फैला रहा है और उसमें जहरीले तत्त्वों की मात्रा सामान्य से ज्यादा है। प्रदूषण चेकिंग सेंटरों में दुपहिए वाहनों की चेकिंग के लिए 20 रुपए, फोर व्हीलर के लिए 50 रुपए, ट्रक व डंपर जैसे भारी वाहनों के लिए 100 रुपए का शुल्क वसूला जा रहा है। इनके द्वारा जारी प्रमाण-पत्र 6 महीने तक वैध रहता है। इसी जाँच का सरकारी शुल्क कम होने के बावजूद भी लोग नहीं आते। उधर वाहन चालक ऐसी किसी जाँच को अनिवार्य होने व धुएँ के प्रदूषण के खतरे से खुद को अनजान बताते हैं। अगर कोई ये सोच रहा है कि गाड़ियों से निकलने वाले धुएँ से सिर्फ बड़े शहर ही प्रभावित हो रहे हैं तो गुस्ताफी माफ करें और अपनी जानकारी को दुरुस्त कर लें। इससे तो पूरा का पूरा वातावरण और प्रर्यावरण प्रभावित हो रहा है। क्या हम अपनी अगली पीढ़ी को यही उपहार देना चाहते हैं ?

कुल मिलाकर एक बात साफ है कि देश के छोटे-बड़े शहरों से लेकर हाईवे तक को पैदलयात्रियों के लिए सुरक्षित बनाना ही होगा। आखिर क्यों हम इस लिहाज से विलंब करते जा रहे है ? चेत जाओ ! खतरे की घंटी बज रही है।

□

क्यों विलुप्त होते जा रहे हैं वामपंथी?

त्रिपुरा में अप्रत्याशित हार के बाद मा.क.पा. नेता वृंदा करातजी पत्रकारों के बीच कह रही थी कि धन बल के सहारे भा.ज.पा. को राज्य में सफलता मिली। मतलब लेफ्ट नेता अपनी हार के कारणों की समीक्षा करने के लिए तैयार तक नहीं हैं। वे खुल्लमखुल्ला जनादेश का अपमान करने पर तुली हुई हैं।

हमारे वामपंथी भाई यह मत भूले कि अगर धन की ताकत से ही चुनाव जीते जाते तो फिर इस देश में सिर्फ करोड़पति-अरबपति ही चुनाव जीत पाते। दरअसल त्रिपुरा में बौद्धिकता के अहंकार में चूर वामपंथ और धकोसलापंथ की हार है। सिर्फ जवाहरलाल यूनिवर्सिटी में भाषण देने से चुनाव मैदान नहीं जीते जाते। चुनाव जीतने के लिए जनता के बीच में काम करना होता है। जनता के सुख-दु:ख में शामिल होना पड़ता है। किसी भी राज्य में पैर जमाने के लिए लंबी मशक्कत करनी होती है। आप कन्हैया 'आजादी' कुमार सरीखे नेताओं के बल पर आगे नहीं बढ़ सकते। देश को कोसने से आपको वोट नहीं मिलते।

विलुप्त होने की वजह

त्रिपुरा में पिछले 25 सालों से लगातार लेफ्ट की सरकार थी। उसे उस दल ने शिकस्त दे दी, जिसके पास पिछले चुनाव में मात्र 2 फीसदी से भी कम वोट शेयर था। लेफ्ट की सीटों की संख्या 59 से घटकर 16 रह गई है। करात से लेकर येचुरी सरीखे तमाम अंग्रेजीदाँ नेताओं को समझना होगा कि वे क्यों विलुप्त होते जा रहे हैं? इसके पीछे सिर्फ एंटी इनकंबेंसी वाला फैक्टर ही नहीं हो सकता। इनके येचुरी तथा करात सरीखे नेता अब सिर्फ कैंडिल मार्च निकाल सकते हैं। कोई प्रभावी जन-

आंदोलन तो इनके बस का अब तो रहा ही नहीं। इसीलिए अब इन्हें जनता तेजी से खारिज करती जा रही है, वैसे देश ने इनका असली चेहरा पहली बार देखा था 1962 में चीन से जंग के वक्त। तब भारतीय कम्युनिस्ट पार्टी (भा.क.पा.) ने राजधानी के बारा टूटी इलाके में चीन के समर्थन में एक सभा तक आयोजित करने की हिमायत की थी, हालाँकि वहाँ पर मौजूद लोगों ने तब आयोजकों को अच्छी तरह पीट दिया था। इसके अलावा वामदलों के अधिकतर राज्यों में सिकुड़ने का एक अहम कारण यह भी रहा कि इनके गैर-जिम्मेदाराना हरकतों से छोटी-बड़ी फैक्ट्रियाँ बंद होती रही हैं। इसके चलते वामपंथी ट्रेड यूनियन आंदोलन कमजोर पड़ गया और वाम नेता दूसरे किसी मुद्दे पर कोई विशेष छाप भी नहीं छोड़ सके। इन्होंने संगठन के स्तर पर भी कोई जमीनी काम नहीं किया, सिवाय इसके कि फर्जी एन.जी.ओ. बनाकर सरकारी योजनाओं का पैसा कांग्रेस के सहयोग से भरपूर लूटा और हर तरह की मौज-मस्ती करने में अपना समय और लूट के धन का अपव्यय किया।

एक खबरिया टी.वी. चैनल पर एक लेफ्ट नेता बड़ी ही मासूमियत के साथ कह रहे थे कि 44 फीसदी मतों के साथ आज भी मा.क.पा. त्रिपुरा में सबसे बड़ी पार्टी है। वे प्रश्न पूछते हैं कि हम कहाँ हारे, हारी तो कांग्रेस है? उसे पिछली बार के 36 फीसदी की तुलना में सिर्फ 2 फीसदी मत मिले हैं। जाहिर है कि ये वामपंथी कभी भी सीखनेवाले नहीं है। शायद इसीलिए इनका इस देश में नामलेवा तक भी नहीं रहेगा।

अब तो ये वामपंथी मात्र केरल में ही रह गए हैं। ये अब जवाहरलाल नेहरू यूनिवर्सिटी के विद्यार्थियों के अलावा किसी को भी जगह के नौजवानों को अपनी तरफ नहीं खींच पा रहे हैं। मा.क.पा. के कुल सदस्यों में मात्र 6.5 फीसदी ही 25 साल से कम उम्र के रह गए हैं। मा.क.पा. का नेतृत्व तो बुजुर्गों से भरा पड़ा है। नेतृत्व में नौजवान तो नाममात्र के ही हैं। मा.क.पा. की एक ताजा रिपोर्ट में यह भी बताया गया है कि मा.क.पा. की विशाखापट्नम में 2015 में हुए अधिवेशन में 727 नुमांइदों ने भाग लिया। उनमें सिर्फ दो ही 35 साल से कम उम्र के थे। यानी मा.क.पा. से अब नौजवानों का मोहभंग होता जा रहा है। अब मा.क.पा. और पश्चिम बंगाल की ही बात कर लीजिए। बंगाल पर मा.क.पा. ने 1977 से लेकर 2011 तक लगातार 34 वर्षों तक राज किया। ज्योति बसु लंबे समय तक मा.क.पा. के नेतृत्ववाली वाम सरकार के अति प्रभावशाली मुख्यमंत्री थे। पर अब बंगाल में भी मा.क.पा. लोकसभा और राज्यसभा के चुनाव बार-बार हार रही है।

सेना पर भी सवाल

बीते दशकों से वाम दलों का नेतृत्व जन भावनाओं से पूरी तरह से हटकर अपनी अलग लाइन ले रहा है। जब सारा देश भारतीय सेना के पाकिस्तान में घुसकर सर्जिकल स्ट्राइक पर गर्व कर रहा था, तब वाम दल कह रहे थे कि सरकार सफेद झूठ बोल रही है। वे संसद् में और संसद् के बाहर भी भारत सरकार सर्जिकल

स्ट्राइक का साक्ष्य माँग रहे थे। वैसे तो वामदल अपने को गरीब-गुरबा के हितों का सबसे मुखर प्रवक्ता बताते हैं। अपने मुँह मियाँ मिट्ठू बनते रहते हैं। आखिर इन्होंने कब हाल के वर्षों में महँगाई, बेरोजगारी, गरीबी जैसे सवालों पर कोई आंदोलन छेड़ा है?

कितनी करते दलितों की चिंता

सच माने तो यह कहना अतिश्योक्ति नहीं होगी कि वामपंथी दलों के खाने और दिखाने के दाँत अलग-अलग हैं। ये प्राइवेट सेक्टर में दलितों के लिए नौकरियों में पद आरक्षित करने की माँग करते रहते हैं, पर आपको इनके पोलिट ब्यूरो में शायद ही कोई दलित मिले। वहाँ तो सब के सब सवर्ण जातियों के नेता हैं। एक बार इस संबंध में प्रकाश करात से जब किसी पत्रकार द्वारा पूछा गया तो उनके पसीने छूटने लगे। अभी तक तो मा.क.पा. के शिखर पर ब्राहमण, कायस्थ और दूसरी ऊँची जातियों के नेता ही शिखर पर रहे हैं। मा.क.पा. के गतिविधियों पर लंबे समय से नजर रखनेवाले कहते हैं कि हालाँकि मा.क.पा. 'जाति तोड़ों' की बात तो करती है, पर खुद मा.क.पा. में तो सिर्फ ऊँची जातियों ही छाई रही हैं। करात और येचुरी क्यों मा.क.पा. की पोलित ब्यूरो में दलितों और पिछड़ों के लिए जगह आरक्षित नहीं करवाते? इनके इन्हीं दोहरे मापदंडों के कारण इनकी तो हर तरफ से जमीन खिसक चुकी है। इनके नेताओं का जनता से सीधा संपर्क-संबंध समाप्त हो चुका है। एक ऐसा भी दौर रहा है, जब लेफ्ट दलों के पास हरकिशन सिंह सुरजीत, भोगेंद्र झा, अमृत श्रीपाद डांगे, इंद्रजीत गुप्त, चतुरानन मिश्र, रामावतार शास्त्री, सोमनाथ चटर्जी, भूपेश गुप्त जैसे जन नेता थे। ये सही अर्थ में जनता के बीच काम करते थे। ये अपने ढंग से ईमानदार जनसेवक नेता थे। जनता इनकी विचारधारा से सहमत होते हुए भी इनके प्रति सम्मान का भाव रखते थे। पर अब वो पीढ़ी जा चुकी है। मौजूदा लेफ्ट दलों के नेता तो सुनिश्चित कर रहे हैं कि ये इतिहास के पन्नों तक में ही रह जाएँ।

□

अब तो बंद करो भारत बंद

विगत दो अप्रैल के भारत बंद के बाद एक भारत बंद देश ने और देखा 10 अप्रैल को। पहले के बंद की तरह दूसरे भारत बंद के दौरान भी अनेक शहरों में हिंसा, आगजनी और लूटपाट होती रही। दलित संगठनों की आड़ में सरकार विरोधी पार्टियों के भारत बंद के खिलाफ सवर्णों की तरफ से 10 अप्रैल को भारत बंद का आह्वान किया गया था। मजे की बात यह रही कि यह भारत बंद आरक्षण रद्द करने की माँग को लेकर मीडिया पर अफवाहें फैलाकर किया गया। एक के बाद एक भारत बंद की जरूरत ही किसलिए हुई। दोनों ही बंदों के दौरान बिहार ही खासतौर पर जलता रहा। आरा में बंद समर्थकों और विरोधियों के बीच हिंसक झड़पें हुई। गया जिले में प्रदर्शनकारियों ने पुलिस पर पथराव किया। अफवाहों के माध्यम से उपद्रव ज्यादा न फैले इसको ध्यान में रखकर देश के अनेक शहरों में इंटरनेट सेवाएँ बंद कर दी गईं। दोनों बंद के समय रेलवे की संपत्ति को क्षति पहुँचाई गई। सवाल यह है कि बंद का आह्वान करनेवालों को मिला क्या? यह पता लगाने की जरूरत है कि किसके हित की पूर्ति के लिए बंद पर बंद करवाए जा रहे हैं? हाँ बंद का लाभ देश विरोधी और असामाजिक तत्त्वों को अवश्य ही हो रहा है। वे इस दौरान जमकर हिंसा में लिप्त होने लगते हैं। यह तो देश लंबे समय से देख रहा है। एक बार फिर से देश ने 2 अप्रैल और 10 अप्रैल को देखा कि असामाजिक तत्त्व किस प्रकार बंद के दौरान सामान्य नागरिकों का जीना हराम कर दिया था। इस दौरान सारे कामकाज ठप्प होने लगते हैं। बच्चों के स्कूल तो बंद कर देना आम बात है। एंबुलेंसों तक को नहीं बख्शा जाता।

अनुसूचित जाति/अनुसूचित जनजाति एक्ट को लेकर हुए पहले बंद के समय हुई हिंसा में अरबों रुपए का नुकसान हुआ था। आरक्षण के विरोध में किए गए बंद

के समय राजस्थान, बिहार, उत्तर प्रदेश वगैरह आदि कई राज्यों में बाजार बंद रहे। राजस्थान की राजधानी जयपुर में भी धारा 144 लागू कर दी गई थी। दोनों बंद के दौरान तमाम राज्यों में ज्यादातर स्कूल नहीं खुले, पर बच्चों की पढ़ाई की अब चिंता ही किसे रह गई है।

2 अप्रैल के भारत बंद में 11 लोगों की मौत हो गई थी। दलितों की आड़ में मोदी विरोधियों के उग्र प्रदर्शन ने हिंसा का रूप ले लिया था। यह ठीक है कि हिंसक वारदातों को रोकने की जिम्मेदारी पुलिस पर है, पर समाज का भी तो कुछ दायित्व बनता है। इतने बड़े देश में शांति बनाए रखने के लिए पुलिस के साथ-साथ आम जनता और राजनीतिक दलों को भी अपने दायित्वों का निर्वाह करना होगा। देखने में साफतौर पर आ रहा है कि देश विरोधी शक्तियाँ देश में स्थायी अशांति का माहौल बनाए रखने के लिए सोशल मीडिया का सहारा ले रही हैं। फेसबुक और वहाट्सअप पर फर्जी मैसेज भेजे जा रहे हैं।

बिहार को लगी नजर

हालाँकि 10 अप्रैल को हुए भारत बंद का पूरे देश में तो असर नहीं हुआ, लेकिन

बिहार जलता रहा। बिहार को तो मानो किसी की नजर लग गई हैं। वहाँ पर लगातार सांप्रदायिक दंगे करवाए जा रहे हैं। यह वास्तव में दुर्भाग्यपूर्ण है कि जब बिहार में गांधीजी के नेतृत्व में चले चंपारण आंदोलन के शताब्दी समारोह का समापन हो रहा है, तब वहाँ पर जातीय और सांप्रदायिक हिंसा फैलाई जा रही है। बिहार का इतिहास आपसी प्रेम, भाईचारे और सौहार्द का रहा है, पर वह सबकुछ अब तार-तार हो चुका है। बिहार के लोग तो सदियों से एक-दूसरे से मिल-जुलकर रहते आए हैं। वहाँ भी कभी-कभी तो दंगे भी हुए हैं। कांग्रेसी शासन काल में हुए भागलपुर और बिहार शरीफ के दंगे बिहार की छवि पर तो दाग बने रहेंगे, पर आज की स्थिति तो सच में गंभीर है। अब वहाँ लगातार दंगे भड़काए जा रहे हैं।

सारे बिहार में रामनवमी का पर्व भव्य तरीके से मनाया जाता रहा है, पर इस बार वहाँ पर रामनवमी पर भी हिंसा भड़काई गई। यह पहली बार हुआ। कई जिलों में रामनवमी के जुलूस के बाद हिंसा हुई, लेकिन पुलिस पता नहीं क्यों एक पक्षीय कार्रवाई ही करती रही। पीरो (भोजपुर) का रामनवमी दंगा हुआ सरासर पुलिस की लापरवाही और निकम्मेपन से, लेकिन बिना बजह संख्या पूरी करने के लिए दोनों समुदायों के लोगों को पकड़कर जेल में ठूँसा गया। बहुसंख्यकों को ज्यादा प्रताड़ित किया गया।

आर्थिक नुकसान की भरपाई कौन करेगा

बंद से आर्थिक गतिविधियों पर बहुत बुरा असर पड़ रहा है। वाणिज्य एवं उद्योग की संस्था एसोचैम का मानना है कि आम तौर पर एक बंद के कारण एक दिन में 15,000 से 20,000 करोड़ रुपए के सकल घरेलू उत्पाद (जीडीपी) का नुकसान हो जाता है। क्या बंद करवानेवाले कभी एसोचैम की बात को भी सुनेंगे? बंद करवानेवालों को दिहाड़ी मजदूरों के संबंध में भी सोचना चाहिए। बंद के कारण उस दिन की इनकी आय रूक जाती है। ये पाई-पाई को मोहताज होने लगते हैं। देशव्यापी बंद से बैंकिंग, बीमा और ट्रांसपोर्ट जैसे सेवा क्षेत्रों पर भी असर पड़ता है। औद्योगिक उत्पादन भी प्रभावित होता है। यहाँ तक कि सब्जियों की आवाजाही प्रभावित होने से कृषि क्षेत्र पर भी असर होता है। फलों एवं सब्जियों को यदि तुरंत गंतव्य तक नहीं पहुँचाया जाए तो इनके खराब होने का जोखिम बना रहता है। भला सड़ी-गली सब्जियाँ खरीदेगा कौन?

तमिलनाडु और कर्नाटक में भी कावेरी जल बँटवारे के सवाल पर लगातार बंद

किए जा रहे हैं। कुछ समय पहले तमिलनाडू में बंद का गहरा असर देखने को मिला। बंद के चलते राज्य में अधिकांश दुकानें, प्राइवेट स्कूल, पेट्रोल पंप बंद रहे। ऑटो, टैक्सी, निजी बसें इस मौके पर सड़कों से नदारद रहीं। दरअसल तमिलनाडू के कई संगठन कर्नाटक में तमिलों और उनकी संपत्तियों को हुए नुकसान के खिलाफ बंद कर चुके हैं। यही बदले की भावना से कर्नाटक के तमिल क्षेत्रों में भी हुआ, लेकिन कांग्रेसी मुख्यमंत्री सिद्दारमैया को इसमें कन्नड़ वोटों का इजाफा ही दिख रहा था। अत: कोई कार्रवाई नहीं हुई।

भारत बंद का सबसे गहरा असर रेलवे को होता है। रेलवे की संपत्ति को क्षति पहुँचाकर आंदोलनकारी अपने को बहुत बड़ा क्रांतिकारी समझने लगते हैं। ये अपने घरों को क्यों नहीं आग लगाते? क्या रेलवे अपने देश की नहीं है? इस माह हुए दोनों

बंद के दौरान बिहार–उड़ीसा, उत्तर प्रदेश में दर्जनों रेलें रोकी गई। पहले बंद के दौरान बिहार के अररिया, सुपौल, मधुबनी, दरभंगा, जहानाबाद और आरा में भीम सेना के रेल रोकीं। उड़ीसा के संभलपुर में भी प्रदर्शनकारियों ने ट्रेन रोक दी थी। दुर्भाग्यवश ये दोनों बंद तब रखे गए, जब देश भर में 10वीं और 12वीं की परीक्षाएँ चल रही थीं। बंद के चलते परीक्षा देनेवाले लाखों बच्चों को भारी कष्ट हुआ। जगह–जगह जाम और हिंसा के कारण उन्हें परीक्षा केंद्रों तक पहुँचने में कठिनाइयाँ आईं। क्या बंद का आह्वान करनेवाले किसी नेता का कोई बच्चा वक्त पर परीक्षा केंद्र तक न पहुँच पाने के कारण अपना पेपर दे पाने से रह गया? नहीं रहा होगा। इसलिए तो इन्हें बाकी लाखों बच्चों की परेशानी का कभी अहसास नहीं होगा।

लोकतंत्र में हरेक को विरोध और प्रतिरोध करने का अधिकार है, लेकिन लोकतंत्र ये इजाजत नहीं देता कि बंद की आड़ में हिंसा भड़काई जाए और सरकारी संपत्ति को स्वाहा कर दिया जाए। ऐसे उपद्रवियों को सख्त से सख्त सजा का प्रावधान होना चाहिए। आखिरकार, यह भी तो नागरिक स्वतंत्रता का अपहरण और सरकारी संपत्तियों से बलात्कार ही है?

□

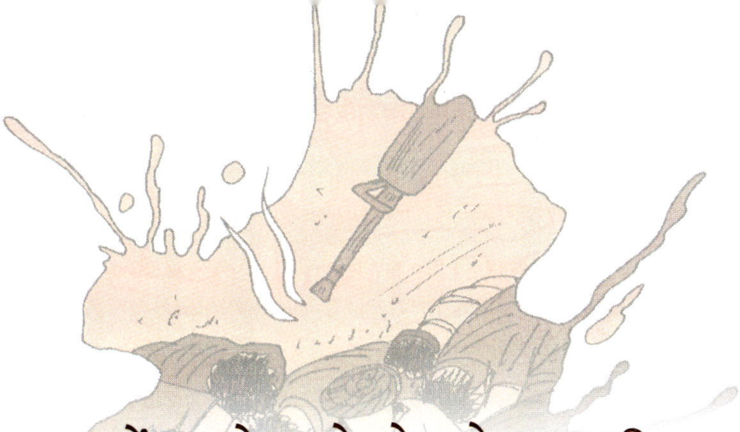

क्यों मरने जाते, देश के बाहर?

इराक के मोसुल शहर में 2014 में लापता हुए 40 भारतीयों में से 39 के मारे जाने की खबर की पुष्टि होने से सारा देश हिल सा गया है। इस सदमे से देश को उबरने में तो लंबा वक्त लगेगा। ये बेचारे अभागे भारतीय मजदूर चरमपंथी संगठन आई.एस.आई.एस. के हाथों मारे गए। मारे गए भारतीय नागरिकों में से 31 पंजाब के, चार हिमाचल के और बाकी पश्चिम बंगाल और बिहार के थे। इस हादसे के बाद से एक सवाल बार-बार मन में उठ रहा है कि आखिर भारतीय नौकरी करने के लिए इराक जैसे इतने असुरक्षित इलाकों में क्यों चले जाते हैं? इराक में तो लंबे समय से गृहयुद्ध के जैसे हालात बने हुए हैं। कत्लेआम हो रहे है। फिर भी भारतीय वहाँ चले गए। क्या इन्हें वहाँ जाने से पहले मालूम नहीं था कि इराक नष्ट हो चुका है। इस तरह के देश में रोजगार के क्या अवसर उपलब्ध होंगे? पर भारतीयों को तो बाहर जाने की जिद पड़ी है।

जमीनें बेचकर जाते बाहर

दो उदाहरण दूँगा जिससे स्पष्ट हो सकेगा कि भारत में एक इस तरह का वर्ग पैदा हो गया है, जो अपनी जमीन-जायदाद औरतों के जेवर बेचकर भी देश से बाहर बरतन धोने या मैले कपड़े धोने की नौकरी करने तक के लिए भी तैयार है। पाँच रुपए सैकड़ा प्रतिमाह का खर्च उठाकर दलालों को पैसे भरते हैं, पासपोर्ट और वीजा बनवाते हैं। सिंगापुर में एक स्थान का नाम ही लिटिल इंडिया है। इधर ज्यादातर घर और दूकानें तमिल मूल के भारतीयों की हैं। पिछले पचास वर्षों में कुछ पंजाबी कुछ गुजराती और कुछ बिहार-उत्तर प्रदेश मूल के लोग भी बस गए हैं। तमिल और आंध्र से तो लोग डेढ़-दो सौ वर्ष पहले ही आकर बस गए थे। इनके लिए तो सिंगापुर

बेहतर देश है। यहाँ पर इन तमिलों के रेस्तराँ में कई पंजाबी युवक मिले। ये भोजन सर्व करने से लेकर रेस्तराँ के गेट पर दरबान के रूप में खड़े थे। इनसे सिंगापुर में आकर इस तरह की छोटी-मोटी नौकरी करने का कारण जब भी पूछता हूँ तो लगभग सबका एक ही जवाब था, "पंजाब में रहकर क्या करेंगे? वहाँ पर तो नौकरी मिलती नहीं। इसलिए यहाँ आ गए।" इनकी इस बात में दम हो सकता है। पर ये सिंगापुर में किसी के निमंत्रण पर नहीं आए। इन्हें यहाँ पर लाया गया विदेशों में अच्छी नौकरी का बहाना या वादा करके इनसे मोटा पैसा वसूलने के बाद। ये भी सिंगापुर में जाकर नौकरी करने के लिए अपनी पुरखों की जमीनें तक बेच देते हैं। इसी तरह की स्थिति आपको दुबई, अबू धाबी, शारजहाँ, बैंकॉक, पटाया जैसे तमाम शहरों में मिलती है। इन सभी शहरों में भारतीय नौजवान ड्राइवर, गेटकीपर, वेयरा, सफाईकर्मी वगैरह बनने के लिए राजी हो जाते हैं। इनके चेहरे-मोहरे को देखकर लगता है कि ये ठीक-ठाक खाते-पीते परिवारों से हैं। बेशक, मेहनत करके धन कमाना तो बहुत ही उत्तम बात है, पर अपनी माँ के गहने बेचकर या पुश्तैनी जमीन बेचकर बूढ़े बाप को कर्ज लेने पर मजबूर करके देश से बाहर जाने का क्या मतलब है? लेकिन, यही हो रहा है अपने देश में।

आपको पंजाब के हर छोटे कस्बे, तहसील और शहर में दर्जनों दफ्तर उन कंपनियों के मिल जाएँगे जो सात संमदर पार लोगों को अच्छी नौकरी दिलवाने के सब्जबाग दिखाते हैं। पंजाब, उत्तर प्रदेश और बिहार में भी इस तरह के सैकड़ों गिरोह सक्रिय हैं, जो विदेशों में अच्छी नौकरी दिलाने का सब्जबाग दिखाकर युवाओं से खुलेआम ठगी करते हैं। इस तरह के शातिर गिरोहों का यदा-कदा पर्दाफाश भी होता है, पर ये नए रूप-स्वरूप में फिर से प्रकट हो जाते हैं। जाहिर है, इनके अधिकतर शिकार बेरोजगार युवक ही होते हैं।

माँगते वीजा की भीख

यदि आप राजधानी में रहते हैं तो कभी डिप्लोमैटिक एरिया यानी चाणक्यपुरी का चक्कर भर लगा लीजिए। इधर कनाडा, ब्रिटेन, यू.ए.ई., सऊदी अरब समेत अनेक दूतावासों के बाहर रोज देश से बाहर जाने के इच्छुक हजारों नवयुवकों का हुजुम लगा होता है। इनमें स्त्री, पुरुष, बच्चे सभी होते हैं। ये सब वीजा हासिल करने की जुगाड़ में ही कतार में खड़े होते हैं। इनके चेहरे के भावों को देखकर कष्ट होता है। इनके चेहरे के कातर भाव देखकर लगता है कि मानो ये भीख माँग रहे हों। क्या इनका अपना

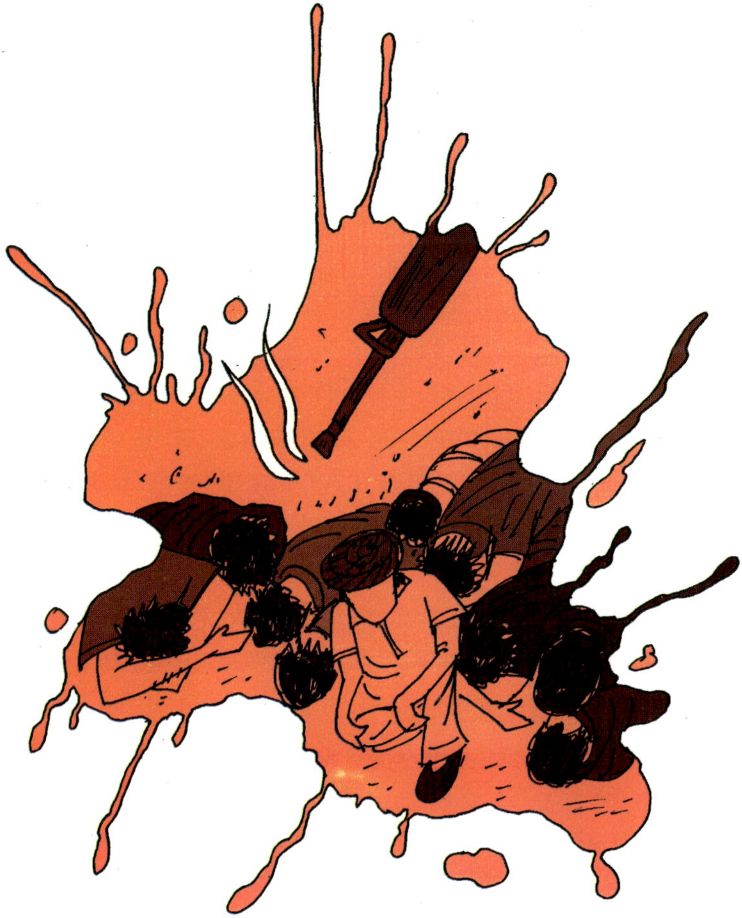

देश इनके रहने लायक नहीं बचा है? आखिर क्या नहीं है भारत में? क्या विदेश में जाने का अर्थ स्वर्ग की सैर करना है? ये हर हालत में देश छोड़नेवाले याद रखें कि इन्हें देश से बाहर तीसरे दर्जे का ही नागरिक समझा जाता है। इन्हें कभी भूमिपुत्र अपने बराबर नहीं समझ सकते। अमेरिका में पहले 'वाइट एंग्लो सेक्शन प्रोटेस्टेंट' यानी गोरे भी वे ही जो अंग्रेजों की ही औलाद हों, फ्रेंच, जर्मन, स्विस, मेक्सिको नहीं। उसके बाद अन्य गोरे उसके बाद ही एशियन। सिंगापुर में पहले सिंगापुर के चाइनीज, फिर चीन के चाइनीज, फिर मलेशियन और फिर भारतीय या अन्य कोई। यही हालात सभी

देशों में है। भारत ही एक ऐसा देश है जहाँ हिंदू, मुसलिम, सिख, ईसाई सभी बराबरी का दर्जा पाते हैं और गोरी चमड़ीवालों को विशेष सम्मान दिया जाता है। यह तो किसी भी देश में नहीं होता?

अधिकतर की हालत पतली

चूँकि बीच-बीच में भारतवंशियों की सफलता की कहानियाँ मीडिया में आने के बाद लगता है कि देश से बाहर गए सभी भारतीय सफलता के झंडे गाड़ रहे हैं। ये सच नहीं है। अमेरिका या यूरोप के कुछेक देशों में भारतीय डॉक्टरों, आई.टी. सेक्टर के विशेषज्ञों, इंजीनियरों वगैरह की कामयाबी बड़ी तसवीर करोड़ों भारतीय मजदूरों की दशा को नेपथ्य में धकेल देती हैं। मलेशिया, केन्या, तंजानिया, युगांडा, दक्षिण अफ्रीका में भारतवंशी तो लगभग 200 सालों से बसे होने के बाद भी अधिकतर अभी भी धक्के ही खा रहे हैं। मलेशिया में अधिकतर तमिल मूल के भारतवंशी ही हैं, जबकि अफ्रीकी देशों में पंजाबी और गुजराती मूल के। सब जगह भारतवंशी दूसरे या तीसरे दर्जे के नागरिक के रूप में ही रहते हैं। मलेशिया में तो भारी संख्या में तमिल मूल के निवासी पहचान पाने के लिए लाखों की संख्या में मुसलमान भी बन गए हैं, लेकिन जब तक वे अपने बच्चों की शादियाँ मलेशयाई मूल के मुसलमानों के साथ करके उनमें दो-तीन पुश्त बीता नहीं लेते, उन्हें ढोसा वाला या रोटी-पराँठावाला ही कहकर बुलाया जाता है। हाँ, इनमें से कुछेक जीवन के किसी क्षेत्र में अपनी पहचान बना लेते हैं। कमोबेश यही स्थिति खाड़ी देशों में भी है। इनमें कुछ भारतीयों ने अपने को बिजनेस में जरूर स्थापित कर लिया है, पर अधिकतर की हालत पतली ही है। बेहतर होगा कि जो भारतीय देश से बाहर नौकरी के लिए जाएँ, वे सोच-समझकर ही बाहर जाएँ। वे इतना तो जरूर ही सुनिश्चित कर लें कि जिस देश में वे नौकरी करने के लिए जा रहे हैं, वहाँ पर उन्हें जान-माल का खतरा नहीं होगा।

मुझे करीब दो साल पहले अफ्रीकी देश अल्जीरिया में फँसे सैकड़ों कुशल-अकुशल बिहारी मजदूरों के साथ वहाँ जानवरों की तरह के व्यवहार के संबंध में पता चला था। वे वहाँ से वापस स्वदेश आना चाह रहे थे। अल्जीरिया में फँसे मजदूरों के संबंधियों ने बताया था कि उनके साथ कंपनी के लोग कैदियों सरीखा व्यवहार करते हैं। इन सबको गोरखपुर के एक एजेंट के माध्यम से अल्जीरिया ले जाया गया था। ये अधिकतर बिहार से थे। मेरे प्रयासों से अल्जीरिया से बहुत से भारतीय वापस आ पाए थे। सबको पता है कि गृहयुद्ध से जूझ रहे यमन में भी हजारों भारतीय थे। उन्हें

सरकार सुरक्षित स्वदेश लेकर आई थी। इस कार्य में भारतीय नेवी और एयरफोर्स ने ऑपरेशन राहत चलाया था। यह अभियान इराक में नहीं चल सका, लेकिन यह कोई नहीं मान सकता कि सरकार ने इराक में फँसे भारतीयों को सुरक्षित स्वदेश लाने की भरपूर कोशिशें नहीं की होंगी।

इराक में जो कुछ हुआ वह उन सबके लिए एक संदेश है, जो किसी भी स्थिति में देश से चंद सिक्के कमाने के इरादे से बाहर निकल जाना चाहते हैं। उन्हें देश से बाहर जाने से पहले अपनी सुरक्षा तो सुनिश्चित कर ही लेनी चाहिए।

□

इसीलिए तो भारत के रत्न हैं तेंदुलकर

सचिन तेंदुलकर ने एक बार फिर यह सिद्ध कर दिया कि वे असाधारण इनसान हैं। वे भारत रत्न तो हैं ही, पर वास्तव में वे भारत के रत्न हैं। क्रिकेट के इस साक्षात् भगवान् ने राज्यसभा से रिटायर होते ही प्रधानमंत्री राहत कोष में अपनी 6 साल की पूरी सैलरी और भत्ते दान कर अपने आलोचकों का मुँह बंद कर दिया। उनका कार्यकाल हाल में समाप्त हुआ था। पिछले छह वर्षों में तेंदुलकर को वेतन के रूप में लगभग 90 लाख रुपए और अन्य मासिक भत्ते मिले थे।

प्रधानमंत्री कार्यालय ने उन्हें आभार-पत्र भी जारी किया है, जिसमें लिखा गया है कि "प्रधानमंत्री ने इस सहृदयता के लिए आभार व्यक्त किया है। यह योगदान संकटग्रस्त लोगों को सहायता पहुँचाने में बहुत मददगार होगा।" तेंदुलकर जब से राज्यसभा के लिए मनोनीत हुए थे, तब से ही कुछ हालातों में उनकी संसद् सत्र में गैर-हाजिरी और भागेदारी को लेकर लगातार सवाल खड़े किए जा रहे थे। सवाल करनेवाले भूल रहे थे कि सचिन तेंदुलकर का बल्ला बोलता है, वे बोलने से अधिक कुछ कर गुजरने में यकीन करते हैं। यह उन्होंने सांसद काल का वेतन-भत्ते वापस करके अपने आलोचकों के चेहरे पर तमाचा जड़कर साबित कर ही दिया। उन्हें जब सांसद मनोनीत किया गया था, तब ही उन्होंने एक बड़ा फैसला लेते हुए कह दिया था कि वे सरकारी आवास नहीं लेंगे। तब उनके आलोचकों को यह बातें दिखाई नहीं दे रही थी। क्या संसद् में हंगामा करना ही अपनी मौजूदगी को दर्ज करवाना माना जाए? यही तो आजकल बहुत से सांसद कर रहे हैं। सचिन तेंदुलकर ने सांसद निधि का भी बहुत बेहतर उपयोग किया। उन्होंने देश भर में 185 परियोजनाओं को मंजूरी देने तथा उन्हें आवंटित 30 करोड़ रुपए में से 7.4

करोड़ रुपए शिक्षा और ढाँचागत विकास में खर्च किए। क्या यह अहम उपलब्धि नहीं है? सचिन तेंदुलकर अपने लगभग 25 सालों के सफल अंतरराष्ट्रीय कॅरियर के बाद भी सामाजिक कार्यों में लगातार जुड़े रहे। सचिन तेंदुलकर के बल्ले से जिस तरह से रन निकलते थे, उसके चलते वे सर्वकालिक महान् बल्लेबाजों की श्रेणी में जगह बना पाए। बेशक, इस मसले पर कोई विवाद नहीं हो सकता। उनके खाते में कितने वर्ल्ड रिकॉर्ड दर्ज हैं, ये किसी को बताने की जरूरत ही नहीं है। सचिन तेंदुलकर की शख्सियत का समग्र रूप से विश्लेषण करने की जरूरत है। उनकी कोरी आलोचना करनेवालों को अपने गिरेबान में भी झाँकना होगा। सचिन पूरे देश के रोल मॉडल यूँ ही नहीं बन गए। क्रिकेट से संन्यास लेने के बाद भी वे अति लोकप्रिय हैं। सारे देश के युवा उनसे प्रेरणा लेते हैं। एक मराठी अध्यापक के इस पुत्र की उपलब्धियाँ शानदार रही हैं। उनका नाम कभी भी किसी तरह के विवाद में नहीं रहा। वे संस्कारी हैं। वे आज्ञाकारी पुत्र, जिम्मेदार पति और पिता हैं।

अगर उनका चौतरफा स्तुति गान होता है तो इसकी ठोस वजहें हैं। सचिन तेंदुलकर की पाकिस्तान के इमरान खान से लेकर इंजमाम-उल-हक से तुलना करनेवाले दिमागी रूप से बीमार हैं। वे कहते हैं कि इमरान खान और इंजमाम उल हक ने गरीबों के लिए अस्पताल बनवाए। सचिन तेंदुलकर ने क्या किया? अब जब उन्होंने अपनी सांसद के रूप में सारी सैलरी लौटा दी तो वे कहीं जाकर छिप गए हैं। उन्हें अपने पर शर्म आ रही होगी। ऐसे दो कौड़ी के लोगों की जो राष्ट्र की महान् हस्तियों पर लांछन लगाते हैं, उनकी सार्वजानिक भर्त्सना और सामाजिक बहिष्कार होना चाहिए।

टैक्स चोरी तो नहीं करते

सचिन तेंदुलकर की निंदा करनेवाले उन्हें इसलिए भी कोसते हैं कि वे ब्रांड एंबेसेडर बनकर खूब पैसा कमाते हैं। क्या ईमानदारी से पैसा कमाना भी कोई अपराध हो गया है? क्या वे टैक्स की चोरी कर रहे हैं? क्या वे कोई गैर-कानूनी कार्य में संलिप्त हैं?

गाँव का किया काया-कल्प

क्या यह जानकारी सचिन के आलोचकों को है कि सचिन तेंदुलकर ने आंध्र प्रदेश के नैल्लोर जिले में एक गाँव गोद लिया है? उन्होंने 'संसद् आदर्श ग्राम

योजना' के तहत पुत्तमराजुवरी कंद्रिका गाँव गोद लिया था। सचिन ने गाँव के लिए 2.79 करोड़ रुपए के विकास कार्यों की आधारशिला भी रखी थी। इनमें सामुदायिक केंद्र, आँगनवाड़ी स्कूल और रसोई, खेल का मैदान, विश्राम गृह और शौचालयों

का निर्माण शामिल है। वे इस गाँव के लोगों से शराब और तंबाकू की लत छोड़ने की अपील करते हैं। क्या उनके विज्ञापन करने पर एतराज करनेवालों को याद है कि उन्होंने कभी सिगरेट या तंबाकू का विज्ञापन नहीं किया है? वे चाहते तो इन उत्पादों का विज्ञापन करके भी करोड़ों रुपए कमा सकते थे। आखिर कितने नामवर सितारे सिरगेट और तंबाकू का विज्ञापन करते ही रहे हैं। पर वे अपने सामाजिक दायित्वों को समझते हैं। सचिन तेंदुलकर खाटी मुंबईकर हैं। पर उन्होंने महाराष्ट्र की बजाय एक अन्य राज्य के गाँव को गोद लेकर यह साबित किया कि उनकी सोच अखिल भारतीय है। वे संकीर्ण मानसिकतावाले इनसान नहीं है। वे सारे देश के नायक हैं। उन्हें सारा देश अपना मानता है, वे सबको अपना समझते हैं। वे ग्रामीणों से बेटियों को बेटों के बराबर अहमियत देने का आह्वान करते हैं। वे जब भी उस गाँव में गए, जिसे उन्होंने गोद लिया तो वे ग्रामीणों से अपनी बेटियों को स्कूल भेजने के लिए कहते रहे। उनके आह्वान का असर हुआ कि वहाँ के लोगों ने अपनी बेटियों को स्कूलों में भेजना बड़े स्तर पर चालू कर दिया। क्या इसे भी एक सामान्य कामयाबी माना जाए?

छोड़ी थी कप्तानी

सचिन तेंदुलकर 23 साल की उम्र में भारत के कप्तान बन गए थे। ये बात 10 अक्तूबर, 1996 की है। वे तब दिल्ली के फिरोजशाह कोटला मैदान टीम इंडिया की अगुवाई कर रहे थे। पर रन बनानेवाली मशीन बन गए सचिन तेंदुलकर कप्तान के रूप में सफल नहीं रहे। उन्हें दो बार भारतीय टीम की कमान सौंपी गई, लेकिन वह टीम को कभी वैसी सफलता नहीं दिला पाए जैसी कि उनसे उम्मीद की जा रही थी। तेंदुलकर की अगुवाई में भारत ने 25 टेस्ट मैच खेले, लेकिन इनमें से भारत केवल चार मैचों में जीत दर्ज कर पाया, जबकि नौ मैच में उसे हार मिली। कप्तान बनते ही उनका अपना प्रदर्शन खराब होने लगा। यदि क्रिकेट के दूसरे प्रारूप एक-दिवसीय क्रिकेट की बात करें तो तेंदुलकर ने 73 मैचों में भारतीय टीम की कप्तानी की, लेकिन वह केवल 23 मैचों में ही जीत का स्वाद चख पाए। इस बीच भारत ने 43 मैच गँवाएँ और स्वयं तेंदुलकर ने भी मान लिया कि वह बल्लेबाजी की तरह कप्तानी में सफलता हासिल नहीं कर पाएँगे। यानी जब तेंदुलकर को लगा कि वे सफल नहीं हो रहे तो उन्होंने स्वेच्छा से कप्तानी छोड़ दी, हालाँकि अगर वे कप्तानी न भी छोड़ते तो उन्हें कोई कप्तानी से हटा नहीं सकता

था, क्योंकि सचिन का कद ही इतना बड़ा हो चुका था। सचिन के आलोचक भी कुछ छोड़कर दिखाएँ, तभी उन्हें पता चलेगा कि कुछ भी छोड़ने के लिए कितने आत्मबल की जरूरत होती है।

सचिन तेंदुलकर संसद् सदस्य के रूप में रिटायर हुए हैं, पर अभी लंबे समय तक जीवन के विभिन्न क्षेत्रों में देश की सेवा करते रहेंगे। वे देश के सच्चे नायक हैं और जीवन पर्यंत रहेंगे भी।

□

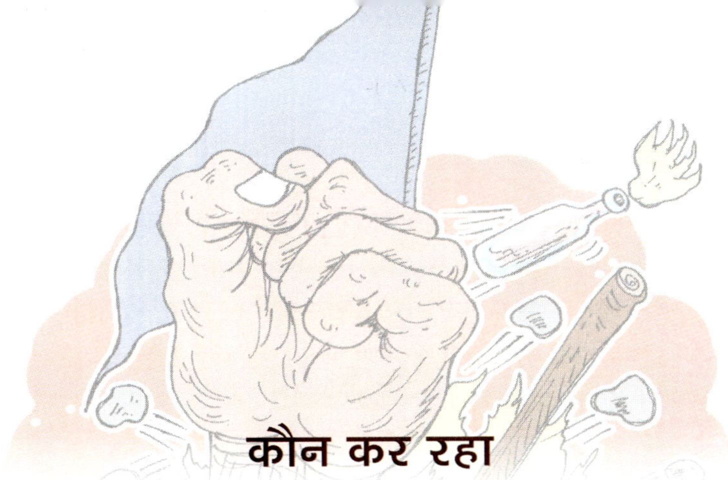

कौन कर रहा गुमराह दलित युवा शक्ति को?

विगत 2 अप्रैल को सारा देश जलता रहा। कानून में बदलाव के विरोध में तथाकथित दलित संगठनों द्वारा भारत बंद के आह्वान के दौरान दीनहीन, असहाय समझे और कहे जानेवाले दलित युवकों के नाम पर राजनीतिक रहनुमाओं द्वारा गुमराह उपद्रवियों ने जमकर तोड़-फोड़ की। उन्होंने जिस मुद्दे पर भारत बंद का आह्वान किया था, वह तो सही या गलत कुछ भी हो सकता है, जो विवेचना से ही मालूम होगा। उस पर विवाद भी नहीं है। हो सकता है आंदोलनकारियों को विरोध और आक्रोश की अभिव्यक्ति का अधिकार भी हो, पर उन्हें सरेआम तोड़-फोड़, मारपीट, हिंसा, आगजनी करने का तो कोई अधिकार नहीं है। उनके हिंसक बंद के दौरान अनेक निर्दोष लोगों की जानें गईं। नवजात बच्चे एंबुलेंस में मर गए। कई मरीज अस्पताल पहुँचने के पहले ही स्वर्ग सिधार गए। वे सभी दलित नहीं थे। अगर बात यू.पी. के मेरठ की हो तो वहाँ हिंसा के पीछे बी.एस.पी. नेता की साजिश का खुलासा हुआ है। मेरठ की एस.एस.पी. मंजिल सैनी ने बताया है कि बी.एस.पी. के पूर्व विधायक योगेश वर्मा इस पूरे तांडव के पीछे साजिशकर्ता हैं। योगेश वर्मा पर ही हिंसा के मुख्य साजिशकर्ता होने का आरोप है। योगेश वर्मा मेरठ की हस्तिनापुर से विधायक रह चुके हैं। योगेश वर्मा को मौके पर से गिरफ्तार भी कर लिया गया है।

जेलों में जाएँ घृणा फैलानेवाले

अब वक्त आ गया है कि समाज में घृणा फैलानेवालों को जेलों में ठूँसा जाए। अब देश को बंद की सियासत करनेवालों को भी खारिज करना ही होगा। एक बात

और कश्मीर में अलगाववादियों का बंद, शेष भारत में दलितों का भारत बंद। क्या अनोखी जुगलबंदी है, राष्ट्रविरोधी खुराफातियों की। देश और समाज इन के ठेंगे पर। देश और समाज जाए भाड़ में। हिंसा और आगजनी जैसे इन की बपौती है। इसी के बूते तो यह देश और समाज को ब्लैकमेल करते रहते हैं। इन्हें यह भी मालूम पड़ गया है कि अपने गुस्से की अभिव्यक्ति सरकारी संपत्ति को क्षति पहुँचाकर और निर्दोषों की जान लेकर ही की जा सकती है। अजीब विडंबना है कि बाबा साहब अंबेडकर ने संसार के सर्वाधिक अहिंसक और शांतिप्रिय धर्म में अपनी जिंदगी का सुकून तलाशा था, उनके तथा कथित अनुयायी उन्हीं के नाम पर खून-खराबे में सुकून तलाश रहे हैं। वे बाबा साहब की आत्मा को कष्ट पहुँचा रहे हैं।

बंद छोड़ गया कई सवाल

दरअसल देश को शिक्षण संस्थानों से लेकर सरकारी नौकरियों में आरक्षण दीमक की तरह से चाटने लगा है। हालिया भारत बंद अपने पीछे कई सवाल छोड़ गया है। सवाल यह है कि यह देश तो सबका है, तो फिर यहाँ पर सबको बराबर के अवसर क्यों न मिले? यह सच है कि हिंदू समाज जाति रूपी कोढ़ से घिरा है, पर भारतीय संविधान जाति पर आधारित नहीं है। वह तो सभी नागरिकों के साथ हर स्तर पर समता और बराबरी की बात करता है। उसमें भेदभाव-असमानता के लिए कोई जगह नहीं है। संविधान धर्म, जाति, रंग, समाज वगैरह के स्तर पर भेदभाव नहीं करता। इस आलोक में आरक्षण के आधार पर नए सिरे से बहस हो जाए तो क्या बुराई है। इसमें किसी को क्या दिक्कत होगी? इसकी जरूरत इसलिए महसूस हो रही है, क्योंकि पटेल, जाट और गुर्जर जैसी संपन्न जातियाँ भी अपने लिए आरक्षण के नाम पर बँटनेवाली सरकारी पंजीरी खाने के लिए आंदोलन के रास्ते पर उतर रही हैं। क्या कोई मानेगा कि इन तीनों मजबूत जातियों को आरक्षण की दरकार है? इनके पास जमीनें और धन है, फिर भी इन्हें अतिरिक्त की चाहत है। आखिरकार बाबा साहब ने भी तो दस वर्षों के लिए ही आरक्षण का प्रावधान किया था, जिसे वोट बैंक की राजनीति ने सत्तर वर्षों तक खींच लिया।

भारत का संविधान जाति विहीन

पंडित जवाहरलाल नेहरू ने 13 जून, 1951 को लोकसभा में एक बहस के दौरान कहा था, "भारत का संविधान एक जाति विहीन और वर्ग विहीन समाज की

तरफ बढ़ने का वादा करता है।" और तो और जिन दलितों ने ईसाई और इसलाम धर्म को स्वीकार कर लिया है, वे भी आरक्षण का लाभ लेने के लिए संविधान में हकदार नहीं माने गए।

बाबा साहब अंबेडकर ने 25 नवंबर, 1949 को संविधानसभा को संबोधित करते हुए बहुत साफ शब्दों में कहा था, "जाति तो राष्ट्र विरोधी है।…भारत में जातियों के असर को नजरअंदाज नहीं किया जा सकता है। जातियाँ राष्ट्र–विरोधी हैं। इनसे समाज बिखरता है। ये राष्ट्र–विरोधी इस मायने में हैं, क्योंकि इनके (जातियों) चलते विभिन्न जातियों में एक–दूसरे को लेकर कटुता का भाव पैदा होता है।" इन उपद्रवियों को बाबा साहब भीमराव रामजी अंबेडकर के उस रिसर्च थीसिस को पढ़ना चाहिए, जिसे बाबा साहब ने जाति प्रथा पर ही किया था और जिसपर उन्हें डॉक्टरेट की उपाधि मिली थी। पर, हमारे राष्ट्रपुरुषों के जाति के जहर को लेकर रखे गए विचारों के बावजूद देश जाति के दलदल में धंसता ही चला जा रहा है। आरक्षण की नीति की बंदरबाट के चलते देश को बाँटने का साजिश लगातार की जा रही है। विभिन्न समाज और समुदाय एक–दूसरे को लेकर कटुता का भाव रखने लगे हैं। आरक्षण समाज को जोड़ तो कतई नहीं रहा। आरक्षण का लाभ भी पिछड़ों और दलितों की दबंग जातियों को ही हो रहा है। आरक्षित वर्ग की कमजोर जातियाँ अभी भी लाभ से वंचित हैं।

मैं उत्तर प्रदेश, बिहार, उत्तराखंड, पश्चिम बंगाल, झारखंड, छतीसगढ़, मध्य प्रदेश, राजस्थान के सामाजिक ताने–बाने को करीब से जानता हूँ। इनमें पिछले पाँच दशकों से आना–जाना लगा हुआ है। इन प्रदेशों के चप्पे–चप्पे से वाकिफ हूँ। इन प्रदेशों के गाँवों में रहनेवाले ब्राह्मण, ठाकुर, भूमिहार, कायस्थ, मारवाड़ी वगैरह अगड़ी जातियों के लोग भी घोर निर्धनता में जीवनयापन कर रहे हैं। इनकी जमीन की जोत भी निरंतर घट रही है। इनको सरकार के स्तर पर कोई मदद नहीं है। तो क्या इनका दुःख–दर्द कोई नहीं सुनेगा, क्योंकि इनका संबंध कथित अगड़ी जातियों से है। क्या ये देश के नागरिक नहीं।

राजनीतिक रोटी सेंकनेवाले इस तरह की अफवाह फैलाने में लगे हैं, जैसे कि केंद्र सरकार आरक्षण विरोधी है, हालाँकि सुप्रीम कोर्ट ने महाराष्ट्र के एक दलित कर्मचारी भास्कर गायकवाड़ के मुकदमे पर ही सुप्रीम कोर्ट ने 20 मार्च 2018 को यह फैसला दिया था कि किसी भी कानून के तहत चाहे वह एस.सी.–एस.टी. कानून ही क्यों न हों बिना छानबीन के कोई गिरफ्तारी नहीं होनी चाहिए। वैसे तो केंद्र सरकार

ने आनन–फानन में सुप्रीम कोर्ट में एक पुनर्विचार याचिका भी दायर कर दी लेकिन सुप्रीम कोर्ट ने अपने फैसले को बदलने से इनकार कर दिया।

जस्टिस आदर्श कुमार गोयल और जस्टिस उदयउमेश ललित की पीठ ने कहा कि जो लोग आंदोलन कर रहे हैं, उन्होंने शायद हमारे फैसले को ठीक से पढ़ा ही नहीं है। उन्हें निहित स्वार्थी लोगों ने गुमराह कर दिया होगा। पीठ ने कहा, 'हमने एससी–एसटी कानून के किसी भी प्रावधान को कमजोर नहीं किया है लेकिन सिर्फ निर्दोष व्यक्तियों

को गिरफ्तारी से बचाने के लिए उनके हितों की रक्षा की है। शीर्ष अदालत ने एक घंटे तक केंद्र सरकार की पुनर्विचार याचिका पर सुनवाई के दौरान कहा, एससी–एसटी कानून के प्रावधानों का इस्तेमाल निर्दोषों को आतंकित करने के लिए नहीं किया जा सकता। मजे की बात यह है कि आंदोलनकारियों ने अनेक दलित नेताओं और खासकर चुने हुए जनप्रतिनिधियों को भी अपने आक्रोश का शिकार बनाया जिसमें कई विभिन्न राज्यों के भा.ज.पा. के निर्वाचित दलित विधायक भी शामिल हैं।

दलित व्यापारी राजेंद्र प्रेमी का कहना है कि गाँव में रहनेवाले दलितों का जीवन–यापन उधार के पैसों पर ही होता है। रिश्ते बिगड़ेंगे तो गरीब दलितों को उधार पैसा देने से भी लोग कतरायेंगे। महर्षि वाल्मीकि सेवा संघ के संयोजक मनोज वाल्मीकि का कहना है कि जिस एससी–एसटी एक्ट के बढ़े दुरुपयोग पर सरकारें बदली हैं, अब उसको लेकर आंदोलन की वजह समझ से परे है। बंद के दौरान जिस तरह सुनियोजित तरीके से आगजनी व तोड़फोड़ की वारदात हुई, उससे पूरे घटनाक्रम के पीछे कोई बड़ी ताकत होने की संभावना जता रहे पूर्व विधायक रणवीर सिंह का कहना है कि दलितों के एक वर्ग की विश्वसनीयता पर सवाल उठ रहे हैं। दलित समाज का अराजकता से कभी नाता नहीं रहा और प्रदर्शन में जिस तरह देवी–देवताओं को अपमानित किया गया, उसके परिणाम निकट भविष्य में अच्छे न होंगे। भारतीय दलित विकास संस्थान के संयोजक डॉ.चरण सिंह को ही नहीं वरन् मुजफ्फरपुर के गाँव धनायन के निवासी सुमेर सिंह को भी इसकी चिंता सता रही है। खेतों में मजदूरी करके परिवार पालने वाले 56 वर्षीय दलित सुमेर सिंह को डर है कि गेहूँ कटाई के सीजन में ही इसका खामियाजा भुगतना पड़ सकता है। उनका डर काम न मिलने से ज्यादा लोगों के ताने सुनने को लेकर है। छींटाकसी स्वाभाविक है और इससे कहीं पर भी तनाव हो सकता है।

दलित संगठनों द्वारा आहूत 'भारत बंद' से राजनीतिक नफा–नुकसान जो भी हो, परंतु इस दौरान हुई हिंसक घटनाओं से सामाजिक रिश्तों की डोर कमजोर होने का खतरा बढ़ा है। शहरों में आगजनी और मारपीट की घटनाओं का असर ग्रामीण क्षेत्रों में भी दिखने की आशंका से इनकार नहीं किया जा रहा। इसकी सीधी मार दलित समुदाय के श्रमिकों को झेलनी पड़ेगी। अधिवक्ता जगतपाल का कहना है कि प्रदर्शन में प्रयोग किये गए नीले झंडे और बैनरों पर लिखी भाषा पर भी गौर करने की जरूरत है।

हालाँकि इस तोड़-फोड़ और हिंसा से राहुल गांधी, मायावती, वामपंथी पार्टियाँ, राजद जैसे पार्टियों को वोट बैंक दिख रहा है, किंतु स्वतंत्र दलित चिन्तक, विचारक के लिए यह खतरे की घंटी है।

यह सच है कि आरक्षण को समाप्त करने की स्थिति तो नहीं बन पाई है। इसे तुरंत खत्म भी नहीं किया जा सकता। अमेरिका में भी अश्वेतों को सरकार की तरफ से कई तरह की रियायतें मिलती हैं। अगर नहीं मिलती तो बराक ओबामा अमेरिका के राष्ट्रपति नहीं बनते। दक्षिण अफ्रीका की क्रिकेट टीम में भी अश्वेतों के लिए कुछ स्थान आरक्षित हैं। मैं स्वयं भी कतई आरक्षण विरोधी नहीं हूँ। पर, अब आरक्षण के पात्रों के पैमाने पर नए सिरे से विचार कर लेने में बुराई ही क्या है ? आप अपने घर का ही उदाहरण ले लीजिए। क्या कोई माँ अपनी उस संतान को घी से चुपड़ी रोटी नहीं देती, जो शारीरिक रूप से कमजोर या पढ़ाई या किसी अन्य लिहाज से उसके दूसरे बच्चों से उन्नीस होते हैं ? तो क्या भारत माता अपनी किसी संतान के साथ किसी भी अन्याय को सहन करेगी ? बेशक नहीं।

अब यह भी माँग उठ रही है कि आरक्षण का लाभ उन्हें ही मिले, जो आर्थिक रूप से पिछड़े हैं। यह माँग सोलह आने वाजिब है। जो भी आर्थिक रूप से कमजोर हो उसे लाभ दे दो। फिर जाति को मत देखो। जाति के आधार पर आरक्षण की माँग करनेवालों से पूछा जाना चाहिए कि क्या उन्होंने कोई अध्ययन किया, जिससे पता चल सके कि अब आखिरकार केंद्र-राज्यों में सरकारी नौकरियाँ ही कितनी बची हैं ? सरकारी नौकरियाँ तेजी से सिकुड़ रही हैं। इसलिए अपने को किसी समाज का नेता या रहनुमा कहनेवालों को अपनी रणनीति बदलनी होगी, अगर वे सच में अपने समाज के शुभचिंतक हैं। कमजोर वर्गों को पढ़ाई, कोचिंग, प्रतियोगिता की तैयारी में बेहतर और निःशुल्क सुविधा देनी होगी, लेकिन, मात्र जाति के आधार पर आरक्षण को तो समाप्त कर देने से ही समाज की कटुता दूर हो सकेगी। नीति यह होनी चाहिये कि आर्थिक रूप से कमजोर युवकों को बेहतर अवसर प्रदान करो, हो सके तो निःशुल्क प्रदान करो, रहने और भोजन की उचित व्यवस्था करो, ताकि वे बाकी समाज की हर तरह से बराबरी कर सकें, लेकिन जाति के नाम पर आरक्षण का समाज तोड़क कानून खत्म करो।

उद्यमी बनने का वक्त

अब सभी जातियों के नेताओं को अपने समाज के नौजवानों को आरक्षण जैसे

मसलों से आगे सोचने के लिए प्रेरित करना चाहिए। अब नौकरी का नहीं, बल्कि अंतरप्योनिया यानी उद्यमी बनने का वक्त है। नई अर्थव्यवस्था सबको उद्यमी बनने के अवसर दे रही है। इसे जाति या वर्ग से कोई लेना-देना नहीं है। नए आइडिया पर काम करके कमाइए पैसा और दीजिए रोजगार। इसी का परिणाम है कि देश में लाखों फर्स्ट जेनरेशन अंतरप्योनिया सामने आ रहे हैं। इसी तरह से सर्वाधिक कमजोर वर्गों के लोग सरकारी नौकरियाँ सेना, सीमा सुरक्षा बल, सी.आर.पी.एफ., असम राइफल्स वगैरह में हैं, लेकिन वहाँ पर भी अनुसूचित जाति, अनुसूचित जनजाति तथा अन्य पिछड़ा वर्ग के लिए अलग से आरक्षण लागू नहीं है। सशस्त्र बलों में भर्ती किसी वर्ग, जाति, समुदाय, क्षेत्र अथवा धर्म का ध्यान किए बिना उनकी शारीरिक योग्यता के आधार पर होती है। इनमें सभी नागरिकों को रोजगार पाने का बराबर का अवसर भी प्राप्त होता है। जब मनोहर पार्रिकर रक्षा मंत्री थे, तब उन्होंने लोकसभा में यह जानकरी दी थी। सेना में नौकरी पाने की एकमात्र कसौटी मैरिट है। इसके चलते सेना की दलित और पिछड़ी जातियों से संबंध रखनेवाले भी नौजवान लंबी छलाँग लगा रहे हैं, क्योंकि उनकी शारीरिक क्षमता ज्यादा विकसित है और वे ज्यादा कष्टपूर्ण संघर्ष करने में सक्षम हैं जो सैन्य बलों की जरूरत है।

यह मान लीजिए कि आप हिंसा के रास्ते पर चलकर तो आगे नहीं बढ़ सकते। एक बार पुलिस केस हो गया तो फिर गए काम से। इसलिए तप और त्याग के रास्ते से ही सफलता मिल सकती है। यह मार्ग अगड़े-पिछड़े सबके लिए है। पूरे देश को अहिंसक और शांति पूर्ण रास्ता अपनाने में ही भलाई है। गरीब और निर्दोष युवक कोर्ट-कचहरी के चक्कर में आपनी जवानी बर्बाद कर देते हैं। भीड़ को गुमराह करनेवाले दुष्ट नेता तो मलाई खाने में ही व्यस्त रहते हैं।

□

क्यों नहीं बचे यूपी-बिहार में चोटी के कॉलेज

एक बार फिर से बंगलुरु के इंस्टीट्यूट ऑफ साइंस, जे.एन.यू. और बनारस हिंदू यूनिवर्सिटी को देश के सर्वश्रेष्ठ शिक्षण संस्थानों की सूची में जगह मिल गई। वहीं देश के बेहतरीन 10 मैनेजमेंट इंस्टीट्यूट की लिस्ट में आई.आई.एम.-अहमदाबाद ने बाजी मारी है। इसके अलावा टॉप 10 इंजीनियरिंग इंस्टीट्यूट की लिस्ट में पहले नंबर पर आई.आई.टी.-मद्रास है। इसी तरह टॉप टेन कॉलेज की लिस्ट में दिल्ली के मिरांडा हाउस और सेंट स्टीफंस कॉलेज रहे। पहले तो इन सभी विद्या के मंदिरों के अध्यापकों, विद्यार्थियों और शेष लोगों को बधाई। इनकी कड़ी मेहनत, तप और त्याग के बिना इनके शिक्षण संस्थान शिखर पर नहीं जा सकते थे।

दरअसल केंद्रीय मानव संसाधन विकास मंत्रालय ने वर्ष 2018 के लिए एन.आई.आर.एफ. यानी नेशनल इंस्टिट्यूशनल रैंकिंग फ्रेमवर्क इंडिया की रैंकिंग जारी की है। इनसे पता चला कि कौन से विश्वविद्यालय या कॉलेज देश के सबसे बेहतरीन हैं, पर एक बात से अवश्य चिंता हो रही है कि इस सूची में नए विश्वविद्यालय या कॉलेज जगह नहीं बना पा रहे हैं। आखिर कमी किस स्तर पर है? अगर बात मिरांडा हाउस और सेंट स्टीफंस कॉलेज की करें तो इनका सारे देश में दबदबा है। क्या ये दोनों कॉलेज अपने यहाँ पढ़ने आए विद्यार्थियों के समग्र विकास पर ध्यान देते हैं। या इनके यहाँ देश भर के सबसे अच्छे और मेधावी बच्चों में दाखिला लेने की होड़ लगी होती है। कुछ बात तो जरूर है कि दशकों से इनकी प्रतिष्ठा पहले जैसी बनी हुई है। इन्हें खड़ा करने के लिए कई पीढ़ियों का योगदान तो रहा ही है। मिरांडा हाउस वर्ष 1948 में स्थापित हुआ था। यहाँ विज्ञान, सामाजिक विज्ञान व कला के विषयों की पढ़ाई बेहतर होती है। उधर, सेंट स्टीफंस कॉलेज 125 वर्ष पुराना है। इसने देश को सैकड़ों

नौकरशाह, राजनेता, खिलाड़ी, कलाकार वगैरह दिए।

सबको मालूम है कि एन.आई.आर.एफ. उच्च शिक्षण संस्थानों की रैंकिंग पाँच व्यापक मानको (पैरामीटर्स) के आधार पर ही तय करता है। इनमें शिक्षण संस्थानों की पहुँच एवं समावेशिता, अनुसंधान एवं व्यावसायिक प्रक्रियाएँ, शिक्षण–अधिगम संसाधन (लर्निंग रिसोर्सेज), अंडर–ग्रेजुएट छात्रों के परीक्षा परिणाम और अवधारणा जैसे बेंचमार्क शामिल हैं। इन पैमानों पर श्रेष्ठ प्रदर्शन करनेवाले शिक्षण संस्थानों को ही सर्वश्रेष्ठ शिक्षण संस्थानों की सूची में जगह मिलती है। तो स्पष्ट है कि सर्वश्रेष्ठ यूनिवर्सिटी और कॉलेज की सूची में जगह बनाना कोई सरल काम नहीं है। उसके लिए बेहतर फैकल्टी, समृद्ध पुस्तकालय, प्रयोगशालाएँ और अन्य सुविधाओं का होना भी अति आवश्यक है। तो क्या माना जाए कि देश के अधिकतर कॉलेज इन मोर्चों पर कमजोर हैं?

एन.आई.आर.एफ. की सूची में बिहार, उत्तर प्रदेश, हरियाणा, मध्य प्रदेश वगैरह के एक कॉलेज ने भी जगह नहीं बनाई। यह स्थिति किसी भी परिस्थिति में संतोषजनक तो नहीं कही जाएगी। इस सूची में नए–नए शिक्षण संस्थान जगह बनाएँ, तब ही ये लगेगा कि हमारे शिक्षण संस्थानों में आगे बढ़ने की स्वस्थ मानसिकता काम करने लगी है। ये आई.आई.टी., जे.एन.यू., सेंट स्टीफंस कॉलेज वगैरह को अपदस्थ करने का मन बना चुके हैं। ये जज्बा अभी दिखाई नहीं दे रहा है। देश में सैकड़ों यूनिवर्सिटी और कॉलेजों में अध्यापन हो रहा है। तो फिर वे अपने को सबसे बेहतर बनाने की दौड़ से बाहर क्यों हैं? कमी किस स्तर पर है? इस पर विचार होना चाहिए। यथास्थिति कायम नहीं रखी जा सकती है।

ऐसा तो नहीं है कि लखनऊ, कानपुर, पटना, राँची, भोपाल, इंदौर, ग्वालियर, जयपुर आदि में अच्छे और पुराने कॉलेज हैं ही नहीं, परंतु इस लिस्ट में बिहार का कोई कॉलेज जगह बनाने में कामयाब नहीं रहा, हालाँकि टॉप–100 इंजीनियरिंग कॉलेजों में आई.आई.टी.–पटना 24वें पायदान पर है, लेकिन उसकी रैंकिंग लगातार तीसरे साल गिरी है। पिछले साल यह 19वें नंबर पर था। बिहार के अनेकों कोचिंग संस्थानों ने जहाँ सैकड़ों छात्रों को आई.आई.टी. में जगह दिलवाई है, वहीं बेस्ट कॉलेज और यूनिवर्सिटी मामले में बिहार आज भी पिछड़ा हुआ है, क्योंकि बिहार, झारखंड के अच्छे विद्यार्थीयों का पढ़ने–पढ़ाने के उपयुक्त माहौल नहीं होने के कारण उनका पलायन हो रहा है।

इस रैंकिंग के लिए आई.आई.टी.–पटना, एन.आई.टी., सी.यू.एस.बी., चाणक्य

नेशनल लॉ यूनिवर्सिटी, बिहार एग्रीकल्चर यूनिवर्सिटी, वैशाली इंस्टीट्यूट ऑफ बिजनेस एंड रूरल मैनेजमेंट और पटना साहिब टेक्निकल कैंपस ने ही आवेदन किया था।

इस तरह की रैंकिंग साल 2016 से जारी हो रही है। शुरुआत में बिहार के तीन संस्थान लिस्ट में थे। आई.आई.टी.-पटना के साथ-साथ एन.आई.टी.-पटना और सेंट्रल यूनिवर्सिटी ऑफ साउथ बिहार (सी.यू.एस.बी.) को भी जगह मिली थी। 2017 के बाद से एन.आई.टी.-पटना और सी.यू.एस.बी. रैंकिंग से बाहर हैं। और अगर बात उत्तर प्रदेश की हो तो क्यों नोएडा से लेकर लखनऊ तक प्रदेश का कोई भी कॉलेज पहले दस बेहतरीन कॉलेजों की सूची में जगह बनाने में असफल रहा? ये सवाल तो पूछा जाएगा? बिहार और उत्तर प्रदेश तो ज्ञान के भंडार माने जाते रहे हैं। इनसे बेहतर नतीजों की अपेक्षा का रहना स्वाभाविक ही है। कुल मिलाकर बात यह है कि देश के चुनिंदा शहरों के चुनिंदा कॉलेज ही शिखर पर जगह बनाए हुए हैं। उन्हें

कोई अपदस्थ नहीं कर पा रहा है। यह स्थिति बदलनी चाहिए। नहीं तो छात्र–छात्राओं का पलायन रुकेगा कैसे?

जे.एन.यू. को भी देश की बेहतरीन यूनिवर्सिटी में से एक माना गया है। यह सुखद है, लेकिन इसमें पढ़नेवाले तो ज्यादा उत्तर प्रदेश, बिहार, झारखंड, बंगाल के ही बच्चे तो भरे पड़े हैं, हालाँकि जे.एन.यू. हाल के दौर में अपने यहाँ होनेवाले अखंड आंदोलनों के कारण सुर्खियों में रहा है, लेकिन इस विश्वविद्यालय के अध्यापकों या छात्रों के किसी मौलिक काम के बारे में भी कोई जानकारी सामने नहीं आई। जे.एन.यू. में अफजल गुरु की बरसी मनाई जाती है। बाकायदा इसके लिए कैंपस में एक सांस्कृतिक संध्या का आयोजन किया जाता है। अफजल गुरु की फाँसी के वक्त भी यहाँ बवाल हुआ था। जे.एन.यू. ने देश को बड़े–बड़े बुद्धिजीवी दिए हैं। यहाँ दक्षिणपंथी और वामपंथी विचारधारा के बीच हमेशा से बौद्धिक टकराव होते रहे हैं, लेकिन हाल के दौर में राष्ट्रविरोधी गतिविधियों के कारण जे.एन.यू. की छवि बुरी तरह खराब हुई है। उससे देश को स्तरीय शोध की दरकार भी रहती है। इस विश्वविद्यालय पर भी तो सरकार का आई.आई.टी. से कम खर्च नहीं होता।

आई.आई.टी. ने देश के सर्वश्रेष्ठ शिक्षण संस्थान के रूप में अपनी जगह बनाई हुई है। यहाँ से देश–दुनिया को चोटी के इंजीनियर मिल रहे हैं। इस बीच, आई.आई.टी. से देश को अनेक उद्यमी भी मिल रहे हैं। इंफोसिस जैसी प्रख्यात आई.टी. कंपनी को स्थापित करनेवाले एन. नारायणमूर्ति और नंदन नीलकेणी आई.आई.टी. के ही छात्र रहे हैं। देश की प्रमुख कंपनी आई.टी.सी. के चेयरमेन योगेश्वर देवेश्वर भी आई.आई.टी. के पूर्व छात्र रहे हैं। इस तरह के दर्जनों और भी उदाहरण दिए जा सकते हैं। अब देश को अधिक–से–अधिक उद्यमी चाहिए। ये ही उद्योग–धंधे चालू करके रोजगार के अवसर सृजित करते हैं।

जो शिक्षण संस्थान चोटी पर बैठे हैं, उन्हें अनाम–अज्ञात शिक्षा के मंदिरों से कड़ी चुनौती मिलनी ही चाहिए। तब पहले स्थान पर बने हुए कॉलेज और विश्वविद्यालय अपनी जगह को बनाए रखने के लिए और मेहनत करेंगे।

□

जे.एन.यू. में क्यों तार-तार हो गई गुरु-शिष्य परंपरा

अगले वर्ष जवाहरलाल नेहरू यूनिवर्सिटी (जे.एन.यू.) अपनी स्थापना के 50 साल की यात्रा पूरी कर रहा है। किसी भी शिक्षण संस्थान के लिए पाँच दशकों का सफर पूरा करना महत्त्वपूर्ण उपलब्धि ही माना जाएगा। जे.एन.यू. से देश को बहुत उम्मीदें थी, अभी भी हैं। यहाँ से देश को शोधार्थी, नौकरशाह, विद्वान्, कलाकार, उद्यमी वगैरह मिले, इसी उद्देश्य से इसकी स्थापना हुई थी, लेकिन इधर हाल के वर्षों में यौन–उत्पीड़न के मामलों में जिस तेजी के साथ जे.एन.यू. में बढ़े हैं और सामने आ रहे हैं, वे चिंता अवश्य पैदा करते हैं। छात्राओं का अपने अध्यापकों और सहपाठियों पर बार–बार यौन–उत्पीड़न के आरोप लगाना, यहाँ पर हाल के दौर में व्याप्त सड़ांध और गड़बड़ी को दर्शाता है। अंग्रेजी अखबार डी.एन.ए. ने रविवार 15 अप्रैल, 2015 को अपने पहले पन्ने पर प्रकाशित एक खबर में बताया कि जे.एन.यू. में वर्ष 2013–14 में यौन–उत्पीड़न के 25, 2014–15 में 35 और 2015–16 में 42 मामले दर्ज किए गए। ये दर्ज मामले हैं। हुए कितने होंगे यह तो कोई भी अंदाजा लगा सकता है, जब तक पानी सिर के ऊपर से नहीं बहने लगता शायद ही कोई अबला शिकायत दर्ज करने को तैयार होती है। बदनामी तो आखिर वही होती है। मोटा–मोटी हर महीने दो–तीन यौन–उत्पीड़न के केस सामने आ रहे हैं, देश के सर्वोच्च कहे जानेवाले शिक्षण संस्थान में। इससे जे.एन.यू. बिरादरी की छीछालीदर तो होती ही है। स्थिति इतनी बदत्तर हो रही है कि एक मामला शांत नहीं होता है कि दूसरे पर हंगामा होने लगता है। एक ताजा मामले में जे.एन.यू. के एक और प्रोफेसर के खिलाफ दिल्ली पुलिस ने छात्रा का यौन–उत्पीड़न करने का मामला

दर्ज किया है। जे.एन.यू. के स्कूल ऑफ सोशल साइंसेज में प्रोफेसर अजय कुमार के खिलाफ मामला दर्ज किया है। पीड़ित छात्रा ने प्रोफेसर के खिलाफ वसंत कुंज थाने में शिकायत दर्ज कराई कि उन्होंने (प्रोफेसर) उसके साथ अश्लील अभद्रता की। प्रोफेसर के खिलाफ भारतीय दंड संहिता (आई.पी.सी.) की धारा 354 के तहत प्राथमिकी दर्ज की गई है। एक महीने के दौरान ही जे.एन.यू. में छात्रा उत्पीड़न का यह तीसरा मामला है। इससे पहले दो अलग-अलग मामलों में चार प्रोफेसर आरोपी हैं। क्या यह शोभा देता है कि किसी शिक्षा के प्रतिष्ठित मंदिर में अध्यापक अपनी छात्राओं का यौन-उत्पीड़न करें? गुरु द्रोणाचार्य-एकलव्य की परंपरावाले इस देश में गुरु-शिष्य के बीच की खाई गहरी ही होती जा रही हैं। पढ़ने और पढ़ानेवालों के बीच तालमेल का साफ अभाव दिख रहा है। दोनों के रास्ते अलग-अलग क्यों हैं? आखिर कमी किस स्तर पर है? इस पर समाज और जे.एन.यू. बिरादरी को सोचना तो होगा ही।

पिछले दिनों जे.एन.यू. के प्रोफेसर अतुल जौहरी को यौन-उत्पीड़न के मामले में पटियाला हाउस कोर्ट ने जमानत दे दी थी। दिल्ली पुलिस ने उन्हें गिरफ्तार कर पटियाला हाउस कोर्ट में पेश किया था। प्रोफेसर अतुल जौहरी पर यौन-उत्पीड़न के आठ मामले दर्ज हैं। उनकी गिरफ्तारी की माँग को लेकर छात्रों ने थाने पर प्रदर्शन भी किया था। प्रोफेसर पर आरोप है कि वे अकसर दोहरे अर्थोंवाली आपत्तिजनक टिप्पणियाँ करते थे, यौन संबंध बनाने के लिए खुले तौर पर माँग करने के अलावा लगभग सभी लड़कियों की शारीरिक बनावट को लेकर टिप्पणी करते थे, अगर कोई लड़की विरोध करती तो उसके खिलाफ विद्वेष के साथ काम करते थे और तरह-तरह से प्रताड़ित करते थे। प्रोफेसर पर लगे आरोपों को सुनकर शर्म आने लगती है। यद्यपि प्रोफेसर जौहरी इन आरोपों को खारिज कर रहे हैं, लेकिन आप यह तो मानेंगे ही कि जे.एन.यू. में सबकुछ ठीक तो नहीं है। राजधानी दिल्ली में दिल्ली यूनिवर्सिटी, जमिया मिलिया यूनिवर्सिटी और आई.आई.टी. जैसे शिक्षण संस्थान भी हैं। वहाँ पर यौन-उत्पीड़न के मामले शायद ही कभी सुनाई देते हैं। आखिर जे.एन.यू. में ही क्यों हर तरह की अराजकता व्याप्त रहती है? निश्चित रूप से यहाँ के छात्र देश के सबसे मेधावी छात्रों में शुमार होते हैं। इधर की फैकल्टी का भी सारे देश में अच्छा-खासा सम्मान रहा है। इधर प्रो. कमला प्रसाद, प्रो. ईश्वरी प्रसाद, प्रो. कृष्णा भारद्वाज, प्रो. धर्मा कुमार, डॉ. अमुन, डॉ. पुष्पेश पंत जैसे दर्जनों अंतरराष्ट्रीय स्तर पर पहचान

बना चुके शिक्षाविद् रहे हैं। पर इधर बीते चंदेक सालों में गड़बड़ी तो पैदा हुई ही है, जिस वजह से यहाँ से सिर्फ धरनों और प्रदर्शनों की ही खबरें बाहर आती हैं। पिछले दशकों से जे.एन.यू. में कोई अंतरराष्ट्रीय स्तर का शोध कार्य हुआ हो ऐसा भी सुनने को नहीं मिला।

जे.एन.यू. कैंपस को आप देश की किसी भी अन्य यूनिवर्सिटी के कैंपस से अधिक आकर्षक मान सकते हैं। हजारों एकड़ में फैले इस विशाल हरियाली भरे परिसर में प्रवेश करते ही आपको समझ आ जाएगा कि ये कोई सामान्य शिक्षण संस्थान नहीं है। चारों तरफ हरियाली और पहाड़ियों के बीच-बीच में क्लास रूम, लाइब्रेरी, हॉस्टल, प्रशासनिक ब्लॉक, फैकल्टी के फ्लैट, जिम आदि हैं। जे.एन.

यू. कैंपस के डिजाइनर प्रख्यात आर्किटेक्ट सी.पी. कुकरेजा ने जब इसका डिजाइन तैयार किया होगा तो उन्होंने सपने में भी नहीं सोचा होगा कि आगे चलकर यहाँ पर पढ़ाई कम और नारेबाजी अधिक होगी। सन् 1969 में स्थापित जे.एन.यू. में देश को बहुत कुछ देने की संभावनाएँ हैं, पर ये अपनी क्षमताओं के अनुसार काम तो नहीं कर रहा। यहाँ से सकारात्मक खबरें कम और नकारात्मक खबरें अधिक आती हैं। जरा सोचिए कि जे.एन.यू. में संसद् पर हमले के गुनहगार अफजल गुरु की बरसी मनाई जाती है। जे.एन.यू. में अफजल गुरु की बरसी को आयोजित करने में वामपंथी संगठन और कश्मीरी छात्र सक्रिय रहते हैं। पिछले साल बाकायदा इसके लिए कैंपस में एक सांस्कृतिक संध्या का आयोजन किया गया। जे.एन.यू. में अफजल गुरु को फाँसी दिए जाने के वक्त भी बवाल हुआ था। जे.एन.यू. ने देश को बड़े-बड़े बुद्धिजीवी दिए हैं। दक्षिणपंथी और वामपंथी विचारधारा के बीच यहाँ हमेशा से बौद्धिक टकराव होते रहे हैं। बिहार के दिग्विजय सिंह (अब स्वर्गीय), सीताराम येचुरी, निर्मला सीतारमण जैसे राजनीतिज्ञ भी यहीं के पूर्ववर्ती छात्र हैं। यहाँ तक सब ठीक है। लोकतंत्र में मत-भिन्नता रह सकती है। आपको दूसरी विचारधारा का भी आदर करना होगा, लेकिन अब यहाँ पर राष्ट्रद्रोह और यौन-उत्पीड़न के मामलों में अप्रत्याशित इजाफा चिंता पैदा करता है। इन कारणों के चलते ब्रांड जे.एन.यू. की छवि पर बदनुमा दाग तो लग गया है। इस बदनुमा छवि को ठीक करने की आवश्यकता है। जे.एन.यू. बिरादरी को भी सोचना होगा कि यहाँ से अब तक देश को कोई भी सम्मानित उपन्यासकार, रंगकर्मी, एक्टर, चिंतक, उद्यमी, खिलाड़ी नहीं मिला। अगर मुझे जानकारी नहीं है तो मेरा इस लिहाज से कोई भी ज्ञानवर्धन कर सकता है। क्या यहाँ शोध करनेवालों ने कोई बहुत मूल काम करके दिखाया है? यह जरूर है कि जे.एन.यू. के बहुत से छात्र-छात्राएँ हर साल यू.पी.एस.सी. की परीक्षा को उत्तीर्ण करके आई.ए.एस., आई.पी.एस., आई.एफ.एस. जैसे अधिकारी बनते हैं। कुछ मीडिया में भी अपनी शेखी बघारते मिल जाएँगे, उसकी पहली नजर में बस यही उपलब्धि सामने आती है। क्या यह पर्याप्त है? क्या जे.एन.यू. से 'देश के टुकड़े करने' जैसे नारों के अतिरिक्त भी कुछ सुनने को मिलेगा?

□

बीमार मेडिकल क्षेत्र का कौन करेगा इलाज

कभी-कभी कष्ट होता है कि हमारे इस महान् कहे जानेवाले देश में मेडिकल क्षेत्र से कोई बहुत उल्लेखनीय अनुसंधान की खबरें क्यों नहीं आतीं। एक तरह की दशकों से यथास्थिति बनी हुई है। मोटा-मोटी खबरें यही आती हैं कि निजी अस्पतालों में डॉक्टर रोगियों का खून चूस रहे हैं या फिर डॉक्टर इलाज करते वक्त घोर लापरवाही बरत रहे हैं। मतलब यह कि आज रोगी अस्पताल जाकर भी कतई सुरक्षित नहीं है। यह स्थिति भयावह है। सारा मेडिकल क्षेत्र ऐसा लगता है कि राम भरोसे ही चल रहा है। आप बात मेडिकल कॉलेजों में दाखिले से ही शुरू कर लीजिए।

अपने देश में एम.बी.बी.एस. की सिर्फ साठ हजार सीटें उपलब्ध हैं। इसके बावजूद इनमें उन छात्रों को भी दाखिला मिल जाता है, जिनकी रैंक तीन लाख या उससे भी अधिक होती है। आपको यह सुनकर अजीब सा लग सकता है, पर यही वास्तविक स्थिति है। यह सब इसलिए हो पा रहा है, क्योंकि आसमान छूती प्राइवेट मेडिकल कॉलेजों की फीस देने में हजारों नहीं लाखों मेधावी छात्र प्रतिवर्ष असमर्थ होते हैं। इसलिए वे अपनी सीटें मजबूरी में छोड़ देते हैं। उनकी सीट मोटी फीस देने के लिए तैयार छात्र जल्दी से लपक भी लेते हैं।

होता यह है कि महँगी फीस की वजह से अच्छी रैंकिंग लानेवाले छात्र प्राइवेट मेडिकल कॉलेजों में दाखिला लेने की स्थिति में ही नहीं होते। वे जो स्थान छोड़ते हैं, उन पर कम अंक लानेवालों को मुँहमाँगी डोनेशन लेकर दाखिला दे दिया जाता है। बात शुरू करते हैं पंजाब से। कुछ समय पहले मुझे पता चला कि पंजाब में आठ कॉलेज बाबा फरीद यूनिवर्सिटी ऑफ हेल्थ साइंस के अंतर्गत, तीन कॉलेज पंजाब सरकार के अंतर्गत और चार निजी कॉलेज हैं, जबकि एक निजी यूनिवर्सिटी भी है।

निजी यूनिवर्सिटी में एम.बी.बी.एस. की फीस 64 लाख रुपए है, जबकि सरकारी कॉलेजों में यही फीस मात्र 4 लाख रुपए है। यकीन मानिए कि देश भर के तमाम मेडिकल कॉलेजों में यही स्थिति है। सरकारी कोटे से निजी कॉलेजों में एडमिशन लेनेवाले छात्रों के लिए 4 लाख रुपए फीस देनी होती है, वहीं निजी यूनिवर्सिटीज में लगभग एक करोड़ के लगभग फीस चुकानी पड़ती है।

अल्पसंख्यक संस्थानों के नाम पर चलाए जानेवाले मेडिकल कॉलेजों के मजे ही कुछ और हैं। ये तो कानूनन अपनी आधी सीट डोनेशन लेकर बेच सकते हैं। हममें से कोई यह तो पूछकर देखे कि इनके संस्थानों में अल्पसंख्यक छात्र-छात्राओं का प्रतिशत ही कितना है? उत्तर से आप चौंक जाएँगे। शायद दस-बीस प्रतिशत।

मेधावी छात्रों से दूर होते मेडिकल कॉलेज

सवाल यह है कि आखिर ईमानदार और मेहनतकश अभिभावक इतनी भारी-भरकम फीस देंगे कहाँ से? क्या पैसा कोई पेड़ों में लगता है कि उसे वहाँ से तोड़कर फीस के रूप में दे दिया जाए? ठीक है कि अब एजुकेशन लोन भी मिलता है, पर उसे ब्याज के साथ वापस भी तो करना होता है। उस लोन के लिए भी यदि 4 लाख से ऊपर का हो तो गारंटर, जमीं जायदाद गिरवी रखने की तमाम प्रक्रियाएँ लागू हो जाती हैं। 4 लाख के लोन से मेडिकल की फीस कहाँ से पूरी होगी? बेशक निजी कॉलेजों की तरफ से ली जानेवाली अनाप-शनाप फीस की वजह से मेडिकल कॉलेजों में मेधावी छात्र नहीं आ पाते। जो बच्चे एक करोड़ रुपए देकर डॉक्टर बनेंगे वे कॉलेजों से बाहर निकलते ही रोगियों को नोच-नोचकर खाने लगेंगे। वे रोगियों से मोटी फीस लेते हैं। इसके अलावा रोगियों से तरह-तरह के बेवजह के टेस्ट करवाते हैं, क्योंकि सभी लैब, टेस्ट के चार्ज का मोटा प्रतिशत डॉक्टरों को कमीशन देते हैं। कहने की जरूरत नहीं है कि वे टेस्ट-पर-टेस्ट इसलिए करवाते हैं, क्योंकि उन्हें मेडिकल टेस्ट करनेवाली कंपनी से पैसा मिलता है। यानी वे दोनों हाथों से पैसा बटोरने लगते हैं। अब इस तरह के डॉक्टरों से आप किसी बड़े अनुसंधान की उम्मीद तो मत करिए। इनका तो एकमात्र लक्ष्य ज्यादा-से-ज्यादा नोट कमाना ही रहता है। आखिरकार ये करोड़पति बाप के बेटे बने डॉक्टर भी क्या करें। इन्हें भी अपना एक करोड़ रुपए की लागत सूद सहित तो निकालनी ही है, जल्द-से-जल्द और जो कुछ भी लोन लिया है, उसे बैंक को एजुकेशन लोन भी वापस करना है।

फीस में भारी उछाल

अभी कुछ समय पहले उत्तराखंड के 3 प्राइवेट मेडिकल कॉलेजों ने अपनी फीस को मनमाने तरीके से बढ़ा दिया था। इन्होंने गेजुएट और पोस्ट-ग्रेजुएट कोर्सेज की फीस करीब 300 फीसदी तक बढ़ा दी थी। फीस बढ़ाने में देहरादून के स्वामी राम हिमालयन यूनिवर्सिटी का हिमालयन मेडिकल कॉलेज, एस.जी.आर.आर. यूनिवर्सिटी का एस.जी.आर.आर. मेडिकल कॉलेज और सुभारती यूनिवर्सिटी का सुभारती मेडिकल कॉलेज शामिल थे। सुभारती का एक मेडिकल कॉलेज मेरठ में भी है। जहाँ एस.जी.आर.आर. मेडिकल कॉलेज और हेल्थ साइंसेज कॉलेज ने प्रथम वर्ष की एम.बी.बी.एस. ट्यूशन फीस को 5 लाख से बढ़ाकर 19.76 लाख रुपए करने का निर्णय लिया था, वहीं एम.डी. इन जनरल मेडिसिन के पोस्ट-ग्रेजुएशन कोर्स की पहले वर्ष की फीस 7.38 लाख रुपए से बढ़ाकर 26.6 लाख रुपए कर दी गई थी,

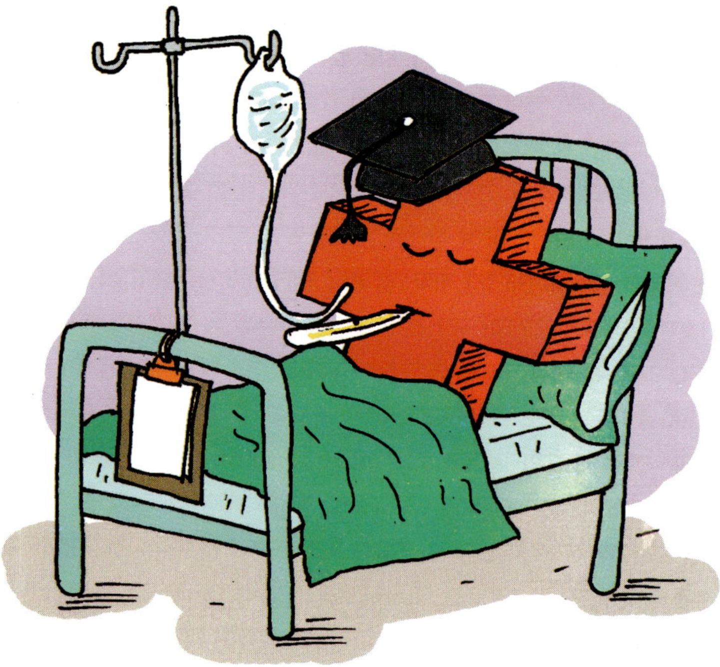

हालाँकि तगड़े विरोध के बाद कॉलेजों ने अपना फैसला बदला। वैसे यह तो मात्र घोषित फीसें हैं। एम.डी. के दाखिले का डोनेशन कहीं भी दो करोड़ से पाँच करोड़ तक है। कौन लाएगा इतना पैसा? भ्रष्ट राजनेताओं और घूसखोर अधिकारियों के अतिरिक्त? बड़ा व्यापारी भी इतना पैसा नहीं जुटा पाएँगे।

मैंने जैसा कि पहले इंगित किया कि मेडिकल शिक्षा पर जितना ध्यान दिया जाना चाहिए, उतना हमारे यहाँ नहीं दिया जा रहा है। जिस देश की आबादी 125 करोड़ है, वहाँ पर हर साल सिर्फ साठ हजार डॉक्टर ही निकल रहे हैं। ये आँकड़ा बहुत निराश करनेवाले हैं। इस क्षेत्र में फैली अव्यवस्था का एक और उदाहरण हाल ही में मिला। दरअसल भारत के कुछ समय पहले जार्जिया गए 62 में से 52 छात्रों को जॉर्जिया एयरपोर्ट से वापस देश लौटा दिया गया। ये सब मेडिकल की पढ़ाई करने गए थे।

जॉर्जिया एयरपोर्ट अथॉरिटी की तरफ से इस बारे में कोई स्पष्टीकरण नहीं आया है। पीड़ित छात्रों ने भारत के विदेश मंत्रालय से शिकायत की है। विदेश मंत्री सुषमा स्वराज ने इस मामले पर कार्रवाई करने की बात कही है। पीड़ितों में भोपाल, इंदौर और सेंधवा सहित मध्य प्रदेश के ही ज्यादातर छात्र-छात्राएँ शामिल हैं। दरअसल भारत से ये 62 छात्र मेडिकल की पढ़ाई करने के लिए विगत 8 अप्रैल को जॉर्जिया गए थे। जहाँ छात्रों को एयरपोर्ट पर ही रोक लिया गया। मेडिकल छात्र-छात्राओं ने आरोप लगाया है कि उन्हें एयरपोर्ट पर जमीन पर बैठा दिया गया। पानी पीने और बाथरूम की इजाजत भी नहीं दी गई। एयरपोर्ट में घंटों बैठने के बाद उन्हें वापस भारत भेज दिया गया। छात्रों का कहना था कि पासपोर्ट भी एयर अरेबिया के विमान स्टाफ को यह कहकर दिया कि दिल्ली उतारने के बाद उन्हें दिया जाए। दिल्ली एयरपोर्ट पहुँचकर भी पासपोर्ट वापस लेने के लिए छात्र-छात्राओं को सुबह से शाम तक जद्दोजहद करनी पड़ी। बच्चों के साथ हुए ऐसे सलूक से खफा छात्र-छात्राओं के परिजनों ने विदेश मंत्री सुषमा स्वराज को ट्वीट किया। इस पर मंत्री ने आश्वासन भी दिया कि भारतीय दूतावास मामले को देख रहा है।

पंगु हुआ मेडिकल क्षेत्र

अब आप खुद देख लें कि हमारे यहाँ सारा मेडिकल क्षेत्र पंगु हो रहा है। यानी मेडिकल कॉलेजों में दाखिला लेने से लेकर अस्पतालों में अराजकता व्याप्त है। उधर, डॉक्टरों और रोगियों के बीच की खाई लगातार गहरी हो रही है। संबंधों में अविश्वास की भावना पैदा हो चुकी है। रोगी को लगता है कि वो जिस डॉक्टर

के पास इलाज के लिए गया है, वही उसका खून चूस रहा है। ये स्थिति छोटे गाँवों, कस्बों से लेकर दिल्ली-मुंबई जैसे महानगरों तक व्याप्त है। दिल्ली-मुंबई में दर्जनों डॉक्टर अपने निजी गॉर्ड और बाउंसर भी रखने लगे हैं। इस सबकी कुछेक वर्ष पहले तक कल्पना करना भी संभव नहीं था। और इससे जुड़ा हुआ ही प्रश्न यह है कि रोगी के मित्र और रिश्तेदार इतने उग्र क्यों हो गए हैं कि वे जिस डॉक्टर के पास इलाज के लिए अपने मरीज को लाते हैं, फिर उसी (डॉक्टर) पर हाथ छोड़ने से भी पीछे नहीं रहते। अगर आप सारे मामले की तह में जाएँगे तो पाएँगे कि कुछ डॉक्टर और अस्पताल रोगी को ग्राहक मानने लगे हैं। दूसरी ओर मरीज भी डॉक्टरों को दूसरा भगवन् मानने की जगह पैसे चूसनेवाले कसाई या महाजन मानने लगे हैं। इसके कारण ही डॉक्टरों और रोगियों के आपसी संबंध कटु हो रहे हैं। अब डॉक्टरों का पहलेवाला सम्मान नहीं रहा समाज में। इसकी एक वजह ये भी है कि रोगी को टेस्ट के नाम पर खुल्लम-खुल्ला लूटा जा रहा है। उसे रोगी न समझकर ग्राहक माना जाना वास्तव में बेहद गंभीर मसला है। अब बड़ा सवाल ये है कि देश के बीमार हो गए मेडिकल क्षेत्र को सुधारेगा कौन?

□

देशद्रोहियों की अब खैर नहीं

प्रधानमंत्री नरेंद्र मोदी की हालिया सफल लंदन यात्रा के दौरान पृथक् खालिस्तान और कश्मीर का सपना देखनेवाले कुछ मुट्ठी भर गुमराह लोग नारेबाजी करते पाए गए। इन्होंने भारतीय तिरंगे का भी अपमान–अनादर किया, वैसे ये गिनती में बहुत थोड़े में थे, पर नारेबाजी कर रहे थे। इन्हें नियंत्रित करने के लिए पुलिस की तो जरुरत तक नहीं पड़ी। इन्हें तो भारत समर्थकों की भारी भीड़ ने ही दौड़ा–दौड़ाकर खदेड़ दिया। ये चिर असंतुष्ट तत्त्व हैं। इनका कोई इलाज भी नहीं है। ये लातों के भूत बातों से नहीं, भर पेट पिटाई से ही संतुष्ट होते हैं। इन्होंने तिरंगे का अपमान करके सारे देश को मानो चुनौती देने की कोशिश की है। ये भारत की एकता और अखंडता को ललकारने की असफल कोशिश कर रहे हैं। यह सवा सौ करोड़ भारतीयों का देश कभी स्वीकार नहीं करेगा। आपका किसी व्यक्ति विशेष से विरोध हो सकता है। आप उसके खिलाफ आंदोलन या प्रदर्शन करने को स्वतंत्र हैं। यहाँ तक तो लोकतंत्र में हर नागरिक को अनुमति है, पर आप तिरंगे का अपमान नहीं कर सकते। ये 125 करोड़ भारतीयों का अपमान है। तिरंगे में हरेक हिंदुस्तानी की जान बसती है।

ये सिरफिरे पागलनुमा लोग यदि इतिहास के पन्नों को खँगाल लेते तो ये काल्पनिक खालिस्तान या पृथक् कश्मीर के हक में समर्थन करने की सोचते तक नहीं। पंजाब में खालिस्तान आंदोलन के उस अँधेरे दौर से देश को निकले, अब एक लंबा अरसा बीत चुका है। पंजाब में सब ओर अमन–चैन का माहौल है, पर उस दौर में खालिस्तानी आतंकियों ने हजारों बेगुनाह लोगों को अपनी गोलियों से बिना वजह छलनी कर डाला था। हजारों बच्चों को अनाथ और हजारों विधवाओं को बेसहारा छोड़ दिया था। सिरफिरे खालिस्तानियों ने उन्हें सरहद पार से समर्थन मिल रहा था,

लेकिन जब देश ने उन्हें कुचलने का मन बनाया, तब वे कहीं के न रहे। कुछ बचे-खुचे थे, वे दुनिया के कुछ देशों में जाकर छिप गए। उनमें से कुछ खालिस्तानी तत्त्व अभी भी ब्रिटेन और कनाडा में बचे हैं।

कुचले जाएँगे खालिस्तानी

कनाडा में अभी भी खालिस्तानी तत्त्व सक्रिय हैं। ये भारत को फिर से खालिस्तान आंदोलन की आग में झोंकने की मंशा पल रहे हैं, हालाँकि ये चाहे भले जितने भी

दिवा स्वप्न देखते रहें, ये कभी सफल हो ही नहीं सकते। कुछ समय पहले कनाडा की अंटोरियो विधानसभा ने वर्ष 1984 में भारत में हुए सिख विरोधी दंगों को सिख नरसंहार और सिखों का राज्य प्रायोजित कत्लेआम करार देनेवाला एक प्रस्ताव पारित किया था। और क्या कोई भूल सकता है कनिष्क विमान हादसा ? सन् 1984 में स्वर्ण मंदिर से आतंकियों को निकालने के लिए हुई सैन्य कार्रवाई के विरोध प्रदर्शन में यह दर्दनाक हमला किया गया था। मांट्रियाल से नई दिल्ली जा रहे एयर इंडिया के विमान कनिष्क को 23 जून, 1985 को आयरिश हवाई क्षेत्र में उड़ते समय, 9,400 मीटर की ऊँचाई पर, बम से उड़ा दिया गया था और वह अटलांटिक महासागर में गिर गया था। इस आतंकी हमले में 329 लोग मारे गए थे, जिनमें से अधिकांश भारतीय मूल के कनाडाई नागरिक थे। अब आखिर लंदन में मोदीजी का विरोध करनेवाले चाहते क्या हैं ? उन्हें खालिस्तान तो ख्वाबों में भी नहीं मिलेगा। वे यह जरूर याद रखें कि भारत के करोड़ों सिख देश के लिए अपने प्राणों की आहुति देने के लिए भी हर पल तैयार हैं। वे खालिस्तानियों के साथ न पहले थे, न अब हैं। मुठ्ठी भर भटके हुए तत्त्वों के कारण भारत-कनाडा संबंध बीते कुछ समय के दौरान कटु हुए हैं। पिछले साल कनाडा के रक्षा मंत्री हरजीत सिंह सज्जन ने अपने भारत दौरे के समय 1984 में सिख विरोधी दंगों जैसे संवेदशील सवाल को उठा दिया था। वह निर्विवाद रूप से कत्लेआम ही था। उसे कतई जायज नहीं माना जा सकता। पूरा देश उस नरसंहार की निंदा करता है, परंतु किसी अन्य देश के रक्षा मंत्री को तो यह कतई शोभा नहीं देता कि वो इंदिरा गांधी की हत्या के बाद सुनियोजित ढंग से भड़काए गए उन दंगों को मसले के रूप में उठाए। सिख नरसंहार चाहे कितना ही दर्दनाक या शर्मनाक क्यों न हो, है तो वह भारत का आंतरिक मामला ही न ? बड़बोले सज्जन साहब ने एक अखबार के साथ एक साक्षात्कार में कह डाला था कि "1984 में भारत में सिख विरोधी दंगों से हमारे देश कनाडा में रहनेवाले सिख बहुत आहत हुए थे। उन दंगों के संबंध में सोचकर मुझे लगता है कि हम कितने भाग्यशाली हैं कि कनाडा में रहते हैं, जिधर मानवाधिकारों को लेकर संवेदनशीलता बरती जाती है।" आखिर वे होते ही कौन हैं इस तरह की गैर-जिम्मेदाराना टिप्पणी करनेवाले। वैसे वे घोर खालिस्तान समर्थक माने जाते हैं। पिछले वर्ष वे भारत आए तो पंजाब के मुख्यमंत्री अमरिंदर सिंह ने 'सज्जन' से मिलने से मना कर दिया था, क्योंकि उन्होंने सज्जन को खालिस्तान समर्थक बताया था, हालाँकि वह भी उचित नहीं था। किसी विदेशी मेहमान को पर्याप्त सम्मान तो मिलना ही चाहिए।

यही तो भारतीय शिष्टाचार है। अब भारत 1980 के दौर का भारत भी नहीं रह गया है। अब देश में रहकर देश विरोधी गतिविधियों में लिप्त खालिस्तानियों या किसी भी देशद्रोही की गर्दन पकड़ने में देश सक्षम भी है, समर्थ भी।

घाटी के कलंक

कश्मीर घाटी में तिरंगे का अपमान करनेवाले लंदन में भी दिखाई पड़े। ये भारत और मोदीजी के खिलाफ नारेबाजी कर रहे थे। जाहिर है कि इन्हें पाकिस्तान ने सरकारी खर्चे पर ही भेजा होगा। वहाँ पर उन्होंने तिरंगे का अपमान किया। हालाँकि इस मुद्दे पर उनकी वहीं पर एकत्र शेष प्रवासी भारतीयों ने तबीयत से कुटाई भी कर दी। दरअसल कोई भी स्वाभिमानी भारतीय तिरंगे का अनादर किसी भी परिस्थिति में स्वीकार कर ही नहीं सकता। तिरंगे का अनादर करनेवाले कश्मीर घाटी में आई.एस. आई. से पैसे लेकर पाकिस्तानी झंडा फहरा कर अपने को बहुत महान् समझते हैं। वे यह याद रखें कि वे जिस पाकिस्तान को जन्नत मानते हैं, वहाँ पर मानवाधिकारों का घनघोर उल्लंघन होता है। वहाँ पर हिंदुओं, ईसाइयों, सिखों, शियाओं और अहमदियों का सरेआम कत्लेआम जारी है। इतना ही नहीं, पाकिस्तान अधिकृत कश्मीर में भी मानवाधिकार नाम की कोई चीज बची नहीं है।

पाकिस्तान अधिकृत कश्मीर में लगातार भारी तादाद में जनता सड़कों पर उतरकर पाकिस्तान के खिलाफ नारेबाजी कर रही है। ये आजादी और बुनियादी हक की माँग कर रहे हैं। ये अपने राज्य में विकास न होने से त्राहि-त्राहि कर रहे हैं। वहाँ पर युवाओं को रोजगार नहीं मिल रहे। इस तरह के विरोध प्रदर्शन मुजफ्फराबाद, गिलगित और कोटली सहित कई इलाकों में हो रहे हैं। इसके बावजूद पाकिस्तान कश्मीर में अलगावादियों को खाद-पानी देने से बाज नहीं आ रहा। सरहद पार से आतंकियों को भेजता है। पाक अधिकृत कश्मीर के आवाम का कहना है कि कश्मीर या बलूचिस्तान किसी भी कानून की नजर से पाकिस्तान का हिस्सा नहीं है। पाकिस्तान अधिकृत कश्मीर के इस चेहरे को हमारे कश्मीर के भटके हुए लोग देखना नहीं चाहते। इन्हें तो तिरंगे का अनादर करके ही बहुत आनंद की अनुभूति होती है। अब भारत में पाकिस्तानी झंडा फहराए जानेवाले बख्शे न जाएँ। कश्मीर में आतंकियों के जनाजों में शामिल होनेवाले भी ठीक से कसे जाएँ। देश ने देखा जब भारतीय सुरक्षा बलों के साथ मुठभेड़ में मारे गए बुरहान मुजफ्फर वानी के जनाजे में हजारों लोग उमड़े थे। शवयात्रा के समय जमकर उत्पात भी हुआ। क्या कानून की

नजरों में गुनहगार साबित हो चुके बुरहान को लेकर कश्मीर के एक वर्ग का उसे नायक मानना सही है? बुरहान हिजबुल मुजाहिदीन के कमांडर के तौर पर काम कर रहा था। आतंकवादियों की भर्ती कर रहा था। जे.एन.यू. के तथाकथित प्रगतिशील कहे जानेवाले गुमराह छात्रों के बीच 'क्रांतिकारी' बने उमर खालिद ने अपने फेसबुक पोस्ट पर बुरहान की तुलना लैटिन अमेरिकी क्रांतिकारी 'चे ग्वेरा' तक से कर दी थी।

अब मेरा सवाल उन तमाम सेक्युलरवादी लेखकों और मानवाधिकारवादियों से है कि वे कब उन खालिस्तानियों और पृथक् कश्मीर का सपना देखनेवालों की निंदा करेंगे, जो मोदीजी की लंदन यात्रा के दौरान तिरंगे का अपमान कर रहे थे? इन्हें कश्मीर के अलगाववादी नेताओं यासीन मलिक और इफ्तिखार गिलानी के समर्थन में कैंडिल मार्च निकालने में शर्म नहीं आती। इनमें अरुंधति राय भी शामिल हैं। वो कश्मीर की आजादी की पैरोकार हैं। क्या वो अब तिरंगे के अपमान पर कुछ बोलेंगी?

□

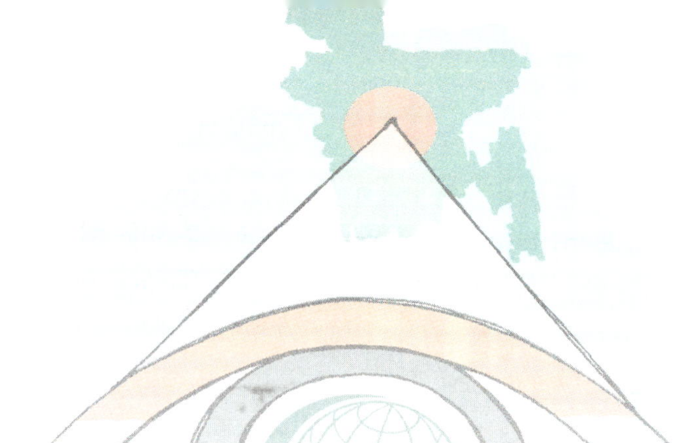

भारत के पीछे क्यों आ रहे इसलामिक देश

हाल के दिनों में बांग्लादेश ने एक बेहद अहम पहल की है। उसने इसलामिक देशों के संगठन आर्गेनाइजेनशन ऑफ इसलामिक कॉरपोरेशन (ओ.आई.सी.) में भारत को 'पर्यवेक्षक राष्ट्र' के रूप में शामिल करने का प्रस्ताव रखा है। बांग्लादेश का कहना है कि चूँकि भारत में मुसलमानों की आबादी बहुत अधिक है, इसलिए उसे इस संगठन का सदस्य बनाया ही जाना चाहिए। इससे ओ.आई.सी. के गैर-इसलामिक संसार से मैत्रीपूर्ण संबंध बनेंगे। यह एक तथ्य है कि संसार में इंडोनेशिया के बाद सर्वाधिक मुसलमान भारत में ही हैं। इसलिए यदि भारत को ओ.आई.सी. में पर्यवेक्षक राष्ट्र के रूप में शामिल किया जाता है, तो इसमें कोई बुराई भी नहीं है। भारत को इस प्रस्ताव को स्वीकार करने में भी कोई कठिनाई नहीं होनी चाहिए। आखिर ओ.आई.सी. में एक को छोड़कर भारत के सभी सदस्यों से मधुर संबंध हैं। जिसके साथ भारत के कटु संबंध हैं, वह सिर्फ पाकिस्तान है। यह सबको भलीभाँति पता है।

लाभ होगा ओ.आई.सी. को

मुसलिम देशों के संगठन आर्गेनाइजेशन ऑफ इसलामिक कॉरपोरेशन (ओ.आई.सी.) के 57 सदस्य देश हैं। भारत के ओ.ओई.सी. से किसी भी रूप में जुड़ने से इसे लाभ ही होगा। दरअसल ओ.आई.सी. देशों में एक भी देश धर्मनिरपेक्ष चरित्र का नहीं है। सब एक से बढ़कर एक कट्टर इसलामिक देश हैं। अपने पड़ोस के पाकिस्तान को ही ले लीजिए। वहाँ पर गैर-मुसलमानों का कुछ सालों के बाद नामो-निशान भी नहीं रहनेवाला। निश्चित रूप से इसमें भारत को शामिल किए जाने के बाद इस घोर इसलामिक संगठन के भीतर लोकतंत्र की हल्की सी बयार तो बहने ही लगेगी। ये

देश अधिक समावेशी होने की दिशा में बढ़ सकते हैं। ये भारत के मॉडल से सीख ले सकेंगे। अभी तो इन सभी में गैर-मुसलमानों के लिए कोई जगह नहीं है। उन्हें दूसरे दर्जे का मुसलमान माना जाता है। इनमें कुछ देश जो उदारवादी चरित्र के हैं, जैसे इंडोनेशिया और खाड़ी के कुछ देश, वे भी भारत के पीछे गोलबंद हो सकेंगे।

नहीं देते एक-दूसरे का साथ

हालाँकि यह भी सच है कि ओ.आई.सी. नामक यह संगठन अब तक नकारा ही साबित हुआ है। ये संकट में भी कम ही एक-दूसरे के लिए खड़े होते हैं। अब रोहिंग्या मुसलमानों को शरण देने का ही मसला ले लें। म्याँमार के सबसे करीबी पड़ोसी बांग्लादेश ने भी रोहिंग्या मुसलमानों को लेने से मना कर दिया, हालाँकि कुछ तो चोरी-छिपे बांग्लादेश और भारत के भीतर घुस ही गए। बांग्लादेश कतई रोहिंग्या मुसलमानों को अपने यहाँ नहीं रखना चाहता है। बांग्लादेश के एक मंत्री मोहम्मद शहरयार ने तो खुलकर कहा है कि "ये रोहिंग्या मुसलमान बांग्लादेश की सुरक्षा के लिए गंभीर खतरा हैं, हमारे यहाँ पूर्व में भी कई घटनाएँ घट चुकी हैं। यही कारण हैं कि हम उनको लेकर सावधान हैं।" इसलामिक देशों के अगुवा समझे जानेवाले सऊदी अरब और पाकिस्तान ने भी रोहिंग्या मुसलमानों को अपने यहाँ घुसने पर रोक लगा रखी है। कोई भी इसलामिक देश इन्हें अपने पास रखने को तैयार नहीं है। इनके लिए थोड़ी बहुत मदद के लिए तुर्की जरूर तैयार हुआ। विचारणीय विषय है कि रोहिंग्या मुसलमानों को लेकर इसलामिक देशों को आखिरकार क्यों साँप सूँघ गया? रोहिंग्या मुसलमानों पर निर्वासित बांग्लादेशी लेखिका तस्लीमा नसरीन ने मुसलिम समुदाय की सही क्लास ले ली है। उन्होंने मुसलिमों पर तंज कसते हुए उन पर अपने ही लोगों के साथ भेदभाव करने का आरोप लगाया। तस्लीमा नसरीन ने ट्वीट किया, "मुसलिम उन मुसलमानों के लिए रोते हैं जो गैर मुसलिमों के जुल्म का शिकार होते हैं। मुसलिम तब नहीं रोते जब मुसलिमों पर मुसलिमों द्वारा ही जुल्म किया जाता है।" तस्लीमा नसरीन कतई गलत नहीं हैं। सीरिया या इराक में मुसलिमों द्वारा मुसलिमों को मारने का कभी भी विरोध नहीं किया जाता। ओ.आई.सी. के सदस्यों में भी तानातनी तो रहती ही है। ईरान-सऊदी अरब एक-दूसरे के जानी-दुशमन बन गए हैं। पाकिस्तान और बांग्लादेश में छत्तीस का आँकड़ा तो सर्व विदित ही है। पाकिस्तान और अफगानिस्तान भी एक-दूसरे के शत्रु बन चुके हैं।

कब लड़ेंगे आतंकवाद से

यह तो दुर्भाग्य ही माना जाएगा कि अधिकतर आर्गेनाइजेनशन ऑफ इसलामिक कॉरपोरेशन (ओ.आई.सी.) देशों में इसलामिक कट्टरवाद तेजी से फल-फूल रहा है। तुर्की से लेकर अपने कश्मीर में इसलामिक आतंकवादी अपनी करतूतों को अंजाम दे रहे हैं। यानी इसलामिक आतंकवाद के शिकार पूरी दुनिया में बेकसूर बने घूम रहे हैं। पिछले वर्ष रमजान के महीने में तुर्की के अतातुर्क इंटरनेशनल टर्मिनल में बड़ा आतंकी हमला हुआ था। हमले के पीछे आई.एस.आई.एस. का हाथ था। इसलामिक संसार में तुर्की को एक दौर में बेहद शांत देश के रूप में देखा जाता था। यह इसलामिक देशों में आदर्श माना जाता था, लेकिन अब वहाँ पर भी आतंकवाद ने अपनी खूनी दस्तक दे दी है। दरअसल सरकार और कुर्दिश चरमपंथियों के बीच सीजफायर खत्म होने के बाद तुर्की में आतंकी घटनाएँ बढ़ी हैं। तुर्की, कश्मीर, पेरिस, नेरौबी, पेशावर, नाइजीरिया वगैरह में आतंकी हमलों के बाद एक बार फिर से संसार भर में फैल चुके इसलामिक आतंकवादियों से लड़ने की आवश्यकता महसूस की जा रही है, चूँकि भारत आतंकवाद का शिकार होता रहा है और इसे कुचलता भी रहा है, इसलिए भारत के साथ मिलकर इसलामिक देश आतंकवाद से लड़ने को सोच सकते हैं। दरअसल इसलामिक देशों को आई.एस.आई., अल-कायदा, लश्करे-तैयबा सरीखे संगठनों से लड़ना ही होगा, हालाँकि इसमें अब तक पाकिस्तान शामिल नहीं है। वहाँ पर तो सरकार ही आतंकवाद को खाद-पानी दे रही है। बेशक, दुनिया के हर कोने में होनेवाली आतंकी घटना के लिए इसलाम या उसके अनुयायियों को दोषी ठहराया जाने लगता है। बेशक, पूरी दुनिया में आतंकवाद नामक संक्रामक बीमारी के प्रसार के बाद से ही बार-बार आंतकवाद को इसलाम से जोड़ा जाता रहा है। इस बात पर लंबे समय से बहस जारी रही है कि क्या आतंकवाद को किसी धर्म विशेष के साथ जोड़ना जायज है? इसके जवाब में लोगों का मानना रहा है कि ऐसा करना गलत है और महज मुट्ठी भर राह से भटके लोगों की वजह से पूरे इसलाम धर्म को दोषी ठहराना इस धर्म को कमतर करने की कोशिश है, पर अब चर्चित मुसलिम साहित्यकार सलमान रश्दी ने यह कहकर नया विवाद खड़ा कर दिया है कि "इसलामी आतंकवाद भी इसलाम का एक रूप है और इसके खात्मे के लिए इस सच्चाई को स्वीकार करना जरूरी है।" भारतीय मूल के प्रसिद्ध ब्रिटिश लेखक सलमान रुश्दी कहते हैं कि "इसलाम का हिंसक रूप भी इसलाम ही है, जो पिछले

वर्षों के दौरान बहुत ही ताकतवर बनकर उभरा है।" रुश्दी अपनी बेबाक राय के लिए हमेशा से ही कट्टरपंथियों के निशाने पर रहे हैं और उनके उपन्यास 'सैटनिक वर्सेज' के लिए उनके खिलाफ ईरान ने उनके सिर कलम करने का फतवा तक जारी कर दिया था। ईरान के शासक अयतुल्ला खुमैनी ने रश्दी का सिर काटकर लानेवालों को भारी इनाम देने का ऐलान कर दिया था। अगर रश्दी की राय से इतर बात हो तो माना जा सकता है कि आतंकवाद और इसलाम का कोई संबंध हो ही नहीं सकता। जो मुसलमान इसलाम का नाम लेकर कभी और कहीं भी आतंकवादी घटना में लिप्त होते हैं, दरअसल वे मुसलमान नहीं हैं। उनका इसलाम से हरगिज कोई संबंध नहीं हो सकता। पर यह भी सच है कि पेशावर में बड़ी संख्या में स्कूली बच्चों का कत्लेआम

करनेवाले अपने को मुसलमान ही बता रहे थे। मुंबई में साल 2008 में पाकिस्तान से आए आतंकियों की अंधाधुंध गोलियों से देश दहल गया था। कितने ही निर्दोष लोग मार डाले गए थे। उस कत्लेआम को अंजाम भी तो मुसलमानों ने ही दिया था। केन्या के वेस्टगेट मॉल में साल 2014 में बीसियों लोगों को मारनेवाले अल–शबाब के आतंकवादी भी मुसलमान ही थे, हालाँकि यह सुनने में बहुत ही अच्छा लगता है कि किसी भी आतंकी वारदात में शामिल होनेवाला शख्स सिर्फ इन्सानियत का दुश्मन है। उसका किसी मजहब से कोई लेना–देना नहीं हो सकता। तो क्या ओ.ओई.सी. में भारत शामिल होगा ? हो भी सकता है। इसकी संभावना प्रबल लगती है, पर सारी दुनिया को आतंकवाद की सप्लाई करने वाला पाकिस्तान भारत के मार्ग में तमाम विरोध–अवरोध तो खड़े करेगा ही ? उसे अवश्य ही तकलीफ होगी, अगर भारत ओ.आई.सी. में शामिल होता है। कहनेवाले यह भी कह रहे हैं कि पाकिस्तान को चोट पहुँचाने के लिए ही बांग्लादेश यह प्रस्ताव लेकर आया है, क्योंकि अब बांग्लादेश को भी यह लगने लगा है कि मोदीजी और सुषमा स्वराज के जादू से अब ओ.आई.सी. के ज्यादा देश भारत के पीछे खड़ें हो गए हैं न कि पाकिस्तान के।

□

भारत-चीन लगते गले, सीख ले पाक

प्रधानमंत्री नरेंद्र मोदी की हालिया चीन यात्रा पूरे विश्व में शांति की स्थापना की दृष्टि से अति महत्त्वपूर्ण रहा। उस दिन चीन के शहर वुहान में प्रधानमंत्री नरेंद्र मोदी और चीनी राष्ट्रपति शी जिनपिंग ने भारत–चीन संबंधों को मजबूत करने के लिए अनौपचारिक शिखर बैठक के दौरान 'व्यापक एवं सार्थक' वार्त्ता की। उन्होंने दोनों देशों के लोगों और दुनिया की भलाई के लिए एक साथ मिलकर काम करने के तरीकों पर विचारों का आदान–प्रदान किया। दूसरी तरफ, वुहान से हजारों मील दूर दक्षिण कोरिया की राजधानी सियोल में उत्तर कोरिया के अपने सनकी निर्णयों के लिए चर्चा में रहनेवाले तानाशाह किम जोंग ऐतिहासिक वार्त्ता के लिए दक्षिण कोरिया पहुँचे। वहाँ दक्षिण कोरियाई राष्ट्रपति मून जे इन ने उनका स्वागत किया। खास बात यह है कि किम जोंग पैदल सीमा पार कर दक्षिण कोरिया की धरती पर पहुँचे थे। इस तरह से देखा जाए तो किम जोंग उन 1953 में कोरियाई युद्ध के समाप्त होने के बाद से दक्षिण कोरिया की जमीन पर कदम रखनेवाले उत्तर कोरिया के पहले नेता हैं। निस्संदेह विश्व शांति के लिए भारत–चीन वार्त्ता और दक्षिण–उत्तर कोरिया के बीच बातचीत होना सुखद है। वुहान और सियोल में हुई बातचीत पाकिस्तान जैसे धूर्त देश के लिए भी सख्त संदेश है कि उसे अपने पड़ोसियों से प्रेम और मैत्री के संबंध विकसित करने में ही भलाई है। अगर वह मैत्री और प्रेम की भाषा समझने में देर करता रहा, तो संसार में जल्द ही एक अछूत देश के रूप में अपनी जगह बना लेगा। अभी भी उसकी छवि एक इस तरह के देश की बन ही चुकी है, जो सारे संसार को आतंकवादी सप्लाई करता है। वो गरीबी, अशिक्षा, कठमुल्लापन, आर्थिक बदहाली से तबाह हो रहा है। पाकिस्तान जिसे अपना सबसे विश्वसनीय मित्र मानता है, वह भी आखिरकार क्यों भारत से दोस्ती करने को आतुर

है। यह समझने की जरूरत है कि पिछले साल 73 दिनों तक चले डोकलाम में कटु तनातनी और गतिरोध के बाद भी भारत और चीन ने अपने संबंधों को सुधारने और विश्वास बहाली की दिशा में अहम पहल की। चीन के राष्ट्रपति शी ने प्रधानमंत्री नरेंद्र मोदी के लिए भव्य स्वागत समारोह की मेजबानी की। उनका पारंपरिक चीनी नृत्य प्रस्तुति के साथ स्वागत किया गया। इसके बाद शी ने उन्हें चीन की प्राचीन सभ्यता के ऐतिहासिक कला संग्रह और सांस्कृतिक प्राचीन वस्तुओं को दिखाया। संग्रहालय में 20 मिनट ही घूमने का कार्यक्रम था, लेकिन यह भ्रमण 40 मिनट से अधिक देर चला। इसके बाद उन्होंने एक-दूसरे से अनौपचारिक बातचीत शुरू की। पी.एम. मोदी ने वार्त्ता के बाद ट्वीट कर बताया, "वुहान में राष्ट्रपति शी जिनपिंग से मिलकर खुश हूँ। हमारी वार्त्ता व्यापक और सार्थक रही। हमने भारत-चीन संबंधों को और मजबूत बनाने तथा अन्य वैश्विक मुद्दों पर चर्चा की।"

अगर बात सिओल की करें तो वहाँ किम जोंग और मून जे इन ने सीमा पर एक-दूसरे से गर्मजोशी से हाथ मिलाया। दक्षिण कोरिया के राष्ट्रपति ने पहले एक कदम उत्तर कोरियाई सीमा की ओर बढ़ाते हुए किम जोंग से कहा, "मुझे आपसे मिलकर खुशी हुई है।" दक्षिण और उत्तर कोरिया में संबंध सुधरें, यह सारे विश्व की कामना रही है। कारण यह है कि उत्तर कोरिया के राष्ट्रपति तो मरने-मारने को हमेशा तैयार रहते हैं और एक दहशत का माहौल बनाकर रखना चाहते हैं, जिससे सभी मुक्ति प्राप्त करना चाहते हैं।

बहरहाल, वुहान में राष्ट्रपति शी और प्रधानमंत्री मोदी ने जिस गंभीरता से चर्चा की उससे स्पष्ट है कि दोनों देश मानते हैं कि अब आपसी मसले हल करने के लिए युद्ध विकल्प नहीं है। दूसरी ओर मोदी ने शी से कहा, "मुझे खुशी होगी कि यदि 2019 में हम भारत में आपकी मेजबानी करे और फिर एक अनौपचारिक बैठक हो।" बेशक मोदी-शी के बीच हुई बैठक ने द्विपक्षीय संबंधों में एक नया सुखद अध्याय खोला है। दोनों देशों को अब यह सुनिश्चित करना चाहिए कि उनके संबंध सकारात्मक दिशा में बढ़ते रहें। चीन और भारत को राष्ट्रीय विकास, परस्पर लाभ के सहयोग को मजबूत करने, स्थिरता, विकास, समृद्धि के लिए साथ मिलकर काम करने और वैश्विक शांति एवं विकास पर ध्यान केंद्रित करने की जरूरत है। भारत और चीन दोनों देशों की संयुक्त आबादी 2.6 अरब है, जिसमें विकास के लिए पर्याप्त क्षमता है। यह विश्व का एक तिहाई है और अपने आपमें एक बड़ा बाजार है। इन

दोनों देशों का प्रभाव विश्व में बहुत तेजी से बढ़ रहा है। चीन और भारत वैश्विक शांति और खुशहाली के महत्त्वपूर्ण इंजन हैं और दोनों बहुध्रुवीय एवं वैश्वीकृत जगत् को बढ़ावा देने के लिए मुख्य स्तंभ हैं। दुनिया में शांति एवं स्थिरता कायम रखने के लिए चीन भारत के बीच अच्छे संबंध होने जरूरी हैं, पर क्या वुहान और सिओल में हुई वार्त्ताओं से पाकिस्तान कुछ सीखेगा? क्या वह सुधेरगा? क्या वह भारत के साथ-साथ अपने शेष पड़ोसियों जैसे ईरान, अफगानिस्तान, बलूचिस्तान और कभी उसका अंग रहे बांग्लादेश से संबंध सामान्य बनाने को लेकर भी गंभीर होगा? पाकिस्तान से नफरत करता है अफगानिस्तान। उसने कुछ समय पहले संयुक्त राष्ट्र में पाकिस्तान पर आरोप लगाया कि वह आतंकी हमलों की साजिश रचकर और तालिबान तथा हक्कानी नेटवर्क जैसे समूहों को प्रशिक्षण और आर्थिक मदद देकर उसे क्षति पहुँचा रहा है। पाकिस्तान भारत से लेकर ईरान तक पर एटम बम गिराने की धमकी देता रहता है। पाकिस्तान के पास एटम बम तो है, लेकिन उसे सहेजने और उसके सही इस्तेमाल की तमीज नहीं है। यह वह मुल्क है, जिसने परमाणु जगत् के कालेबाजार से तकनीक और यूरेनियम हासिल करके परमाणु बम तो बना लिया, लेकिन उससे होनेवाले विनाश की गंभीरता से वह वाकिफ नहीं है। एटमी ताकत से लैस यह मुल्क

अकसर अपने पड़ोसियों और दूसरे मुल्कों को एटम बम का रोब दिखाता है। कुछ साल पहले जब सऊदी अरब और ईरान के बीच विवाद छिड़ा तो पाकिस्तान के आर्मी चीफ जनरल राहील शरीफ ने कहा कि अगर ईरान ने सऊदी अरब को डराने-धमकाने की कोशिश की, तो पाकिस्तान ईरान को दुनिया के नक्शे से ही मिटा देगा। इसी तरह से पाकिस्तान के नेता बेशर्मी से भारत पर भी एटम बम गिराने की धमकी देते रहते हैं। वे भूल जाते हैं कि अगर उसने एटम बम फेंका तो भारत भी मूक दर्शक नहीं बना रहेगा। अब जरा बात पाकिस्तान के बांग्लादेश से तनावपूर्ण संबंधों की भी हो जाए। बांग्लादेश कभी पाकिस्तान का ही अंग था। शेरे-ए-बंगाल मुसलिम लीग के मशहूर नेता ए.के. फजल-उर-हक ने 23 मार्च, 1940 को लाहौर के मिंटो पार्क (अब जिन्ना पार्क) में मुसलिम लीग के सम्मेलन में पृथक् राष्ट्र पाकिस्तान का प्रस्ताव रखा था। उस तारीखी सम्मेलन में संयुक्त बंगाल के नुमाइंदों की बड़ी भागेदारी थी। वे सब भारत के मुसलमानों के लिए पृथक् राष्ट्र की माँग कर रहे थे। सात साल के बाद 1947 में पाकिस्तान बना और फिर करीब 25 बरसों के बाद तार-तार हो गया। अब पुराना ईस्ट पाकिस्तान ही बांग्लादेश के रूप में दुनिया के मानचित्र पर सामने आता है। यानी पाकिस्तान से एक और मुल्क निकला। और जो कभी एक ही मुल्क के दो भाग थे, अब एक-दूसरे की जान के प्यासे हो गए हैं। 1971 में जिस नृंशसता से पाकिस्तानी फौजों ने ईस्ट पाकिस्तान के लाखों लोगों का कत्लेआम किया था, उसको लेकर ही दोनों मुल्क लगातार आमने-सामने हैं। यानी पाकिस्तान का कमोबेश अपने सभी पड़ोसियों से ही पंगा है। सब उससे दुःखी हैं। पर वो सिर्फ चीन से दोस्ती करके खुश है। वो चीन भी अब भारत के साथ अपने संबंध मजबूत कर ग्हा है। लगता है कि उसे भारत की सही ताकत का अंदाजा हो गया है, जो पाकिस्तान को नहीं है। अब तक चीन को भारत के मध्यवर्ग की गहरी जेबों की जानकारी है। उसे समझ है कि उसे भारत से संबंध बिगाड़ने से सिर्फ हानि ही है। वह अपने माल भारत में खपाना युद्ध से ज्यादा जरूरी समझता है। वह लगातार भारत में उद्योगों में निवेश भी कर रहा है। क्या अब पाकिस्तान अपने आका से सबक लेगा? अब तो उसे सुधर जाने में ही भलाई है।

□□□